언택트
교육의
미래

언택트 교육의 미래

FAILURE TO DISRUPT

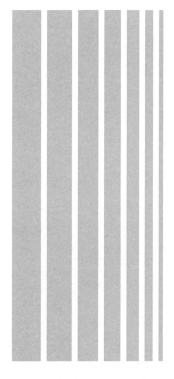

왜 기술만으로 교실을
변화시킬 수 없을까

저스틴 라이시 지음 | 안기순 옮김
구본권 감수

나만큼 학교를 사랑했던
셰릴 블레어를 추억하며,
엘사, 아델라, 렌에게
이 책을 바친다.

"300년 전 교사를 잠재웠다가 오늘날 교실에서 눈을 뜨게 해도 자신이 어디에 있는지 바로 말할 수 있을 것"이라는 코세라의 창업자 대프니 콜러의 말처럼, 급격한 사회 변화에도 불구하고 교육 환경은 거의 달라지지 않았다.

　하지만 교실도 마침내 헤밍웨이의 표현처럼 됐다. "서서히, 그러다가 어느 순간 갑자기" 달라졌다. 기술의 힘을 신봉하는 이들에 의해 원격학습, 무크MOOC, 디지털 교과서, 코딩 교육, 거꾸로교실 등 디지털 기술을 교육에 적용하려는 시도가 다양하게 진행되어 왔지만, 어디까지나 먼 나라와 일부의 실험일 뿐이었다. 하지만 코로나19 팬데믹 상황은 하루아침에 '온라인 비대면 수업'을 모든 교실과 학생들에게 기본 환경으로 만들고 에듀테크는 해일처럼 교육 현실을 덮쳤다. 교육자, 학생 누구도 피할 수 없는 이 상황은 팬데믹이 지나가도 과거로 회귀하지 않을 것이다. 기술기반 비대면 교육은 점점 강화될 트렌드다.

대비할 틈 없이 학교로 밀어닥친 에듀테크는 주창자들의 기대와 달리 정작 유례없는 학력 격차라는 우려스러운 현상을 만들어내고 있다. 그렇지만 교육에 기술이 결합되는 흐름은 막을 수도, 바꿀 수도 없다. 팬데믹으로 인한 갑작스러운 비대면 수업의 일상화가 불편하고 힘들지만, 이 또한 빛과 어둠을 함께 지니고 있다. 교사와 학생 모두 피할 수 없는 현실에서 길을 찾아야 하는 처지다.

에듀테크의 현장에서 기술과 교육의 성과와 한계를 누구보다 깊이 천착해온 MIT의 연구자 저스틴 라이시가 전하는 도움말이 더이상 에듀테크 종사자들과 전문가들에게 국한되지 않는 현실이 됐다. 교육 현장의 상수가 될 비대면 수업을 진행해야 하는 모든 교육자와 연구자들이 그동안 기술을 교육에 접목시키는 과정에서 생긴 성과와 한계들을 숙지해야 하는 상황이기 때문이다. 우리가 직면한 갑작스럽고 당혹한 현실에 대해 이미 다양한 시도와 평가가 깊이 있게 이뤄져왔음을 소개하는 이 책은 그래서 반갑다.

저자는 "교육은 양동이를 채우는 일이 아니라, 불을 붙이는 일에 가깝다"고 말한 플루타르코스를 신봉하는 교육자다. 교육에 기술을 접목하는 방법에 대한 라이시의 안내를 더욱 신뢰할 만한 이유다.

구본권 〈한겨레〉 사람과디지털연구소장,
《공부의 미래》 저자

나는 전염병이 세계를 휩쓸고 있는 팬데믹 시기에 기술에 관한 책을 쓰고 있다. 당신이 이 책을 읽으려고 내용을 다운로드해서 화면에 띄우거나 근처 서점에서 책을 집어드는 순간 세상이 달라지기를 바란다.

여러 사회 기관 중에서도 학교와 대학은 매우 영속적이면서 보수적인 성향을 띤다. 이곳에선 과거의 지식과 지혜를 연결해 미래에 대비할 수 있도록 학생을 교육한다. 물론 교수진은 변화하는 시대에 적응 능력을 키우는 방향으로 학생들을 지도하지만, 대부분 자신이 교육받은 방법대로 가르친다. 학교는 이 방식을 견실하게 유지하며 존속해왔다.

심지어 역사의 전환점에 다다르더라도 학교는 요지부동이었다. 현재 고등교육기관에서 일하는 내 동료들은 화상회의 소프트웨어를 사용해 강의하면서도 대부분 과거 방식을 고수하려 한다. 이와 대조적으로 대부분의 초등학교 교사들은 현명하게도 전형적인 학기말 성취도 평가를 발 빠르게 포기하고 '강화교육enrichment class'으로 전환하면서, 학생들이 부지런히 학습하되 집에서 해결할 수 있도록 웹 링크와 학습지 묶음을 제공하고 있다. 중등학교 교사들의 태도는 둘 사이의 중간이다.

하지만 교사들이 기울이는 모험적이고 신속한 노력은 학생들에게 균등하게 작용하지 않는다. 부유한 학생들을 가르치는 교육기관의 상황은 상당히 순조롭다. 학생들이 자신만의 기기를 소유하고, 고속 데이터 통신망에 접속하며, 세계적인 불황을 이겨낼 수 있는 안정적인 가정에서 생활한다고 가정할 수 있기 때문이다. 하지만 시골과 가난한 도시에 교육 서비스를 제공하는 학교, 지역사회 대학, 주정부 기관, 근로 성인을 교육하는 영리 대학이 처한 상황은 그렇지 못하다. 이러한 환경에서 교사가 최선의 노력을 기울이더라도 기술 접근, 고용 파괴, 굶주림, 노숙, 스트레스, 질병을 포함한 장벽에 가로막히는 것이 현실이다.

학교에서 일어나는 많은 일이 원격 학습에서는 불가능하다. 미국에서 학습을 온라인으로 전환하는 변화를 초기에 보도한 뉴스 기사에서, 한 학부모는 초등학교 1학년 교사가 실시하는 원격 수업에 참여시키기 위해 아이를 끊임없이 감독해야 한다고 푸념했다. 부모, 초등학교 1학년 교사, 학교 교장, 언론인을 포함해 누구라도 꼬마가 원격 수업에 참석할 수 있을 정도로 자제력이 있고, 동기를 부여받고, 주의를 기울일 수 있으리라 기대하는 것 자체가 무리다. 하지만 이것이야말로 우리가 학습 기술의 영향에 대해 전형적으로 품고 있는 엄청난 기대다. 여섯 살짜리 아이가 학교교육에 참여할 수 있으려면 옆에 누군가가 있어야 한다고 충분히 예상해야 한다. 그렇지 않다고 믿도록 수많은 사람을 유도하는 것이 오히려 예상을 벗어난 행동이다.[1]

팬데믹 때문에 현장 수업을 받을 수 없는 시기에 학생, 부모, 교사는 원격 학습 기술의 가능성과 한계를 신속하게 깨닫고 있다. 음울한 격리 시기에 기술은 학습에 희망을 던져주었다. 뛰어난 어린이책 저자인 모 윌렘스Mo Willems만 해도 읽기, 쓰기, 그리기 수업을 매주 온라인으로 방송하고 있다. MOOC Massive Open Online Course, 온라인 대중 공개강좌 제공자와 공개 교육자료 저장소에서 나오는 방대한 양의 온라인 강좌와 교과서는 자기주도학습을 할 수 있도록, 특히 나이든 학습자들에게 유용한 자원을 제공하고 있다. 한편 아이들이 몇 달 동안 학교에 다니지 못하면서 수학 진도는 계속 뒤처지고 있다. 하지만 다행히도 반응형 수학 학습 소프트웨어(반응형 학습, 학습자의 수준과 학습 스타일에 맞게 학습 정보나 방법 등을 제공하는 전자 학습―옮긴이)는 오늘날 가장 발전해 있는 교육 기술 범주의 하나다.

이처럼 밝은 측면이 있기는 하지만, 우정, 은신처, 영양, 사회서비스, 수업, 학습을 제공하는 장소로서 학교의 기능이 사라지면서 학습 기술 덕택에 창출된 이익이 묻히고 있다. 술집이 모조리 문을 닫는 상황에서도 사람들은 질병통제예방센터의 권고를 거스르며 틴더, 범블, 그라인더 같은 데이팅 앱을 통해 여전히 친구와 데이트 상대를 구한다. 인쇄기가 작동을 멈추더라도 온라인으로 여전히 뉴스를 접할 수 있다. 하지만 학습을 온라인으로 전환하기만 하면 학기를 마칠 수 있다고 생각했던 학부모, 학생, 관리자, 정부, 전문가는 학교의 사회적 기능과 서비스 기능이 학습 결과와 밀접하게 연결되어 있다는 사실을 팬데믹 초기에 깨닫고 있다.

나는 이 책을 통해 상황이나 학습자에 따라 학습 기술의 효과가 어떻게 달라지는지, 그리고 그 이유는 무엇인지 설명하려 한다. 상대적으로 안정적인 시기에 내가 전개한 설명이, 끔찍한 팬데믹의 여파를 겪는 상황에 약간이라도 통찰을 제공할 수 있기를 바란다. 또 지난 10년 동안 기술 낙관주의가 학습 기술에 대해 요란한 주장을 꾸준히 펼친 결과, 초등학교 교사가 여섯 살짜리 학생 20여 명을 원격으로 가르칠 수 있다고 사람들이 믿게 된 까닭을 명쾌하게 밝히고 싶다. 이 책이 출간될 즈음에도 세계는 여전히 코로나19와 씨름하고 있을 것이다. 이러한 맥락에서 학습 기술을 가장 효과적으로 사용할 수 있도록 교육자뿐 아니라 일반 사람 들도 이 책을 유용하게 읽어주었으면 좋겠다.

팬데믹 이후 많은 것을 재건해야 할 때 학습 기술은 유용하기 쓰일 것이다. 하지만 온라인 학습은 기존 학습 시스템을 효과적으로 대체하지 못한다. 그렇다면 미래에 대비한 최선책은 무엇일까? 기존의 정규교육 시스템이 사회질서에 미치는 엄청난 중요성을 인식하고 이를 존중하며 여기에 적절한 자금과 지원을 제공하는 것이다. 우리의 학습 기술은, 학습 기술의 사용을 주도하는 교육자 커뮤니티가 강력할수록 더 강력해질 것이다.

2020. 3. 21

저스틴 라이시

차례

교육 기술의 일방적인 파괴

2013년 연말 쇼핑 시즌에 아이들은 레인보룸Rainbow Loom을 몹시 갖고 싶어 했다. 간단한 플라스틱판에 수직 기둥이 박혀 있는 레인보룸을 구입하면, 부속품으로 따라오는 갖가지 색깔의 작은 고무줄들을 수직 기둥 사이로 가로질러 엮어서 팔찌나 장식품을 만들 수 있다. 언론은 기본에 충실한 공예 장난감이라면서 레인보룸에 찬사를 보냈다. 〈토론토 스타Toronto Star〉는 다음과 같이 보도했다. "부모들이 이 장난감을 좋아하는 이유는 갖고 놀기에 간단하기 때문이다. 배터리도 필요 없고, 아이들이 화면을 들여다보는 시간을 늘리지도 않을 뿐더러 앱도 아니다." 그러면서 업계 전문가인 짐 실버Jim Silver의 말을 인용했다. "이것은 활동이다. 앉아서 물건을 만들 수 있다. (…) 부모들은 아이들이 창의성을 발휘할 수 있다는 이유로 이 장난감을 좋아한다. 손목에 차는 것만으로 장난감을 가지고 노는 일이 끝나지 않는다."[1] 아이패드와 스마트폰이 대세인 시대에 산타클로스는 그 끔찍한 기기들을 손에서 내려놓게 만들 장난감을 수백만 명의 아이들에게 선물했다.

하지만 현실은 달랐다. 레인보룸은 화면에 등을 돌리게 만드는 해독제가 아니었다. 오히려 화면은 레인보룸을 가지고 놀 때 필수 품목이 되었다. 아이들이 레인보룸으로 만들 수 있는 물건에는 상당히 복잡한 것도 있어서, 새 디자인을 배울 수 있는 가장 손쉬운 방법은 영상을 보는 것이었기 때문이다.

2013년에는 펜실베이니아주에 사는 애슐리와 오하이오주에 사는 스테프가 16분짜리 영상에서 레인보룸으로 색과 기술을 배합해 정교한 3차원 별 모양 팔찌를 만드는 방법을 시연했다.[2] 두 아이는 영상을 찍기 위해 카펫 위에 레인보룸을 펼쳐놓고 그 위에 카메라를 고정했다. 애슐리가 고무줄을 엮는 과정을 시청자에게 찬찬히 설명하며 보여주는 동안, 영상은 천천히 돌아가며 새로운 기술을 보여주다가 반복적인 동작이 나올 때는 빨리 돌아갔다. 2년 동안 영상 조회수는 3,000만 뷰를 넘었다.

최초로 영상을 만든 사람은 레인보룸을 발명한 청춘 응Cheong Choon Ng의 조카와 딸들이었다. 응은 갖고 노는 데 손재주가 필요한 이 장난감을 홍보하고 성공적으로 판매하려면, 가르침과 학습이 반드시 필요하다고 일찍이 깨달았다. 세트에 동봉된 설명서를 읽으며 팔찌를 모두 만들고 난 뒤, 아이들은 팔찌 만드는 방법을 독창적으로 개발한 사람들이 올린 영상을 찾아서 계속 새로운 모양의 팔찌를 만들 수 있었다. 응은 조카와 딸에게 도움을 청했다. "장난감을 어떻게 갖고 놀아야 하는지 사람들이 이해하지 못하는 문제가 발생했어요. 그래서 조카와 딸들에게 고무줄 팔찌 만드는 법을 설명하는 유튜브 영상을 찍어달라고 부탁했죠. 이것이 트렌드를 창출했습니다."[3] 미디어 학자인 헨리 젠킨스 Henry Jenkins가 가리키듯 인터넷 '참여 문화'의 본질을 보여주는 이 사례에서 많은 아이와 마니아가 트렌드에 합류했다.[4] 레인보룸 팬들은 영상을 돌려보고, 질문을 하고, 비결을 귀띔하고, 토론 게시판을 시작하고, 페이스북에 작품 사진을 올리고, 온라인 매장과 웹사이트를 통해 팔찌를 판매했다. 팬들은 문화인류학자인 이토 미즈코Ito Mizuko가 말한 '친화 네트워크affinity networks', 다시 말해 학습, 동료, 지원, 비평을 목적으로 삼고 관심사와 취미를 중심으로 서로 연결해 팬 커뮤니티를 형성했다. 세계적인 공급망이 가동하면서 2013년 수백만 그루의 크리스마스트리 밑에 놓일 레인보룸 세트가 판매되었고, 여기에 교사와 학습자로 구성된 독특하고, 유기적이며, 거의 즉각적인 글로벌 네트워크가 형성되어 아이디어, 디자인, 기술을 공유했다.[5]

글로벌 온라인 네트워크에 접속하는 사람들 입장에서 생각하면, 지금은 학습자에게 역사상 최고의 황금기다. 개인 교사와 초보자로 형성된 커뮤니티와 자원에 과거 어느 때보다 믿기지 않을 정도로 밀접하게 접근할 수 있기 때문이다. 기타 연주법이나 맥주 양조법을 배우고 싶거나, 조류를 구분하고 싶거나, 키케로의 철학을 이해하고 싶거나, 창 던지는 법을 배우고 싶다면 온라인 수업, 개인지도, 토론 게시판을 활용할 수 있고, 가르치고 배우며 희열을 느끼는 사람들이 가득 모인 네트워크에 합류할 수 있다. 외상 환자에게 삽관 치료를 하는 방법, 함수를 적분하는 방법, 폭탄을 폭발시키는 방법, 자바스크립트로 프로그래밍하는 방법, 좀 더 나은 교사로 발전하는 방법을 배우고 싶을 때도 마찬가지다. 온라인 강의에 등록하거나, 교육용 앱을 다운로드하거나, 막힌 변기를 뚫는 방법을 영상으로 배운 적이 있는 사람이라면 이미 이러한 네트워크의 일원인 것이다.

실현되지 않은 대담한 예측

21세기 첫 20년 동안 언제 어디서든 네트워크에 연결되는 유비쿼터스 접속과 모바일 장치로 촉발된 다른 주요 변화와 함께, 비정규 학습 관행도 극적으로 바뀌었다. 언론계에는 블로그와 소셜미디어를 통해 새로운 목소리가 물밀 듯 유입되고, 전통적인 광고 수입원이었던 지역 뉴스가 붕괴하고 있다. 스트리밍 기술이 등장하면서 음악과 연예 산업을 바꾸었다. 데이트 앱이 새로운 구애 의식을 낳았으며, 소셜네트워크 사이트는 친구의 뜻을 재정의했다.

　이렇듯 사회가 급변하는 환경에서 교육 기술자와 개혁가는 정규교육기관에 극적인 변화가 찾아오리라 상상했다. 2008년 하버드경영대학원 교수 클레이턴 크리스텐슨Clayton Christensen은 동료인 마이클 혼Michael Horn과 커티스 존슨Curtis Johnson과 함께 온라인 학습과 K-12학년(한국의 초·중·고등학교에 해당 ─ 옮긴이) 학교의 미래를 다룬《행복한 학교Disrupting Class》를 펴냈다. 저자들은 2019년까지 모든 중·고등학교 수업의 절반이 온라인 수업으로 대체되고, "비용은 오늘날의 3분의 1로 줄고, 수업의 질은 훨씬 좋아질 것"이라고 예측했다.[6] 이러한 극적인 변화는 교육 기술, 즉 에듀테크edtech가 주도할 것이었다.《행복한 학교》에서는 언급되지 않았지만 에듀테크 운동에 앞장선 인물로 살만 칸Salman Khan을 들 수 있다. 2008년 칸은 수학 개념을 설명하는 짧은 영상 묶음을 발표하면서 칸아카데미를 설립하고, 후에 온라인 연습문제와 많은 다른 주제를 소개하는 영상을 추가해서 강좌 내용을 보강했다. 2011년 '영상을 사용해 교육을 재창조하자'라는 제목으로 테드 강연을 하면서 칸은 학생들이 기초 내용을 자신에게 맞는 속도로 학습할 수 있도록 강좌를 진행하고, 교사 재량으로 보충수업을 집중적으로 실시하거나 섬세하게 설계한 그룹 프로젝트를 추진할 수 있는 미래를 제시했다.[7] 칸의 비전이 미디어의 관심을 끌자《와이어드》,〈타임〉,《포브스》,칸의 사진을 표지에 게재하고 다음과 같은 제목을 달아 특집기사를 보도했다. '사람 한 명, 컴퓨터 한 대, 학생 천만 명: 칸아카데미는 어떻게 교육을 재창조하고 있는가?'[8] 칸은《나는 공짜로 공부한다The One World Schoolhouse: Education Reimaged》를 출간하고, 자신의 혁신적인 아이디어를 시험하고 증명하기 위해 캘리포니아주 마운트뷰에 칸랩스쿨Khan Lab School을 세웠다.[9]

　MOOC의 등장으로 점화된 파괴, 변혁, 갱신이라는 미사여구는 고등교육 분야에도 확산되었다. 2011년 구글, 스탠퍼드대학과 협력해 연구하던 피터 노빅Peter Norvig, 서배스천 스런Sebastian Thrun은 '인공지능 개론'이라는 제목으로 온라인 강좌를 개설했다. 해당 강좌는 칸아카데미에서 영감을 받은 모델을 중심으로 연습문제를 곳곳에 배치한 짧은 온라인 영상으로 구성됐다. 16만 명 이상의 학습자들이 강좌에 등록하자 일류 고등교육기관들이 이 현상에 주목하면서 믿기지 않을 정도로 신속하게 온라인 학습을 수용하기 시작했다. 하버드대학과 MIT는 무료 MOOC인 에드엑스ｅｄX를 만들고, 스탠퍼드대학 교수진은 유료 MOOC인 코세라Coursera와 유다시티Udacity를 만들었다. 자신들이 제공하는 강좌에 수백만 명이 등록하자 MOOC 제공자들은 고등교육 구조를 급격히 바꾸겠다고 약속했다. 이러한 현상에 주목한 〈뉴욕 타임스〉는 2012년을 'MOOC의 해'로 선언하면서 해당 기관들의 비전을 다음과 같이 요약했다. "희망의 빛이 희미하게 비친다. 무료 강좌는 세상에서 가장 외딴 곳도 최고의 교육을 제공할 수 있고, 사람들이 경력을 발전시키도록 도울 수 있으며, 지적이고 개인적인 네트워크를 확장시켜줄 수 있다."[10] 2013년 8월 유다시티 공동 설립자인 서배스천 스런은 세계적인 규모의 강력한 학습경험을 저비용으로 제공할 수 있다는 전망을 밝히면서 자신만만하게 주장했다. "내가 지금 미친 듯이 자부심을 느끼는 사실은 바로 마법의 공식을 찾아냈다는 것입니다."[11]

스런은 MOOC에 열광하는 무리의 선두에 섰지만, 자신이 걸었던 기대를 반전시킨 최초의 인물이기도 했다. 3개월이 지난 2013년 11월 다른 인터뷰에서 그는 MOOC가 자신이 애초에 걸었던 희망을 실현하지 못했다고 털어놓았다. "MOOC는 여러 신문과 잡지의 1면에 실렸지만, 다른 사람들이나 내가 원했던 만큼 사람들을 교육하지 못하고 있다는 현실을 깨닫고 있습니다. 우리 제품은 형편없어요."[12] 그 후 몇 년 동안 다른 열렬한 에듀테크 전도사들이 등장했지만 과거보다 기대에 미치지 못했다.

칸의 두 차례 테드 강연을 시청한 사람은 수백만 명이지만, 학교 교육감과 중앙 사무실 직원을 대상으로 출간되는 잡지인 《교육 행정 District Administration》과 인터뷰 기사를 읽은 사람은 훨씬 적었다. 칸은 기자에게 이렇게 말했다. "이제 학교를 하나 운영하고 있는데, 어떤 업무들은 이론적으로 생각했던 만큼 쉽게 처리할 수 없더군요." 2019년 칸은 수학교육의 혁신적인 개혁보다는 전통적인 교실 교육에 대한 온건한 보완책으로 칸아카데미를 활용하는 방식에 주력해야 한다고 권고했다. "최근에 와서야 우리가 인식하고 있는 사실에 따르면, 학생들이 주당 30분에서 1시간이나 주당 1회 수업 시간에 소프트웨어 기반 자기주도학습을 하는 경우에, 학교는 전국 성취도 평가에서 예상보다 20~30퍼센트 상승한 실적을 거둘 수 있다는 겁니다. 이러한 결과는 일반 교실에서 충분히 실행 가능하므로 무척이나 흥미롭죠. 우리는 주 4일 동안 전통적인 교과과정을 실시하면서 칸아카데미 수업을 주당 30에서 60분 씩 진행하라고 교사들에게 권고하고 있습니다." 칸의 드높은 비전이 학교의 복잡한 현실에 부딪히면서 혁신과 변화가 편의에 밀려난 것이다.[13]

칸이 《교육 행정》과 실시한 인터뷰에서 지지했던 혼합 모델의 기원은 실제로 25년 이전으로 거슬러 올라간다. 1997년 켄 쾨딩거Ken Koedinger와 동료들은 피츠버그 공립학교에서 반응형 자기주도학습을 도입한 대수학 개인지도 소프트웨어를 사용하고 난 뒤 〈지능형 개인지도 대도시에 가다Intelligent Tutoring Goes to the Big City〉라는 보고서를 발표했다. 학생들은 대부분 전통적인 환경에서 수업을 들으면서 일주일에 하루 정도 수학 개인지도 소프트웨어를 사용했는데, 결과적으로 수학 시험에서 칸이 수십 년 뒤에 발견한 것처럼 더 높은 점수를 받았다.[14] 칸아카데미가 자선 활동의 일환으로 컴퓨터 지원 수학교육에 1억 달러 이상 투자하고 나서 2019년까지 발견한 성과의 상당 부분은, 1990년대 출간된 학술 논문들에서 찾아볼 수 있다.

대규모 학습 환경의 딜레마

앞으로 수십 년 안에 교육자들은 학교 시스템에서 차세대 신기술의 혁신 잠재력을 선전하는 소리와 마주하게 될 것이다. 다시 말해, 인공지능, 가상현실, 브레인 스캐너 등이 실제로 어떻게 교육에 중대한 변화를 이끌어내는 혁신 기술이 될 수 있을지 듣게 될 것이다. 하지만 이러한 주장도 결국에는 오류로 밝혀질 것이다. 일부 기술이 가치 있는 향상을 점진적으로 달성할 수 있다 하더라도 기존 학교 시스템을 재창조하지는 못할 것이다. 이 책은 그 이유를 설명하려는 시도다.

이 책에서는 내용을 2부로 나누어 두 가지 주장을 펼치려 한다. 첫째, 교육에서 신기술은 교육혁신의 오랜 역사를 토대로 구축되므로 실제로는 완전히 새로운 것이 아니다. 둘째, 대규모 학습 시스템을 도입할 때 반복해서 걸림돌로 작용하는 기본적인 장애물이 있다. 각 주장에 대해 몇 마디만 듣더라도 이 책에서 어떤 내용을 다룰지 대략적으로 짐작할 수 있을 것이다.

과거 방 전체를 차지했던 초기 메인프레임 컴퓨터 시절부터 신기술이 출현한 역사 내내, 기술 전문가들은 컴퓨터를 교수용·학습용으로 사용하려고 노력해왔다. 컴퓨터로 사람들을 가르치는 프로젝트의 역사는 최소한 60년 이상 거슬러 올라가서 디지털 컴퓨팅 자체의 역사만큼이나 오래됐다. 이러한 역사를 알면 신기술을 들여다보고, 그 혈통을 추적해 정통한 정보를 토대로 신기술이 기존 교육 시스템에 기여하는 방식을 예측할 수 있다.

신기술의 역사를 탐구하면서 이 책에서는 대규모 학습, 즉 학습자는 매우 많은데 학습자를 이끄는 전문가는 적은 학습환경에 맞춰 개발된 기술에 중점을 둘 것이다. 계산기 같은 일부 기술은 학교의 기존 구조에 쉽게 적용할 수 있었다. 반면에, 개혁가들이 교육 시스템에 광범위한 변혁을 시도하려 할 때는 대규모 학습 기술에 의존하는 경우가 많다. 때로 이러한 도구들은 전적으로 온라인에서 사용되기도 하지만, 교실, 학교, 대학에서 교내 학습 커뮤니티와 무수한 방식으로 혼합되어 사용되기도 한다. 학습자 수백만 명이 독립적으로 사용할 수 있는 온라인 플랫폼은 대규모 학습의 정의에 꼭 맞아떨어지지만, 교실에서 개인맞춤형 학습을 시도하거나 대규모 강의에서 경험을 실질적으로 재구성하려는 도구도 그럴 수 있다. 나는 이처럼 새로 부상하는 대규모 학습 기술이 기존 교육 시스템과 어떻게 교차하는지를 중점적으로 연구하고 있다. 또 학교 밖에서 일어나는 흥미 주도 학습, 레인보룸 팬들과 온라인 친화 네트워크 참여자들이 겪는 경험에서 학교가 배울 수 있는 교훈에도 깊은 관심을 갖고 있다.

대규모 학습환경은 '학습자를 위한 활동 순서는 누가 만들까?'라는 주요 질문을 중심으로 세 가지 유형으로 나눌 수 있다. 강사(MOOC의 경우처럼), 알고리즘(반응형 개인지도 소프트웨어의 경우처럼), 동료(분산학습 네트워크의 경우처럼)가 순서를 정할 수 있으므로 세 가지 유형으로는 강사 주도, 알고리즘 주도, 동료 주도 대규모 학습 기술을 들 수 있다. 유형마다 정규 교육기관에서 발생한 성패에 대한 기록, 역사, 연구 문헌이 있다. 새로운 대규모 학습 기술이 어떤 유형에 맞는지 파악할 수 있으면, 다음 두 가지 유용한 일이 가능해진다. 첫째, 유사한 접근 방식이 과거에 거둔 성과를 바탕으로, 복잡한 학교교육 시스템에 신기술을 통합할 때 어떤 결과를 낳을지 예측할 수 있다. 둘째, 무엇이 오래되고 순환 사용되는지 이해하면, 새로운 제품이나 접근 방식에 존재하는 정말 혁신적인 요소를 뚜렷이 분간할 수 있다. 새로 부상하는 기술에서 혁신 요소를 식별해내면, 어떻게 신기술이 과거 노력을 점진적으로 향상시키는지 예측하는 데 유용할 것이다.

두 번째 주장을 살펴보자. 세 가지 유형에서 기술의 역사를 고찰해보면, 교육 기술을 통해 학습을 향상시키려는 노력을 지속적으로 방해해온 공통 난제 몇 가지를 포착할 수 있다. 이 책의 2부는 최근 수십 년 동안 대규모 학습 시스템이 반복적으로 직면해온 네 가지 장애물을 소개한다. 내가 "여전히 다루기 힘든 딜레마"라고 부르는 네 가지 장애물은 친숙함의 저주, 에듀테크 마태 효과, 일상적인 평가의 함정, 데이터와 실험의 독성이다. 이 네 가지 딜레마는 혁신적 변화에 대한 예측이 실패한 원인을 설명하는 데 유용하다. 아울러 이것은 전 세계 인구가 더욱 쉽게 접근해서 더욱 빠르고, 저렴하고, 재미있고, 효과적으로 학습할 수 있는 환경을 조성하기 위해 설계자, 연구원, 교육자가 극복해야 하는 중대한 난제다.

새로운 기술만으로는 이러한 딜레마를 극복할 수 없다. 대규모 학습이 직면한 난제는 단순히 기술적인 문제가 아니기 때문이다. 필립 잭슨Philip Jackson은 자신이 수행한 민족학 연구의 결과를 발표한 〈교실에서의 삶Life in Classrooms〉에서 인상적인 관찰 내용을 이렇게 설명했다. "교육 진보의 길은 총알보다 나비의 비행을 더 닮았다." 엔지니어들에게는 다다익선이 진리가 되기도 한다. 예를 들어 약실에서 터지는 폭발이 클수록 총알은 더 빨리 날아가고, 연료를 많이 태울수록 로켓은 더 빨리 날아간다. 하지만 역사학자 래리 큐반Larry Cuban이 주장하듯 교육은 복합적일 뿐 아니라 복잡하다. 학습자, 교육자, 기술, 더욱 광범위한 사회적 문맥이 서로 맞물리면서 온갖 종류의 보이지 않는 연결고리를 포함하고 예상하지 못하는 결과를 산출하는 시스템이다. 기술을 발전시켜 학습에 박차를 가하려는 움직임은 나비의 날개에 로켓을 매다는 것과 같은 형국이다. 동력을 더 많이 추가한다고 해서 더 큰 진보를 낳지는 않는다.[15]

교육 시스템은 교사, 학생, 가정, 지역사회, 학교 이사회, 임원, 판매사, 주정부와 연방정부를 포함한 다양한 이해관계자가 협상하는 정치적 제도다. 또한 교육 시스템은 시민사회에 적합하도록 학생을 준비시키고, 일자리에 적합하도록 노동자를 훈련시키고, 학생들을 사회계층으로 분류하고 순위를 매기고, 학생의 도덕적 특성을 발달시키고, 부모들이 일하는 동안 아이들에게 식사를 제공하는 등 이따금씩 상충되기도 하는 다양한 목표를 달성하기 위해 존재한다. 기술 전문가들은 자신들의 창조물이 복잡한 교육 시스템을 변경하거나 우회할 수 있다고 자주 추측하지만, 나와 이토 미즈코가 예전에 사용한 표현대로, '학교 문화'가 "신기술을 길들인다"는 사실을 깨닫는다.[16] 신기술은 기존 교육 시스템을 뒤집지 않고, 학교나 대학의 특정 틈새에 서비스를 제공할 목적으로 사용된다. 이 책의 후반부에서 나는 대규모 학습에 접근하는 가장 유망한 방법은, 이 복잡한 시스템을 개선하려는 노력과 기술혁신을 결합하는 것이라고 주장한다.

기술 주조적 교육 전문가, 회의론자, 땅커러

인류학자 모건 아메스Morgan Ames는 《카리스마 머신*The Charisma Machine*》에서 학습을 증진시킬 목적으로 새로 부상하는 기술을 적용하는 두 가지 접근 방식을 대조했다. 아메스는 전면적인 변화를 꿈꾸는 기술 주도의 교육개혁(카리스마 방식)을 설명하는 사례로, 2002년 출범한 '아이마다 노트북 한 대One Laptop per Child(OLPC)' 프로젝트를 소개하면서 교육을 재창조하는 도구로서의 신기술에 크게 비중을 두었다.[17] 2000년대와 2010년대 기술 찬양론자들은 "파괴적 혁신disruptive innovation"이라는 미사여구를 자주 언급하며, 신기술이 어떻게 새로운 가치를 제안함으로써 기존 시스템에 대규모 변혁을 일으킬 수 있을지 기술했다. 테드 강연회는 기술에 관심이 많은 전문가들을 대상으로 열리는 연례행사다. 따라서 교육에 관한 테드 강연의 각본을 읽어보면, 지난 10년간 교육 기술을 둘러싼 미완성의 예측을 찾아볼 수 있다. 21세기 전반 20년 동안, 에듀테크 옹호자들이 약속한 학교 혁신은 대부분 일방적이었다.

기술 주도적 방식에 반대하는 입장으로 회의론을 들 수 있는데, 설계자와 교육자는 교육 기술 분야의 이 풍부한 비판 전통을 진지하게 수용해야 한다. 반면에 기술 주도적 전문가들이 취하는 입장으로 팅커링(tinkering, 다양한 재료와 도구를 활용해 물건을 만들고, 시행착오를 통해 문제해결 능력을 자연스럽게 배우고 개선하는 활동—옮긴이)이 있다. 팅커링은 데이비드 타이악David Tyack과 래리 큐반이 미국 K-12학년 학교교육의 역사를 다룬《학교 없는 교육개혁Tinkering toward Utopia》에서 아메스가 사용한 용어다.[18] 팅커링을 실천하는 팅커러들은 학교와 대학을 개선 가능한 복잡한 시스템으로 생각하지만, 여기서 말하는 개선은 대규모로 재생을 시도한 결과가 아니라 기존 제도들을 오랜 세월 점진적으로 변화시켜온 산물이라고 믿는다. 또 이들은 과거의 실수를 되풀이하지 않기 위해, 그동안 교육을 개혁하기 위해 어떤 노력을 펼쳤는지 연구한다. 기술을 사용해 교수와 학습을 향상시킬 수 있다는 낙관론을 지지하는 한편, 비현실적인 사고를 견제할 중요한 제동 장치로서 연구와 비판을 수용한다. 기술 주도적 전문가들은 지역 시스템을 통해 주요 변화를 추진하고, 변혁을 달성하기 쉽지 않을 때도 전진하면서 호황과 불황을 오르내리는 신기술 생애주기를 조율한다. 팅커러들은 자신들의 설계, 협력자, 커뮤니티와 함께 활동할 때 훨씬 오래 지구력을 발휘하는데, 이때 팅커링은 기술 주도적 전문가와 회의론자 사이에서 중간 경로를 제시한다.

이 책은 팅커러인 내가 대규모 학습의 미래를 제시하기 위해 쓴 길잡이다. 대규모 학습의 역사는 교사, 학교 기술자, 부서 책임자, 관리자에게 새로운 학습 기술을 선택하고 구현하는 데 값진 지침을 제공한다. 기술 개발자들과 연구자들의 관점에서 생각할 때, 교육 기술 전문가들이 지난 20년 동안 지속적으로 직면해온 도전을 조사하면 새로운 연구와 개발을 추진할 수 있는 중요한 통로를 깨달을 수 있다. 학교교육과 평생학습을 개선할 목적으로 기술 채택 방식을 이해하면, 우리 모두 이해관계를 갖는 공교육 시스템에 영향을 미칠 수 있도록 부모와 시민에게 힘을 실어줄 수 있다.

교육 기술 분야에서 쌓아올린 한 팅커러의 경력

나는 교실 수업을 하면서 여러 방면으로 교육 기술 적용을 시도할 수 있었다. 2003년 보스턴 남쪽에 있는 한 사립학교에서 9학년에게 세계사를 가르치면서 정규 교사 경력의 첫발을 내디뎠다. 교실 한편에는 조개 뚜껑처럼 생긴 파란색과 오렌지색 맥북들이 카트에 담겨 있었다. 웹 브라우저와 퍼스트클래스FirstClass라는 인트라넷 애플리케이션을 탑재한 맥북은 현재 구글 교육용 제품군Google Suite for Education이 클라우드로 제공하는 거의 모든 기능을 서버 기반으로 제공했다. 내가 가르치는 세계사 수업은 학교가 네트워크 학습의 진행 방식을 파악할 수 있도록 노트북을 매일 사용해야 하는 시험 프로그램의 일부였다. 나는 그 수업에서 새로운 시도를 할 수 있어서 좋았다.

전 세계적으로 아카이브, 정부, 박물관은 역사 자료를 디지털화하는 대규모 운동의 중심에 있었다. 나는 동료들과 함께 세계사 강의계획표를 완전히 다시 짜서 전통적인 조사 수업을 비롯해 저널리즘을 통한 동시대의 세계 갈등을 조사하고, 고대와 중세로 거슬러 올라가 관련 민족들을 추적하는 과정까지 수업에 포함했다. 학생들은 온라인에서 찾을 수 있는 주요 출처를 탐색했고, 보고서 같은 전통적인 과제는 물론 블로그와 팟캐스트 등 새 미디어를 활용해 이해도를 발달시키고 입증했다. 하드웨어, 소프트웨어, 네트워크, 지원 인력 같은 자원에 접근할 수 있는 특권과 잘 준비된 학생을 갖춘 곳에서 가르치면서, 나는 기술을 활용해 수업을 진행하는 것이 교사에게도, 학생에게도 엄청난 에너지의 원천이라는 사실을 깨달았다.[19]

나는 디지털 학습을 구현하는 학교를 돕기 위해 컨설팅 기업 '에드테크티처EdTechTeacher'를 공동 설립했다. 그러면서 미국 전역과 전 세계 수백 군데 학교에 근무하는 교직원들과 학교 관리자들을 만났다. 2008년에는 박사과정에 입학해 K-12학년 교실에서 블로그와 위키 같은 소셜미디어와 동료 생산 도구가 어떻게 새로운 용도로 활용되는지 연구했다. 그리고 에드엑스가 만들어지기 직전에 졸업한 뒤, 하버드대학이 연구용 에드엑스 MOOC의 기본 조직을 개발하기 위해 최초로 고용한 풀타임 연구자가 되었다. 나는 하버드대학에서 최초로 에드엑스 과정을 개발한 비디오 제작자들, 프로젝트 관리자들과 붙은 사무실에서 일하면서, 이 계획을 내부자와 외부자의 관점으로 연구하려고 노력했다. 이것은 일부 내부 작용을 이해하기에는 충분히 가까운 거리였지만, 객관적으로 분석하기 위해 공동의 노력을 기울이기에는 거리가 있었다. 결국 나는 온라인 학습과 교육자의 전문성 개발에 집중하기로 결정하고, 현재 K-12학년 교사들을 대상으로 온라인 학습의 미래를 설계하고 구현하며 연구할 목적으로 매사추세츠공과대학 산하 수업시스템연구소 티칭시스템랩을 운영하고 있다.

내가 걸어온 경력에서 이례적인 점은 교육 기술 전문가인데도, 어떻게 교육 기술이 약속을 제대로 지키지 못하는지에 대해 자주 글을 쓴다는 것이다. 2009년 클레이턴 크리스텐슨과 그의 동료들이 《행복한 학교》를 출간했을 무렵, 나는 영국 아동·학교·가족부Department of Children, Schools and Famililes가 운영하다가 중단한 웹사이트 '현재의 지평을 넘어서서Beyond Current Horizons'에 교육 기술 관련 보고서를 썼다. 당시 나는 기술이 학교 관행을 최소한으로 또는 표면적으로만 바꾸는 수준에 그치리라 예측했다. 교사들이 신기술을 강력한 방식으로 통합하려면 전문적인 학습을 받아야 하는데, 에듀테크 옹호자들이 여기에 상당한 투자를 하려는 계획을 세웠다고 믿을 만한 증거는 전혀 없었다. 나는 4년 후 하버드엑스HarvardX에서 근무하기 시작한 첫날 《에듀케이션위크 Education Week》에 이렇게 예측하는 글을 썼다. "대부분의 MOOC가 결국 자동 채점용 연습문제를 갖춘, 말하는 교과서가 될 가능성이 크다고 생각한다. 그러면 특정 가정의 환경에는 유용하지만 과거 세대의 모든 교육 기술과 마찬가지로 궁극적으로는 실망을 안길 것이다. (…) 이러한 새 계획으로 혜택을 받을 학습자들은 이미 특권과 이점을 누리고 있다는 사실을 깊이 우려한다." 나는 과거에도 썼듯 이 책에서도 학교 시스템을 향상시킨다는 난제에 접근할 때 겸손한 태도를 유지하고, 기존 학교의 일상 업무를 유지하기 위해 매일 헌신적으로 일하는 교사들과 교수들에게 깊은 존경심을 나타내려 노력하고 있다. 이러한 도전에 직면한 상황에서 학교에서 기술을 활용하는 것에 대한 내 관심을 꾸준히 유지시켜주는 개념이 세 가지 있다.

첫째, 기술의 수요가 막대하다. 세계 인구는 곧 80억 명에 도달할 것이고, 이들 중에서 최대한 많은 사람이 교육의 혜택을 받아야 한다. 매년 2억 명 이상이 고등교육에 접근하지만, 기회를 잡고 싶어 하는 사람은 여전히 많다.[20] 미국에서 빈곤층 아이들을 가르치는 학교에 재학 중인 전체 학생의 거의 4분의 1은 미적분 과목을 배울 기회를 누리지 못한다. 대규모 학습을 모든 장소에서 모든 학습자에게 실시할 수는 없지만, 기술이 교육 기회를 확장하거나 학습을 향상시킬 수 있는 장소를 찾아야 한다.[21]

둘째, 원활하게 가동하는 온라인 학습은 훌륭하다. 나는 MOOC를 수강하거나 온라인 커뮤니티를 발견한 후에 새로 활로를 찾은 학생들을 만나는 것을 좋아한다. 또 온라인 도구가 등장하면서 학습과 교육 설계에 관한 자신의 아이디어가 도전받고 재형성되는 교육자를 만나는 것을 좋아한다. 내 어린 딸들이 온라인으로 학습의 세계를 탐색하는 모습을 지켜보는 것을 좋아한다. 초등학교 2학년 딸은 플래시카드 앱을 사용해 수학에 대한 열정을 키워가고 있는데, 나는 그 앱이 학교에서 딸이 수학과 기술을 경험하는 유일한 방식이 아니기를 희망한다. 무엇보다 딸이 연습하고 반복하고 발전하는 데 따른 보상을 즐길 기회를 누리는 것에 감사한다. 딸이 사용하는 앱은 내가 어릴 때 사용했던 플래시카드보다 약간 더 나은 것 같으며, 이러한 점진적인 변화에 의미가 있다고 생각한다. 내 동료 켄 쾨딩거가 말하듯, 커다란 변화는 멀리서 보았을 때 20년 동안 발생한 점진적 변화다.

마지막으로 가장 중요한 사실로서, 기술만으로 시스템을 혁신하지는 못하더라도 시스템 변화를 촉진할 수 있다고 나는 여전히 확신한다. 새로 부상하는 기술은 학습자, 교육자, 기타 이해관계자들을 도와서 새로운 가능성을 마주하고, 교육 보수주의의 통제를 느슨하게 해준다. 더 많은 효용과 기회를 제공할 수 있도록 교육 시스템의 교과과정, 일정, 목표, 평가, 기타 주요 기능을 재정렬하면, 무엇이 가능할지를 둘러싸고 의문이 생겨난다. 기술이 교육에 끈질기게 발생하는 난제를 전부 해소할 수는 없겠지만, 신중하게 설계하고 실행한 대규모 학습 기술은 유용하게 쓰일 수 있다. 앞으로 소개할 장들은 내가 교육 시스템을 향상시키기 위해 일하는 과정에서 기술을 활용하는 방식에 대해 그동안 배운 가장 중요한 교훈을 공유하려는 노력의 산물이다.

1부

대규모 학습의 세 가지 유형

: 강사 주도 학습, 알고리즘 주도 학습, 동료 주도 학습

01

강사 주도 대규모 학습

온라인 대중 공개강좌, MOOC

:

스탠퍼드대학, 구글과 제휴하고 있는 컴퓨터 과학자 피터 노빅과 서배스천 스런은 2011년 인공지능진보협회Association for the Advancement of Artificial Intelligence의 제휴처 1,000곳에 이메일을 보내 무료 온라인 강좌 '인공지능 개론'을 개설했다고 알렸다. 스탠퍼드대학 학생들에게 제공되는 정규 수업을 반영해 설계된 이 강좌는, 노빅과 스런이 컴퓨터 화면에 코드, 수학 방정식, 중요한 아이디어를 담은 핵심 항목을 쓰면서 강의하는 영상을 사용했다. 영상은 객관식 퀴즈와 간단한 컴퓨터 프로그래밍 과제를 섞어 제작됐으며, 과제는 온라인으로 제출하게 하고, 컴퓨터로 채점됐다. 190개국 사람들이 강좌에 등록했고, 2만 3,000명이 과정을 수료했다.[1]

이처럼 대학 수준의 컴퓨터과학 강좌에 대한 수요가 놀랍도록 많다는 사실이 입증되자 다른 강좌들이 속속 생겨나면서 엄청나게 많은 사람이 강좌에 등록하는 상황이 벌어졌다. 스탠퍼드대학 컴퓨터과학과 교수들은 기계학습, 인공지능, 데이터베이스 분야에서 강좌 세 개를 열었고, 강좌마다 10만 명 이상이 등록했다. MIT에서 아난트 아가왈 Anant Agarwal이 MITx라는 새 플랫폼을 만들고 '회로와 전자공학' 강좌를 개설하자 15만 명이 등록했다. 이러한 강좌들은 분산 학습 모델을 실험하는 한 캐나다 교육자 집단이 몇 년 전에 만든 용어를 사용하면서 MOOC Massive Open Online Courses, 온라인 대중 공개강좌로 알려졌다.

실리콘밸리에서 활동하는 벤처 투자가들은 새롭게 떠오르는 기회에 주목해, 유다시티와 코세라를 포함한 몇몇 온라인 학습 스타트업에 자금을 지원했다. 하버드대학과 MIT는 6,000만 달러를 투자해 무료 대안 강좌인 에드엑스edX를 만들고, 온라인 학습을 주도할 목적으로 교무처장 중심으로 사업계획을 세웠다. 대학의 냉담하고 느린 행보에 익숙해 있던 고등교육 관찰자들의 눈에 기관들의 이러한 변화는 맹렬해 보였다.[2]

고등교육에서 온라인 강좌는 이러한 사건들이 발생하기 훨씬 전에 단단하게 뿌리를 내렸다. 새천년을 맞이하는 전환기에 대학 학부생의 8퍼센트는 주로 비선택형 대학(non-selective college, 학업성취도 등을 고려하지 않고 원서를 접수한 순서로 학생을 선발한다─옮긴이)과 영리 대학에서 한 개 이상의 과목을 원격으로 수강했다. 이 기간에 일류 교육기관도 온라인 학습을 시도했다. 2012년까지 하버드대학과 다른 교육기관의 교수진은, 학교가 외부에 홍보하지 않았을 뿐 대부분 디지털 학습에 이미 투자하고 있어서 상대적으로 신속하게 에드엑스에 새 MOOC를 개설할 수 있었다. 첫해에 하버드엑스는 컴퓨터과학, 정치철학, 공중보건, 고대 역사, 법 분야에서 여섯 개 강좌를 개설했다. 이 프로젝트에 참여한 많은 교수는 자신이 활동하는 학교나 학회 또는 하버드 평생교육원Harvard Extension School에서 이미 온라인 강의를 실시하고 있었다.[3]

아마도 MOOC가 촉발한 가장 즉각적인 변화는 교육보다 사회 분야에 찾아왔을 것이다. 아이비리그 대학들이 지지한 덕택에 온라인 학습의 지위는 거의 눈 깜짝할 사이에 높아졌다. 입학 시즌마다 불합격시킨 학생 수를 자랑하던 대학들이 이제는 온라인으로 등록하는 학생 수를 늘리기 위해 경쟁하기 시작했다.

나는 2013년 박사과정을 졸업하자마자 첫 전임 연구 과학자 자격으로, 즉 리처드 L. 멘셀 하버드엑스Richard L. Menschel HarvardX 연구원으로 하버드엑스에 합류했다. MOOC를 개발하는 팀과 물리적으로 가까운 곳에서 일했지만 조직 차원에서는 동떨어져서, 하버드엑스 임원진이 아니라 학습 진보 담당 부교무처장실에서 새로 만든 연구 위원회의 교수진 아래서 일했다. 내가 맡은 업무는 기획을 연구하고, 에드엑스 강좌 관련 연구를 수행하기 위한 인프라를 개발하고(에드엑스의 데이터 패키지를 검증하고, 측정과 척도를 정의하고, 설문조사지를 만드는 등), 연구 결과와 보고서를 발표하고, 이해관계자들에게 자문을 제공하는 것이었다(여기에 제시한이 기획에 대한 관점은 하버드대학이나 MIT의 공식 입장이 아니라 내 것이다).

MOOC를 향한 세 가지 커다란 도전

에드엑스, 코세라, 유다시티를 설립하고 몇 개월 안에 옹호자들은 어떻게 MOOC가 고등교육과 평생학습에 혁명을 일으킬지를 놓고, '세 가지 커다란 도전'이라는 표현을 사용하며 다음과 같은 인상적인 주장을 펼쳤다.

첫째, 새로운 세대의 온라인 제공자들이 주도하는 가운데 MOOC가 고등교육 제공 모델을 변혁할 것이다. 2013년 초 파괴적 혁신 이론을 내세우면서 명성을 쌓은 하버드 경영대학원 교수 클레이턴 크리스텐슨은 15년 안에 "아마도 대학의 절반이 파산할 것이라"고 경고했다. 그러면서 모든 지역 대학의 생물학 입문 강좌가 일류 대학 스타 교수들이 가르치는 생물학 기초 강좌 한두 개로 대체되리라고 예측하며 우려를 나타냈다. 디지털 서비스 제공자들과 협력자들이 교과과정 전반에 걸쳐 개설하는 대형 강좌는 규모의 경제 덕택에 강좌의 품질과 가격 측면에서 어떤 지역 기관보다 뛰어난 경쟁력을 갖출 것이다. 유다시티의 서배스천 스런은 50년 안에 살아남을 고등교육기관은 열 곳이고, 유다시티가 그중 하나일 수 있다고 추측했다.[4]

둘째, MOOC는 전 세계적으로 고등교육에 대한 접근을 극적으로 확대할 것이다. 2012년 테드 강연에서 코세라의 공동 설립자인 대프니 콜러Daphne Koller는 자신의 사명을 "최고 대학의 최고 강사가 가르치는 최고 강좌를 세계 모든 사람에게 무료로 제공하는 것이다"라고 설명했다. 또 온라인 강좌 자료를 무료로 제공하고, 강좌를 성공적으로 수료한 시점에서 공인 수료증을 받고 싶은 사람에게는 약간의 수강료를 부과할 계획이라고 덧붙였다. 그러면 수강생들은 일류 대학의 명성에 걸맞은 새로운 수료증을 획득할 수 있는 동시에 코세라는 투자자와 협력 대학에 수백만 달러를 돌려줄 수 있을 것이었다. 전통적인 고등교육기관에 접근하지 못하는 전 세계 여러 지역의 학생들, 지나치게 바빠서 학교 풀타임 학생으로 들어갈 수 없는 전문직 종사자들이 엄청난 수의 온라인 학습자 집단을 형성할 것이다.[5]

셋째, MOOC는 연구와 지속적인 반복을 통해 더욱 매력적이고 효과적인 학습경험을 제공할 것이다. MOOC는 대학 교수진의 길고 지루한 강의 대신 능동적인 학습용 연습문제를 섞은 짧고 산뜻한 영상을 사용할 것이다. 온라인 학습 플랫폼으로 생성된 방대한 행동 데이터가 인간 학습의 근본에 관한 새로운 연구를 촉진할 것이다. 그 결과 얻은 통찰은 강의 설계를 더욱 향상시키는 방향으로 쓰일 것이다. 콜러는 MOOC가 "인간 학습 연구를 가설 주도형에서 생물학에 대변혁을 일으킨 데이터 주도형으로 전환할 것이다"라고 추측했다.[6]

세 가지 도전은 MOOC가 대학을 움직였던 과거 시스템의 비효율성을 일소하는 미래를 제시했다. 고등교육 연구자들은 때로 비용, 접근성, 품질이라는 "철의 삼각"을 언급하는 방식으로 고등학교 이후 교육의 향상이라는 도전을 설명한다. 비용 절감, 접근성 확대, 품질 향상을 포함해 한 측면에서 기울이는 노력은 일반적으로 다른 두 측면 중 하나 이상에 부정적인 영향을 미친다. 하지만 MOOC는 세 가지 측면 모두에 긍정적인 영향을 미칠 수 있다고 약속했다. 디지털화한 강의와 컴퓨터 평가를 갖추면 교수진의 값비싼 노동력을 절감하면서 비용을 낮출 수 있다. 수강자가 관료주의적 장벽을 통과할 필요도 없고, 비싼 수업료를 지불할 필요도 없으며, 심지어 교실에 실제로 앉아 있을 필요도 없으므로 접근성이 증가할 것이다. 또 일류 기관과 제휴하고, 기술을 혁신한다면 결과적으로 품질을 향상시킬 수 있다.

하지만 이러한 극적인 변화는 아직 일어나지 않고 있다. MOOC는 고등교육을 변혁하는 대신에 기존 고등교육 시스템에 흡수되고 있으며, 지금은 주로 전문 석사학위와 경영교육 프로그램의 기존 인프라를 보완하는 기능을 수행하고 있다. 어째서 세 가지 야심찬 예측이 실현되지 못했는지, 과연 무엇을 달성했는지 파악하려면, MOOC의 교육학적·기술적 토대를 철저하게 파고들어 MOOC의 능력과 한계를 밝혀내야 한다.

새로운 기술, 오랜 교육학

새로운 학습 기술이 도입될 때 터져 나오는 열광을 감안할 때, 에듀테크를 평가하는 가장 유용한 방법의 하나는 "무엇이 정말 새로운가?"라고 정기적으로 묻는 것이다. 새로운 제품과 시스템을 구성하는 대부분의 요소에는 기나긴 역사가 있으며, 새로 진입하는 사람들이 진정으로 새로운 혁신을 제공하는 경우는 흔하지 않다. MOOC가 고등교육을 어떻게 혁신하려고 노력했는지 평가하기 위해 밟을 수 있는 첫 단계는 오래된 것과 새로운 것을 탐구하는 것이다.

'인공지능 개론'을 개발할 당시에 스런과 노빅에게 가장 크게 영향을 미친 것은 칸아카데미였다. 2000년대 중반 보스턴 헤지펀드 기업에서 수석 분석가로 일하던 살만 칸은 루이지애나에 사는 어린 사촌을 도와주기 위해 수학 개인지도 영상을 만들기 시작했다. 영상의 제작 방식은 단순했다. 검은 스크린에 방정식을 쓰고 메모하면서 자신이 무엇을 하고 있는지, 왜 하고 있는지를 낮은 목소리로 설명했다. 시청자들은 칸의 얼굴을 볼 수 없었고 영상의 초점은 수학에 맞춰져 있었다.

칸아카데미의 플랫폼은 교육용 영상과 연습문제를 모두 포함했지만, 2010년대 초 웹사이트는 영상과 연습문제를 분리했다. 하지만 '인공지능 개론' 강좌는 영상 개인지도와 연습문제를 한데 묶었다. 노빅과 스런은 칸과 마찬가지로 5~10분짜리 영상으로 콘텐츠의 일부를 설명했지만, 칸과 달리 영상을 마치고 나서 대부분 객관식 문제이거나 단답형 문제로 구성된 연습문제 몇 가지를 제시하고 학생들에게 대답하게 했다. 학생들은 이러한 유형의 수업을 몇 차례 듣고 나서 더욱 긴 프로그래밍 과제를 완성해 온라인으로 제출했다. 학생들이 제출한 프로그램은 과제 목적을 달성했는지를 근거로 컴퓨터 프로그램을 돌려 채점됐다.

또 질문거리가 생기거나 학습하다가 어려운 점에 부딪혔을 때 수강생이 서로 질문하고 대답할 수 있는 토론 게시판을 만들었다. 이때 일반적인 형식은 앤드류 응이 코세라에서 강의한 기계학습 강좌와 아난트 아가왈이 MITx에서 처음 강의한 회로와 전자공학 강좌에서 빌려왔다.

이처럼 강의를 기반으로 하는 교육학적 접근 방식의 역사는 수천 년 전으로 거슬러 올라간다. 우선 교수와 학습에는 두 가지 주요 접근 방식이 있다. 1세기 그리스 철학자 플루타르코스가 〈경청에 관하여On Listening〉라는 글에서 썼듯, "교육은 양동이를 채우는 일이 아니라 불을 붙이는 일이다". 물론 교수와 학습 이론은 이처럼 단순한 이분법보다 한없이 복잡할 수 있지만, 양동이를 채우거나 불을 피운다는 두 가지 관점은 학교교육과 학습의 역사 내내 다양한 가면을 쓰고 등장한다. 역사학자 엘런 라그만Ellen Lagemann은 이 두 개념을 미국이라는 상황에 맞춰 이렇게 요약했다. "에드워드 손다이크Edward L. Thorndike가 승리하고 존 듀이가 패배했다는 사실을 깨닫지 못하면 20세기 미국 교육사를 이해할 수 없다."[7]

20세기 미국에서 철학자 존 듀이는 불씨의 수호성인이 되었다. 듀이는 "따라서 교육은 삶의 과정이지, 미래의 삶을 준비하는 과정이 아니다"라는 유명한 말을 남겼고, 수습 기간 시스템, 학문 간 학습, 학교를 넘어선 세상과의 연결을 강조하는 교육 접근 방식을 옹호했다. 교육 연구자들은 이러한 교육학 형태를 포괄적으로 표현하기 위해, 개인이 학습 커뮤니티라는 맥락 안에서 기존 논리로부터 새로운 논리를 구축한다는 개념인 사회적 구성주의Social Constructivism를 사용했다.[8]

에드워드 손다이크는 존 듀이보다 유명하지 않지만 교육에 대한 그의 접근 방식은 쉽게 알 수 있다. 손다이크는 사회학, 정치학, 경제학, 기타 사회과학을 형성한 긍정주의 전통이라는 맥락에서 교육도 과학으로 조직될 수 있었다고 믿었다. 또 학습을 정확하게 측정할 수 있다고 생각하면서 표준화 테스트와 지능 테스트를 초기에 개발하고 옹호했다. 이러한 학습 척도를 활용함으로써 전문가에서 초보자로 지식이 직접 옮겨가는 최적의 관행을 표준화하고 과학적으로 평가할 수 있었다. 손다이크의 사고를 계승한 '양동이를 채우는' 지적 후계자들의 사고를 아우르는 단일 용어는 없지만, 해당 개념을 유용하게 나타내는 용어로 교수주의Instructionism가 있다. MOOC 개발자들은 분명한 교수주의자들이다.[9]

새 교육 기술은 이러한 근본적인 교육학적 개념을 거의 혁신하지 않고 오히려 재현한다. 1980년대 이후 온라인 강좌를 진행해온 교육자들과 연구자들은 원격 학습자들에게 향상된 교육학적 경험을 제공한 새 MOOC는 거의 없었다고 주장했다. 대부분의 강좌는 연극 촬영으로 사업을 시작했던 초기 영화 시대로 거슬러 올라가, 교수의 강의를 녹음하는 데 그쳤다. MOOC 옹호자들은 강의와 교육학을 혁신하는 것보다는 분배를 혁신하는 데 비중을 두었다. 심지어 온라인 보급을 위한 MOOC 기술조차도 이미 과거에 견고하게 뿌리를 내렸다.[10]

MOOC의 주요 구성 요소 세 가지

:

에드엑스, 코세라, 유다시티, 기타 MOOC 제공자를 지원하는 근본적인 기술은 학습관리시스템Learning Management System, LMS으로, 강사가 순서에 따라 학습자원을 배열하고 학습자에게 전달할 수 있는 플랫폼이다. 2012년에 이르자 학생들이 가정에서 온라인 자료에 접근할 수 있고, 온라인 강좌를 원활하게 수강할 수 있도록 학습관리시스템이 고등교육 전반에 널리 사용되었다. MOOC 플랫폼은 이러한 학습관리시스템에 두 가지 구성 요소, 즉 직접 판매storefront와 자동 채점autograder을 추가했다.

학습관리시스템

학습관리시스템의 본질적인 목적은 온라인으로 교육 콘텐츠를 구성하는 것이다. 학습관리시스템은 1960년대와 1970년대 학술 문헌에서 처음 인용되기 시작했다. 최초로 상업적 성공을 거둔 제품은 1987년 출시된 블랙보드Blackboard였고, 최초로 광범위하게 채택된 오픈소스 학습관리시스템은 2002년 선보인 무들Moodle이었다. 초창기 학습관리시스템은 강의 개요, 독서 자료, 기타 강좌 자료를 저장하고 배포하는 공간을 제공하는 도구로 쓰였다. 시간이 지나면서 드롭박스를 제공하기 시작하자 학생들은 사이트에 과제물을 업로드하고, 강사들은 과제를 채점하고 돌려줄 수 있었다. 이 밖에도 토론 게시판을 제공해 동료와 상호작용하는 주요 수단으로 활용했다. 결정적으로 학습관리시스템은 프로그래밍 경험이 전혀 없는 교수진도 강좌 사이트를 만들 수 있도록 저작 도구 세트를 제공한다. 교수진은 콘텐츠를 끌어다 놓고, 플러그인을 사용해 양식과 텍스트 상자를 채우는 방식으로 HTML, CSS, 자바스크립트를 한 줄도 쓰지 않고 강좌를 웹에 올릴 수 있다.[11]

학습관리시스템은 지루하다. 파이프, 전선, 도로, 인증 프로토콜 같은 급의 인프라에 속하고, 대부분 눈에 띄지 않지만 일상적인 경험에 반드시 필요하다. 하지만 주로 균질화를 통해 사람들의 학습경험을 형성하는 데 강력하게 작용한다. 블랙보드, 무들, 디자이어투런Desire2Learn, 스쿨로지Schoology, 하이쿠Haiku, 에드모도Edmodo, 캔버스Canvas 등 선택지가 수십 개 있지만 성격은 대체로 같다. 학습관리시스템은 특징 융합의 속성을 보여서 한 기업이 개발하는 모든 혁신적인 특징을 경쟁사들이 재빠르게 모방한다. 일단 학교와 대학에서 학습관리시스템을 채택하면 정보기술부서 관리자들이 강사용 강좌 템플릿을 만든다. 이러한 템플릿에는 강의계획서, 주간 독서 자료, 주간 과제, 토론 게시판, 보충 독서 자료 등이 포함된다. 결과적으로 한 기관이 개설한 강좌들의 온라인 구성 요소는 학습 내용이 시든, 단백질이든 대부분 상당히 비슷하다.[12]

이러한 조직 구조 때문에 MOOC는 에드엑스나 퓨처런FutureLearn처럼 단일 플랫폼을 사용하는 강좌들 전반이나 플랫폼들 사이에서도 극도로 비슷한 특징을 보인다. 예를 들어 모든 에드엑스 강좌는 장으로 구성되고, 장은 하위 단위인 "수평항horizontals"으로 구성되며, 다시 학습 객체로 이루어진 페이지를 스크롤해 볼 수 있는 "수직항verticals"으로 세분된다. 원래 모든 수강생은 에드엑스 내비게이션 시스템을 이용해 장, 수평항, 수직항을 거치면서 강사가 유도하는 경로를 따라 선형으로 이동한다. 교육 설계자들은 다른 교육학적 설계를 하기 위해 에드엑스 학습관리시스템 주위를 열성적으로 탐색하지만, 대부분의 강사는 강사를 통한 공식적인 콘텐츠 보급을 강조하는 선형 학습설계를 따르면서, 획득한 지식을 정량적으로 측정하는 평가를 수행한다.[13]

직접 판매

MOOC은 종래의 학습관리시스템에 덧붙여 두 가지 혁신을 제시했다. 첫째, 비즈니스 운영을 혁신했다. MOOC는 사람들이 강좌에 등록할 수 있도록 "직접 판매"를 추가했다. 이것은 과거에 많이 실행하지 않았을 뿐 기술적으로 특별히 어려운 일이 아니었다. 예전부터 학생들은 대학에 등록하고, 대학 안에서 교무직원을 통해 수업을 신청하고, 그 후에 강좌 학습관리시스템에 접근할 수 있도록 승낙을 받았다. 일류 대학에서는 한 강좌만 선택할 수 없어서 1년 치 강좌를 구매하고, 학생 기숙사에서 생활하고, 식권을 사서 식사를 해결해야 했다. 하지만 이제는 코세라, 유다시티, 에드엑스 덕택에 세계 어디서든 누구나 온라인 강좌에 직접 등록하고, 대학에 입학하거나 교무직원을 통하지 않고서도 강좌 학습관리시스템에 접속할 수 있다. 전 세계적으로 수백만 인구가 대학에 공식적으로 입학하지 않은 상태에서 가볍게 무료 강좌를 들어보는 것에 관심을 갖게 됐다.[14]

자동 채점

다음으로 MOOC는 학습관리시스템의 전통적인 특징에 덧붙여서 자동 채점 기능을 제공한다. 수십 년 동안 학습관리시스템은 객관식 문제, 빈칸 채우기 문제 같은 매우 간단한 평가 항목에 추가해서, 학생들이 보고서를 제출할 수 있는 드롭박스를 포함한 수단, 실험, 문제 세트, 기타 복잡한 과제 등을 제시했고, 제출된 과제는 사람의 손을 빌려 채점했다. 하지만 일단 온라인 강좌가 대량으로 등장하자 이러한 모델은

언택트 교육의 미래

미흡했다. 인공지능 개론 강좌 하나에 16만 명 이상이 등록하기 때문에 학생들이 제출하는 과제를 교수가 모두 평가하는 것이 불가능했다. 따라서 컴퓨터 프로그램을 돌려 채점해야 했다.

일부 분야에서 교육자와 기술 개발자가 수강생의 복잡한 수행을 자동으로 평가하는 시스템을 개발하는 데 커다란 진전을 보였다. 컴퓨터 과학자들은 다양한 차원에서 수강생 프로그램의 질을 평가할 수 있는 도구를 개발하고 있다. 과제 제출물이 엔지니어링 요구 조건을 충족하는가? 그래서 "헬로 월드"(Hello World, 컴퓨터를 배우는 모든 학생은 처음 배우는 프로그램을 돌려서 '헬로 월드'를 출력한다 — 옮긴이)를 화면에 띄울 수 있는가? 철자가 잘못된 단어를 정확하게 식별할 수 있는가? 프로그램을 얼마나 빨리 가동할 수 있는가? 몇 줄의 코드가 필요한가? 개발자가 서로 협력할 수 있도록 코드가 구문, 들여쓰기, 기타 기능 면에서 설계 사양을 충족하는가?[15] 물리학과 수학을 포함한 다른 정량적 학문에서도 문제해결 단계를 잘 정의한 경우에는 자동 채점 기능을 개발하고 있다. 첫 MITx 강좌인 '회로와 전자공학'을 구성하는 결정적으로 중요한 부분은 학생들이 특정 엔지니어링 과제를 수행하기 위해 전선, 조명, 축전기, 트랜지스터, 기타 요소를 연결하는 데 사용할 수 있는 회로 시뮬레이터였다. 이러한 전기적 구성 요소 이면에 작용하는 물리법칙이 잘 이해되어 있고, 이러한 구성 요소가 예측 가능하고 일관성 있게 작용하므로 시뮬레이터는 학생들이 문제에 대해 정확한 해결책을 생각해냈는지 아닌지 객관적으로 판단할 수 있다.[16]

하지만 컴퓨터로 인간의 복잡한 수행을 타당하게 평가할 수 없는 연구 분야가 여전히 많다.[17] 대부분의 조건 아래서 컴퓨터는 보고서나 단답형 과제에 적힌 비구조적 본문을 효과적으로 평가할 수 없다(7장에서는 컴퓨터가 이러한 작업을 수행할 가능성이 있는 몇 가지 조건을 설명할 것이다). 증거를 토대로 추론하는 방법을 가르치는 것이 고등교육이 추구하는 주요 목표의 하나이고, 이 추론을 입증하는 주요 방법은 보고서나 이와 비슷한 쓰기 과제를 통해 이루어진다. 그러므로 과제 제출물을 자동으로 채점할 수 없으면 결정적으로 강사 주도 온라인 학습이 제한된다. MOOC 개발자들은 과제 제출물의 자동 채점과 동료 채점을 사용해 몇 가지 흥미로운 실험을 실시했지만, 대개 두 시스템은 번거롭고 신뢰성이 떨어지는 것으로 밝혀졌다. 보고서 자동 채점 시스템을 가동하려면, 기계가 도맡아 실시하기 전에 과제 제출물 견본 수백 개를 수작업으로 채점할 수 있도록 광범위한 인적 교육이 필요하다. 동료 채점 시스템에서는 학생들에게 보고서 쓰는 과제를 부과하면서 4~5명의 다른 참가자들에게 동료의 과제 제출물을 읽고 피드백을 주라고 요구해야 한다. 하지만 MOOC 제공자 가운데 이러한 시스템을 지속적으로 실험하는 곳은 거의 없다. 다른 영역보다 자동 채점을 사용해 학생의 수행을 좀 더 신뢰성 있게 평가할 수 있는 영역이 있으므로, MOOC는 그러한 범위 안에서 수료증 취득용 학습을 제공하기에 더 적합할 것이다.[18]

MOOC가 출현하기까지 20년 전부터 사용되었던 학습관리시스템은 열렬한 MOOC 지지자들이 예측한 세 가지 획기적인 혁신, 즉 접근 확대, 시스템 변혁, 데이터 기반 연구를 통한 보다 나은 교수활동을 이끌어내지 못했다. 이러한 사실은 MOOC에 관해 조사할 때 유용하게 작용한다. 이제 오래된 것이 무엇인지 파악했으므로 새로운 것에 초점을 맞출 수 있기 때문이다. 주요 혁신 사항인 직접 판매와 자동 채점이 MOOC의 커다란 세 가지 도전을 실현시킬 수 있을까?

교육 모델 혁신을 위한 MOOC의 도전

2012년 수백만 명이 MOOC 화면을 최초로 클릭했을 당시만 해도 고등교육 제공 모델을 변혁하는 MOOC의 첫 도전이 실제로 성과를 거두는 것처럼 보였다. 전 세계 학생들이 MOOC 제공자들을 통해 단일 강좌를 수강할 수 있고, 장래의 고용주들에게 제시할 수 있는 수료증을 취득할 수 있었다. 하지만 이 모델에서 두 가지 문제가 발생했다. 첫째, 강좌를 등록했지만 실제로 수료한 학생은 상대적으로 소수였다. 둘째, 비학위 수료증의 가치가 여전히 애매했다. 관료주의적 입학 절차를 무시한다는 말은 학술 기관과 공식적인 관계를 맺을 때 생성되는 합법성을 포기한다는 뜻이었다. 결과적으로 MOOC 옹호자들이 생각해낸 직접 판매를 통한 새로운 교육 전달 모델은 더욱 단단히 뿌리를 내리고 있는 기존의 고등교육 시스템을 넘어설 수 없었다.

　MOOC 옹호자들이 새로 개설한 강좌에 엄청난 수의 수강생이 등록하고 있다고 강조하자, 연구자, 언론인, 비평가들은 논리적인 후속 질문으로 "강좌를 실제로 수료하는 사람은 몇 명인가?"라는 의문을 던졌다. 초기 연구 보고서를 보면 MOOC의 수료율은 일반적으로 5퍼센트 안팎이었다. 이러한 수치가 얼마나 현실적인지를 둘러싸고 논쟁이 벌어졌다. 사람들이 일요판 뉴욕 타임스를 전부 읽지 않고 일부만 골라 읽듯, 강좌를 수료하지 않는 상태에서 온라인 학습을 부분적으로 여유롭게 시도해도 아마 괜찮을 것이다. 하지만 추가로 연구한 결과를 보면 열심히 공부하는 수강생조차도 강좌를 수료하지 못하는 경우가 많았다. 조사에서 강좌를 수료할 의향이 있다고 대답한 수강자 가운데 약 20퍼센트만 목표를 달성했고, 수료증을 취득하려고 수강료를 지불한 사람들의 수료율은 약 50퍼센트였다. MOOC 옹호자들은 이러한 수치가 다른 비선택형 고등교육 환경과 다르지 않다고 주장했고, MOOC 비판자들은 대부분의 수강생이 목표를 달성하지 못했다고 주장했다. 교육학적 고려는 제쳐두더라도 낮은 수료율은 수료증 기반 사업 모델의 성장을 위협했다. 수료증을 취득하지 못한 고객들은 후속 강좌를 수강할 비용을 지불하지 않을 가능성이 컸기 때문이다.[19]

게다가 MOOC 수료증의 가치가 불분명했고, 고용주들이 직원을 고용하거나 승진시킬 때 수료증을 유의미한 규모로 인정한다는 증거가 광범위하게 나타나지 않았다. 연구자들이 MOOC 수료증 소지자 60명을 조사한 결과에 따르면, MOOC 수료증의 가치에 대한 수강생들의 생각은 엇갈렸다. 현재 고용주나 잠재 고용주와 대화할 때 수료증이 가치 있는 학습의 증거로 작용했다고 설명하는 수강생도 있었고, 학습은 가치가 있었지만 수료증은 의미가 없었다고 단정적으로 말하는 수강생도 있었다. 수료증의 가치에 대한 의문을 가장 잘 드러낸 예로서, 몇 년 후 MOOC 제공자들은 좀 더 친숙한 접근방식을 사용해서 학생들의

언택트 교육의 미래

수료를 입증했다.[20]

개별 강좌를 수료하는 학생 수가 상대적으로 적고, 수료증의 가치가 의심스러운 상황을 맞이한 MOOC 제공자들은 개별 강좌에서 더욱 포괄적인 프로그램 쪽으로 방향을 틀었다. 최초로 이러한 행보를 보인 유다시티는 조지아공과대학과 AT&T와 협력 관계를 맺고, 최초의 MOOC 기반 학위 프로그램으로 컴퓨터공학 온라인 석사과정을 신설했다. 조지아공과대학은 AT&T가 투자한 자금 200만 달러를 기반으로 온라인 강좌 30개를 개설했다. 첫해에 380명이 등록하고, 2019년까지 매년 2,000명 이상이 등록했다. 미국에서 컴퓨터과학으로 석사학위를 받는 사람이 매년 만 명 조금 넘는 것을 고려할 때 상당히 의미 있는 숫자다. 온라인 강좌를 수료해 학위를 취득하는 비용이 7,000달러에 불과하고, 졸업에 성공한 학생들은 높은 평판을 구축하고 있는 조지아공과대학의 정규 프로그램 졸업생들과 똑같은 학력을 인정받는다. 증거를 검토해본 결과 정규 학위 프로그램에 지원하지 않은 일선 전문가들이 이 프로그램에 등록했다. 학생들은 한 학기에 몇 강좌만 수강하면서 6년 안에 프로그램을 수료할 수 있으므로, 전산학부 학장이 중퇴율을 연간 약 40퍼센트로 추정하기는 했지만, 이 책을 쓰는 시점에서도 중퇴율은 여전히 불분명하다. 코세라, 에드엑스, 퓨처런도 온라인 전용 석사과정을 제공하고 있지만 조지아공과대학과 비교했을 때 등록학생 수가 적고, 대부분 학비가 더 비싸고, 관심과 연구 흥미도 더 끌지 못하고 있다.[21]

일부 MOOC 제공자들은 단일 강좌 수료증 제공과 석사학위 제공 사이의 중간 경로를 실험하고 있다. 에드엑스는 새 프로그램인 마이크로매스터MicroMaster를 만들어서, 학생들이 일련의 MOOC 강좌를 수료하고 때로 감독관이 입회한 시험을 통과함으로써 온라인 강좌 수료증을 획득할 수 있는 길을 열었다. 학생들은 이 수료증을 가지고 오프라인 학위나 온라인 학위를 취득할 수 있는 학점을 신청할 수 있다. 예를 들어 MIT의 공급망 관리 프로그램 과정을 수료해 마이크로매스터를 취득한 사람은 MIT나 사라고사대학 같은 협력 대학의 캠퍼스에서 한 학기만 수료하면 온라인 석사학위를 속성으로 취득하는 과정에 지원할 수 있다. 새로운 혼합 프로그램을 시행한 첫해에 MIT는 전통적인 1년 석사과정에 약 40명을 받았고, 마이크로매스터를 수료하고 학위를 취득하기 위해 캠퍼스에서 한 학기를 출석한 학생 40명을 받았다. 프로그램 개발자들은 혼합 프로그램 학생들이 온라인 강좌 수강에 잘 적응하고, 봄 학기 동안 정규과정 학생들보다 조금 더 높은 성적을 받았다는 사실을 알고 만족해했다.[22]

2019년 에드엑스는 마이크로매스터 프로그램을 50개 이상 만들었다. 전문대학 학위가 학사학위를 딸 수 있는 디딤돌이 될 수 있듯 마이크로매스터가 좀 더 적은 비용으로 좀 더 완전한 석사학위를 취득할 수 있는 디딤돌이 되는 것을 목표로 삼았다. 두 가지의 결정적 차이는 전문대학 학위가 고등교육으로 진입하는 시작점인 반면에, 마이크로매스터는 이미 고등교육을 받은 사람들이 교육을 확장하는 지점으로 보이는 것이다. MIT의 마이크로매스터 프로그램에서 수료증을 취득한 학생의 대다수와 석사학위를 취득할 목적으로 학업을 계속한 학생의 대다수는 이미 첫 석사학위를 취득하고 두 번째 석사학위를 취득하는 과

정을 밟고 있었다.[23]

MOOC 제공자들은 이러한 학위와 프로그램 이외에도 기업을 대상으로 사내 전문성을 개발하는 강좌도 개설했다. 일부 경우에 기업은 직원에게 강좌 수강 기회를 열어주고, 때로 MOOC 제공자들과 협력해 사내에서 사용할 수 있는 새로운 프로그램을 개발했다. 예를 들어 유다시티는 기술 분야 고용주들과 손을 잡고 비학점 기술 수료증을 받는 나노학위nanodegree 과정을 개발했다. 또한 유다시티는 IBM, 아마존알렉사Amazon Alexa와 협력해 자연어 처리 나노학위를 개발했다고 광고했다. 사설 교육 분야에서 이루어지는 이러한 시도들은 거의 연구되지 않고 있지만, 예를 들어 "마이크로소프트 인증" 기술자 프로그램처럼 기술 기업들이 수년 동안 제공하고 있는 비학위 인증 프로그램과 유사하다.[24]

MOOC 기반 학위, 마이크로마스터, 기업 교육 프로그램의 공통점은 학습자가 대학이나 고용주와 맺는 공식적이고 관료적인 관계의 가치를 인식한다는 것이다. MOOC 제공자들은 비용을 지불하고 교육 서비스를 받을 의향이 있는 사람들이 단순히 개별 강좌의 수료증에 그치지 않고 외부에서 인정하는 수료증을 받고 싶어 한다는 사실을 깨달았다. 강좌 기반 MOOC는 더욱 높은 단계의 교육을 받기 위한 새로운 경로가 되기보다는, 사람들이 학위 프로그램이 어떤 것인지 탐색하기 위해 시험 삼아 들어보는 예고편에 더 가깝다.[25]

10년이 채 안 되는 기간에 MOOC 제공자들은 파괴적 혁신 세력으로 보이기보다는, 고등교육 분야에 잘 뿌리를 내린 온라인프로그램관리자online program manager, OPM에 더 가까워 보였다. 피어슨엠바넷Pearson

Embanet, 와일리교육서비스Wiley Education Services, 2U 같은 기업은 세간에 거의 알려지지 않았지만 20년 동안 고등교육 분야에서 온라인 학습을 확장하며 막후를 주도해왔다. 내가 처음 온라인프로그램관리자를 마주한 것은 2006년이었다. 당시 나는 '최고의 역사 사이트'로 불리는 교사 대상 소형 웹사이트를 운영하고 있었다. 어느 날 엠바넷의 대표가 내게 전화해 노리치대학에 개설된 군사역사 전공 온라인 석사과정의 사이트에 광고를 올릴 수 있겠느냐고 물었다. 대화를 이어가던 중 엠바넷이 마케팅 기업이냐는 질문을 받자 대표는 자사의 사업 범위는 그보다 훨씬 넓다고 설명했다. 엠바넷은 마케팅, 입학, 교육 설계, 강의 등 대학의 온라인 학위 프로그램을 구성하는 모든 요소를 포괄하고, 대학 브랜드 아래 이러한 기능을 수행한다고 말했다. 온라인프로그램관리자들은 이후에 등록한 학생들에게 받는 등록금의 일부를 새로운 프로그램의 개발 비용으로 미리 지불함으로써 더욱 쉽게 자금을 조달했다. 2017년 코세라에 CEO로 합류한 제프 매기온칼다Jeff Maggioncalda는 2U와 같은 온라인프로그램관리자들이 개척한 흔적을 따라가고, 온라인 학위 프로그램을 실행할 수 있도록 대학을 지원하는 것이 자사의 전략이라고 명확히 밝혔다.[26]

고등교육의 사업 모델을 근본적으로 바꾸리라는 MOOC의 커다란 첫 도전은 여전히 실현되지 않았다. 일부 기관들이 앞으로 몇 년 안에 문을 닫을 것은 의심할 여지없는 사실이지만, 2028년까지 모든 대학과 대학교의 절반이 사라질 것 같지는 않다. 또 폐쇄되더라도 그것은 저비용 MOOC 제공자들이 파괴적인 경쟁을 벌이기 때문이 아니라 공공

자금 감소, 세계적인 불황, 인구통계상 변화 때문일 가능성이 더 크다. MOOC는 세계를 정복하지 않았지만 그렇다고 파산하지도 않았다. 대신에 온라인프로그램관리자나 경영 수업처럼, 지난 20년 동안 고등교육 분야에서 온라인 학습의 역사에 익숙한 사람들이 인식할 수 있는 형식과 사업 모델을 채택하며 앞으로 나아가고 있다.

새로운 직접 판매 전략은 고등교육에 혁명을 일으키지 않았다. 하지만 미래에는 MOOC가 보수적이고 복잡한 고등교육 시스템 안에서 특정한 틈새를 차지할 것이다. MOOC가 미치는 영향은 컴퓨터과학 대 인문학, 전문학교 대 대학, 선진국 대 개발도상국, 처음으로 학위를 취득하려는 사람 대 이미 학위를 취득한 사람의 사례마다 다를 것이다. 만약 직접 판매가 MOOC를 원활하게 운용하는 요소가 아니라면, 자동 채점은 어떨까? 어떤 학생이 자동 채점 기능을 갖춘 자기주도적 온라인 학습환경에서 성공할 수 있을까? 또 어떤 분야가 자동 채점에 적합할까?

MOOC 학습자와 강좌의 다양성과 동질성

MOOC를 열렬하게 지지하는 팬들이 생각하는 두 번째 커다란 도전은, MOOC의 저렴한 가격과 온라인 형식 덕택에 다양한 생활환경 출신의 전 세계 학습자들에게 고등교육에 접근하는 길을 확장시켜주리라는 것이다. 사실 세계 거의 모든 국가의 사람들이 MOOC에 등록해왔다. 하지만 이러한 강사 주도 학습, 자기진도학습에 성공한 사람들은 전형적으로 이미 교육을 받았고, 강력한 자기조절학습능력을 갖춘 부유한 학습자들이다. 자동 채점을 채택한 강좌의 경우에는 학습자가 자신만의 시간과 속도로 수강할 수 있지만, 사업의 규모를 감안할 때 학생들이 혼자 진행하거나 자신만의 학업 지원 출처를 찾아야 한다.

2013년 〈뉴욕 타임스〉는 '울란바토르의 천재 소년'으로 유명한 바투시 미안간바야르Battushig Myanganbayar의 이야기를 특집으로 다뤘다. 몽골에서 고등학교에 다니는 미안간바야는 회로와 전자공학에 관한 첫 MITx MOOC에서 만점을 받고 나중에 MIT에 입학허가를 받았다. 해당 기사의 핵심은 문명의 변방에 있던 한 소년이 MIT의 관대한 태도와 인터넷이라는 마법 덕택에 상아탑의 중심부에서나 찾을 수 있는 가장 풍부한 학습자원에 접근할 수 있었다는 것이다. 하지만 실제 상황은 기사 내용과 약간 다르다. 미안간바야가 다니는 남학교의 교장은 몽골에서 최초로 MIT를 졸업한 사람이었다. 그는 한 스탠퍼드대학 대학원생을 고용해 몇 달 동안 고등학교 물리 수업에서 MITx MOOC를 보충하게 했다. 해당 사례를 보면 두 가지 해석이 가능하다. 하나는 MIT가 MOOC를 통해 전 세계 학생들에게 다가갈 수 있다는 것이다. 다른 하나는 MOOC를 통하지 않더라도 MIT 졸업생들이 전 세계 모든 학교에서 교장이 된다면 MIT가 전 세계 학생들에게 다가갈 수 있다는 것이다. 이처럼 인과관계는 뚜렷하게 가늠할 수 없을 때가 많다.[27]

MOOC 수강생 중에는 미안간바야처럼 탁월한 어린 학생들도 있지만, 대부분 나이가 더 많고, 이미 학사학위나 그 이상의 학위를 보유하고 있으며, 노동시장에 진입해 있다. MOOC에 등록한 수강생을 대상으로 강좌의 성공적 수료를 예측할 수 있는 매우 강력한 두 가지 변수는, 사회과학자들이 말하는 사회경제적 지위(사회자본과 금융자본에 접근하는 수단)와 자기조절학습 전략을 수행하는 숙련도다.

하버드엑스와 MITx를 통해 학습자들에 대해 수집한 상세 자료에 따르면, MOOC 등록자의 80퍼센트는 세계에서 가장 부유한 국가 출신이다. 저개발국가의 학습자들은 자국에서 가장 교육수준이 높은 인구에 속하는 경향이 있다. 초기에 《네이처》에 실린 〈온라인 교육: 교육받은 소수가 등록하는 MOOC〉라는 제목의 논문은 코세라 강좌 관련 데이터를 제시하면서 학습자의 80퍼센트가 학사학위, 44퍼센트가 석사학위를 보유하고 있다고 설명했다. 에드엑스에 관한 후속 연구도 비슷한 참여 유형을 밝혀냈다. 미국에서 하버드엑스와 MITx에 등록한 학생들은 표준편차가 일반 미국인보다 약 절반 수준으로 부유한 지역에 거주한다. 에드엑스 등록자들이 거주하는 지역은 가장 가난한 동네부터 가장 부유한 동네까지 아우르지만, 하버드엑스와 MITx 등록자의 소득분포는 미국인 평균보다 높다. MOOC는 누구나 진입할 수 있는 기회의 문을 열었지만, 그 문을 통과하는 사람들은 대부분 재정적으로나 학문적으로 이미 부유하다. 게다가 학생들이 일단 한 강좌에 등록한 뒤에는 생활수준이 수료 여부를 예측할 수 있는 좋은 척도가 된다. MOOC 연구자들은 가장 부유한 국가의 학습자들이 가장 가난한 국가의 학습자들보다 강좌를 수료할 확률이 훨씬 높고, 심지어 개인의 교육수준과 기타 요소들에 영향을 받는 "글로벌 성취 격차"를 확인했다.[28]

미국에서 사회경제적으로 혜택 받지 못하는 학부생 집단을 대상으로 MOOC 이용 실험을 실시하고 얻은 결과는 실망스러웠다. 2012년 유다시티는 산호세주립대학과 손을 잡고 대면 수학 보충 강좌를 MOOC로 대체했는데, 수료율이 오프라인 강좌를 듣는 학생들보다 훨씬 낮은 참담한 결과를 얻었다. 노련한 고등교육 관찰자들은 녹화 영상과 자동 채점용 연습문제를 활용해서 교수진의 노동력을 자동화하는 것이 학습과 교육에 대한 근본적인 사회적 계획이라는 복잡한 난제를 해결할 수 있을지 질문을 던졌다. 2015년 애리조나주립대학은 에드엑스와 제휴해 글로벌신입생아카데미Global Freshman Academy를 설립했다. 학생들이 MOOC에서 입문 강좌를 듣고 나서 돈을 지불하면 애리조나주립대학 학위 과정으로 학점을 옮길 수 있는 프로그램이었다. 2019년 말까지 35만 명 이상이 해당 프로그램을 시행할 목적으로 개발된 MOOC 20개 강좌 중에서 하나에 등록했지만, 돈을 지불하고 대학 학점을 취득한 사람은 1,750명에 불과했고, 애리조나주립대학에서 학위를 취득한 사람은 150명 미만이었다. 전반적으로 MOOC는 고등교육으로 향하는 새 경로를 만들기보다 이미 고등교육을 받은 사람들에게 새로운 기회를 제시하고 있었다.[29]

성공적인 MOOC 학습자들은 목표 설정, 시간 관리, 도움 탐색, 자체 모니터링 등과 같은 자기조절학습 전략을 효과적으로 사용한다. 이러한 전략을 사용하는 학습자들은 그렇지 않은 학습자들보다 지속적으로 학습하고 더 높은 점수를 받는데, 이것은 대부분의 MOOC에서 사회적 상호작용이 최소한이라는 사실을 감안할 때 의외가 아니다. 사람들은 대개 정규교육 시스템에서 오랫동안 수습 과정을 거치면서 직접 교육과 연습을 통해 자기조절학습능력을 개발한다. 자기진도에 맞추도록 진행되는 MOOC를 수강하려면 자기조절학습이 필요한데, 자기조절학습이 정규교육을 통해 상당히 일반적으로 개발되고 있다면, 이는 MOOC에 대한 주요 관찰을 뒷받침하는 다음과 같은 학습 과학논리를 제공한다. 'MOOC는 이미 교육을 받고 지속적으로 학습하려는 사람들에게 효과적으로 서비스를 제공할 가능성이 크다'.[30]

MOOC 학습자들은 MOOC가 제공하는 서비스 범위에도 영향을 받는다. 초기에 코세라와 에드엑스는 현대 대학이 지향하는 학문적 다양성을 충분히 재현하는 데 관심을 둔다고 강조했다. 마이클 샌델Michael Sandel이 강의하는 인기 높은 정치철학 강좌인 '저스티스엑스JusticeX', 데이비드 말란David Malan이 강의하는 컴퓨터과학 입문 강좌인 'CS50x', 그레고리 너지Gregory Nagy가 강의하는 고전문학 강좌인 '24시간 동안 만나는 고대 그리스 영웅The Ancient Greek Hero in 24 Hours'을 포함해 하버드대학에서 최초로 제공한 강좌들은 이러한 노력을 반영했다. 자세히 살펴보면 모든 MOOC에서 다루는 이야기는 기원, 접근 방식, 목적이 각기 다르다.

기술 분야 강좌에서 자동 채점과 평가는 자격을 인증받아야 하는 학습자들에게 상당히 효과적인 도구이지만, 인문 분야에서는 그렇지 않다. "인간적이란 무슨 뜻인가?"라는 학생의 보고서에 의미 있는 피드백을 제공할 수 있는 컴퓨터 프로그램은 아직 개발되지 않고 있다. 부분적으로 이러한 한계에 부딪히고, 기술 분야에 교육적 투자가 이루어지면서 노동시장의 수익으로 연결되자, 에드엑스·코세라·유다시티가 개설한 초창기 학위 프로그램은 컴퓨터과학, 데이터과학, 회계, 마케팅, 사이버보안 등의 강좌에서 학위를 수여하는 방향으로 발전했다. 그러면서 자동 채점이 상당히 유용하게 작용했다. 많은 측면에서 2019년의 모달 MOOC는 2011년 노빅과 스런이 최초로 기울인 노력의 결과물과 많이 비슷하다. 대부분의 MOOC는 정량적 분야와 컴퓨터 분야의 주제를 가르치는 짧은 영상과 자동 채점용 연습문제로 구성된다. 이러한 강좌는 이미 교육을 받은 첨단기술 부문의 화이트컬러 노동자에게는 가치 있는 계속교육일 수 있지만, 지역사회와 주립대학에서 받을 수 있는 고등교육으로의 완전한 진입 기회를 제공하지는 않는다.

이러한 결과는 새로운 인구가 고등교육에 접근하는 길을 극적으로 확대해주리라는 MOOC의 두 번째 커다란 도전이 실현되지 않고 있는 이유를 설명한다. MOOC에 등록한 학습자의 대다수는 이미 고등교육에 접근해 성공을 거뒀고, 이러한 우위는 MOOC 강좌를 수강하고 수료증을 취득한 학습자 사이에 복합적으로 작용한다. 위 유형이 MOOC 제공자의 강좌 개설과 전략을 형성하여, 학사학위를 받았지만 계속 학습해 전문 학위와 교육 수료증을 취득하려는 사람들을 대상으로 강좌가 개설되는 사례가 점차 늘어나고 있다.[31]

물론 현재 상황이 필연적이라는 뜻은 아니다. 초기 MOOC 연구, 뉴스 미디어, 관심의 초점은 일류 제공자들에게 맞춰져 있다. 왜냐하면 부분적으로는 일류 제공자들이 막강한 마케팅력과 문화적 인증력을 갖췄고, 풀타임으로 연구를 수행할 수 있는 전문 인력을 고용할 자원을 보유행기 때문이다. 하지만 더 규모가 작으면서 지역에 집중된 MOOC 제공자들도 이제 막 연구 증거를 발표하기 시작했다. 그러므로 이러한 환경 아래서 참여 유형은 매우 다를 수 있다. 예를 들어, 하버드엑스와 MITx에 등록한 아랍 세계권 학습자들과 요르단 MOOC 제공자인 에드락Edraak에 등록한 학습자들을 비교한 최근 연구 결과를 보면, 에드락 강좌 수강자들은 에드엑스 강좌를 수강하는 아랍 학습자들보다 일반적으로 교육수준이 더 낮고, 수료율은 더 높으며, 성비율은 더 고르다. 에드락이 이렇게 성공할 수 있었던 이유는 몇 가지 구체적인 특징 때문일 것이다. 에드락 강좌는 아랍 소재 대학교 소속 강사들을 포진시키고, 지역의 필요를 충족한다는 목표를 세운다. 또 아랍어 사용자에게 편의를 제공하기 위해 오른쪽에서 왼쪽으로 글을 쓰는 기능을 지원한다. 일류 대학이 아니라 교육에 접근하는 광범위한 기회를 제공하는 것을 핵심 사명으로 세운 기관이 MOOC를 설계하고 주최하는 경우에는, 아마도 고등교육에 대한 접근을 확대할 수 있을 것이다. 그러려면 정부와 자선 사업가들이 고등교육에 대한 접근성을 확대하고 있다는 실적을 입증받은 대학의 공공 온라인 강좌에 주로 투자해야 한다.

데이터의 폭발, 새로운 통찰의 실종

MOOC 제공자의 서버는 전 세계 학습자들의 학습행동에 대한 새롭고 방대한 데이터를 수집한다. 학생이 문제를 제출하거나, 클릭해서 새 페이지를 열거나, 영상을 시작하거나 멈출 때마다 행동 로그를 기록한다. 연구자들은 개별 행동 수백만 가지를 모아 전 세계 학습자들의 복잡한 유형을 연구한다.

MOOC의 세 번째 커다란 도전은 교육 연구자들이 수집한 것 중에서 가장 방대하고, 세계적이며, 세분화된 새로운 출처의 데이터를 통해 인간이 일반적으로, 특히 온라인으로 학습하는 방식에 관해 새로운 통찰을 얻으리라는 것이다. 여러 해 동안 연구자들은 이러한 도전을 실현하기 위해 상당한 노력을 기울였지만 발전 정도는 실망스러웠다.

연구자들은 MOOC 사업에 대해 다양하고 유용한 정책 관련 연구 결과를 산출했지만, 이렇게 수집한 정보는 대개 MOOC 학습자의 학습 방식이 아니라 학습자에 대한 서술적인 증거에 그쳤다. 연구자들은 MOOC 등록자 수, 교육수준, 선택하고 수료하는 강좌 종류 등을 파악하고 있다. 이러한 데이터는 MOOC 수강으로 이익을 얻는 대상, 고등학교 이후 전문 교육용으로 MOOC의 가치, MOOC가 불평등을 영구화하는 방식 등을 이해하는 데 유용하다. 하지만 전 세계 연구자들이 연구하느라 노력하고 있는 데도 MOOC 학습에 관해 세상에 알려진 사항은 거의 없다.[32]

나는 대부분의 MOOC 학습 연구가 라이시의 법칙Reich's Law, 즉 "일하는 사람은 일을 더 많이 할 뿐 아니라 일하지 않는 사람보다 더 잘한다"라는 사실을 입증한다고 농담처럼 말해왔다. 제니퍼 더보어Jennifer Deboer와 동료들은 초창기에 발표한 MOOC 관련 논문에서 자신들이 생각해낼 수 있는 행동과 결과(성적, 답변한 문제의 수, 영상 시청 시간 등)를 측정하고, 거대한 매트릭스에서 산출된 각 측정값을 MOOC에서 산출된 측정값과 연결했다. 여기서는 거의 모든 측정값이 서로 연관되어 있다는 점이 중요했다. 따라서 문제를 많이 풀수록 영상을 많이 시청할 가능성이 크고, 영상을 많이 시청할수록 높은 점수를 받을 가능성이 컸다. 학습활동을 더 많이 하는 학생이 더 많이 배운다는 것은 굳이 수백만 달러를 투자해 연구하지 않아도 충분히 알 수 있는 사실이다.[33]

이처럼 사람들의 온라인 활동에 대한 데이터는 엄청나게 많지만, 정작 사람들의 뇌에서 어떤 변화가 일어나고 있는지는 거의 이해하지 못하는 것으로 밝혀지고 있다. 따라서 많은 강좌를 제공하고 나서 데이터 주도의 통찰력이 생기기를 희망하는 것보다 훨씬 유망한 접근 방식은, 처음부터 학습뿐 아니라 학습에 대한 연구를 수행할 목적으로 설계된 온라인 강좌에 투자하는 것이다. 카네기멜론대학과 스탠퍼드대학이 추진하는 열린학습기획Open Learning Initiative, OLI은 이러한 경로를 추구하는 방식을 보여주는 매우 좋은 사례다.

MOOC가 전성기를 누리기 이전에 존재한 OLI는 연구자, 강사, 학습설계자로 구성된 조직으로, 전통적인 고등교육 환경에서 사용할 용도로 입문용 통계와 생물학 등을 가르치는 개방형 온라인 강좌를 만들었다. 담당 팀은 연구와 학생 학습을 동시에 발전시킬 수 있는 강좌 개발 방법론을 입증하려 했다. OLI의 강좌 개발은 반복적이고 여러 학문 분야를 아우르는 작업이었다. 팀은 평가, 교육 설계, 강좌 주제, 학습 과학 분야에서 활동하는 전문가들을 불러 모으고, 협력해서 주요 개념을 파악하고, 평가 항목을 개발하고, 학습 자료를 생산했다. 주요 개념을 사용해 태그를 달아 평가 항목과 학습 자료를 연결시켰다. 학습자들이 강좌에 참여하면 연구자들은 평가 항목을 조사해 학생들이 어느 부분에서 좋은 성과를 내는지, 어느 부분에서 어려움을 겪는지 파악하고, 결과를 지속적으로 향상시키기 위해 교육 자료와 평가를 개선했다.[34]

전형적인 MOOC 강좌의 개발 과정은 OLI 강좌의 개발 모델과 매우 달라서, 대개 교수 한 명이 강의 전문가 한두 명에게 지원을 받는다. 일단 강좌 구조가 완성되고 나면 업그레이드 자금은 거의 지원되지 않는다. 결과적으로 대부분의 MOOC는 온라인 도구를 활용해서 최소한의 개선을 도모하고, 강좌를 원활하게 진행하기 위해 강좌를 운영하는 동안 약간씩만 개선하면서 오프라인 수업을 온라인 기반으로 옮기는 경향을 보인다.

OLI 강좌 개발비는 전형적인 MOOC보다 최소한 열 배 이상이지만, 이러한 접근 방식에서 얻은 연구 결과를 보면 장래성이 있다. 독립적인 연구자들은 비선택형 대학 여섯 곳의 학생을 대상으로 OLI 통계 강좌를 사용해 엄격한 실험을 실시했다. 우선 피험자들은 무작위로 배정되어 대면 강의와 질문 수업처럼 전형적인 방식을 사용하는 통계학 개론 강좌를 수강하거나, 강사와 매주 질문을 주고받는 방식을 선택사항으로 넣은 온라인 OLI 통계학 수업을 수강했다. 어느 조건의 강좌를 수강했더라도 두 강좌의 학습자들은 기말고사에서 똑같이 좋은 성적을 거뒀지만, OLI 강좌 수강생들은 대면 수업에 배정된 학생들보다 학습 시간을 18퍼센트 적게 썼다고 보고했다. 전형적인 대학생들이 자기진도 강좌를 수강한 경우에는 전통적인 강의 수업과 마찬가지로 초기 통계 지식을 발달시킬 수 있었지만 학습 시간을 적게 썼다. 개발 중인 수천 개의 MOOC 중에서 OLI에 필적할 만한 효과를 뒷받침하는 연구 결과를 보인 강좌는 사실상 없다.[35]

수업시스템연구소에서 MOOC 활용

앞에서 다소 실망스러운 현실을 설명했듯 MOOC는 전문 프로그램에서 이미 교육을 받아 강력한 자기조절학습 기술을 보유하고 있는 학생들에게 주로 서비스를 제공하고, 기존 고등교육 시스템을 혁신하기보다는 그 시스템에 흡수되어 왔으며, 연구자들에게 학습 관련 지식을 많이 제공하지 못했다.

그럼에도 MIT 수업시스템연구소Teaching Systems Lab에서 나와 동료들은 주로 교사와 학교 지도자를 대상으로 MOOC에 접근하는 새로운 방식을 여러 각도로 연구하고 있다. K-12학년 교육 전문 분야에서 MOOC의 수요는 막대하다. 전국 교육자들은 자신들에게 제공되는 전문성 개발 수준에 실망하고 있지만, 그들이 교사로서 성공하느냐는 국가 미래와 직결된다. 우리는 과거의 성공과 실패를 바탕으로 신세대 개방형 온라인 학습을 구축하기 위해 노력하고 있다. 따라서 '학교에서 일으키는 혁신', '선도와 학습을 위한 디자인사고', '미래의 졸업생을 상상하며', '더욱 공정한 교육자가 되는 방법' 같은 강좌를 개설해 지역 학교에서 학습 기획을 이끌 수 있는 기술과 영감을 학습자들에게

제공한다.[36]

　우리는 MOOC를 연구한 결과를 면밀히 검토해 강좌를 설계한다. 또 이미 교육을 받은 전문직 종사자들이 온라인 자기진도학습을 수행할 준비를 가장 잘 갖추고 있다는 연구 결과를 전제로 교사들에게 서비스를 제공한다. 하지만 자기조절학습은 많은 학습자에게 도전 과제이므로, 학습자들에게 같은 학교에 근무하는 교육자들을 대상으로 소규모 '학습 동아리'를 결성하라고 격려하고, 더욱 원활하고 수월하게 협업할 수 있도록 지침과 자원을 제공한다. 강좌에 등록한 대부분의 사람이 등록 직후에 수강을 포기하므로, 강좌에서 가장 중요한 개념들을 정리한 짧은 '요점'을 중심으로 강좌를 시작한다. 평가하고 연구할 때는 강좌 수료나 클릭 수에 초점을 맞추지 않고, 강의실로 돌아갔을 때 교육자의 행동을 실제로 바꾸기 위해 노력한다. 아울러 학습자가 학습 내용을 적용하는지, 어떻게 적용하는지를 파악하기 위해 설문조사와 인터뷰를 실시해 현장에서 학습자를 추적한다. 상당한 기금을 조성해서 설계자, 교육 전문가, 소프트웨어 개발자, 학습 과학자, 평가 연구자들로 학문 간 팀을 결성하고 연구와 연습을 동시에 발달시키는 과정을 지원한다.

　이렇게 노력해서 우리가 거두는 성과를 둘러싼 평가는 엇갈린다. 많은 MOOC 개발자와 마찬가지로 우리가 기록한 강좌 등록 인원은 MOOC 현상이 발생한 첫해보다 훨씬 적고 이 중에서 강좌 수료자는 수백 명에 그친다. 하지만 다른 MOOC 제공자들과 마찬가지로 우리 강좌를 열심히 수강하는 학습자들도 훌륭한 학습경험을 한다. 학습자들이 보고한 내용에 따르면, 우리가 제공하는 강좌는 직업 수행을 상당히 발달시키고, 지역에서 개혁 계획을 성공적으로 출범하며, 학습 내용을 동료와 공유할 수 있는 발판과 영감을 제공한다. 물론 좋지 않은 소식도 있다. 안타깝게도 불평등이 사라지지 않고 있다는 것이다. 우리는 다양한 학교에서 활동하는 교사들에게 서비스를 제공하고 있는데, 학습자들은 가정 형편이 부유한 학생들을 가르치는 사립 학교나 교외 학교에 근무하는 교사일 가능성이 크다. 아마도 우리가 매우 취약한 학습자들에게 맞는 강좌를 제공하지 못하거나, 그들을 모집하기에 적절한 마케팅 방식을 사용하고 있지 않을 수 있다. 또 풍부한 자원을 보유한 학교에서 근무하는 교육자들이 단순히 우리 강좌를 수강할 수 있는 시간을 더 많이 확보하거나, 전문성을 개발할 수 있도록 지원을 더 많이 받고 있을 수도 있다. 사회적 불평등은 교육 시스템에 꾸준히 등장하는 특징이다.[37]

강사 주도 대규모 학습의 얼룩진 역사

⋮

K-12학년 담당 교육기관이 강사 주도 대규모 학습환경을 대체적으로 피해왔으므로 이 장에서는 고등교육과 평생학습에 초점을 맞추었다. 내 직관에 따르면, K-12학년 담당 교육자, 학부모, 학교 이사회는 학생들의 자기조절학습 기술의 한계뿐 아니라 학습이 본질적으로 사회적인 성격을 띤다는 사실을 인식하고 있어서, 교사와 학생의 관계를 완전히

우회하려는 MOOC 같은 기술 기반 시스템을 학교 시스템이 채택하는 경우는 거의 없다.

K-12학년 시스템이 MOOC와 유사한 모델을 채택했을 때, 결과는 일반적으로 빈곤한 지역사회 거주 학생들에게 재앙이었다. 자기진도 온라인 학습이 K-12학년 교육에 적용된 두 가지 사례로는 졸업하지 못할 위기에 놓인 학생들을 대상으로 하는 학점 회복 프로그램과 가상학교를 들 수 있다. 풀타임 가상학교는 전통적인 학교에 다닐 수 없거나 다니지 않겠다고 결정한 학생들에게 선택권을 제공한다. 특히 환자, 학교 폭력 피해자, 운동선수, 예술가, 좀 더 체계적인 교과과정을 원하는 홈스쿨링 가정의 구성원 등 일부 학습자를 위해 합리적으로 가동됐다. 하지만 가상학교가 거둔 평균적인 학습 결과는 매우 저조해서 고전 중인 전통적인 학교가 거둔 가장 취약한 결과보다 훨씬 나쁠 뿐 아니라, 빈곤에 영향을 받는 학습자들에게 서비스를 제공하는 데도 매우 비효과적이다. 온라인 학점 회복 프로그램은 최근에 전통적인 교실에서 낙제한 학생들을 받아들여 그들이 독립적으로 온라인 강좌를 수료할 수 있도록 시도하고 있는데, 이 역시 실적이 매우 저조하다. K-12학년 시스템에서 가장 효과적인 자기진도 온라인 강좌는, 고급 강좌에 접근하는 통로가 제한되는 시골 지역 등에서 찾을 수 있다. 이곳의 자기조절학습능력이 있는 중등학교 학생들에게 상급 학습경험을 제공하는 것이다. 제한된 환경에서도 자기진도 온라인 학습에 반드시 필요한 자기조절학습 기술을 터득해서 훌륭하게 쌓아온 고학년 학생들에게 강사주도 온라인 학습환경은 가치 있는 자원이 될 수 있다. 하지만 일반적

인 관점에서 말하면 K-12학년 담당 교육자들은 학업 달성에 어려움을 겪고 있는 학생들을 자기진도 온라인 학습환경에 투입할 때 특히 주의해야 한다.[38]

　K-12학년 학교에서 사용하는 좀 더 일반적인 모델은 다음 장에서 자세히 다룰 반응형 개인지도 프로그램과 온라인 플랫폼이다. 온라인 플랫폼은 자기진도학습 기회를 제공하지만 전형적인 교사 대 학생 비율을 보이는 교실에서 학습자원으로 활용된다. 아마도 가장 유명한 온라인 플랫폼은 북부 캘리포니아에서 한 차터스쿨(Charter school, 미국의 교육 시스템으로, 대안학교의 성격을 지닌 공립학교 - 옮긴이) 네트워크가 개발한 서밋러닝플랫폼Summit Learning Platform일 것이다. 서밋러닝은 여느 MOOC와 마찬가지로 전형적인 중·고등학교 강좌를 구성하는 학습 콘텐츠를 갖춘 학습관리시스템이다. 하지만 MOOC와 달리, 학업 진행을 학생 개인에게 전적으로 내맡기지 않는다. 학생들이 독립적으로 클릭하며 수업을 수강해야 할 때도 있지만, 서밋러닝은 다양한 복습 항목을 제시하고 코칭, 소규모 집단 수업, 프로젝트 등을 활용해 교사와 소통할 수 있도록 학생을 격려한다. 또 더욱 독립적으로 학습할 수 있게 학생들을 장려할 목적으로 서밋 차터스쿨 내부에서 매우 성공적으로 활용하고 있다. 그러나 서밋러닝이 전국적으로 플랫폼을 보급한 결과에 대해서는 평가가 상당히 엇갈리고, 관련 연구가 여전히 초기 단계에 머물러 있어 확실한 결론을 내리지 못하고 있는 상태다. 교사와 학생이 프로그램에 매우 만족한다고 보고하는 학교도 있는 반면에, 가정에서 항의하고 학생들이 이탈하는 등 프로그램이 굉장히 불만족스럽다고 보고하는

학교도 있다. 내가 생각하기로는 교사와 학생의 관계, 코칭, 멘토링이 강력한 학교일수록 여러 자원의 하나로서 서밋러닝플랫폼을 교과서처럼 활용한다면, 연령에 적합하면서 독립적인 학습을 육성할 수 있을 것이다. 독립적인 학습을 구현하기 위해 서밋러닝을 MOOC처럼 사용하는 학교에서 교육자들이 제시하는 증거에 따르면, 학습을 성공적으로 증가시키기 위해서는 대부분의 아이와 성인에게 교사와 동료의 강력한 사회적 지지가 필요하다.[39]

MOOC와 강사 주도 대규모 학습의 미래

"MOOC는 제2, 제3의 학위를 추구하도록 사람들을 유용하게 도울 수 있다." 나는 MOOC 사업을 이렇게 한마디로 요약하고 싶다. MOOC는 앞으로 몇 년 안에 컴퓨터나 회계처럼 주로 기술 분야에서 석사학위나 전문 자격증을 취득하려는 학습자를 겨냥해 서비스를 제공하려고 노력하고 투자할 것이다. MOOC 제공자들은 비주류 집단에게 고등교육에 진입할 통로를 제공하기보다는, 이미 자기조절학습 기술과 안정적인 재정 상태를 갖춰서 강사가 주도하는 자기진도 온라인 학습을 추가로 실천할 수 있는 학습자에게 학습 기회를 제공할 것이다.

　MOOC 사업은 비용·접근·품질이라는 '철의 삼각형' 구조로도 정리할 수 있다. MOOC 제공자들이 강의를 녹음하고, 교사를 자동 채점과 토론 게시판으로 대체함으로써 비용에 따른 접근 장벽을 허물려 하자, MOOC의 새로운 시스템은 학습자들에게 기존에 잘 발달된 자기조절학습 기술을 갖춰야 한다는 암묵적인 장벽을 새로 세웠다. 사람들은 대부분 정규교육에서 수습 기간을 거치면서 자기조절학습 기술을 발달시키므로, 현재까지 수집한 증거를 바탕으로 판단할 때 비용 절감과 고품질 학습의 혜택은 아마도 이미 교육을 받고 부유한 전문직 학습자들에게 돌아갈 것이다. 그러다 보니 MOOC에서 대부분의 학습자는 자신에게 없는 자원과 인적 접촉을 구비해야 하는데, 이러한 인적 지원을 갖추려면 비용이 증가할 뿐 아니라 교수진의 노동력을 자동화해서 얻는 재정적 '이익'이 사라질 것이다. MOOC 구조를 '철의 삼각형'이라고 부르는 데는 그만한 이유가 있다.[40]

물론 MOOC의 미래가 달리 전개될 가능성도 있다. MOOC가 고등교육에 대한 접근 확대라는 원래의 사명을 완수하려면 최고의 MOOC 설계자는 아마도 일류 대학 교수진이 아니라, 사회 이동성을 증가시키는 데 가장 막강한 실적을 거둔 공립대학의 교수진일 것이다. 예를 들어 생물학 개론을 강의할 최고 강사는 아이비리그의 대학보다 캘리포니아대학 어바인캠퍼스나 뉴욕시립대학 시스템에 속한 대학들에 있을 수 있다. 수십 년 동안 원격 교육을 제공하고 있는 개방대학Open University 같은 교육기관에서도 심층적인 연구를 통해 거둔 통찰과 실무 지혜를 구할 수 있을 것이다. 2013년 패트릭 맥앤드류Patrick McAndrew와 에일린 스캔런Eileen Scanlon은 MOOC 사업을 겨냥하면서, 《사이언스》지에 주목할 만한 가치가 있는 조언을 발표했다. "MOOC에서 효과적인 온라인 학습에 대한 이해를 최대화하려면, 여러 해 동안 다양한 학문 분야에서 활동하면서 연구와 지속적 향상에 전념하는 팀이 있어야 한다.[41] MOOC가 이미 교육을 받은 사람들 이외의 사람들에게 교육 서비스를 제공하기 위해서는 코칭, 조언, 동료 지원 등 학습의 사회적 요소를 실질적으로 지원해야 한다. 그러려면 MOOC를 복잡한 사회문제에 대한 기술적 해결책이 아니라 포괄적인 해결책의 일환으로 생각해야 한다. 이것이 만만치 않은 도전인 것은 확실하지만, 교육 접근을 향한 막대한 세계적 갈망에 부응하는 일이다."

02

알고리즘 주도 대규모 학습

반응형 개인지도와 컴퓨터지원교육

에드엑스 MOOC를 보면 콘텐츠 페이지마다 '다음' 버튼과 '이전' 버튼이 있다. MOOC의 교육 설계 담당자는 강좌 콘텐츠를 나란히 페이지 단위로 배열하고, 학습자(MOOC를 사용해본 경험이 적든 많든, 사용 방법을 몰라 혼란스러워하든 잘 알아서 자신만만하든)는 '다음' 버튼을 클릭하며 순서를 따라 다음 페이지로 이동한다. 이러한 방식은 대규모 학습 유형에 잘 맞는다. 이 장에서는 강사의 강의 속도에 맞춘 학습에 대한 대안으로, 강사가 아니라 알고리즘이 콘텐츠 배열 순서를 결정하는 대규모 학습환경을 살펴보려 한다. 이러한 알고리즘 주도 학습에서 학습 순서를 결정하는 것은 강사가 사전에 설정한 경로가 아니라, 이전 단계에서 학생이 보인 수행 수준이다. 알고리즘 주도 학습에서 사용하는 도구에는 여러 명칭이 붙는데, 이 책에서는 반응형 개인지도와 컴퓨터지원교육

Computer-Assisted Instruction, CAI을 사용할 것이다.

책의 앞부분에서 칸아카데미를 소개했다. 칸아카데미는 다양한 주제에 관해 강의를 제공하는 무료 온라인 자원이다. 온라인 해설 영상으로 가장 잘 알려져 있지만, K-12학년 학교에서 칸아카데미를 활용하는 학생들은 대부분 수학 연습문제를 푸는 데 시간을 쓴다. '일차 방정식' 같은 학습 단원을 교사들이 배정하거나 학생들이 선택하면, 학생들에게 일련의 문제가 제시된다. 연습문제지를 다 푼 학생이면 즉시 풀 수 있는 문제들이다. 화면 중앙에 수학식이 나타나고, 아래에는 답을 적는 상자가 뜨는데, 이때 답은 단답형이나 사지선다형일 수 있고 좌표에 그림으로 표시할 수도 있다. 문제마다 영상 설명과 힌트로 연결되는 링크가 있고, '정답 확인' 버튼이 있다. 학생이 답을 맞히면 별, 종, 불꽃 영상 등이 뜬다. 답을 썼는데 틀린 경우에는 문제를 다시 풀거나, 힌트를 구하거나, 문제를 그냥 넘길 수 있다. 학생이 다시 시도해서 답을 맞힌 경우에 시스템은 같은 영역에서 더 어려운 문제를 제시하고, 학생이 답을 맞히지 못하면 더 쉬운 문제를 제시한다. 학생이 충분한 양의 문제를 제대로 풀면 새로운 단원으로 넘어가라고 권한다. 또 학생이 사용자 프로필에 로그인하면, 복습을 통해 학습 수준을 유지할 수 있도록 이전 자료에서 추출한 연습문제를 할당받을 수 있고, 교사는 학생들의 성취도를 추적할 수 있다.

당신이 K-12학년 학교의 교장이고, 칸아카데미가 세상을 어떻게 바꿀지를 다룬 기사를 학부모, 교사진, 학교 이사들이 〈타임〉, 《와이어드》, 《포브스》에서 읽는다고 상상해보자. 클레이턴 크리스텐슨은 열등한 과거와 더 나은 미래를 가르는 이러한 신기술을 '파괴적 혁신'이라고 선언했다. 한 학년, 한 학과, 전체 학교에 반응형 개인지도 방식을 채택하는 것은 주요한 계획이어서 하드웨어에 투자하고, 컴퓨터실이나 노트북을 사용하는 일정을 짜고, 소프트웨어를 선택하고, 교사를 교육시키고, 부모와 가족과 의사소통하고, 학교라는 복잡한 생태계에 작용하는 많은 요소를 지휘해야 한다. 교장 입장에서 반응형 개인지도 방식을 추진하겠다고 선택하는 경우에는 자신이 추진하지 않기로 선택한 다른 모든 계획은 기회비용이 될 것이다.[1] 그러면서 반응형 개인지도를 도입하면 특히 학업에 어려움을 겪고 있는 학생을 도와 실제로 학습 결과를 향상시킬 수 있다고 굳게 믿고 싶을 것이다. 그렇다면 반응형 개인지도를 구현하는 것이 학생과 커뮤니티에 가장 적합한 도전인지 어떻게 판단할 수 있을까?

기술 기반 혁신에 대해 이러한 결정을 내려야 하는 학교 지도자들은 다음 네 가지 과제를 수행해야 한다. 첫째, 기술이 학습 도구로 작용하는 기본 방식을 이해해야 한다. 교육학적 모델은 무엇인가? 내재하는 기술의 근본 원리는 무엇인가? 자신의 교육 제품을 강요하는 일부 교육 기술 전문가는 자신이 개발한 기술이 새롭고 복잡하고 이해하기 어렵다고 납득시키려할 수 있다. 하지만 기술을 분명하게 설명하는 것은 어떻게 기술이 학생들에게 효과가 있을지 판단하는 첫 단계다.

둘째, 비슷한 기술들이 다른 학교에 어떻게 적용되고 있는지 조사해야 한다. 이때는 실제적인 질문을 던져야 한다. 교사와 학생은 기술을 구입하고 나서 실제로 얼마나 사용할까? 새로운 기술 매개 방식으로 효과를 거두려면 일정, 교과과정, 다른 학교 요소를 어떻게 바꿔야 할까?

셋째, 기술이 가동하고 학교에 통합되는 방식을 이해하고 나서 다음 단계에서는, 그동안 축적된 연구 증거를 조사함으로써 새로운 접근 방식을 사용했을 때 어떤 종류의 학교와 학생에게 가장 큰 혜택이 돌아갈지 파악해야 한다. 이러한 도구는 평균적으로 학습자에게 유익할까? 성취도가 높은 학생과 낮은 학생, 더 부유한 학생과 더 가난한 학생 사이에 작용하는 영향은 어떻게 다를까? MOOC 분야에서는 대규모의 자기진도 온라인 학습에 관한 연구가 상대적으로 적으므로 이러한 질문에 대한 답을 찾기가 쉽지 않다. 이와 대조적으로 K-12학년 학교 환경에서 반응형 개인지도가 학습 성과에 어떻게 영향을 미치는지에 관한 연구는 수십 가지에 이른다.

넷째, 다음 세 가지 질문은 평균적인 효과에 관한 것이다. 여러 학교에서 구현되어온 방식에 대해 우리는 무엇을 알고 있는가? 교장, 학교이사, 교육감, 학과장이 수행해야 하는 최종 과제는 특정 학교의 측면에서 모든 역사와 증거를 고려하는 것이다. 당신의 학교, 교사진, 학생, 커뮤니티에 있는 여러 특징 중에서 반응형 개인지도라는 기술을 채택해 성공시키려는 노력을 촉진하거나 좌절시킬 수 있는 고유한 특징은 무엇인가?

반응형 개인지도가 모든 상황과 과목에서 모든 학생에게 상당한 이익을 안겨주었다는 증거가 확실히 있다면 그다지 고민할 필요가 없을 것이다. 그러나 앞으로 설명하겠지만 안타깝게도 알고리즘 주도 학습 기술이 보이는 실적은 그다지 분명하지 않다. 수집한 증거로 판단해보면, 반응형 개인지도가 일부 과목에서는 적당히 유익하게 작용할 수 있지만 해당 기술을 구현한 사례를 들여다보면 효과가 없거나 심지어 부정적인 경우도 많았다. 이렇듯 효과가 불균형하게 나타나는 원인은 여럿이다. 학교가 복잡한 장소인 데다가, 기술을 이용할 가능성이나 새로운 관행을 채택하려는 교사의 의지 같은 요소들이 기술의 효과를 결정하는 데 영향을 미친다. 더욱이 반응형 개인지도 기술은 수학과 초급 독해 포함한 소수 과목에서만 잘 발달해 있으므로, 교과과정 중에서도 제한된 일부 과목에만 유익할 수 있다. 학습에 신기술을 적용했을 때, 학생들의 배경이 다르면 신기술에 따른 경험도 다르고 성과도 다르다. 이 모든 복잡성과 미묘한 차이를 감안할 때, 교장이 '반응형 개인지도 기술은 우리 학교 학생에게 유용할까?'라는 중요한 질문에 대한 답을 찾으려 한다면, 가장 먼저 컴퓨터지원교육의 기원을 조사하고 교육학, 기술적 기초, 해당 접근 방식의 가치를 이해해야 한다.

컴퓨터기반교육, 60년의 발달사

대부분의 K-12학년 학교에서 하루 일과는 정해진 수업 시간을 중심으로 조직되고 수업 시간마다 단일 주제가 할당된다. 예를 들어, 학생은 다항식의 인수분해를 학습하는데 17분이 필요하든 107분이 필요하든 47분을 쓸 것이다. 개별 학습을 최대화하려는 사람들이 생각하기에 이러한 수업은 분명히 비효율적이다. 학생에 따라서 수업 시간의 대부분을 지루하게 보내거나, 다음 수업을 들을 때 반드시 필요한 지식을 습득하지 못한 채로 수업을 끝내기도 하기 때문이다.

한 가지 해결 방법은 모든 학생이 각자 지적 발달에 가장 적합한 양과 유형의 학습을 할 수 있도록 개인지도를 하는 것이다. 교육심리학자 벤저민 블룸Benjamin Bloom은 학생들을 서로 다른 세 가지 조건 중 하나에 무작위로 할당하고 나서 비교한 박사학위 논문 두 편의 결과를 토대로 1984년 그 유명한, '2시그마 문제The 2Sigma Problem'를 발표했다. 세 가지 조건은 전통적인 교실 수업, 일대일 개인지도, 완전학습(mastery learning, 수업을 받은 학생의 약 95퍼센트가 학습 과제의 약 90퍼센트 이상을 완전히 습득하게 하는 학습법―옮긴이)이었고, 학생은 스스로 이해하기 어려운 개념에 대해 강의와 연습문제를 추가로 제공받았다. 블룸의 주장에 따르면, 수업 뒤에 치른 단원 평가에서 일대일 개인지도를 받은 학생의 표준편차는 교실에서 전통적인 형태의 수업을 들은 학생보다 두 배, 2 시그마 높았다. 교실에서 전통적인 형태의 수업을 들은 학생의 성취도가 50퍼센타일이라면 개인지도를 받은 학생의 성취도는 98퍼센타일이라는 뜻이다. 따라서 블룸과 그의 동료들은 중세 귀족도 알았던 지식, 다시 말해 비용이 많이 들기는 하지만 개인지도가 상당히 효과적인 학습 방법이라는 사실을 현대 사회과학에서 사용하는 기계를 총동원해 확인한 것이다. 블룸의 논문을 계기로 일대일 개인지도를 사용해 이익을 달성할 수 있는 교육적 접근법을 설계할 것을 촉구하는 움직임이 일어났다. 블룸은 "특정 컴퓨터 강좌를 수강해서 상당한 비율의 학생들이 2시그마 성취도를 달성할 수 있는지" 탐색하자고 제안했다.[2]

1984년 블룸이 이렇게 제안했을 당시에 컴퓨터 과학자들과 연구자들은 이미 20년 이상을 해당 연구에 쏟아왔다. 컴퓨터 기술이 발전하기 시작한 초창기 이후로 컴퓨터를 사용해 학생들에게 개인맞춤형 지도를 할 수 있는 방법을 모색해왔던 것이다. 1968년 R. C. 앳킨슨Atkinson과 H. A. 윌슨Wilson은《사이언스》지에 이렇게 썼다. "10년 전 컴퓨터를 강의 도구로 사용하자는 것은 소수의 과학자와 교육자에 국한된 개념이었다. 하지만 지금은 현실이 되었다."[3]

최초의 컴퓨터기반교육 시스템 중에는 1960년 일리노이대학 어바나샴페인캠퍼스에서 개발한 플라토Programmed Logic for Automatic Teaching Operations, PLATO가 있다. 1967년 튜터 프로그래밍 언어의 개발과 더불어 플라토는 자동화 평가와 브랜칭을 포함해서 컴퓨터지원교육의 미래에 필수적인 몇 가지 혁신을 달성했다.[4]

질문과 정답의 최소라는 문제가 있지만, 튜터는 정답과 오답에 대한 서로 다른 피드백과 복잡한 답변은행도 허용했다. 1969년 튜터 프로그래밍 언어의 지침에서 인용한 첫 사례는 모나리자 사진을 보여주고 나서 학생들에게 화가의 이름을 묻는 것이었다. 학생이 "레오나르도 다 빈치"라고 정답을 말하면 "당신은 진정한 르네상스인입니다"라는 자막이 뜬다. "레오나르도"라고 불완전한 답을 말하면 "완전한 이름은 레오나르도 다 빈치입니다"라는 자막이 뜬다. 빈칸에 답을 채워 넣지 못하면 "힌트-MONA LISA-힌트"라는 힌트가 생성된다. 정답을 맞히면 학생들은 순서에 따라 다음 단원으로 갈 수 있지만 "미켈란젤로"처럼 오답을 적으면 복습 단원인 엠리뷰MREVIEW로 간다.

여기서 컴퓨터지원교육의 몇 가지 중요한 특징을 확인할 수 있다. 수업은 콘텐츠를 제시하고 학생의 기억이나 이해를 시험하는 일련의 교육 단위를 중심으로 조직됐다. 학생은 자신의 반응에 따라 서로 다른 피드백을 받는다. 학생이 오답을 적은 경우에 시스템은 학생에게 다른 종류의 문제를 제시해 다른 학습경험을 하도록 설계됐다. 이러한 시스템에서 교과과정 작성자들은 각 문제와 학습경험을 수동으로 배열해야 했고, 어떻게 오답을 처리하는지, 어떤 피드백을 주어야 하는지, 어떤 문제가 더 쉽거나 더 어려운지를 컴퓨터에 알려줘야 했다.

튜터 프로그래밍 언어를 개발한 초기 이후 50년 안에 반응형 개인지도 시스템을 21세기 교육개혁에 관한 논쟁과 대화의 전면에 등장시킨 주요한 진보로 두 가지를 들 수 있다. 첫째, 통계의 혁신이었다. 1970년대에 시작해 계량심리학자(교육용 시험실시를 연구하는 통계학자)들은 문항 반응 이론item response theory으로 불리는 접근 방식을 개발해서 질문, 문제, 시험 항목의 상대적 난이도를 다루는 수학적 모델을 만들었다. 이러한 학습경험의 정량적 표현 덕택에 컴퓨터는 위에 인용한 튜터 사례에서 볼 수 있듯 브랜치를 수동으로 프로그래밍하기보다는 학생 개인의 수행에 적용할 수 있는 시험과 학습 배열 순서를 자동으로 생성했다. 거의 모든 현대식 반응형 개인지도 시스템에서 사용하는 도구는 이렇게 40년 된 통계 도구의 변형된 형태다.

둘째, 수사적 표현의 혁신이었다. 2000년대 후반 교육개혁가들은 "개인맞춤형 학습"과 "파괴적 혁신"이 맞물린 표현을 개발해서, 모든 아이에게 컴퓨터 개인지도를 시키려는 블룸의 비전을 실현시킬 수 있는 방식과 이유를 설명했다. 개인맞춤형 학습을 학교 경험의 중심에 두는 가장 야심찬 청사진은 학교교육기관의 극적인 재편을 요구했다. 학생들은 학급 전체를 대상으로 실시하는 전체 대면 수업에 출석하느라 소비하는 시간을 줄이고, 반응형 학습 소프트웨어를 사용해 개별적으로 학습하는 데 소비하는 시간을 늘릴 것이다. 교사들은 개별 학생을 감독하거나 소집단을 지도하는 데 더 많은 시간을 보내고, 소프트웨어로 학습하는 학생들을 감독하는 임무는 보조 교사에게 맡긴다. 이러한 교육 모델을 구현하려면 일정, 가르치는 역할, 학습 공간이 새로 필요했다. 하지만 이러한 개인맞춤형 학습 청사진을 상당한 규모로 채택한 학교는 거의 없었다. 파괴적 혁신 이론에 근거한 변혁에 대한 예측은 부정확하다고 밝혀졌지만, 이처럼 새로운 수사학적 장치는 2000년대 들어 반응형 개인지도에 대한 관심이 급증한 원인을 파악하는 데 유용하다.[5]

알고리즘 주도 대규모 학습의 기술적 기반: 문항 반응 이론

:

21세기 에듀테크 전도사들 중에서 허세와 과장을 사용해 새 교육 기술을 설명한 인물을 꼽자면 호세 페레이라Jose Ferreira가 으뜸일 것이다. 페레이라는 알고리즘 주도 학습 기술이 이루 말할 수 없을 정도로 복잡하다고 교육자와 투자자들에게 인식시키고 싶었다(페레이라의 주장과 달리 거의 모든 교육 기술의 중요한 요소는 약간만 공부하거나 연구하면 이해할 수 있다).

페레이라는 "반응형 학습 서비스"를 제공한다는 취지로 뉴턴Knewton 을 설립했다. 반응형 학습을 제공하는 대부분의 출판사와 스타트업은 자체 플랫폼에 자체적인 알고리즘 기반 시스템을 구현해왔다. 뉴턴은 이러한 기술을 개발해서 출판사에 서비스를 제공하겠다고 발표했다. 그러면 출판사는 교과서와 평가은행을 생성할 수 있고, 뉴턴은 이러한 평가를 컴퓨터지원교육 시스템으로 전환할 예정이었다.

페레이라는 마법을 쓸 때 나올 법한 표현을 써서 자사 기술을 묘사했다. "우리 기술은 하늘을 나는 로봇 개인 교사와 같아서, 학습자의 마음을 반쯤 읽고, 강점과 약점을 백분위수까지 파악할 수 있습니다." 하늘을 나는 로봇 개인 교사는 데이터로 움직인다. 페레이라는 뉴턴이 학생한 명당 매일 500만에서 1000만 개의 데이터 포인트를 수집했다고 주장했다. "우리는 누구에 대해서든, 무엇에 대해서든 실제로 어떤 회사보다 많은 데이터를 보유하고 있습니다. 누구든 우리 발꿈치에도 미치지 못해요."[6]

하지만 이것은 터무니없는 주장이었다. 학생들이 컴퓨터실에 앉아 반응형 개인지도를 받으며 클릭을 하거나 자판을 두드리는 모습을 지켜본 적이 있다면, 문제 수십 개를 푸는 동안 데이터포인트 수백만 개를 생성하지 않는다는 사실을 매우 분명히 알 수 있었을 것이다.[7] 게다가 뉴턴의 기술이 과거를 분리시키며 새로 부상하는 질서라고, 교육가, 투자자, 기타 교육 이해관계자들을 납득시키려는 페레이라의 시도는 정말 터무니없었다. 진실은 훨씬 평범했다. 페레이라가 뉴턴을 홍보하는 자료에서 전례 없는 규모와 복잡성을 갖췄다고 주장하는 동안, 뉴턴

언택트 교육의 미래

소속 엔지니어들은 '문항 반응 이론으로 학생의 성과를 파악하다' 등의 제목을 달아 블로그에 글을 올렸다. 한 게시물에서 엔지니어들은 이렇게 털어놓았다. "뉴턴에서 우리는 학생들의 시험 수행을 조사하는 방식으로 학생의 능력을 이해하려 노력할 때, 문항 반응 이론IRT 모델이 극도로 유용하다는 사실을 발견했다." 마법의 로봇 개인 교사가 쓰고 있는 두건을 벗기자 40년 동안 전체 작업에 동력을 공급하고 있던 기술이 모습을 드러낸 것이다.[8]

1970년대 미국 교육평가원 연구원들은 컴퓨터 알고리즘이 궁극적으로 학생 개개인에 맞춰 배열한 문제들과 학습경험을 생성할 수 있도록 통계 도구인 문항 반응 이론을 개발했다. 문항 반응 이론은 원래 반응형 개인지도를 위해서가 아니라, 시험 설계에 따른 기본적인 문제를 해결하기 위해 고안되었다. 학생 다수를 대상으로 시험을 실시하는 경우에 입학처, 고용주, 정책 입안자 등 시험 데이터 소비자들은 같은 자료를 가지고 시험을 치른 두 학생의 결과를 비교하고 싶을 것이다. 하지만 시험 제작사들은 모든 학생에게 완전히 똑같은 자료를 제시해 시험을 실시하고 싶어 하지 않는다. 다른 장소와 다른 시간에 다른 학생에게 같은 시험 문항과 형식을 제시하면 부정행위가 발생할 가능성이 생겨나기 때문이다. 그러므로 시험 제작자들은 학생들에게 정확하게 같은 시험을 실시하기보다는, 결과를 공정하게 비교할 수 있도록 같은 난이도로 같은 주제를 평가하는 서로 다른 시험을 실시하고 싶어 한다. 그러려면 시험에 출제된 각 문제의 난이도를 설정하는 모델이 필요하다. 또 이러한 모델의 가동 방식을 파악하려면 약간의 수학 작업, 좀 더

정확하게 말해서 그래프에 로지스틱 곡선을 그려봐야 한다.[9]

문항 반응 이론에서 모든 시험 질문이나 문제, 즉 심리측정 용어로 '문항'은 로지스틱 함수로 불리는 S자 곡선으로 그릴 수 있다. 이때 곡선은 좌표계상으로 원점 (0, 0)에서 시작해, 오른쪽 위로 완만하게 상승하기 시작하다가 더욱 급격히 상승하고, 점근선에 가까워지면서 좀 더 완만하게 상승하여 마치 길게 뻗은 'S'처럼 보인다. 로지스틱 곡선은 언제나 상승하면서 수학적으로 정의되는 방식 때문에 S자 패턴을 따른다(대수학을 기억하고 있는 사람들을 위해 등식으로 나타내면 다음과 같다).

$$f(x) = \frac{L}{1+e^{(-k(x-x_0))}}$$

이 모델에서 x축은 특정 단원에서 보이는 학생의 능력(예를 들어, 한자를 읽거나 한 자릿수를 곱하는 능력)을 나타내고, y축은 주어진 능력 수준에서 학생이 문제를 정확하게 풀 개연성을 나타낸다. S 곡선에서 y값 즉, 정답을 제시할 개연성은 학생의 능력이 낮은 수준(x축의 왼쪽)에서 작고, 높은 수준(x축의 오른쪽)에서 크다. 계량 심리학자들은 학생의 능력 수준을 묘사하는 방식으로 문항의 난이도를 나타내고, 이때 S자 곡선은 학생의 50퍼센트가 문항을 정확하게 맞추리라 예측되는 지점을 교차한다. 문항 개발자는 새 문항을 만들 때 이러한 S자 곡선 모델의 초기 매개 변수를 설정하기 위해 곡선이 얼마나 빨리 상승하고 하강하고, 오른쪽으로 얼마나 멀리 뻗어나가는지를 추측해야 하지만, 현장에서 사용할 때는 이 모델들을 역동적으로 업데이트할 수 있다. 다른 문항들로 측정되

언택트 교육의 미래

는 특정 단원에 충분히 능숙한 학생들이 어떤 문항을 제대로 풀지 못하고 오답을 제시하면 그 난이도는 상향 조정될 수 있다.

이것은 문항 반응 이론의 기본 사항이고, 로지스틱 곡선을 배운 기억이 흐릿하더라도 문항 반응 이론이 문항의 난이도를 나타내는 수학적 모델(S자 곡선)을 만든다는 사실을 인식해야 한다. 시험 제작자들은 이러한 모델을 사용해 같은 시험에서 난이도가 같으면서 형태는 다른 문항들을 만들어낸다. 컴퓨터지원교육 시스템 개발자들 편에서 생각할 때, 컴퓨터 프로그램은 문항 반응 이론과 그 변형 덕택에 이전 문항에 대한 학생의 대답이나 최근 대답의 배열 순서를 기반으로 적절한 문항을 배정할 수 있다. 컴퓨터는 문제은행에 각 문항의 난이도 모델을 갖추고 있으므로, 학습자가 정답을 맞히면 약간 더 어려운 문항을 할당할 수 있고, 반면에 오답을 제시하면 더 쉬운 문항을 할당할 수 있다. 초기 튜터 프로그래밍 언어를 예로 살펴보았듯, 사람이 여러 교육 활동을 손수 만드는 대신에 컴퓨터가 알고리즘으로 교육 배열 순서를 생성하고, 학생들의 반응에 근거해 배열 순서를 지속적으로 향상시킬 수 있다.[10]

이러한 알고리즘 주도 대규모 학습 기술이 등장한 지 수십 년이 지났다. 당시 뉴턴은 마법의 신기술이 아니었다. 오히려 기존의 학습 기술에 덧붙여 일종의 비즈니스 혁신(제품 기능이 아니라 백엔드 서비스로서 반응형 학습)을 제공했다. 나는 반응형 개인지도 같은 복잡한 기술의 기본적인 기능과 오랜 역사를 살펴보면, 신기술이 역사적으로 뿌리 깊은 동시에 이해 가능하다는 사실을 교육 이해관계자에게 인식시킬 수 있으리라 생각한다. 만약 신기술을 기술의 역사에 진입시킬 수 있다면, 그 신기술이 학교라는 복잡한 생태계에 통합될 때 어떻게 기능할지 예측할 수 있다.

교육 기술 분야에서 극단적인 주장들은 비약적 발전이 다가왔다는 신호라기보다는 대부분 사기 행각의 일환이었다. 뉴턴은 실패했다. 2016년 페레이라가 물러난 직후 뉴턴은 전직 출판사 임원을 CEO로 영입하고, 반응형 연습문제를 수록한 자체 교과서를 출판하는 방향으로 사업을 전환했다. 2019년에는 와일리 출판사에 급매로 매각되었다. 기술 수료증 프로그램 제공자로 변모한 유다시티, 온라인프로그램관리자로 변모한 코세라와 마찬가지로 뉴턴은 교수와 학습의 변혁에 관해 극적인 주장을 펼치면서 사업을 시작했고, 막대한 벤처 자금을 모으고, 몇 년 안에 기존 교육 시스템에 쉽게 접목될 수 있도록 재정적인 지속 가능성을 향한 경로를 추구했다.[11]

비록 뉴턴이 학습경험 제공자로서 효과적으로 활동하지 못했지만, 막대한 금액의 벤처캐피털을 모금하기 위해 대단히 효과적으로 이야기를 전개한 시기가 있었다(기술 평론가 마치에이 세그우스키Maciej Cegłwski는 당시 과정을 "투자가를 위한 이야기investor storytime"라고 불렀다). 기술이 전통적인 교육 시스템을 변혁하는 방식을 묘사한 이러한 이야기들은 21세기 첫 20년 동안 반응형 개인지도에 벤처캐피털과 자선 투자가 급증하는 현상의 중심에 있었다.[12]

변혁의 수사학: 개인맞춤형 학습과 파괴적 혁신

2010년 "개인맞춤형 학습"이 교육 회의와 잡지에 등장하기 시작했다. 이 무렵 컴퓨터는 이미 수십 년에 걸쳐 다양한 형태로 학교에서 사용되었지만 갑자기 개인맞춤형 학습이 회자되었다. 열렬한 컴퓨터지원교육 지지자들에게 개인맞춤형 교육은 아이가 자신만의 학습 속도에 맞추어 기술 매개 학습을 경험하면서 하루 일정의 일부나 전부를 보낼 수 있다는 뜻이었다. 학생들은 컴퓨터 앞에 앉아서, 표준화된 교과과정 자료 세트를 거치는 경로를 알고리즘으로 최적화한 소프트웨어를 사용할 것이다. 특히 개별 학생이나 그룹에게 추가 지원이 필요하다고 소프트웨어가 신호를 보내는 경우에는 코칭을 하고 소규모 그룹 교육을 실시할 수 있도록 교사를 투입할 것이다.[13]

컴퓨터지원교육 애호가들이 비전을 펼칠 때 직면한 한 가지 도전 과제는 해당 모델의 극단적인 형태, 다시 말해 아이들이 칸막이로 막은 작은 공간에 앉아 헤드폰을 쓰고 하루 종일 화면을 응시하고 있는 모습을 반이상적이라고 규정하기가 매우 쉽다는 것이었다. 그래서 옹호자들은 컴퓨터지원교육 접근 방식을 사용하면 수업 시간을 절약할 수 있어서 프로젝트 기반 학습을 더욱 많이 실시할 수 있다고 주장했다. 칸아카데미가 가동한 초기에 살만 칸은 다음 단계를 밟으면 수학교육을 변혁할 수 있다고 제안했다. (1) 학교는 칸아카데미가 제공하는 무료 수학 자원을 채택한다. (2) 각 학생은 자신의 학습 속도에 맞춰 진도를 밟는 개인맞춤형 수학 학습 경로를 따를 수 있다. (3) 수학수업 시간에 개인맞춤형 컴퓨터지원교육을 통해 절약한 수업 시간을 활용해, 풍부하고 실제적인 프로젝트 기반 학습 연습에 초점을 맞추면서 협업 활동을 펼칠 수 있다. 이 제안에 담긴 아이디어는, 학생들이 기술을 사용해 수학의 사실과 기본을 더욱 빨리 학습하면 흥미 있는 프로젝트와 팀 기반 작업을 진행하는 데 더 많은 시간을 쓸 수 있다는 것이었다. 2019년 칸은 이렇게 언급했다. "칸아카데미가 기초적인 연습과 교육의 일부를 담당하기 시작한다면 더욱 고차원적인 작업을 할 수 있도록 교사와 수업 시간에 자유를 부여할 수 있을 것이다."[14]

이러한 주장은 컴퓨터지원교육 옹호자들 사이에 깊이 뿌리를 내려왔다. 역사학자 오드리 워터스Audrey Watters는 1959년 칸과 마찬가지로 사업가였다가 에듀테크 옹호자로 전향한 사이먼 라모Simon Ramo, 대륙간 탄도 미사일을 개발한 기업의 부사장가 펼친 주장에서 같은 뿌리를 발견했다. 라모는 1959년 컴퓨터지원교육 선언문인 '교육의 신기술'에 다음과 같이 썼다. "내가 앞으로 설명할 모든 사항이 추구하는 목적은 교사가 교수활동에 기여하는 수준을 더 끌어올리고, 교사의 기술을 최대한 활용하지 않는 노력은 교사의 임무에서 제거하는 것이다."[15] 따라서 개인맞춤형 학습을 지지하는 수사학에는 다음 두 가지 원대한 주장이 담겨 있다. 첫째, 주요 개념을 숙달하도록 학생들을 가르치는 방법으로는 반응형 개인지도가 더 효율적이다. 둘째, 교사들은 이러한 효율성에 힘입어 풍부한 프로젝트 기반 교육을 구현할 수 있을 것이다.

개인맞춤형 학습이 바람직한 학교 모습에 대한 비전을 제공했다면, 파괴적 혁신 이론은 어떻게 기술혁신이 필연적으로 학교 변화를 이끌어내는지 보여주는 청사진을 제공했다. 2008년 클레이턴 크리스텐슨, 커티스 존슨, 마이클 혼은 《행복한 학교》를 발표하면서, 온라인 교육과 컴퓨터지원교육이 교육 분야에서 새로운 종류의 파괴적 혁신을 대표한다고 주장했다. 파괴적 혁신 이론에 따르면, 일부 측면에서 품질은 낮을 수 있지만 낮은 비용과 새로운 특징을 제공하는 혁신이 주기적으로 등장한다. 소니 워크맨은 동시대 하이파이 시스템보다 음질이 훨씬 나빴지만 상대적으로 저렴할 뿐 아니라 휴대하고 다닐 수 있었다. 또 1980년대에 10대와 20대처럼 값비싼 하이파이 시스템을 구매할 것 같지 않은 사람, 즉 "비소비자"에게 특히 인기를 끌었다. 크리스텐슨과 동료들이 펼친 주장을 살펴보면, 워크맨이나 아이튠스가 음악과 미디어에 혁명을 일으킨 것처럼 온라인 교육은 교육에 혁명을 일으킬 정도로 파괴적인 혁신이었다.[16]

《행복한 학교》에서 저자들은 온라인 학습이 K-12학년 교육을 재편하는 방식에 대해 세 가지를 예측했다. 첫째, 2019년까지 모든 중등 수업의 절반은 대부분 또는 전부 온라인으로 전환할 것이다. 둘째, 온라인 수업을 제공하는 비용은 전통적인 강좌의 약 3분의 1에 불과할 것이다. 셋째, 온라인 수업의 품질이 더 좋을 것이다. 이론가들은 기존 이해관계자들이 인식하지 못하는 사이에 혁신이 발생하는 경우가 많다고 주장했다. 파괴적 혁신에는 예를 들어, 워크맨의 음질이나 온라인 학교에서 겪는 학습경험의 질처럼 분명히 결점이 있다. 하지만 파괴적 혁신은 기존의 차원과 새로운 차원 모두에서 빠른 향상을 달성해야 하므로, 크리스텐슨과 동료들은 온라인 학습이 신속하게 채택되면서 기존 교육 모델보다 우수하다는 사실을 신속하게 입증해나갈 것이라 주장했다.

크리스텐슨과 동료들은 이러한 파괴적 혁신 과정을 정확하게 예측할 수 있다고 주장했다. 아울러 로지스틱 곡선에서 x축과 y축에 로그를 취하면 S자 곡선이 선형 직선 모양을 띠며, 파괴적 혁신은 역사적으로 S자형 로지스틱 곡선을 따랐다고 주장했다. 초기에 파괴적 혁신을 채택한 패턴은 이처럼 로그를 취한 선형 모델을 정확하게 따랐다.《행복한 학교》의 저자들이 주장한 대로 온라인 강좌 채택에 따른 데이터가 그러한 사실을 나타낸다면, 신기술은 분명히 파괴적 혁신으로 식별될 수 있고, 신기술의 채택 시기를 어느 정도 정확하게 예측할 수 있었다. 그들이 세운 모델을 보면, 반응형 온라인 학습 곡선은 2019년까지 채택의 중간 지점을 통과하고, 이 지점에서 미국 중등학교 전체 강좌의 50퍼센트는 개인맞춤형 온라인 소프트웨어를 통해 진행될 것이다. 이러한 파괴적 혁신 모델에서 학교는 조기 채택자가 되거나 후발 채택자가 되기로 선택할 수 있지만 진보와 변화는 불가피했다.

개인맞춤형 학습: 일방적인 파괴적 혁신

이러한 변혁을 달성하려는 원대한 비전을 실제로 실천하는 학교를 찾는 것은 쉽지 않다. 하지만 개인맞춤형 학습 이론과 파괴적 혁신 이론은 어떻게 학교가 알고리즘 주도 학습 기술을 활용해 극적으로 변혁을 달성할 수 있을지에 관한 모델을 제시한다. 이 모델은 마치 루브 골드

버그(Rube Goldberg, 만화가이자 조각가이고 퓰리처상 수상자다 ─ 옮긴이)가 만화에서 고안한 장치처럼 비효율적인 것 같다. 품질이 더 우수하고 깊이가 더 심오한 프로젝트 기반 학습을 실행하기 위해 학교는 컴퓨터를 구입하고, 컴퓨터지원교육 소프트웨어를 사고, 교사에게 사용법을 교육시키고, 개인맞춤형 컴퓨터 기반 강의에 시간을 재할당한다. 이 모든 과정이 제대로 가동할 때 프로젝트에 추가로 시간을 사용한다. 하지만 학교는 복잡한 장소이고, 일반적으로 학습을 향상시키기 위한 여러 계획을 구현하는 데 성공하지 못한다. 따라서 열렬한 옹호자들이 예측하는 방식으로 컴퓨터지원교육이 교육을 개조하지 못하는 것은 의외가 아니다.

더욱이《행복한 학교》에 실린 대담한 예측 뒤에, 숨은 주도 세력인 파괴적 혁신 이론은 상당히 격렬한 비판을 받고 있다. 2014년 하버드대학 역사학자인 질 레포레Jill Lepore는 파괴적 혁신 이론을 매우 신랄하게 비판했다.《뉴요커》에 기고한 글에서 파괴적 혁신 이론이 개별 산업과 상황을 독특하게 선별한 사례 연구에 근거하고, 새로운 이론을 세울 수 있는 기반이 약하다고 주장한 것이다. 파괴 이론 전도사들은 반대 경우를 보여주는 사례 연구를 무시하고, 이론가들은 뒤늦게 파괴 현상을 관찰하지만 이론을 정확하게 사용해서 미래 변화를 예측하는 데 어려움을 겪고 있다(아쉽게도 사업 경영 이론의 하나로 쓰기에는 부실하다). 레포레는 크리스텐슨의 원작인《혁신기업의 딜레마The Innovator's Dilemma》에서 느린 공룡으로 언급한 많은 기업이 수십 년 뒤 업계를 충분히 지배하리라고 강조했다. 그러면서 오드리 워터스와 함께, 파괴 이론이 경험적 증거에서 도출된 만큼이나 오랜 투쟁과 구원의 이야기, 즉 오랜 방식에 갇힌 구

세계가 멸망하고 신기술이 출현하면서 개혁되고 다시 태어난다는 이야기에 근거한 것으로 보인다고 주장했다.[17]

온라인 학습 분야를 살펴보면 《행복한 학교》에서 시도한 주요 예측이 2020년까지 실현되었다는 증거는 전혀 없다. 중등학교 학생들의 온라인 강좌 등록에 관한 데이터가 불완전하기는 하지만, 어떤 데이터도 중등학교가 반응형 온라인 강좌를 통해 강좌의 50퍼센트 가까이 제공한다고 암시하지 않는다. 2018년 전체 재학생은 미국 프리스쿨부터 K-12학년 학교에 약 5,700만 명(프리스쿨부터 K-8학년까지 4,000만 명, 고등학교 1,700만 명)이었고, 이 중에서 온라인 전용이나 온라인 혼합 학교의 재학생은 약 0.75퍼센트에 해당하는 43만 명에 그쳤다. 전통적인 미국 고등학교가 모든 강좌의 50퍼센트를 온라인 형태나 혼합된 형태로 제공하고 있다고 나타내는 증거는 전혀 없다.

온라인 교육에 드는 비용이 전통적인 교육보다 3분의 1로 적다고 입증하는 증거도 없기는 마찬가지다. 나는 고향인 매사추세츠주에서 가상 K-12학년 학교에 대한 정책 지침을 제공하기 위해 6년 동안 주정부가 운영하는 디지털학습자문위원회에서 활동했다. 2010년 주정부는 가상학교에 등록하겠다고 선택한 학생 한 명당 등록금 6,700달러를 내라고 요구했는데, 이것은 주정부가 계산한 학생 한 명당 지출액인 1만 774달러의 약 3분의 2에 해당하는 금액이었다. 2018년 두 가상 학교가 예산을 증액해달라고 요청하자 주정부는 건물 운영비용을 축소 산정하면서 새 기금을 8,265달러로 책정했다. 가상학교 지도자들은 매사추세츠주에 있는 가상학교가 등록을 확대하자 비용을 줄이기보다 가상학교

교육에 쓰이는 비용이 전통적인 교육과 거의 같아야 한다고 주장했다. 다른 주에서 제한된 범위의 연구가 실시 중이기는 하지만, 이상적인 가상학교 교육에 드는 비용이 전통적인 학교교육의 3분의 1인 것 같지는 않다. 1장 끝부분에서 강사 주도 대규모 학습을 설명했듯, 온라인 전용 학교가 거두는 학습 성과는 전반적으로 암울하다. 이 장의 나머지 내용에서 알 수 있듯, K-12학년 학교에서 구현하는 반응형 개인지도에 관한 증거는 복잡하면서 다소 유망하기는 하지만 주로 수학교육의 특정 영역에서 나타난다.[18]

K-12학년 학교의 반응형 개인지도: 수학과 초급 독해

:

파괴와 변혁을 향한 웅대한 비전은 실현되지 않았지만, 반응형 개인지도는 K-12학년 학교에서 두 가지 틈새를 더 발견해 수학용과 초급 독해용 보충 연습을 제공했다. 요소들의 결합은 컴퓨터 인프라 비용과 유효성을 입증하는 혼합된 증거를 포함해, 학교에서 반응형 개인지도의 역할을 제한한다. 하지만 아마도 가장 중요한 것은 기술적인 한계일 것이다. 반응형 개인지도가 일련의 문제와 학습자원을 순서에 따라 학생에게 할당하려면, 시스템이 학생의 수행 결과를 정기적이고 자동적으로 측정해야 한다. 반응형 개인지도를 구성하는 핵심 기술은 자동 채점 기능을 탑재한 문항 기반 이론 중심의 배열 알고리즘이다. 1장에서 MOOC를 살펴보았고, 7장에서 평가 기술을 탐색하겠지만 자동평가

기술은 상당히 제한적이다. 자동 채점 기능은 정량적 답을 컴퓨터로 평가할 수 있는 수학에서 합리적으로 잘 가동한다. 초급 독해의 몇 가지 영역에서도 소리와 문자를 연결하는(발음 중심 어학교수법) 학생의 능력을 시험하거나, 기본적인 어휘를 식별하거나, 외국어를 배울 때 간단하게 번역을 하는 등에서 유용하게 쓰일 수 있다. 읽기 강사들은 초등학교 3학년 무렵에 발생하는 변화, 즉 읽기 연습(글의 소리와 뜻을 해독하는 방법을 배운다)에서 학습하기 위한 읽기(읽기를 사용해서 콘텐츠 지식을 발전시킨다)로 전환하는 것에 대해 토론한다. 일반적으로 반응형 개인지도에서 자동 채점 기능은 읽기 연습에서 몇 가지 응용 프로그램을 사용하지만, 학습하기 위한 읽기에서 사용할 수 있는 응용 프로그램은 매우 제한적이다. 학생들이 본문에 있는 증거를 근거로 추론할 수 있는지 여부를 교육자가 평가해야 할 때, 자동 채점은 전형적으로 학생들의 추론 능력을 효과적으로 평가할 수 없다.

두 가지 과목인 수학과 초급 독해도 미국 표준화 시험 인프라와 상당 부분 겹친다. 1990년대 이후 이해관계도가 높은 시험이 미국 전역으로 확산하자, 교육 분야 출판사들은 비시험용 과목보다 시험용 과목을 가르치기 위한 자원을 개발하는 데 더욱 많이 투자했다. 그렇다면 이렇게 추론해볼 수 있다. 학교가 수학과 읽기 같은 시험용 과목에 관련한 제품과 서비스를 구매할 가능성이 더 크고, 게다가 자동 채점 기술이 수학과 읽기에 매우 잘 가동하므로, 출판사는 일반적으로 수학과 읽기 과목에서 반응형 개인지도를 채택하려고 주력해왔다. 7장에서 평가에 대해 살펴보겠지만 이러한 시도는 우연히 발생한 것이 아니라, 강력한 피드백 고리의 일부다. 표준화 시험 개발자는 교육 관련 출판사와 같은 자동 채점 기술에 접근할 수 있으므로, 우리가 보유한 시험 인프라는 자동 채점이 원활하게 가동하는 수학과 읽기 같은 영역을 평가한다. 그리고 학교는 이러한 과목들을 강조하고, 출판사는 해당 과목용 제품을 만들고, 정책 입안자들은 해당 과목으로 학교를 평가하고, 시스템은 서로 강화하는 작업을 한다.

반응형 개인지도는 학생의 학습을 향상시킬까?

읽기와 수학을 위한 반응형 학습 도구는 지난 30년 동안 광범위하게 연구되어왔고, 그 결과는 긍정적으로 생각하는 중에도 엇갈린다. 이러한 연구는 대부분 두 연구자 집단이 이끌고 있다. 첫째 집단은 컴퓨터 과학자, 학습 과학자, 시스템을 개발한 컴퓨터지원교육 연구자들이다. 둘째 집단은 교육 경제학자들로서 이들은 다양한 교육 중재로 창출하는 투자 수익에 주로 관심을 쏟는다. 컴퓨터지원교육 연구자들이 쏟는 관심의 양상은 분명하게 드러나서 자신들이 추구하는 혁신이 학생 학습을 향상시키는지 알고 싶어 한다. 많은 컴퓨터지원교육 제품은 컴퓨터지원교육 커뮤니티의 주도 아래 정기적으로 조사를 받는다. 컴퓨터지원교육 소프트웨어 기업들은 소프트웨어 구현과 교사 교육을 지원하지만, 독립적인 제3자 조직들은 연구 평가를 실시한다. 에듀테크 개발자가 교육 시스템에서 수익을 얻기만 바라지 않고, 학습을 향상시키려고 진지하게 노력하는지를 손쉽게 파악할 수 있는 방법은, 자신들의 제품이 효과가 없다는 사실을 입증할 가능성이 있는 연구에 어떻게 참여할 수 있을지 생각하는 것이다. 교육 경제학자들은 교육 관행을 대규모로 바꿀 수 있는 잠재력을 지닌 혁신에 종종 관심을 기울이며, 또 노동 문제에도 관심을 쏟는다. 교사들의 업무를 일부 수행할 수 있는 컴퓨터는 두 가지 역할을 모두 담당할 수 있다.

연구자들은 지난 30년 동안 K-12학년 학교에서 반응형 개인지도 관련 연구를 수백 건 진행하면서, 여러 연구의 경향을 조사하는 메타분석을 실시했다. 2010년대 초 경제학자들과 기타 교육 정책 전문가들은 컴퓨터지원교육을 수학이나 읽기 과목에서 학생 학습을 향상시키기 위한 믿을 만한 접근 방식으로 간주해서는 안 된다는 주장에 일반적으로 동의했다. 이 같은 결론은 1990년대와 2000년대 초 대규모로 수없이 실시된 무작위 통제 현장 실험에서 도출한 증거를 근거로 내려졌다. 이러한 실험은 교육학적 접근 방식이 전형적인 학교 환경에서 이루어지는 학습을 향상시키는지 판단하기에 최고의 연구 방법이다. 그러나 연구의 일부는 긍정적인 효과를 내거나 부정적인 효과를 내기도 하고, 효과가 전혀 없을 때도 있었다. 현장 실험에 대한 메타분석 결과를 살펴보면, 반응형 개인지도를 받은 학생의 읽기 점수 평균은 전통적인 수업을 받았을 때보다 높아지지 않는다. 수학 컴퓨터지원교육 접근 방식에 대한 메타분석 결과는 좀 더 엇갈려서, 평균적으로 효과가 거의 없거나 약간 긍정적이었다. 한 메타분석에서 연구자들은 전반적으로 수학 과목에서 반응형 개인지도가 학생에게 긍정적인 효과를 약간 미쳤고, 수

　　　　　　　　　　　　　　언택트 교육의 미래

학 성취도가 낮은 학생들보다 일반 학생들에게 더욱 효과가 컸다고 주장했다. 연구자들은 "컴퓨터지원교육은 성취도 수준과 적성이 다른 학생들 사이에서 성취도 격차를 더욱 벌린다"라고 경고했다. 이 연구 결과는 6장에서 소개할 에듀테크 마태 효과를 뒷받침한다.[19]

평균적으로 효과가 전혀 없다는 결과를 얻은 연구에서도 반응형 개인지도가 개별 학교나 교실에 미치는 영향은 상당히 다양하게 나타날 수 있다. 평균적으로 효과가 전혀 없는 경우가 발생하는 것은 어떤 학생의 학습에도 변화가 일어나지 않았을 때이거나, 긍정적인 효과를 크게 경험한 학생들이 있는 반면에 부정적인 효과를 크게 경험한 학생들도 있어서 효과가 서로 상쇄될 때다. 현재 하버드교육대학원 교수로 재직 중인 에릭 테일러Eric Taylor는 박사학위 논문에서 다음과 같은 주장을 펼쳤다. 테일러는 메타분석을 실시한 결과, 컴퓨터지원교육을 사용한 교실과 사용하지 않은 교실이 거둔 평균적인 학습 이익은 거의 같다고 주장했다. 하지만 컴퓨터지원교육을 사용한 교사들 가운데서 교사 간 학습 이익 편차는 컴퓨터지원교육을 사용하지 않은 교사들보다 낮았다. 달리 표현하자면 컴퓨터지원교육을 사용하지 않는 교사들이 거둔 학습 결과 격차는 교실 별로 상당히 커서, 결과가 상당히 좋은 수업도 있고 매우 나쁜 수업도 있었다. 반면에 컴퓨터지원교육을 사용하는 경우에 도출된 결과가 좋은 수업과 나쁜 수업의 차이는 더 작았다. 왜 그럴까?[20]

컴퓨터지원교육을 구현할 때는 거의 예외 없이 혼합 모델을 따른다. 따라서 교육자들은 대개 일주일에 며칠 등 일부 시간에 수업을 진행하고, 학생들은 나머지 시간에 컴퓨터를 사용해 개별적으로 공부한다. 이와 대조적으로 전통적인 수학교육 모델에서는 교사가 주도해서 학생 전체를 대상으로 수업을 진행하고 피드백 없이 개별 연습문제를 풀게 한다. 테일러의 주장에 따르면, 전통적인 학습 시스템에 가장 취약한 교사들을 대상으로 일주일에 1~2일을 컴퓨터 개별 학습으로 대체하자 학생들의 학업 성과가 향상되었고, 가장 취약한 교사 밑에서 학습해야 하는 학생에게는 좋은 학습 기회가 되었다. 이와 대조적으로 전통적인 학습 시스템에 가장 강한 교사들을 대상으로 일부 수업을 컴퓨터 개별 학습으로 대체하자, 학생들은 오히려 유능한 교사와 수업할 수 있는 귀중한 시간을 빼앗기는 결과가 발생했다. 이 연구가 최종적인 결과로 간주되어서는 안 되지만, 이 연구를 통해 컴퓨터지원교육이 교육에 미치는 효과에 대한 흥미로운 가설과 이를 구현하기 위해 해결해야 하는 몇 가지 실질적인 문제를 파악할 수 있다.

반응형 수학 개인지도의 긍정적 사례

반응형 개인지도를 대상으로 실시한 두 가지 최대 현장 시험인, 인지적 개인지도Cognitive Tutor와 어시스트먼트ASSISTment는 2010년대 초 메타분석 이후에 등장했다. 이들은 학교에서 컴퓨터지원교육의 역사를 근거로 예측한 것보다 훨씬 좋은 학습 결과를 낳았다. 연방정부에서 자금을 지원받아 두 연구를 실시한 저명한 제3의 연구자들은 컴퓨터지원교육이 수학 교실에서 상당히 긍정적인 효과를 냈다고 입증했다.

2014년 랜드연구소Rand Corporation는 미국 일곱개 주에 있는 고등학교 73곳, 중학교 74곳에서 가르치는 대수학 과목에서 카네기러닝의 인지적 개인지도의 사용을 연구하고 결과를 발표했다. 인지적 개인지도는 카네기멜론대학에서 30년 동안 진행된 연구의 결과이고, 가장 광범위하게 채택되는 동시에 가장 면밀하게 연구된 컴퓨터지원교육 시스템의 하나다. 랜드연구소가 실시한 연구에서 많은 학교는 학생에게 대수학을 가르칠 때 인지적 개인지도를 채택하겠다고 동의했다. 그중에서 절반은 컴퓨터지원교육 소프트웨어와 전문적인 개발지원을 받고, 나머지 절반은 계속 평상시대로 수업을 진행하도록 무작위로 배정했다. 카네기러닝은 교사들에게 일주일에 3일은 전형적인 대수학 수업과 진도가 거의 같은 정규 전체 수업을 진행하라고 장려했다. 그런 다음 일주일에 2일 동안 학생들은 인지적 개인지도인 개인맞춤형 연습을 하기 위해 대수학 프로그램을 사용하면서 자신의 학습 속도에 맞춰 학습 자료를 공부했다. 따라서 일주일에 5일 동안 대면 집단 수업을 듣고, 지능형 개인지도가 제공하는 개인맞춤형 컴퓨터 연습으로 학습을 보충했다.[21]

존 페인John Pane은 랜드연구소 팀을 이끌면서 실험으로 수집한 시험 점수 데이터를 평가했다. 동료들과 함께 새로운 학교에서 컴퓨터지원교육을 시행한 첫해에는 효과를 전혀 얻지 못하면서 '혁신가의 추락innovator's dip'이라는 말을 들어야 했다. 이에 연구자들은 일상적인 수학교육에 새로운 도구를 생산적으로 통합하는 방법을 알아내려면 약 1년이 걸린다고 주장했다. 그리고 두 번째 해에는 프로그램을 사용하는 9학년 학생들에게서 긍정적이고 통계상으로 의미 있는 학습 성과를 목격했다(8학년 학생들에게서는 조금 미미한 효과를 발견했지만 통계상으로는 의미가 없었다).

교육 연구에서 학습 이익을 서술하는 것은 까다롭고, 연구자와 정책 입안자들의 주장은 자주 혼란을 일으킬 수 있다. 중재가 학습에 미치는 효과를 측정할 때 가장 흔한 척도는 효과크기effect size로, 표준편차 단위에서 분석 결과의 평균 차이를 가리킨다. 표준편차 단위를 사용하면 여러 시험과 규모 등을 사용한 다른 중재들을 비교할 수 있다. 랜드연구소가 대수학용 인지적 개인지도를 연구하고 발표한 결과를 보면, 컴퓨터지원교육 기술을 사용하지 않는 통제 조건에서 1년 동안 대수학을 학습한 전과 후에 시험을 치렀을 때, 학생들이 기록한 평균 점수의 표준편차는 약 0.2 증가했다. 또 실험 조건에서 연구한 지 2년째 되는 해의 효과크기는 0.2였다. 이것은 해당 학생들이 학습 후에 기록한 평균 점수의 표준편차가 학습 전보다 약 0.4 증가했다는 뜻이다. 통제집단이 기록한 0.2의 표준편차 증가는 대수학 교실에서 전형적으로 발생하는 기본 학습량에 따른 성과로 생각할 수 있으므로, 컴퓨터지원교육을 받고 0.2의 표준편차가 추가로 증가한 것은 처치집단에 속한 학생들의 학습 성과가 전형적인 학생들보다 두 배 컸다는 뜻이다(효과크기를 이해하는 또 하나의 방법은 통제집단에서 50퍼센타일에 속한 학생들이 처치집단에 할당되면 평균적으로 58퍼센타일이 되리라는 것이다).

효과크기와 표준편차는 분석하기 어려우므로, 연구자들은 평균 학습 이익을 계산하고 그것을 1년이나 9개월 수치로 환산해서 몇 달이나 몇 년의 학습을 척도로 사용했다. 랜드연구소의 연구 사례에서 표준편차 0.2는 '1년의 학습'을 가리킨다. 표준편차 0.2의 추가된 효과크기는 '추가된 1년의 학습'을 나타내므로, 카네기러닝 웹사이트에서는 대수학의 인지적 개인지도가 학생의 학습을 두 배로 증가시켰다고 주장했다. 한 가지를 분명히 밝히자면, 아무도 학생들이 2년 분량의 자료를 1년 동안 학습했다고 주장하지 않는다. 오히려 학생들은 대수학1을 공부하고 나서 치른 시험에서 성취도 향상을 보였다. 월별 학습률이 일정하다고 가정했을 때, 9개월이 아니라 전통적인 통제 환경에서 18개월 동안 공부한 것과 같은 성과를 거둔 것이다. 인지적 개인지도에 배정된 학생들은 표준화 시험으로 측정했을 때 대수학1 교과과정을 전형적인 학생들보다 두 배 더 잘 소화했지만, 대수학1을 배우지 않았고 수학을 1년 더 공부하지도 않았다.[22]

이 평균 효과크기에는 모든 학교 사이에 효과 정도가 크게 다르다는 사실이 숨겨져 있다. 일부 중학교에서 인지적 개인지도를 사용하도록 배정받은 학생들은 평균 표준편차 0.2보다 훨씬 큰 성과를 거뒀고, 일부는 이보다 훨씬 작은 성과를 냈다. 랜드연구소의 연구 이후에 카네기러닝 소속 연구자들은 이러한 차이를 규명하기 위해 데이터를 더욱 심층적으로 조사했고, 학생이 교사의 지도를 받으면서 자신에게 맞는 속도로 연습문제를 풀 수 있는 환경을 더 풍부하게 제공받은 학교에서 더 좋은 학습 성과를 거뒀다는 사실을 밝혀냈다.

실험 연구에서 연구자들은 '충실도fidelity' 개념을 탐색한다. 교사들은 실제로 교육학적 혁신을 의도한 방식으로 사용할까? 인지적 개인지도에 담긴 핵심 의도는, 소프트웨어를 사용하는 동안 초기부터 기초 개념을 놓치지 않도록 학생이 학습 내용을 숙달했다는 모습을 보여줄 때만 진도를 나가야 한다는 것이다. 이것은 학생마다 학습 시간과 내용이 달라야 한다는 뜻이다. 인지적 개인지도가 학생 활동을 기록하므로 연구자들은 같은 학급 학생들이 대개 같은 방식으로 공부하는지, 실제로 학생들이 교사의 지도를 받아 숙달 수준에 도달할 때까지 한 가지 주제를 공부하는지 알 수 있다. 2016년 랜드연구소가 실시한 연구를 추적하면서 카네기러닝의 스티브 리터Steve Ritter는 교사들이 카네기러닝을 사용하는 방식이 학생들의 학습 성과에 매우 중요하다면서 증거를 제시했다. 리터가 이끄는 연구 팀은 실제로 교사들이 수업 시간에 반응형 숙달 학습을 얼마나 허용하는지 조사하고, 일부 교사가 카네기러닝을 사용하면서 개인맞춤형이 아닌 방식으로 학습을 할당했다는 사실을 발견했다. 해당 교사들은 수업에 출석한 학생 전체에게 지금 배우는 주제와 연관된 문제들을 풀라고 요구했다. 이와 대조적인 교육 태도를 보인 교사들은 설사 몇 주 전에 다뤘던 주제에 관한 연습문제를 여전히 풀더라도, 학생들이 자기 속도에 맞추어 학습할 수 있도록 지도했다. 리터가 이끄는 팀은 수업에서 학생들에게 자기 속도로 학습할 수 있는 기회를 더 많이 허용할 때 전반적인 학습 성과가 더 컸다는 사실을 밝혀냈다. 달리 표현하면 카네기러닝을 의도대로 사용한 교사들은, 학생들을 정확히 같은 방식으로 지도한 교사들보다 높은 학습 성과를 달성했다. 따라서 학생이 자기 속도로 연습문제를 풀 수 있게 하도록 교사를 설득하고, 인지적 개인지도를 구현하는 교사에게 전문성을 개발할 기회와 코

칭을 제공하면 학습 성과를 더욱 향상시킬 수 있을 것이다.[23]

2016년 연구 집단인 SRI인터내셔널은 어시스트먼트라는 유사 컴퓨터지원교육 시스템에 대한 주요 현장 시험을 평가했다. 어시스트먼트를 만든 인물은 전직 중학교 교사부부 닐 헤퍼넌Neil Heffernan과 크리스티나 헤퍼넌Christina Heffernan이었다. 닐은 카네기멜론대학에서 인지적 개인지도의 개발에 기여한 켄 쾨딩거와 함께 논문을 썼다. 헤퍼넌 부부는 인지적 개인지도와 약간 다른 방향으로 어시스트먼트를 만들었다. 대수학용 인지적 개인지도는 일상적인 수업 활동의 일부를 대체할 용도로 설계되었다. 학생들은 일주일 중에서 사흘은 대면 집단 수업을 받고, 이틀은 대수학용 인지적 개인지도를 사용해 컴퓨터로 학습한다. 이와 대조적으로 어시스트먼트는 대부분 과제 도우미다. 학생들은 교사가 과제로 내준 문제를 집에서 풀고, 정답인지 오답인지 즉각적으로 피드백을 받으며, 컴퓨터지원교육의 일부 반응형 요소들을 통합한 추가적인 "기술 구축"을 할 수 있도록 선택 사항을 제시한다.[24]

주 전체 중학생에게 노트북을 보급하는 계획을 추진하고 있는 메인주 전역의 중학교에 어시스트먼트가 보급되었다. 교사들은 어시스트먼트 시스템을 사용할 수 있도록 전문적인 기술 지원을 받았다. 나중에 데이터를 검토했을 때 예측보다 사용량이 약간 더 적었던 것으로 밝혀지기는 했지만, 연구 팀은 학생들이 일주일에 사나흘, 저녁에 하루 10여 분 정도 어시스트먼트를 사용하리라 추정했다. 대부분의 학생은 아마도 학습 기술을 구축하기보다는 교사가 과제로 할당한 비반응형 문제를 풀었을 것이므로, 반응형 학습환경은 제대로 검증되지 않았을 것이다. 대부분 학생들은 온라인으로 학습한다는 사실만 다를 뿐 교과서 문제를 풀었을 것이다. 아마도 학습은 이중으로 진행되어서 학생들은 저녁에 문제에 대해 즉시 피드백을 받고, 교사들은 학생들이 풀기 힘들어 하는 문제 유형에 관해 아침마다 보고를 받은 뒤 그에 맞추어 오전 과제 복습을 실시했을 것이다.

랜드연구소가 실시한 연구나 인지적 개인지도 연구와 마찬가지로 문항 반응 이론 팀은, 어시스턴트를 사용하도록 배정된 처치집단 학생들이 평균적으로 학습량이 더 많다는 사실을 발견했다. 또 시험 전과 후에 거둔 성과를 비교했을 때 표준편차는 약 0.2 상승해서 통제집단보다 약 75퍼센트 증가했다. 대부분의 성과는 성취도가 낮은 수학 학습자 사이에서 나타났으므로 학습 중재가 성취도 격차를 좁히는 데 한몫한 것으로 밝혀졌다.

어시스턴트 연구와 대수학용 인지적 개인지도를 비교할 때 두드러지는 차이는 어시스턴트가 훨씬 간편하다는 것이다. 대수학용 인지적 개인지도는 온전한 컴퓨터지원교육 반응형 학습 솔루션인 반면에 어시스턴트는 온라인 과제 도우미에 가깝다. 대수학용 인지적 개인지도를 교실에서 수업에 사용할 때는 교사와 학생이 접촉하는 시간을 줄이고, 교실 내 컴퓨터 사용을 늘리며, 개인의 학습 속도에 맞출 기회를 창출하는 등 주요 변화를 시도해야 한다. 이와 대조적으로 메인주에서 시도했듯 어시스턴트는 단순히 학생에게 문제에 대한 답을 볼 수 있게 해주고, 학생이 어떻게 학습하고 있는지에 관해 교사에게 더 많은 정보를 제공한다. 인지적 개인지도는 수학교육 내용을 재배열하지만,

어시스트먼트는 과제와 복습에서 얼마간의 효율성을 창출한다. 두 실험적 연구에서 두 중재의 효과는 거의 같았다. 이것은 전체 컴퓨터지원교육 시스템을 가동하는 모든 복잡한 장치가 불필요할 수 있고, 가벼운 온라인 과제 도우미 정도만 갖추더라도 복잡한 반응형 개인지도만큼이나 효과를 거둘 수 있다는 뜻이다.

수학 지도에서 컴퓨터가 담당하는 역할을 판단하려 할 때, 최근의 이 두 연구는 정책 입안자들이나 학교 지도자들에게 컴퓨터지원교육의 가치를 더욱 잘 부각시키는 데 유용할 수 있다. 새로 진행하는 연구들은 이전 연구들을 대체하기보다는 수학과 컴퓨터지원교육의 이해관계자들이 최신 기술을 정기적으로 더욱 잘 이해할 수 있도록 돕는다. 이러한 연구에 대해서는 대규모의 무작위 현장 실험을 제대로 실행함으로써 수학 분야에서 지적인 개인지도에 대해 좀 더 긍정적인 전망을 도출해야 한다는 견해가 존재한다. 또 대수학용 인지적 개인지도와 어시스트먼트를 사용한 실험에서 연구자, 개발자, 교육가는 컴퓨터지원교육에 대한 이해를 증진시켜 교사들이 소프트웨어를 사용해 작지만 꾸준한 학습 성과를 거두게 했다. 만약 이것이 사실이라면 우리는 앞으로 연구하거나 시험할 때, 컴퓨터지원교육 시스템을 사용해 비슷한 성과를 거둘 수 있을 테고, 아마도 시간 경과에 따라 개발자들이 시스템을 지속적으로 향상시키면서 약간의 성과 개선까지도 기대할 수 있을 것이다. 이러한 관점에서 볼 때, 수학 분야에서 컴퓨터지원교육 시스템이 학습을 크게 향상시키지 못했다는 것이 오랫동안 지속된 일반적인 생각이라 하더라도, 이 새로운 연구들은 해당 분야가 성숙해가고 있다는 사실을 암시하고 있는 것이다.

좀 더 신중한 견해를 언급해보자. 긍정적인 결과를 도출한 연구는 지난 30년 동안 늘 있었지만, 부정적인 결과를 산출하거나 아무 결과도 산출하지 못한 연구들 때문에 제대로 조명받지 못한다. 예를 들어 2019년 초 컬럼비아대학교 교육대학원은 뉴욕시 공립학교에서 개발한 컴퓨터 반응형 학습 시스템인 티치투원Teach to One을 연구하고 결과를 발표했다. 무작위 현장 시험이 아니었던 이 연구는, 주 전체를 대상으로 시험을 시행한 결과 티치투원을 채택한 학교들의 점수가 향상되지 않았다고 밝혔다. 연구에서 발생하는 측정 오류, 표집 변동, 기타 연구 관련 긴급 상황이 척도에 늘 영향을 미치므로, 어떤 단일 연구도 한 가지 교육 접근 방법의 '진정한 효과'를 완벽하게 포착하지 못한다. 아마도 카네기러닝과 어시스트먼트의 연구에서는 이러한 오류들이 결과를 긍정적인 방향으로 기울였을 것이다. 또 다음 두 개의 컴퓨터지원교육 평가는 부정적인 영향을 미치고 그 후 두 개는 아무 영향도 미치지 못할 가능성이 있다. 현장에서는 경제학자들이 2010년대 중반에 내렸던 평가가 아마 미래에도 유효하리라는 사실을 깨닫게 될 것이다.[25]

최근 도출된 긍정적인 결과가 해당 분야가 성숙해가고 있다는 증거이기 때문에, 나는 미래에는 반응형 개인지도가 수학 학습에서 꾸준하고 반복 가능한 성과를 거둘 것이라고 생각한다. 따라서 새로운 연구와 증거를 추구하기 위해 지속적으로 탐구하면서, 더 많은 연구가 출범하는 상황에 보조를 맞춰 내 견해를 수정하려고 노력하고 있다. 또 위에서 언급한 반응형 개인지도의 사례 연구에 힘입어, 교육 기술에 관심을 쏟는 사람들이 특정 분야에 대해 합의된 관점을 제공하는 메타분석이나 연구를 수행하고, 새로 등장하는 연구에 맞춰 특정 주제에 관한 자신의 견해를 계속 업데이트하면서 꾸준히 수정할 수 있는 방법을 습득하기를 바란다.

교과 책임자는 무엇을 해야 할까?
컴퓨터지원교육 연구의 통합

이제 K-12학년 학교 교장의 입장에서 학생들의 성적을 향상시키기 위해 반응형 개인지도를 추진할 만한 가치가 있는지 생각해보자. 반응형 개인지도 같은 도구들은 하늘에서 뚝 떨어진 마법의 로봇 개인 교사가 아니라, 설계자와 연구자들이 점진적인 향상을 목표로 삼아 긴 세월 연마해온 소프트웨어 프로그램들이다. 해당 프로그램들은 K-12학년 학교의 교과과정으로는 널리 채택되지 못했지만, 초기 초등학교 읽기와 수학 교과과정 전반에 사용되고 있다. 평균적으로 초급 독해 분야에서 반응형 개인지도에 관한 연구는 학습에 긍정적인 효과를 미치지 못했다. 혁신의 최첨단을 걷기를 바라는 학교는 새로 개발된 접근 방식을 기꺼이 시도할지 모른다. 하지만 강력한 연구 실적을 거두는 개혁을 실시하고 싶어 하는 초등학교라면, 초급 독해 수업을 뒷받침하기 위해서는 다른 접근 방식으로 눈을 돌려야 할 것이다.

어떤 의미에서 K-12학년 학교에서 반응형 개인지도를 탐색하기로 결정하는 권한은 주로 수학 교과 책임자에게 있을 것이다. 특히 몇몇의 최근 연구를 살펴볼 때 수학은 반응형 개인지도가 지속적으로 유효하게 작용했던 유일한 과목이기 때문이다. 이상적인 관점에서 자신이 속한 학군에서 교수와 학습을 개선할 방법을 모색하는 수학 교과 책임자는 컴퓨터지원교육이 수학 교사들에게 적합한지, 만약 그렇다면 어떤 특정 제품이 원활하게 가동할지 판단하기 전에 이 모든 연구와 관점을 고려할 것이다. 무작위 통제 시험은 중재가 통하는지 확인할 수 있는 좋은 도구다. 하지만 상황마다 다르기 마련이므로 어떤 학군도 일반적 성향을 띤다고 간주할 수 없다. 메인주 소재 중학교들이 노트북 프로그램을 실시했듯 학교가 기술에 이미 많은 투자를 하고 있다면, 컴퓨터지원교육을 구현하기 위해 투입하는 비용은 수학만을 위해 새 기계를 구입하는 비용보다 훨씬 저렴하다. 에릭 테일러가 발표한 연구 결과에 따르면, 수학 교사들이 전반적으로 매우 유능한 학군에서는 학생의 성적을 향상시키는 데 반응형 개인지도가 최고의 도구가 아닐 수 있다. 또는 어시스트먼트 같은 보완 시스템이 카네기러닝 같은 추가 시스템보다 더욱 효과적일 수 있다. 이와 대조적으로 수학 교사들이 전반적으로 유능하지 않은 학군, 다시 말해서 교사 이직율이 높고 신입 교사가 많은 학군에서는 컴퓨터지원교육이 더욱 설득력 있고 발전성 있는 도구가 될 수 있다.

일부 학교는 자질이 다양하면서도 새로운 접근 방식을 시도하려는 의욕을 지닌 교사들을 보유하고 있을 것이다. 새로운 프로그램을 기꺼이 시도하려는 수학 교사들을 보유한 학군은 자신의 교수 관행을 바꾸지 않으려는 교사들을 보유한 학군보다 좋은 결과를 낼 것이다. 스티브 리터의 연구 결과를 살펴보면, 카네기러닝은 컴퓨터 기반 교육을 받을 때 학생에게 개인맞춤형 연습을 제공하는 교사들에게 가장 큰 효과를 발휘한다.

학교에 대해 가장 훌륭하고 도전적인 점은 향상할 여지가 항상 있다는 것이다. 교수와 학습은 대단히 복잡하므로 언제나 시도하고 개선할 여지가 있다. 컴퓨터지원교육이 대체로 전통적인 교육을 능가하거나, 수학 학습을 극적으로 변혁시킨다는 증거는 전혀 없다. 컴퓨터지원교육을 이해하는 최선의 방법은 수학교육을 개선하는 수많은 도구의 하나로 생각하는 것이다. 물론 다른 선택지도 있다. 첫째, 학습에 큰 어려움을 겪고 있는 학생들을 좀 더 많이 지원하기 위해 개인 교사의 배정에 투자한다. 둘째, 풍부한 수학 담론을 이끌어내거나 근본적인 수학 콘텐츠를 더욱 심층적으로 이해시킬 수 있도록 교사의 전문성을 개발한다. 셋째, 도형 작도 프로그램인 기하학 스케치패드Geometer's Sketchpad나 데스모스Desmos 그래핑 계산기처럼 수학에서 새로운 종류의 시각화를 촉진하는 소프트웨어를 사용한다. 학교에 따라서는 컴퓨터지원교육이 수학교육을 향상시키는 적합한 도구일 수 있다. 하지만 어떤 학교에서는 특정 학교나 학군에 속한 교사들의 강점, 약점, 관심사를 토대로 다른 접근 방식이 더 적합할 수 있다.

이처럼 지능형 개인지도의 유용성에 대한 주장은 앞 장에서 MOOC에 관해 설명한 사례와 구조적으로 비슷하므로 친숙하게 느껴질 것이다. 두 기술 모두 유용하지만 혁신적이지는 않다. 두 기술에 관한 증거

를 조사하면 특정 영역(컴퓨터지원교육에서는 수학교육, MOOC에서는 전문교육)에
서는 순조롭게 작동하는 것처럼 보이지만, 다른 영역(컴퓨터지원교육에서
는 읽기 교육, MOOC에서는 보충 수준이나 입문 수준의 고등교육)에서는 유용성이 훨
씬 떨어진다. 반응형 개인지도에 관한 몇 가지 연구는 학습에 어려움을
겪는 학생들에게 유용할 수 있는 방법을 제안하지만, 두 기술 모두 불
평등 문제에 대해 심각한 우려를 낳는다. 두 기술은 교육 시스템을 변
혁하지 않고, 기존 교육 시스템의 특정 부분에 제한적이지만 의미 있는
가치를 제공할 기술로 인식된다. 나는 반응형 개인지도 기술과 구현 모
델이 지속적으로 연구되고 새로운 활용 방법을 시도하면서 계속 점진
적으로 향상될 것이고, 아마도 시간이 흐르면서 증거가 축적되어 더욱
광범위하게 채택되고 실행되는 방향으로 나아가리라 생각한다. 하지만
새로운 세대의 반응형 개인지도가 인간 발달의 궤도를 다시 형성할 수
있다는 기술 전도사들의 주장에 대해서는 조심스러운 입장을 취해야
한다.

동료 주도 대규모 학습

네트워크 학습 커뮤니티

2010년을 필두로 "개인맞춤형 학습"이라는 미사여구가 교육계를 휩쓸자 다양한 지역에서 기술을 매개로 한 개인맞춤형 학습을 실시하자는 주장들이 나왔다. 개인맞춤형 학습을 구현하려는 열정은 교육개혁의 정치학에서 갈라져나온 많은 신봉자 사이에서도 뜨거웠다. 교육학적 진보주의자부터 자유시장 개혁가에 이르기까지 독립 공립학교인 차터스쿨, 노조, 학교 이사회, 직접 강의, 국가 표준 등 무엇에도 뜻을 달리했던 사람들도 다음 사항에는 동의했다. 첫째, 개인맞춤형 교육은 기술 발달 덕택에 가능해질 것이다. 둘째, 개인맞춤형 교육은 학생의 학습을 향상시킬 것이다.

개인맞춤형 학습이 보유한 커다란 잠재력에 대해서는 의견이 일치했지만, 그 용어의 실제적인 정의에 대해서는 의견이 극명하게 갈렸다.[1] 2장에서 살펴보았듯 반응형 개인지도와 혼합 학습을 옹호하는 사람들에게 개인맞춤형 학습은 학생이 각자 자신의 학습 속도에 맞춰 기술 매개 학습을 경험하면서 일과의 일부나 전부를 보낼 수 있으리라는 뜻이었다. 하지만 다른 교육가들에게는 개인화 대상이 학습 속도가 아니라 '콘텐츠'와 '학습경험'이었다. 대개 존 듀이가 내세운 교육의 수습 모델에 동조하는 이 교육가들에게 개인맞춤형 학습은 학생이 온라인 네트워크를 활용해 자신의 관심사를 탐색할 수 있다는 뜻이었다. 학생은 열정을 확인하고, 온라인 학습 커뮤니티에 참여하고, 스스로 선택한 주제를 공부하고, 학습 성과와 산물을 온라인으로 공유할 것이다. 이때 학교 학습은 이 책의 서론에서 소개한 레인보룸의 팬들이 겪는 경험에 더욱 가까울 것이다.

이처럼 개인맞춤형 학습의 두 가지 비전, 즉 기존의 전통적인 교과과정을 통해 학생의 학습 경로를 알고리즘으로 최적화하는 개인맞춤형과 학생이 공부할 주제와 참여할 커뮤니티를 선택하는 개인맞춤형은 매우 다를뿐더러 어떤 의미에서는 양립할 수 없다. 반응형 개인지도를 통해 학생의 학습 경로를 알고리즘으로 최적화할 수 있으려면, 교육가들이 모든 콘텐츠를 미리 정의하고, 컴퓨터 평가를 실시할 수 있는 영역으로 평가를 제한해야 한다. 학습자가 스스로 공부 주제를 선택하고, 다른 종류의 평가를 통해 이해도를 입증할 수 있으려면, 사전에 정의된 콘텐츠를 통해 학습을 가속화할 수 있는 반응형 개인지도보다는 다양한 조사를 지원해줄 수 있는 온라인 네트워크가 더욱 필요하다.

개인맞춤형 학습에 관한 두 가지 관점의 이면을 들여다보면 '규모'

언택트 교육의 미래

라는 개념을 보는 방식에 중요한 차이가 있다. 대규모의 강사 주도 학습 시스템과 알고리즘 주도 학습 시스템에서, 개인지도는 이상적인 학습 유형으로 간주되며, 이때 목적은 최대한 많은 학습자에게 가능한 한 최고의 개인지도 경험을 제공하는 것이다. 실제 개인 교사를 쓰는 비용은 비싸므로, 최대한 이상적인 개인지도에 가까운 모델을 만들기 위해 기술을 사용한다. 이 모델에서 문제가 되는 것은 학습자가 느끼는 학습 필요의 규모가 막대하다는 것이고, 이때 규모는 기술을 사용해 극복해야 하는 장애물이다.

대안적인 비전에 따르면 규모는 장애물이 아니라, 강력한 학습경험을 창출하기 위해 결정적으로 중요한 자원이다. 규모는 관심사, 재능, 가르치고 공유하는 성향을 활용해 네트워크 세계에서 학습자 커뮤니티를 엮는다는 뜻이다. 이 장에서는 동료 주도 대규모 학습에서 인용한 사례에 초점을 맞출 것이다. 이 사례에서 학습설계자와 교육 지도자는 네트워크 학습환경을 정규교육기관에 의도적으로 엮는다. 동료 주도 대규모 학습에서 경험을 통해 학습자의 진도를 결정하는 것은 강사나 알고리즘이 아니라 학습자 자신이다. 이때 학습자는 동료 커뮤니티가 생성하고, 설계자와 교육 리더가 제안한 학습경험 네트워크를 탐색한다.

MOOC와 반응형 개인지도에서 일어나는 많은 현상이 전통적인 학교와 대학에서 시간을 보낸 사람들에게 매우 친숙하게 느껴지는 반면에, 동료 주도 대규모 학습의 많은 설계는 학습자와 교육자에게 모두 새롭거나 이질적으로 보일 수 있다. 이러한 새 접근 방식이 제시한 기회와 도전을 탐색하기 시작한 연결주의 MOOCconectivist MOOC, 즉 cMOOC는 스스로 MOOC라고 칭하지만 이 책의 1장에서 소개한 강사 주도 MOOC와 형태도 철학도 다른 독자적인 학습경험을 제시한다. cMOOC는 스런과 노빅의 '인공지능 개론' 강좌가 일류 고등교육에서 MOOC 선풍을 일으키기 몇 년 전에 주로 캐나다를 거점으로 형성되었다.

연결주의와 동료 학습

MOOC라는 용어는 2008년 캐나다 프린스에드워드섬에서 활동하는 교육 기술 전문가 데이비드 코미어David Cormier가 만든 것으로, 소수의 교육 기술 전문가들이 실험하고 있던 새로운 종류의 온라인 강좌를 가리켰다. 초기 MOOC은 수천 명을 회원으로 보유하고, 소셜미디어에서 대화에 참여하는 것을 주요 활동으로 삼았는데, 4년 후 코세라와 에드엑스가 만들 MOOC와는 매우 달랐다. 최초의 MOOC 중 하나는 2000년 출범한 '연결주의와 연결된 지식Connectivism & Connective Knowledge' 강좌였고, 소셜미디어에서는 해시태그를 달아 #CCK08로 알려졌다. 해당 강좌는 마니토바대학에서 24명의 학생에게 학점 과정으로 개설되었고, 외부에 개방되면서 2,200명이 등록했다.[2]

　CCK08이 제시하는 학습경험 형태는 강좌 주제인 연결주의 인식론에 깊이 영향을 받았다. 캐나다 교육 기술 전문가들인 조지 시멘스George Siemens와 스티븐 다운스Stephen Downes는 지식이 네트워크에 존재한다는 이론을 펼쳤다. 생물학적 수준에서는 지식이 뇌의 네트워크 구조에 존재한다는 뜻이고, 사회학적 수준에서는 지식이 사람과 숙련된 직업인의 커뮤니티에 존재한다는 뜻이다. 주로 네트워크에 존재하는 지식의 본질에 대한 인식론적 입장은 '지식을 늘리는 방법은 더욱 풍부하고 밀도 높은 네트워크를 형성하는 것'이라는 교육학적 입장으로 자연스럽게 이어졌다. 이러한 모델에서는 학습자가 다른 사람 그리고 지속적인 탐구를 지원하는 자원과 연결될 때 최상의 학습이 발생한다.[3]

원조 연결주의 MOOC에서 강좌용 거점은 로그인도 지불 장벽도 없이 개방 웹에서 공개적으로 접근할 수 있는 사이트였다. 이 거점은 학생들에게 공유 콘텐츠, 지침, 강의를 제공했다. 강사들은 학생들에게 개인 블로그와 소셜미디어 계정을 열어서 웹을 통해 접속하라고 격려했다. 학생들은 거점에 와서 토론과 상호작용을 하기 위한 공유 자료(독서 과제)와 입력창을 찾고, 다른 학생들과 네트워크로 연결된 개인 블로그와 소셜미디어 계정의 입력창을 통해 응답했다. 강사들은 이러한 활동에서 나오는 불협화음을 조정하기 위해 신디케이션syndication 기술을 개발했다.[4]

가장 간단한 신디케이션 기술의 하나는 강좌 해시태그를 사용하는 것이었다. 학생들은 자신의 블로그에 게시물을 올리고, 강좌를 팔로우하는 사람들이 발견할 수 있도록 해시태그 CCK08을 사용해 링크를 트윗한다. 좀 더 정교한 신디케이션에서는 RSSreal simple syndication를 사용했는데, 이것은 페이스북과 같은 폐쇄형 네트워크 플랫폼이 성장하면서 가장자리로 밀려난 오픈 웹이었다. 스티븐 다운스는 gRSShopper로 불리는 RSS 소프트웨어 도구 세트를 개발했다. 따라서 학생들은 개인 블로그와 기타 콘텐츠 소스를 등록하고, gRSShopper는 제출물마다 복사본을 만들어 다양한 형식으로 다른 곳에 모았다. gRSShopper는 모든 제출물의 일일 요약 정보를 자동적으로 게시했고, 강사들은 이를 통해 매주 강좌의 몇 가지 핵심 사항을 쉽게 조직할 수 있었다.[5]

강사들이 이러한 커뮤니티에서 활동의 방향, 구성원 자격, 활동 유형을 형성하는 데 중요한 역할을 담당했지만, 강좌에서 각 학생의 학습경험을 극적으로 형성한 것은 학생의 동료 네트워크였다. 시멘스와 다운스의 주장에 따르면, 학습경험을 정의하는 요소는 거점에서 강사가 선택한 콘텐츠가 아니라 네트워크에서 발생하는 토론과 연결이었다. 스티븐 다운스는 영화에서 사람들을 의도적으로 결집시키는 극적 장치라는 의미로 "콘텐츠는 일종의 맥거핀(MacGuffin, 속임수나 미끼라는 뜻 — 옮긴이)"이라고 썼다. "강좌의 콘텐츠는 사람들을 대화에 끌어들이기 위해 고안된 일종의 미끼이고, 학습이 발생하는 것은 직접적인 강의가 아니라 이러한 대화를 통해서다"라는 말은 교육자에게 도발적인 주장이다.[6]

'연결주의와 연결된 지식'에서 발생하는 주요 학습활동은 블로그 게시물, 트윗, 다른 형태의 소셜미디어를 매개로 다른 사람의 생각을 읽고 거기에 논평한 뒤 학생 자신의 게시물과 관점으로 반응하는 것이다. 가장 중요한 학습 과제는 트위터와 북마킹 블로그를 팔로우하거나 다른 사람의 RSS 피드를 추가하면서 그들과 연결하는 것이었다. 성공적인 학습자는 기술을 사용해 학습 커뮤니티를 만들었다.

교육학 이론에 심취한 사람들에게 시멘스와 다운스가 사용한 접근 방식은, 진 레이브Jean Lave와 에티엔 웽거Etienne Wenger가 명명한 "상황학습situated learning"과 상당히 공통점이 많다. 레이브와 웽거는 직업 커뮤니티를 연구하고, 이러한 커뮤니티에서 수습생이 전문 지식을 얼마나 발전시키는지 연구했다. 그들은 수습 기간의 핵심은 "합법적인 주변적 참여legitimate peripheral participation"로 불리는 상호작용 양식이라고 주장했다. 합법적인 주변적 참여는 초보자가 전문가 커뮤니티의 주변에서 머물면서 중심으로 이동할 기회를 모색하는 것이다. 예를 들어, 한 아이가 자동차 정비소 근처를 서성이면서 수리공들이 작업하는 광경을 지켜보다가 어느 날 볼트가 움직이지 않도록 잡고 있어달라고 부탁을 받고, 다음 주에는 볼트를 조여달라는 부탁을 받는다. 그리고 나서 주당 몇 시간 일할 기회를 잡으며 경력을 시작하는 모습과 유사하다.

스티븐 다운스는 물리학자를 양성할 수 있는 조건을 꼽을 때 물리학의 사실과 공식에 대한 지식은 일부에 지나지 않는다고 주장했다. 이보다 훨씬 중요한 조건은 물리학에서 현재 진행 중인 논쟁을 알고, 물리학 커뮤니티에 속하면서 물리학자 동료들을 확보하는 것이다. 상황학습과 연결주의는 학습의 사회적·문화적 차원에 관심을 쏟는 교육학적 접근 방식이다. 특히 학습경험이나 학습 커뮤니티의 주변에서 중심으로 사람들을 이동시키는 설계를 장려한다. 21세기 들어 이러한 커뮤니티는 온라인 네트워크 연결로 정의되는 경우가 많다. 블로그 게시물, 트위터 해시태그, 기타 오픈 웹 기술 관행 등 연결주의의 기술적 발판은 새롭고, 소셜네트워킹이 사회를 변혁하고 있는 순간에 주파수가 맞춰져 있다. 하지만 교육과 교육 기술에 속한 많은 요소가 그렇듯, 그것은 이전에 발생한 아이디어와 관행을 기반으로 구축되었다.[7]

동료 학습을 위한 인프라 구축

:

연결주의 관점에서 동료 주도 대규모 학습에서는 학습자들이 특정 주제에 대한 학습 선구자로서 다양한 온라인 학습 기술을 개발해야 한다. 또 블로그와 소셜미디어 계정을 만들고, 계정이나 피드를 팔로우하는 등 소셜네트워킹 기능을 사용하며, 자원과 사람의 분산된 웹을 탐색할 수 있어야 한다. 단지 학습경험에 접근하기 위해 이러한 과정에 참여하는 것은 MOOC에서 '다음'을 클릭하거나 반응형 개인지도에서 답을 제출하고 다음 문제가 나타날 때까지 기다리는 방법을 알아내는 것보다 훨씬 복잡하다. cMOOC를 시작하기만 하려 해도 학습자는 온라인 학습에 참여하기 위한 새로운 기술 전체를 사용해야 했다. 대부분의 cMOOC가 온라인 개인지도나 동료 멘토링 과정을 통해 이에 대처했지만, 일부 장소에서는 이러한 기술을 개발하도록 학생들을 돕기 위해 제도적 인프라를 구축하는 실험을 실시했다.

연결주의에서 영감을 받은 학습 커뮤니티에 참여할 수 있도록 학생들에게 기술적 유창성을 개발시키려는 매우 야심찬 노력이 메리워싱턴대학을 중심으로 일어났다. 이곳에서는 혁신적인 교육 기술 전문가 팀이 고등교육에 디지털 학습 인프라를 재구상하려고 노력했다. 이러한 움직임을 선도한 인물로 짐 그룸Jim Groom이 있다. 그룸은 2008년 기업 솔루션, 특히 학습관리시스템을 거부하고, 기술 생산 수단에 대한 학생들의 소유권을 장려하는 교육 기술 관련 방식을 설명하기 위해 "에듀펑크"(edupunk, 기존의 교구보다 인터넷 학습이나 다른 첨단 방식을 선호하는 교육개혁

운동—옮긴이)라는 용어를 사용했다. 2010년 그룹은 미디어 제작, 웹 개발, 온라인 스토리텔링 관련 기술을 개발하도록 학생들을 돕는 것을 목표로 삼고, 컴퓨터과학 온라인 강좌인 디지털 스토리텔링, DS106을 개발하는 데 기여했다. 캐나다의 cMOOC와 마찬가지로 DS106은 미시간대학, 캔자스주 소재 대학을 포함한 다른 대학들이 강좌에 참여할 수 있게 하는 개방형 온라인 구성 요소를 개발했다.[8]

다른 연결주의 동료 주도 학습경험에서 그렇듯, DS106의 홈페이지는 지침, 강의계획표, 집합자 역할을 담당하면서 전 세계 학습자의 블로그, 플리커(Flickr, 야후의 온라인 사진 공유 커뮤니티 사이트—옮긴이), 유튜브, 기타 계정의 피드를 게재한다. 이 홈페이지는 현재 DS106 온라인 라디오 방송국과 미디어 프로젝트를 위한 라이브스트림 비디오 방송국을 갖추고 있다. 아마도 이 강좌의 가장 독특한 특징은, 매일 20분 이내로 미디어를 만드는 데일리크리에이트Daily Create일 것이다. 데일리크리에이트는 미디어 생성 프롬프트의 저장소인 과제은행Assignment Bank의 자료에서 영감을 얻었다. '당신의 열쇠들에 담긴 이야기를 전하는 영상을 만들자'. 거의 10년 동안 강사, 등록 학생, 방문객이 과제를 제출해왔다. 과제를 수행하면서 학생들은 동료 주도 대규모 학습 커뮤니티에 참여할 수 있도록 미디어 제작, 웹호스팅, 소셜네트워킹 분야에서 기술을 발전시켰다. CCK08이 cMOOC에 생명력을 불어넣는 아이디어에 관한 것이었다면, DS106은 cMOOC에 참여하는 데 필요한 기술에 관한 것이었다.[9]

DS106에 등록한 모든 학생에게 상용 서비스를 통해 자신의 블로그를 생성하게 하는 것은 학생들의 참여를 막는 장벽이었으므로, 그룹과 동료들은 학교용 블로그호스팅 솔루션을 자체적으로 개발했다. 이러한 움직임은 결국 메리워싱턴대학 신입생 전원에게 자신의 서버 공간과 온라인 영향력을 제공하는 프로젝트인 '자신의 도메인Domain of One's Own'으로 발전했다. 학습관리시스템이 교사 주도형 교수주의 학습에 제도적 인프라를 제공한 것과 비슷한 방식으로, 자신의 도메인 프로젝트는 연결주의 학습을 위한 제도적 인프라를 조성하려고 시도했다. 다른 대학들은 자체적인 도메인 접근 방식에 관심을 가졌고, 그룹은 메리워싱턴대학을 떠나 리클레임호스팅Reclaim Hosting을 창업했다. 리클레임호스팅은 학습관리시스템으로 대학의 웹 영향력을 되찾고, 중앙에 집중된 상업적 이익에서 웹을 더욱 광범위하게 되찾을 목적으로, 나름대로 '자신의 도메인' 프로젝트를 구축할 수 있는 대학용 통합 솔루션을 제공했다. 오클라호마대학, 드류대학, 브리검영대학을 포함한 많은 대학은 학생이 통제하는 온라인 공간을 정보기술 인프라의 중심으로 만들기 위해 리클레임호스팅을 사용해 시험했다.[10]

그룹과 동료들은 학생 중심으로 동료 주도 학습을 실천하려면 단순히 새로운 사이트나 앱을 만드는 데 그치지 않고 고등교육을 지원할 수 있는 전적으로 새로운 기술 인프라를 개발해야 한다는 사실을 깨달았다. 현재까지 이러한 경로를 채택한 대학은 거의 없었지만 리클레임호스팅은 국제 종자 저장소처럼 대체 가능한 미래를 열기 위한 가능성을 저장하는, 대체 가능하고 첨단 방식을 선호하며 콘텐츠에 대한 통제를 지향하는 인디웹indieweb 접근 방식을 유지한다.[11]

오픈 웹에서 콘텐츠를 생성하고 탐색할 수 있는 기술력과 커뮤니티를 탐색하는 데 투자할 시간이 있는 사람들에게 연결주의 MOOC는 강력한 학습경험이었다. 참가자들은 새로운 아이디어를 탐색하고, 새로운 기술을 개발하며, 가장 중요하게는 때때로 원조 강좌 커뮤니티보다 오래 존속하는 관계와 연결을 발전시켰다. CCK08 이후 10년이 지난 시점에서 트위터를 들여다보더라도 참가자들은 여전히 CCK08 해시태그로 이따금씩 글을 올린다. 그러나 cMOOC가 열성팬들 사이에 열정을 불러일으키기는 했지만, 몇 가지 풍부한 실험의 온상을 훨씬 넘어서는 수준까지는 확대되지 못했다.

한동안 연결주의 MOOC와 교수주의 MOOC 둘 다 온라인 학습 생태계에서 나란히 공존할 것처럼 보였다. 주로 일류 대학에서 제공하면서 점차 유료로 바뀌고 있던 선형적인 학습경험에서 캐나다 오픈 웹 경험을 구별해내기 위해, 해설자들은 연결주의 원리를 바탕으로 한 cMOOC와 교수주의 원리를 바탕으로 한 xMOOC라는 용어를 만들었다. 연구자들은 두 접근 방식을 비교 연구했고, 2012년 xMOOC의 열렬한 팬들은 cMOOC에 대한 새로운 관심을 증폭시켰다. 2012년 교수주의 MOOC를 향해 쏟아지는 사람들의 관심에 대한 반응으로 여성학 교수들인 앤 발사모Anne Balsamo와 알렉산드라 유하즈Alexandra Juhasz는 손을 잡고 기술 분야에서 페미니스트 대화를 중심으로 펨테크넷FemTechNet이라는 분산형 개방 공동 강좌를 개설했다. CCK08이나 DS106과 흡사하게 설계된 펨테크넷은 온라인 자원 시리즈를 갖추고 지역 강사들이 근본에 충실한 아이디어와 피드백을 활용해 진행하는 소규모 지역 수업을 지원했다. 다운스와 시멘스가 자신들의 프로젝트를 교육학에 뿌리를 내린다고 규정했다면, 펨테크넷은 더욱 노골적으로 정치색을 띠면서 xMOOC의 교수주의 교육학에 이의를 제기했을 뿐 아니라, 일류 대학들이 학습자에 귀를 기울이고 자원을 공유하기보다 가르치기 위해 세계 오지로 디지털 사절단을 보내는 패권적 모델에도 이의를 제기했다. 이러한 노력을 거치면서 cMOOC는 단순히 xMOOC의 대안에 머무르지 않고 xMOOC에 비판을 제기했다.[12]

연결주의 MOOC는 웹 역사에서 특이한 역사적 순간에 꽃을 피웠다. 더 자세히 말하면, 온라인 콘텐츠를 제작하는 사람의 수가 급증하고, 소수 독점 플랫폼이 모든 활동을 포착하는 교차 시점에서 만개했다. 동료 주도 cMOOC는 Web 2.0으로 불리는 신기술 시리즈 덕택에 가능해졌다. Web 2.0은 HTML이나 CSS 없이 웹콘텐츠를 제작할 수 있는 위지위그WYSIWYG, What you see is what you get, 모니터에 보이는 대로 출력되는 시스템 웹 편집기이고, 파일 전송 프로토콜FTP 서비스를 사용하지 않고 이미지와 기타 파일을 업로드해주는 블로그 및 웹사이트용 호스팅 솔루션이다. 2008년 CCK08이 출범했을 당시 웹 활동가들은 블로거와 워드프레스를 통해 자신의 블로그를 만들고, 플리커에 사진을 올려 공유하며, 구글 리더를 통해 뉴스와 블로그 피드를 읽었다. 그 후 몇 년 동안 최대의 기술 회사들은 이처럼 여러 기능을 자사 폐쇄용 네트워크 플랫폼에 성공적으로 통합했다. 사용자들은 페이스북, 링크트인, 스냅챗에서 생각을 공유하고, 이미지를 올리며, 뉴스 피드를 스크롤할 수 있었다. 인디웹 옹호자들은 소수 플랫폼에 힘이 집중되고, 오픈 웹의 복합적인 분산형 목소리에서 나오는 풍부함을 잃었다며 개탄했다. 하지만 대부분의 사용자에게는 아이디어를 게시하고, 사람들과 연결하며, 깔끔한 폐쇄형 네트워크 서비스의 콘텐츠를 읽는 통합된 경험이 오픈 웹을 유지하고 참여하는 데 필요한 추가적인 노력보다 더 단순하고 설득력이 있었다.

MOOC 사이에서도 더 단순하고 중앙집중적이며 선형적인 접근 방식이 우세했다. 페이스북이 '온라인에 접속하다go online'라는 뜻을 정의했듯 에드엑스와 코세라의 xMOOC는 MOOC의 의미를 사람들에게 뿌리 깊게 인식시켰다. xMOOC 모델을 채택한 강좌와 플랫폼은 대규모 학습경험에서 압도적으로 많은 등록 수를 기록했다. 학습자들은 xMOOC와는 달리, cMOOC가 마치 미로 속을 헤매는 것처럼 탐험하기에 혼란스럽고 어렵다는 사실을 지속적으로 깨달았다. 여전히 매년 제공되는 cMOOC가 몇 가지 있기는 하지만, 고등교육에서 연결주의 실험은 점차 채택되지 못한 길이나 복구해야 하는 길처럼 보인다.[13]

대규모 학습에 대한 동료 주도 접근 방식은 점차 학교를 기반으로 수립되어갔지만 한 가지 두드러진 예외가 있다. 바로 60개 이상의 언어로 번역되고, 전 세계 학교와 시스템에서 널리 채택되고 있는 스크래치 프로그래밍 언어와 온라인 커뮤니티가 그것이다.

스크래치 커뮤니티와 K-12학년 학교에서 동료 학습

스크래치는 블록 기반 프로그래밍 언어다. 즉 사람들이 구문론을 통해 소프트웨어를 작성하는 법('헬로 월드'를 화면에 띄우는 등)을 배우기보다는 각각 함수, 변수, 기타 프로그래밍 요소를 나타내는 디지털 블록을 결합해 코드를 작성하는 방법을 배운다는 뜻이다. 스크래치를 개발한 것은 미치 레스닉Mitch Resnick와 나탈리 러스크Natalie Rusk를 포함해 MIT의 평생유치원연구소Lifelong Kindergarten lab에서 활동하는 팀이었다. 그래픽 편집 기능을 통합한 스크래치는, 프로그래밍 언어와 결합해 애니메이션, 게임, 기타 시각적으로 매력적인 프로그램을 만들 수 있는 강력한 플랫폼이다.[14]

처음부터 스크래치는 스크래처로 불리는 사용자들로 구성된 창의적인 학습 커뮤니티를 꿈꾸며 시작됐다. 각각의 사용자가 기여하는 해당 스크래치 프로그램은 사이트에 있는 다른 사람이 검사하고 리믹스(다른 프로젝트의 복사본으로 새 프로젝트를 시작하는)할 수 있도록 제작된다. 미치 레스닉은 저서인《평생 유치원Lifelong Kindergarten》에서 스크래치 플랫폼을 가리켜 프로젝트project, 열정passion, 동료peer, 놀이play처럼 P로 시작하는 네 가지 학습 차원의 교차점으로 설명했다. 사이트에는 몇 가지 개인지도 기능이 있고, 직원진이 만든 예시 프로젝트가 있지만 스크래치의 교육 접근 방식은 커뮤니티와 프로젝트 사례를 공유하는 학습자에게 크게 비중을 둔다. 홈페이지에는 커뮤니티가 '좋아하거나' 리믹스 중인 요소를 기반으로 알고리즘을 사용해 조직한 몇 가지 프로젝트와 함께, 프로젝트 직원이나 커뮤니티 구성원이 제출한 사례들이 이따금씩 실린다. 모든 프로젝트 페이지에는 스크래처들이 피드백을 제공하고, 질문을 던지고, 프로젝트 저자와 상호작용할 수 있는 코멘트 스레드와 작성자가 지시 사항·메모·출처를 게시하는 공간이 있다. 또 스크래처들은 제안을 요청하고, 노하우를 공유하며, 커뮤니티 전체와 프로젝트에 대해 논의하는 등 자신의 프로젝트를 놓고 게시판에서 매우 활동적으로 의사소통한다.[15]

레스닉과 스크래치 팀이 지향하는 학습환경은, 창의성과 디자인을 통해 자신의 열정을 탐구할 수 있도록 젊은이들을 지원하는 것이다. 스크래치에는 올바른 프로그래밍 방법이나, 그것을 학습할 경로가 없어서 MOOC나 반응형 개인지도 시스템이 제공하는 선형적 교육과는 일반적으로 거리가 멀다. 레스닉과 그의 동료들은 X세대가 초등학교 시절에 사용했던 로고 프로그래밍 언어를 공동 개발한 시모어 페퍼트 Seymour Papert와 신시아 솔로몬Cynthia Solomon의 아이디어에 영향을 받았다. 페퍼트는 젊은이들을 위한 프로그래밍 환경에서는 "낮은 바닥과 높은 천장"을 제공해야 한다고 주장했다. 다시 말해서 자신이 속한 환경에서 프로그래밍을 시작하기 쉬워야 하지만 여전히 정교한 프로그램을 만들 수 있어야 한다는 뜻이다. 레스닉은 여기에 "넓은 벽" 개념을 추가했다. 커뮤니티 구성원은 서로 다른 주제와 목적을 세우고 자신의 관심사와 열정을 바탕으로 매우 다양한 프로젝트를 만들 수 있어야 한다고 말이다.[16]

스크래치 커뮤니티에서 학습은 연결주의 MOOC에서 이루어지는 학습과 매우 비슷해 보인다. 스크래처들은 플랫폼 기능을 사용해 정체성을 개발하고, 자신을 사람들과 자원에 연결하며, 자신의 관심사를 좇아 기술을 개발한다. 학습환경은 다양한 활동과 참여 수준을 지원한다. 2019년 기준으로 스크래치 플랫폼에서 등록 사용자 수천만 명이 프로젝트를 4,000만 개 이상 만들었지만, 이 중에서 많은 학습자는 몇 가지 프로젝트만 약간 시도하거나 간단한 프로젝트를 몇 개 시작했다가 상대적으로 빨리 발을 뺀다. 스크래처 중에서 소수의 비율이 프로젝트를 작성하고 리믹스하고 의견을 제시하는 과정에 진지하게 참여하며, 극소수는 커뮤니티 리더가 되어 개인지도 과정을 만들고, 게시판을 관리하며, 위키를 편집하고, 수집 자료를 조직하는 활동을 한다. 사람들은 자신이 참여하고 싶은 방식을 선택하고 그에 따라 다양한 참여도를 보인다.[17]

cMOOC와 고등교육에서 학습설계를 설명할 때 연결주의가 유용한 틀을 제공하듯, 문화 인류학자 이토 미즈코와 동료들이 개발한 연결 학습 이론은 젊은 학습자들 사이에 네트워크 학습을 이해하는 렌즈다. 연결 학습은 관심사 중심이면서 동료의 지원을 받지만, 결정적으로는 학문적 연결을 형성할 기회도 제공한다. 연결 학습은 "젊은이들이 그들을 배려하는 어른들과 친구들의 지원을 받으면서 개인적 관심사와 열정을 추구할 수 있고, 학습과 관심사를 학업 성취, 경력 성공, 시민적 참여와 연결할 수 있을 때" 실현된다.[18] 스크래치 커뮤니티에서 연결 학습을 실현하는 것은 학습자가 자신의 관심사를 반영해 프로젝트를 만드는 새로운 기술을 개발하게 한다는 뜻이다. 또 애니메이션과 게임을 만들거나 프로그래밍하는 방법을 학습하는 것이 어떻게 학교에서 수행하는 다른 학문적 추구와 연결될 수 있는지 깨달을 수 있게 학습자를 지원한다는 뜻이기도 하다.

2014년 테드 강연에서 레스닉은 스크래치를 사용해 비디오게임을 만들려고 시도한 한 소년의 이야기를 들려주었다. 소년이 자신의 비전을 실현하려면 프로그램에 수학적 변수를 포함시켜야 한다는 사실을 파악한 레스닉은, 스크래치 프로그래밍 블록에서 변수를 인코딩하는 방법을 소년에게 설명해주었다. 레스닉은 소년이 변수 개념을 활용할 수 있었던 순간을 이렇게 묘사했다. "소년이 내게 손을 뻗으며 '고맙습니다, 정말 고맙습니다, 꿈만 같아요'라고 말했습니다. 그때 내 머릿속에 '교사들은 변수를 가르쳐줘 고맙다는 인사를 학생들에게 얼마나 자주 받을까?'라는 생각이 들었어요." 의미 있는 프로젝트라는 맥락에 변수 개념을 배치함으로써, 레스닉과 스크래치는 자신의 관심사를 대수 개념에 연결하도록 소년을 도왔던 것이다.[19]

레스닉과 러스크는 컴퓨터 클럽하우스에서 활동할 당시에 스크래치를 개발했다. 컴퓨터 클럽하우스는 컴퓨팅 창의성을 탐구하기 위해 전 세계적으로 보급되어 있는 방과 후 프로그램 네트워크였다. 초창기에 스크래치는 아이들 개개인과 비정규 학습 프로그램에서 사용되었다. 좀 더 최근 들어서는 K-12학년 학교에서 컴퓨팅과 컴퓨터 프로그래밍을 도입하는 방법으로 스크래치를 채택하기 시작했지만, 스크래치 팀이 원래 의도했던 방식으로 항상 사용된 것은 아니었다. 레스닉은 이렇게 지적했다. "지난 10년 동안 우리는 스크래치 기술을 보급하는 것이 그 이면에 숨은 교육적 개념을 보급하는 것보다 훨씬 쉽다는 사실을 깨달았습니다." 레스닉이 테드 강연에서 소개한 사례에서 소년은 비디오 게임에 대한 자신의 관심사와 연결된 프로젝트를 시작했다가 그 과정에서 특정 문제에 부딪혔다. 때마침 레스닉이 개입해 학습을 제공함으로써 프로젝트를 진전시키는 데 필요한 기술과 지식을 발전시킬 수 있었다. 학교에서 스크래치 프로그램을 사용해 성공한 사례는 수없이 많다. 성공 사례에서 교사들은 개방적인 탐구를 통해서가 아니라 교사가 조직한 활동을 통해 스크래치 프로그래밍 언어를 학생들에게 소개했다. 스크래치를 소개하는 교사들이 자신만의 모델 프로그램을 만든 후에 학생들에게 그 모델을 복제하라고 요청하는 경우는 매우 흔하다. 심지어는 교사가 스크린으로 프로젝트 내용을 보여주면서 한 단계씩 재현하라고 요구할 때도 있다. 그러면서 학교는 학생이 독립적으로 작품을 만들고, 누구나 비슷한 시간 안에 프로젝트를 완성하며, 자신의 흥미수준과 상관없이 주제를 공부하기를 기대한다. 이러한 입장은 자신의 창의성과 학습의 주도자로서 학생에게 힘을 실어주는 방법을 추구하는 교육학적 입장에 상반된다.[20]

강사 주도, 알고리즘 주도, 동료 주도의 학습환경 비교

지금까지 세 가지 대규모 학습 유형, 즉 강사 주도, 알고리즘 주도, 동료 주도의 학습환경을 살펴보았다. 이로써 이를 제대로 비교할 수 있는 준비를 갖춘 셈이다.

매우 다른 교육학적 성향을 보이는 사람들이라도 최종 학습목표에 대해서는 놀랄 정도로 비슷한 견해를 갖고 있는 경우가 많다. 하버드대학 소속 사회학자인 잘 메타Jal Mehta와 고등기술교육고등학교 소속 교육자 새라 파인Sarah Fine은 매우 다른 교육 접근 방식을 시도한 미국 일류 고등학교 수십 곳을 연구한 결과, 많은 학교가 '심층 학습'이라는 비슷한 비전을 추구한다는 사실을 발견했다. 심층 학습은 의사소통 기술, 협업, 문제해결, 자율규제 같은 기술뿐 아니라 전통적인 학과 중심 지식을 포함하는 상호 관련 능력을 범주에 둔다. 메타와 파인은 심층 학습의 특징으로 세 가지 중요한 학습 결과, 즉 숙달, 정체성, 창의성을 꼽는다. 심층 학습을 경험하는 학생들은 해당 영역에서 심층 콘텐츠 지식을 숙달한다. 또 정체성의 변화를 경험하는데, 이때 학습활동은 자신이 어떤 일을 하느냐보다 자신이 어떤 사람이냐를 가리킨다. 예를 들어 "수영을 배우는 것"에서 "수영하는 사람"으로 바뀌는 것이다. 그리고 학생들은 새롭고 진정성 있으며 흥미로운 새 프로젝트를 만들 기회를 갖고, 새로 습득한 기술과 지식을 활용해 프로젝트를 수행한다.[21]

칸아카데미의 살만 칸, 그리고 스크래치의 미치 레스닉과 나탈리 러스크는 학생들이 세상에서 멋진 것들을 만들어낼 수 있으려면 수학을 배워야 한다는 주장에 동의할 것이다. 훌륭한 수학자들과 컴퓨터 프로그래머들이 특정 영역 안에서 콘텐츠 지식을 깊이 이해하고, 실행을 중심으로 정체성을 개발하며, 이전 달성을 복제하는 것이 아니라 새로운 것을 창조함으로써 진정한 숙달을 보여준다는 사실에도 동의할 것이다. 하지만 목적이 다르지 않더라도, 학습자가 해당 목적을 향해 발전해야 한다고 믿는 방식에서는 극적으로 다른 견해를 지니고 있다.

전통적인 교수주의 교육자들은 콘텐츠 숙달이 정체성을 바꾸고 창의성을 발휘할 기회에 필요한 전제조건이라고 믿는다. 그들은 어떤 분야에서 가장 창의적인 활동을 하는 사람들이, 해당 분야에 속한 지식을 광범위하게 습득하는 경향이 있다는 사실에 초점을 둔다. 따라서 지식 숙달에 초점을 맞춰 가르치기 시작하며, 콘텐츠 숙달이 정체성을 변화시키고 창의적 생산으로 이어질 수 있기를 희망한다. 이와 대조적으로 사회적 구성주의자들은 대부분의 학습 동기가 창의성을 발휘할 수 있는 기회에서 나온다고 주장한다. 사람들은 스크래치를 가지고 놀다가 스크래처가 되고, 창의성을 발휘할 수 있는 기회가 생기면 프로그래밍과 수학을 배우려는 열정의 빗장이 풀리면서 훨씬 더 복잡하고 난해한 프로그램과 창작물을 만들 수 있게 된다.

칸아카데미에서 심층 학습을 실시하기에 적절한 첫 단계는, 궁극적으로 흥미로운 협업 프로젝트로 이어질 수 있는 수학적 절차와 사실을 배우는 것이다. 스크래치에서 이러한 여정을 시작하는 첫 단계는, 사람들에게 컴퓨터 창의성을 개발할 수 있는 도구를 가지고 놀게 하는 것이다. 그러면 학습자는 영감을 받아서 변수와 다른 수학적 개념이 어떻게 창조물을 풍요롭게 만들 수 있는지 이해하게 될 것이다. 나는 두 가지 모델을 모두 수용할 수 있는 여지가 미국 교육 시스템에 있다고 생각한다. 하지만 현재 정규교육 시스템이 압도적으로 숙달 우선 모델을 중심으로 조직되어 있다는 사실을 고려할 때, 학교와 대학에서 창의성과 정체성 우선 학습을 실시하는 기회를 늘리는 접근 방식을 채택해야 한다고 강조하고 싶다.

언텍트 교육의 미래

다양한 목표는 다양한 연구 접근 방식을 낳는다

이상적인 학습 경로를 둘러싸고 전통주의자와 진보주의자는 서로 다른 교육학적 신념을 갖는다. 따라서 각 집단이 대규모 학습환경에 대한 연구를 수행하는 방법도 다르다.

2장에서 탐구한 반응형 개인지도의 효과에 관한 연구에서는 공통된 가정들을 세웠는데, 이 가정들은 여러 연구에 걸쳐 메타분석과 비교를 가능하게 만든 조건의 일부였다. 반응형 개인지도 연구들은, 학생들이 배워야 하는 콘텐츠 지식을 강사와 설계자가 식별하고, 모든 학습자가 콘텐츠 숙달을 위해 얼마나 많은 발전을 달성했는지를 근거로 교사와 시스템 전체를 판단해야 한다고 가정했다. 대개 콘텐츠 숙달이라는 목표를 향한 발전 정도는, 중재(교실에서 반응형 개인지도를 채택하는 등)가 발생하기 전과 후에 달라진 학습자의 숙련도를 척도로 측정됐다. 이 연구에서는 모든 학생이 숙달을 추구하며 발전하고, 효과크기를 척도로 측정한 학생 역량의 종 모양 분포도가 시간 경과에 따라 오른쪽으로 이동해야 한다고 가정했다.

레스닉의 평생유치원연구소 소속 연구자들이나 연결주의 MOOC의 설계자들은 학습환경에 필수적인 특징에 관해 같은 가정을 세우지 않는다. 학생의 관심사에 따라 학습이 이루어져야 한다는 개념을 교육자들이 진지하게 수용한다고 가정해보자. 그렇다면 학생이 스크래치가 아닌, 관심이 가는 다른 방법을 택한다 하더라도 스크래치 설계자들에게는 결코 손실이 아니다. 동료 주도형이자 흥미 주도형 학습을 지지하는 사람들은, 학습자 전체가 한 과목에서 새로운 역량을 발달시키는 것에 관심을 두기보다는, 오히려 학습경험에 정말 흥미를 느끼고 몰두하는 학습자 하위집단이 꾸준히 기술을 향상시킬 수 있는지, 이렇게 조성된 환경이 흥미를 공유하는 커뮤니티 구성원을 새로 끌어들일 수 있는지에 관심을 쏟는다.[22]

동료 주도 학습을 측정할 때 따르는 난제에는, 많은 학습환경에서 목표를 결정하는 것이 교사나 평가자가 아니라 개별 학생과 네트워크 커뮤니티라는 점도 있다. 스티븐 다운스가 말하듯 콘텐츠가 일종의 맥거핀, 즉 미끼라면 그러한 환경에서 학습을 측정하는 합리적인 척도는 무엇일까? CCK08의 참가자가 연결주의에 대해 거의 또는 전혀 모르지만 새로운 동료로 네트워크를 구축했다면 이것은 성공적인 강좌일까? 예를 들어, 일부 xMOOC 학생이 과정 콘텐츠의 특정 사항보다 영어를 배우고 연습하는 것에 더욱 관심을 기울이는 등의 문제는 다른 대규모 학습환경에서도 골칫거리다. 그러나 동료 주도 대규모 학습환경에서 학습자의 여러 목표를 추구하는 과정에서 난제들이 발생할 때는 그 효과를 요약하기가 특히나 힘들다.

동료 주도 교육 환경이 지향하는 목표는 교수주의자와 다르므로, 목표를 평가할 때 사용하는 연구 수단도 다르다. 평생유치원연구소 연구자들은 대개 집중적인 질적 연구, 다시 말해 개별 스크래처의 생활과 실행을 풍부하게 서술하는 과정을 거치면서 스크래치 커뮤니티를 연구해왔다. 대개 이러한 연구는 강력한 온라인 학습경험을 겪고 다른 사람과 공유하는 개인에게 초점을 맞추는 경향이 있다. 어떤 의미에서 스크래치의 목적은 주변에 있는 다른 학습자들이 집중력을 덜 들이며 참여할 수 있게 하면서도, 깊이 참여한 학습자들이 성공을 거둘 수 있는 환경을 조성하는 것이다. 그러므로 학습자가 스크래치 커뮤니티를 떠나거나 가볍게 접촉하는 것이 반드시 손실이나 걱정거리일 필요는 없다.[23]

　서로 다른 유형의 학습환경을 지향하는 목표와 연구 방법은 서로 강화하는 방식으로 개발자의 교육 수단, 그리고 강의 설계와 상호작용한다. 이러한 전망은 설계자와 연구자가 하는 질문, 연구를 수행하는 방법, 연구 질문에 대한 대답을 형성한다. 또 이러한 대규모 학습 시스템의 반복적인 설계에 다시 투입되는 질문에 대한 대답도 형성한다.

　전통 교육의 장점을 옹호하는 한 집단이 교육 관련 논문을 쓰고 〈교육에서 최소한의 지도가 통하지 않는 이유: 구성주의의 실패, 발견, 문제 기반의 경험적 탐구 교수법의 분석〉이라는 도발적인 제목을 달았다. 그들은 지도를 최소화한 개방형 주도 학습과 전통적인 직접 교육 방법을 대조하는 실험적 연구를 실시하고, 다양한 학습 결과를 산출하는 데는 직접 교육 방법이 더욱 잘 통한다고 반복해서 주장한다. 또 인지 부하 이론cognitive load theory, CLT으로 불리는 인지과학에서 아이디어를 끌어와서 그 이유를 설명한다. 간단히 말해서 사람들의 작업기억에는 한계가 있으며, 그 작업기억을 문제해결에 할당하는 경우에 그 유형의 문제를 해결해주는 유형과 수행에 관한 학습을 영구적으로 받아들이지 못할 때가 많다. 그러므로 강사가 개별 문제의 해결 방법을 사례를 들어 시연하는 것이 더욱 효과적이고 효율적이다. 반면에 많이 가르치지

않고 학생이 문제에서 해결책과 유형을 발견하게 하는 방법은 효율성과 효과가 더 떨어진다.[24]

하지만 전통 교육의 장점을 옹호하는 논문의 저자들은 '성공적인 학습'이 무엇인지 이해해야 한다. 지도를 최소화한 동료 주도 교육을 비판하는 사람들은 학습자의 종 모양 분포도를 더 높은 숙달 수준으로 이동시키는 데 유용한 환경을 효과적이라고 생각한다. 실제로 자신들이 실시한 학습 중재를 시험하기 위해 사용한 통계 모델에는 학습자 전체에 측정 가능한 기술이 분포되어 있다는 가정이 필요하다. 이것은 '효과 있는' 학습 중재에 대한 유용한 정의의 하나일 뿐 유일한 정의는 아니다. 일례로 스크래치 학습 커뮤니티는 지시를 최소화한 교육이 효과가 없다는 주장을 강력하게 반박한다. 전통적인 교육 옹호자들은 스크래치가 모든 것을 그르치고 있다고 강조한다. 직접적인 교육이 거의 이루어지지 않고, 정규 평가 시스템이 거의 없으며, 학습활동의 배열 순서를 할당하지 않는다. 게다가 학습자 인지 부하를 관리하는 데 전혀 신경을 쓰지 않고, 중재에 대한 실험적 시험을 하지 않는다. 스크래치 플랫폼에 일어나는 거의 모든 변화는 무작위 통제 시도가 아니라, 질적 사례 연구와 사용자 관찰을 근거로 평가된다. 하지만 레스닉과 그가 이끄는 팀이 세계에서 가장 널리 채택된 창의적 학습 엔진의 하나를 만든 것은 분명하다.

레스닉과 평생유치원연구소 팀에게 효과적인 방법은 개인에게 자신의 열정을 탐색하게 하고, 이해한 내용을 진술하게 세상에 발표하게 하며, 뛰어난 숙달 능력을 개발하게 한다. 그들은 학습자들이 광범위하게 참여할 수 있도록 스크래치 학습환경을 조정했지만, 다른 한편으로는 매우 열정적인 학생들의 개인적인 학습 과정이, 폭넓은 참여로 인해 과도하게 제한되지 않도록 보장했다. 결과적으로 스크래치는 학생 수백만 명에게 시스템을 통해 블록 기반 프로그래밍을 소개하고, 그들 중 일부에게는 블록 기반 프로그래밍, 창의적인 디지털 표현, 시스템을 통한 컴퓨터 사고를 현저하게 깊이 이해시킨다는 점에서 훌륭하게 가동하고 있다.

나는 방법론의 다원주의를 열렬하게 지지한다. 이러한 학습 접근 방식들은 모두 필요한 동시에 학습자에게 훌륭한 결과를 안길 수 있다고 생각하기 때문이다. 우리 사회에는 두 가지 목적을 달성할 수 있는 교육 시스템이 필요하다. 전체 인구가 읽기, 쓰기, 셈, 시민 생활, 과학 활용 지식, 의사소통 분야에서 근본적인 기술을 갖춰야 한다. 따라서 사회는 이러한 영역에서 학습자 전체가 숙달을 향해 발전해나가도록 도와야 한다. 또 젊은이들이 자신의 관심사를 발견하고 이를 깊이 탐구할 수 있게 하되, 열정이 없는 사람들까지도 끌어안을 수 있는 학습환경을 구축해야 한다. 전체 분포도를 오른쪽으로 옮기고, 소수에게는 스스로 선택해 심화 학습을 할 수 있는 학습환경을 조성해야 한다.

동료 주도 학습환경을 이해할 때 부딪히는 문제의 하나는 연구 내용을 쉽게 요약할 수 없다는 점이다. 우리는 일부 학습자가 동료 주도 학습환경에 깊이 몰입하고, 매우 높은 수준의 숙련도를 개발할 수 있다는 사실은 알고 있지만, 학습이 전체 학습자에게 어떤 모습으로 전개될지에 대해서는 그만큼 알지 못한다.

오픈 웹에서 증오를 가르치다

교육학에는 철학과 도덕이 한데 묶여 있다. 예를 들어 교수주의 접근법 옹호자들은 학습은 어려운 것이며 투쟁에서 비롯된다고 강조하는 경향을 보인다. 반면에 진보주의 교육학 옹호자들은 학습이 자연스럽고 쉽게 이루어진다고 강조하는 경향을 보인다. 시모어 페퍼트는 사람들이 프랑스에 살면서 자연스럽게 프랑스어를 배우듯 로고 프로그래밍 언어도 마찬가지여서, 사람들이 수학을 자연스럽고 쉽게 배우는 "수학 나라"를 이룩할 수 있다고 주장했다. 장 자크 루소는 자신이 쓴 소설《에밀》과《교육론》에서 교육은 형식적인 공부보다 자연계를 탐구하고 관찰하는 것이어야 한다고 강조했다. 또 이러한 자연주의적 접근 방식을 18세기 유럽의 봉건적이고 군주적인 구조를 넘어서서 좀 더 민주적인 사회로 나아가기 위한 준비로 생각했다. 이처럼 오래된 아이디어와 현대적 접근 방식을 하나로 꿰뚫는 전제는, 일반적으로 학생들은 자신의 관심사와 열정을 탐구할 기회가 주어질 때 풍부하고 흥미진진한 관심사와 열정을 선택하리라는 것이다.

나는 이 장과 이 책 전반에 걸쳐서 동료 주도 대규모 학습에 찬사를 보냈다. 이 접근 방식이 모든 학습을 아우르는 최고의 학습 방법론이라서가 아니라 학습자에게 힘을 실어주어 학교, 대학, 정식 학습 기관을 지배하는 교수주의에 맞서 중요한 평형추 역할을 하기 때문이다. 또 레인보름 팬들과 온갖 종류의 열광자들이 추진하고 있는 동료 주도적인 비정규 학습에도 찬사를 보냈다. 동료 주도 대규모 학습을 향한 나의 열정은 페퍼트와 루소가 공유했던 학습과 인간성에 대한 일반적인 낙관론에 부분적으로 뿌리를 내리고 있다. 학습하는 자유와 자원을 제공받는 경우에 일반적으로 사람들은 가치 있는 것을 배우기로 선택할 것이다.

안타깝게도 동료 주도 학습환경은 레인보룸이나 디지털 스토리텔링을 학습할 수 있는 방식과 비슷하게, 사람들을 어둡고 증오 가득한 이념으로 끌어들이는 데 사용될 수 있다. 2018년 참혹한 사건이 발생했다. 한 20대 중반 남성이 렌트한 밴을 몰고 번화한 토론토 시내 인도를 덮쳐 10명이 숨지고 15명이 다친 것이다. 경찰은 살인범의 온라인 활동 내역을 조사하고, 살인범이 인셀(incel, involuntary celibate 자발적 독신주의자의 줄임말)이라 부르는 남성 온라인 커뮤니티에서 활동했었다는 사실을 밝혀냈다. 인셀들은 성관계를 맺도록 여성을 설득할 수 없는 자신들의 무능을 개탄하기 위해 특정 온라인 커뮤니티와 포챈4chan의 자극적인 전자게시판에 모여든다. 그러면서 여성은 모든 남성에게 성관계를 제공할 빚을 지고 있는데도 특정 사회 계층에 속한 남성에게만 이러한 기회를 제공한다는 과격한 남성 중심 세계관을 펼친다. 광기와 분노가 뒤섞인 인셀들의 이념은 주기적인 폭력 형태로 폭발한다. 토론토의 밴 살해사건은 몇 년 전 캘리포니아에서 비자발적 독신주의자가 저지른 다중 살인 사건에서 영감을 받아 발생했다.[25]

이 책에서 특정 살인을 설명하면서 '인셀'이라는 단어를 소개하는 것 자체도 위험할 수 있다. 인셀이라는 단어는 '별 모양 팔찌'가 레인보룸 팬에게, CCK08이 cMOOC 팬에게 작용할 수 있는 방식으로 남성 과격주의자들을 결집시킬 가능성이 있기 때문이다. 인셀은 새 회원을 교육시키는 데 관심을 두는 더욱 광범위한 온라인 커뮤니티로 사람들을 끌어들일 검색어로 작용할 수 있다. 2018년 10월 데이터앤소사이어티 Data and Society의 설립자인 다나 보이드Danah Boyd는 토론토 살인 사건이 발생한 후, 한 강연에서 인셀이라는 용어를 방송한 언론사들을 맹렬하게 비판했다.[26]

'인셀'이라는 용어는 도발적이고, 사람들이 더 많이 알고 싶도록 호기심을 자극합니다. 이 용어를 퍼뜨린 사람들은 지옥으로 가는 문을 열기로 작정한 건 가요? 무엇 때문에 이 용어를 뉴스거리로 확대시켰나요? 유해한 남성성Toxic Masculinity을 선전하는 사람들이 다른 사람들을 모집하는 수단으로 쓸 수 있는 이 검색어를 제공하지 않고서도 얼마든지 같은 정보를 전달할 수 있었을 겁니다. 증오 가득한 모집 용어를 퍼뜨리지 않기로 결정하는 것은 검열이 아닙니다. KKK 가입 전화번호를 알려주지 않는 것은 당연하게 여기면서 어째서 디지털 전화카드는 주는 거죠?

여기서 우리는 인셀과 기타 남성 과격주의 옹호자들이 연결주의에서 영감을 받은 학습환경과 공통점이 많은 오픈 웹에, 정교한 온라인 학습환경을 눈에 띄지 않도록 숨겨가며 구축해왔다는 사실을 인식할 필요가 있다. 이러한 환경은 사람들과 자원으로 구성된 분산형네트워크로서 새 아이디어, 지식, 기술을 습득하려는 커뮤니티에 새 회원들을 초대한다. 새로운 남성 회원(주로 젊은 남성회원)에게 남성 과격주의를 주입시키려는 인물들은 정치적 공정성에 대한 주류의 비판부터, 게이머게이트(Gamergate, 비디오게임 문화의 성차별주의에 관한 논쟁 — 옮긴이) 같은 표적화 사회운동과 극단주의 토론까지 온라인에 다양한 자료를 게시한다. 이러한 커뮤니티는 전략적으로 사람들을 극단주의로 향하는 길로 끌어들인다.[27]

안타깝게도 온라인 네트워크의 일부 구조적 특징이 극단주의 메시지를 더욱 강력하게 증폭시킬 수 있다는 증거가 쌓이고 있다. 동영상 호스팅 플랫폼인 유튜브가 가장 두드러진 예지만, 유튜브 추천 엔진의 특징은 다른 알고리즘의 추천 엔진에도 나타난다. 2018년 사회학자 제이넵 투펙치Zeynep Tufekci는 한 시청자가 유튜브 영상 하나를 시청하고 나면 유튜브는 다음에 그보다 강렬하고, 극단적이고, 불온한 영상을 그 시청자에게 추천하리라고 주장했다. 예를 들어, 투펙치는 도널드 트럼프를 지지하는 영상을 시청한 후에 유튜브에서 백인 우월주의를 부추기거나 홀로코스트를 부정하는 내용의 영상을 추천받았다. 이와 반대로 버니 샌더스Bernie Sanders를 지지하는 영상을 시청한 후에는 정부 내부에서 9·11 테러를 꾸몄다고 주장하는 영상을 추천받았다. 아마도 채식주의에 관한 영상을 시청하면 더 엄격한 채식주의 영상을 추천받을 것이다. 조깅에 관한 영상을 시청하면 울트라마라톤 영상을 추천받을 것이다. 투펙치가 주장하듯 "유튜브 추천 엔진은 언제나 시청자보다 더욱 깊이 파고든다".[28]

물론 학습에서 '더욱 파고들어 몰두하는 태도'는 상당히 훌륭하게 작용할 때가 많다. 레인보룸 팬들이 단순한 디자인에서 벗어나 좀 더 복잡한 디자인을 추구하는 것이 한 가지 예다. 레인보룸 영상을 보았던 평범한 시청자가 댓글을 달다가 손수 영상을 만들기 시작할 때, 우리는 커뮤니티의 주변부에서 중심으로 이동하는 합법적인 주변적 참여라며 축하한다. 하지만 악의를 품은 사람들도 이러한 교육 기술을 터득했다는 사실을 온라인 교육자들과 정책 입안자들은 깨달아야 한다. 백신 음모론자들은 백신 안전에 대한 열려 있는 의문을 재기하는 영상을 활용하면 새로운 '백신 반대 학습자'를 끌어들일 수 있고, 이러한 영상, 논평 스레드, 추천을 사용해 좀 더 강경한 반정부 음모론을 받아들이도록 사람들을 움직일 수 있다고 생각한다.

리처드 호프스태터Richard Hofstadter가 "미국 정치의 편집증 유형"이라 불렀던 음모와 증오 집단을 중심으로 온라인 커뮤니티가 확산하는 현상은, 반응형 개인지도 시스템이나 MOOC의 대학 제공자들이 제시하는 중앙집중식 학습경험의 효용 가치를 드러낸다. 이러한 전통적 기관들은 일종의 편집 필터를 제공한다. 이러한 필터는 불완전하며, 엘리트 교육적 합의는 정말 끔찍한 개념(분리주의 학교교육의 암울한 역사 등)들을 지지할 수 있다. 하지만 이러한 결함 덕분에, 코세라가 명시적으로 백인 민족주의 이념을 학습자에게 주입하는 MOOC를 주최하거나, 카네기 러닝이 평평한 지구 이론을 주장하는 물리학을 가르치는 지능적인 개인지도를 하는 것은 사실상 불가능할 것이다. 설사 그렇게 한다고 하더라도 이러한 위반 행위를 감시하는 다양한 감시자와 방법이 있다. 물리학 교수인 월터 르윈Walter Lewin의 강의를 예로 들더라도, 엄청나게 인기를 끌면서 온라인으로 보급되었지만 내용에서 여성을 성희롱한 부분이 드러나면서 모든 강의와 MITx 강좌가 삭제되었다.[29]

언택트 교육의 미래

이 책의 서론에서 나는 신기술 덕택에 현 시대가 역사상 학습자에게 황금기로 부상할 수 있었다고 주장했다. 이 장에서는 학습자에게 중개인을 제공하고, 동료와 자원의 온라인 네트워크를 탐색해 새로운 기술과 지식을 발달시킬 수 있도록 학습자를 돕는 동료 주도 학습법을 열렬하게 지지했다. 하지만 온라인 학습자원의 방대한 네트워크에 참여한다고 해서, 개인과 사회를 개선할 개념과 기술을 반드시 배울 수 있으리라고는 장담할 수 없다. 기술과 학습자원을 형성하는 것은 더욱 광범위한 문화다. 우리에게 존엄성·존중·포용의 문화가 있는지 아니면 분열과 종족 중심주의 문화가 있는지를 둘러싼 정치적 투쟁이, 우리의 비범한 학습 인프라가 실제로 더욱 개선되고 공정한 세계를 이끌어낼 수 있을지 여부를 결정할 것이다.

학교에서 이루어지는 동료 학습의 수수께끼

오픈 웹 동료 주도 학습환경에 참여하는 것은 어디서나 가능하다. 전 세계인들은 마인크래프트에서 특정 블록을 사용하는 방법, 소프트웨어 문제를 제거하는 방법, 고무줄로 엮어서 용을 만드는 방법 등을 배우기 위해 온라인에 접속한다. 이 학습의 정확한 범위를 정량화하기는 어렵다. 하지만 수백만 명이 스크래치 계정을 만들고, '레인보룸으로 별 모양 팔찌를 만드는 방법'을 비롯한 유튜브 영상이 엄청난 조회수와 댓글 수를 기록하는 것으로 미루어 온라인 학습자들의 글로벌 커뮤니티가 거대하다는 사실은 분명한 것 같다.

동료 주도 학습환경이 복잡한 이유의 하나는 학습자가 완전히 직관적이고 전적으로 당황스럽다고 느낄 수 있다는 것이다. 강사 주도 학습환경과 알고리즘 주도 학습환경에서 학습자는 시스템을 사용하기가 쉽다고 깨닫기는 하지만, 사용하려는 동기를 부여받지 못할 수 있다. xMOOC와 인지적 개인지도의 경우에 학습자들은 과정을 지루해해서 포기할 뿐, 참여 방법을 몰라 혼란스러워하는 경우는 더 적다. 이와 대조적으로 cMOOC의 경우에는 많은 학습자가 네트워크 학습환경을 버거워하고, 학습을 어떻게 진전시켜야 할지 알지 못해 '옴짝달싹 못하는' 현상이 흔히 발생한다. 동료 주도 학습환경을 설계할 때 대표적인 난제는 강사 주도 학습환경으로 전환하지 않은 상태에서 초보자에게 더욱 쉽게 접근할 방법을 모색하는 것이다.[30]

이러한 수수께끼를 들여다보면, 가르침과 학습이 수천 년에 걸친 연습과 연구를 겪으면서 헤아릴 수 없이 복잡해졌다는 사실을 알 수 있다. 어쨌거나 전 세계 수백만 명이 정규 훈련을 거의 받지 않고, 때로 아무 조직에도 속하지 않으면서 온라인에서 서로 배우고 가르치는 방법을 발견한다. 하지만 설계자들이 의도적으로 이러한 환경을 조성하려 할 때는 학습자에게 동기를 부여하고 콘텐츠를 이해시키는 데 상당한 어려움을 겪는다. 사람들이 강력한 방식으로 서로 학습을 지원하는 온라인 학습 커뮤니티를 만드는 최상의 방법을 찾는 것이 여전히 매우 요원하다는 사실은 실망스럽지만, 제한적으로 이해할 수 있을 뿐인데도 어쨌거나 발전하고 있다는 사실은 고무적이다.

그리고 강력하고, 접근 가능하고, 공평한 대규모 학습환경을 설계할 때 따르는 난제는 이러한 환경을 정규교육 시스템에 통합할 때 가중된다. 학교와 대학이 수행하는 임무는 단순히 원하는 콘텐츠를 학습하도록 개인을 돕는 것 이상이다. 정규교육 시스템은 모든 학생이 자신의 본질적 성향과 상관없이 특정 기본 사항을 배워야 한다고 규정한다. 교사들이 학습자를 평가하는 이유는 부분적으로는 피드백을 제공하기 위해서지만, 등수를 매겨서 학습자들을 분류한 후에 교육 시스템의 다른 영역으로 진입시키기 위해서이기도 하다. 학교 학생들은 협업과 동료 학습을 경험할 기회를 잡을 수 있겠지만, 개별 역량을 측정받을 수 있도록 일관성 있고 무게 있는 다수의 평가를 단독으로 받고 싶어 한다. 개인을 가르치고, 평가하고, 순위를 매기고, 분류하는 과정에 대한 이러한 기대는 동료 주도 학습환경이 뿌리를 내리기에 부적당한 제도적 환경을 조성한다.

그러므로 미래를 내다보는 학교들은 도발적인 딜레마에 직면한다. 동료 주도 네트워크 학습환경은 나이와 무관하게 평생학습 방식에서 중심적인 역할을 할 것이다. 일부 직업에서는 이러한 네트워크에 참여하는 것이 전문성을 발전시키는 데 반드시 필요할 것이다. 예를 들어 컴퓨터 프로그래밍 언어는 매우 빨리 발전하므로, 프로그래머가 스택 오버플로 같은 네트워크 학습 커뮤니티에 참여하지 않고 성공하는 것은 거의 불가능하다.[31] 사람들은 스택 오버플로에서 특정 프로그래밍 언어나 코딩 접근법에 대해 질문하고 대답한다. 따라서 정규교육 시스템은 개방적인 대규모 동료 주도 네트워크에 참여하고 학습하는 방법을 학생들에게 가르쳐야 한다. 하지만 이러한 환경에서 이루어지는 학습 관행은 정규교육 시스템의 일부 주요 사항과 충돌하면서 마치 기름과 물처럼 겉돈다. 일부 학교는 학교 밖에서 일어나는 학습 유형과 좀 더 밀접하게 조화를 이룰 수 있도록 학교 관행을 극적으로 바꿔서 도전에 대처할 것이다. 물론 교실 너머에서 발생하는 변화를 그냥 무시하는 학교도 있을 것이다.

단기적으로 가장 적응력이 큰 접근 방식은 무엇일까? 아마도 창의적인 교육자가 나서서 선택 과목, 비교과과정 과목, 비시험 과목 등 학교 주변에 동료 주도 대규모 학습을 엮어 넣을 여지를 더욱 많이 조성해서, 학습자가 자신을 지원해줄 수 있는 지역 동료와 멘토 커뮤니티로 형성된 새 네트워크를 탐색하게 해주는 것이다.

04 대규모 학습 유형에 대한 시험

학습 게임의 등장

지난 40년 동안 디지털 게임이 성장하면서 네트워크 세상의 오락 환경을 크게 바꾸었다. 어린 시절을 돌아보면 컴퓨터게임에 관한 추억이 떠오른다. 애플II+ 컴퓨터에서 소형 조종휠로 퐁게임을 하며 공을 치거나, 코모도 64에서 잭슨 게임을 하며 우주 외계인을 공격하고, 조크 텍스트 어드벤처에서 '북쪽으로 가시오'라는 명령어를 입력해 미지의 세계를 탐험했다. 1980년대 비디오게임은 주로 어린 남자 아이들을 겨냥한 틈새시장이었지만, 이제 게임 산업은 규모, 범위, 문화적 중요성 측면에서 이미 영화, 텔레비전과 어깨를 나란히 할 만큼 성장했다. 모든 나이와 성별, 계층의 사람들이 게임하느라 매년 수십 억 시간을 쓴다.[1]

게임은 대규모 학습의 훌륭한 축소판이고, 이 책의 1부에서 다룬 주요 주제들을 요약하는 분야다. 2010년 초, 게임과 게임 요소를 학습 기술에 추가하는 과정을 뜻하는 용어인 "게임화gamification"가 게임 산업의 폭넓은 성장을 배경으로 많은 관심을 받았다. 미래학자들은 학교를 생각하며 더욱 재미있는 미래를 상상했고, 기술 개발자들은 새로운 교육용 게임을 만들면서 일부 게임으로 극적인 결과를 창출하겠다고 약속했다. 2012에서 2014년 사이 교육 미래학자들은 〈호라이즌 리포트 Horizon Report〉를 발표하면서 "2~3년이면 게임과 게임화"가 정규교육에 상당한 영향을 미치리라고 예측했다. 이 장에서 다룰 몇 가지 흥미로운 실험은 인간 발달의 생태계 안에 있는 몇 가지 틈새에 인기와 효과가 있다고 입증받았지만, 전반적으로 학습 게임 운동은 여전히 일방적인 파괴적 혁신으로 남아 있다.[2]

게임이 학습을 가동하는 훌륭한 엔진인 것은 의심할 여지가 없다. 열정적인 포켓몬 플레이어에게 리자몽 대 피카츄의 특징을 묻거나, 이 괴물들을 가상 전투에 배치하기 위한 전략을 물어보라. 그러면 몇 시간 동안 게임을 하며 힘들게 습득한 지혜, 사실적 지식, 전략적 사고를 쏟아낼 것이다. 현대의 많은 게임은 상당히 복잡하고, 개발자들은 이러한 복잡성을 학습할 수 있도록 플레이어들을 돕기 위해 다양한 기능을 배치한다. 또 플레이어들이 성공하고 발전하는 것에 반응하면서 서서히 역동적으로 난이도를 조절하고, 레벨을 높이고, 새로운 요소와 도전을 추가한다. 그러면서 플레이어는 도움을 받지 않고 할 수 있는 것과 여전히 할 수 없는 것 사이의 최적 지점에 놓인다. 심리학자인 레프 비고츠키Lev Vygotsky는 이 최적 지점을 가리켜 경계 공간을 뜻하는 '근접발달영역zone of proximal development'이라고 불렀다. 게임은 플레이어에게 동기를 부여하고 참여를 유도하는 적절성, 의미, 결과를 엮은 서술적 세계를 제공한다. 힌트 제공 시스템, 온라인 위키, 비디오 개인지도, 토론 게시판을 통해 플레이어가 개선하려는 시점에 적합한 학습자원을 제공한다. 이러한 전략을 통해 플레이어들은 게임에 대해 학습하고 더욱 능숙해진다. 게임 학습에서 중요한 핵심 요소는 '전이transfer'라 할 수 있다. 과연 한 게임 세계 안에서 새로운 기술, 지식, 숙련도를 발달시키는 사람은 일상생활의 단조로움에 새로운 통찰력을 유연하게 발휘할까?[3]

학습 게임과 전이 문제

많은 교육 기술자가 증거를 훨씬 뛰어넘어 제품의 이익을 주장하는 반면에, 극소수 개발자들은 연방거래위원회의 주목을 끄는 거짓 영역에 대담하게 발을 들여놓는다. 2010년대 에듀테크 신기술 생애주기의 역사를 살펴볼 때, 루모시티Lumosity(두뇌 퍼즐 게임 어플리케이션 — 옮긴이)의 개발자들은 허위광고를 했다는 이유로 연방거래위원회로부터 벌금 200만 달러를 부과받는 불명예를 안았다.[4]

루모시티는 '뇌 훈련 게임'을 개발했다. 작업기억과 분리 주의(divided attention, 둘 이상의 대상에 동시에 주의를 주는 것 — 옮긴이) 같은 정신 능력을 대상으로 인지 시험을 실시하고, 이러한 시험을 미니 게임으로 만들었다. 루모시티는 자사 게임을 하면 학업 성적, 연령 관련 인지력 저하, 뇌 손상이 개선되는 등 "삶의 모든 측면에서" 좀 더 전반적인 이익을 얻으리라고 사용자들에게 광고했다. 예를 들어 작업기억을 향상시키는 데 유용한 퍼즐 게임을 하면, 실제로 작업기억을 요구하는 다양한 임무에서 향상된 성과를 거둘 것이라고 주장했다. 2016년 연방거래위원회는 그들의 주장을 뒷받침할 증거를 찾지 못했고, 이러한 프로그램에 대해 실험적 평가를 실시하는 심리학 연구자들도 전반적인 이익에 대한 증거를 전혀 찾지 못했다.[5]

루모시티 광고주들은 심리학적인 용어인 "전이" 개념을 부각했다. 전이는 사람들이 한 가지 상황, 예를 들어, 게임에서 학습한 내용을 새로운 상황, 예를 들어, 일상생활에 적용할 수 있다는 개념이다. 전이를 최초로 연구한 심리학자 중에는 1장에서 잠깐 소개한 선구적인 교육과학자 에드워드 손다이크가 있다. 20세기 초나 더 오래 전에 교육자들과 교과과정 개발자들은 그리스어와 라틴어를 엄격하게 공부하면 '정신적 근육'을 키울 수 있고, 일단 이렇게 강화한 근육을 사용해 다른 인지적 문제를 생산적으로 해결할 수 있다고 주장했다. 전이 개념은 이러한 추론에 대한 비판으로 등장했다. 손다이크의 주장에 따르면, 새로운 지식이나 기술을 개발한 경우에 학습자는 새로운 학습 맥락과 기존 학습 맥락 사이에 유사성이 많을 때(손다이크는 이러한 유사성을 가리켜 "동일 요소"라고 불렀다) 새로운 지식이나 기술을 새로운 맥락에 적용할 수 있을 가능성이 훨씬 크다. 상황이 아주 조금 새로우면 근전이近轉移가 발생한다. 세단을 운전하는 법을 익히고 나서 스테이션 웨건으로 옮겨 타면 근전이를 연습하는 것이다. 기존과 본질적으로 다른 학습 맥락에서는 원전이遠轉移가 발생한다. 예를 들어 자동차 운전을 배우고 나서 헬리콥터를 조종하려 하거나, 라틴어를 배우고 나서 수학을 배우려 하거나, 휴대전화로 퍼즐을 맞추고 나서 일상생활에서 더 개선된 생각을 하려는 경우다.[6]

루모시티의 주장은 규제 기관의 주의를 끌 만큼 독특하고 부정확했지만, 게임과 놀이를 하면 인지적 이익을 얻을 수 있다는 주장은 매우 흔하다. 예를 들어, 체스 전문가들이 체스를 두면서 일반화할 수 있는 전략적 사고 기술을 발달시킨다고 믿는 사람들이 많다. 하지만 최근 연구자들은 메타분석을 사용해 체스 훈련, 음악 훈련, 작업기억 훈련을 연구했는데, 이 중에서 어떤 훈련도 일반적인 인지적 수행을 향상시켰다고 입증하는 설득력 있는 증거를 발견하지 못했다. 결국 체스 전문 지식은 주로 판에서 말의 위치와 움직임에 대한 백과사전적 지식에 따라 결정된다고 밝혀졌다. 만약 실제 체스 경기에서 나왔던 말의 위치를 마스터와 초보자에게 보여주면, 마스터가 실제 위치를 기억에서 불러내 재현할 가능성이 훨씬 크다. 하지만 실제 체스 경기에서 나올 가능성이 거의 없는 말의 위치를 보여주면, 의미 없는 위치를 재현해야 하므로 마스터에게 유리할 것이 없다. 말의 일반적인 위치에 대한 지식은 체스를 더 잘 두기 위해 반드시 필요하지만, 다른 게임을 하거나 다른 전략적 임무를 수행할 때는 거의 쓸모가 없다. 이와 비슷하게 루모시티가 실시한 연구에 따르면, 작업기억 게임을 하는 사람들은 다른 작업기억 게임을 더 잘하게 되지만(근전이), 작업기억 게임을 더 잘하게 된다고 해서 다른 종류의 인지적 임무(원전이)를 더 잘 수행하는 것은 아니다.[7]

인간 발달의 이러한 특징에 함축된 의미는 교육자에게 매우 중요하고 도전적이다. 사회는 비판적 사고, 협업, 의사소통처럼 영역 독립적이고 폭넓게 유용한 기술을, 학교가 가르칠 수 있기를 희망한다. 하지만 실제로 대부분의 기술은 상당히 영역 한정적이어서, 체스를 둘 때 말의 움직임을 비판적으로 생각하기 위해서는 소설을 비판적으로 해석할 때와 다른 지식과 기술을 갖춰야 한다. 또 이것은 교육 게임 분야에서도 상당한 도전거리로 밝혀지고 있다. 게임을 재미있고 매력적으로 만들려면 사람들을 대체 세계에 몰입시켜야 하지만, 전이 이론에서는 대체 세계와 실제 세계의 거리가 멀수록 학습자가 게임 세계에서 실행하는 학습을 실제 세계에 배치할 수 있을 가능성이 낮다.

그렇다면 원전이가 가동하지 않는다면 교육 게임을 시도할 가치가 있을까? 반응형 개인지도와 마찬가지로 학습 게임은 학교와 다른 환경에서 오랫동안 사용되어왔으므로 효과에 대한 연구 실적이 존재한다. 학습경험을 평가하는 최고 방법의 하나는 개별 연구뿐 아니라 연구 모음을 살펴보는 것이다. 다시 말해 메타분석을 실시하는 것이다. 메타분석을 할 때 연구자들은 발표된 연구(주로 중재집단과 통제집단을 비교하는 실험 설계 및 유사 실험 설계)들을 수집한 후에 전체 연구 결과를 비교한다. 교실에서 게임을 사용하는 것에 관한 두 가지 주요 메타분석 결과가 2013년과 2016년에 발표되었는데, 모두 같은 방향을 가리켰다. 연구 전반에 걸쳐 게임 기반 학습경험에 참여한 학생들은 지적 개방성, 직업윤리, 경쟁성을 포함한 개인의 내면 영역과 지식의 척도에서 다소 나은 학습 성과를 거뒀다. 게임은 한 차례 했을 때보다 여러 차례 했을 때 학습에 더 효과적이었고, 기본 버전보다 발전되고 이론적으로 잘 알려진 버전을 사용했을 때 더 나은 결과를 낳았다. 제한된 이야기, 저차원의 사고 기술을 겨냥한 목표, 배지·별·포인트를 이용한 기본적인 콘텐츠 연습 등 구조가 간단한 게임을 사용한 실험조차도 게임이 없는 통제 조건보다 다소 나은 결과를 도출했다. 물론 평균적으로 일어나는 현상을 보면서 특정 교실이나 학교에서 어떤 현상이 일어날지 완벽하게 예측할 수는 없지만, 이러한 연구는 어떤 합리적인 기대를 할 수 있을지에 대해 몇 가지 유용한 지침을 제공한다. 학습 게임을 가르침의 일부로 사용하는 경우에는 아마도 학습과 동기부여를 약간 향상시킬 수 있을 것이다. 그러므로 게임과 게임화를 통해 학습과 학교교육을 극적으로 변혁하겠다는 열성주의자들의 약속은 회의적인 관점으로 대해야 한다.[8]

학습 게임에 관한 연구는 불가항력적으로 부정적이거나 긍정적이지 않으며 게임마다 효과도 다르다. 하지만 우리는 전이 개념을 사용하고, 이 책의 첫 부분에서 다뤘던 대규모 교육 기술 영역을 감안해서, 개별 게임과 학교 시스템이 어떻게 상호작용할지 상상해볼 수 있다. 최근에 시도한 교육 게임을 기억해보라. 게임 세계에서 당신의 활동과 경험의 순서를 누가 설계했는가? 당신은 한 세트플레이에서 다른 세트플레이로 움직였는가? 세트플레이의 순서는 설계자들이 정했는가? 게임의 한 부분에서 당신의 행동이나 대답은, 다음에 어떤 일이 벌어질지 알고리즘이 내릴 결정에 영향을 주었는가? 동료를 개입시킨 것이 당신의 게임 경험을 형성했는가? 대부분의 학습경험은 세 가지 대규모 학습 유형, 즉 강사 주도 학습, 알고리즘 주도 학습, 동료 주도 학습 중 하나에 무리 없이 잘 들어맞는다. 이러한 학습 유형에 게임을 배치하면 어떤 게임이라도 일부 학습자들에게 이익을 제공할 가능성이 있다. 앞선 장에서 소개한 다른 전략들, 다시 말해 "여기서 정말 새로운 것은 무엇인가?"라고 묻고, 효과를 입증한다고 발표된 증거를 검토하며, 학습 기술과 기존 교육 시스템 사이에 존재하는 조화나 부조화를 찾는 전략들은, 비록 학교를 크게 변혁시키지 못한다고 생각되더라도 학습 게임을 검토하고, 학습 게임이 각기 다른 교육 환경에서 학습을 어떻게 뒷받침할 수 있을지 상상하는 데 유용할 수 있다.

강사 주도 학습 게임: 매스블래스터와 초콜릿 입힌 브로콜리

대부분의 학습 게임은 간단하게 분류할 수 있으며, 대개 강사 주도 경험을 제공한다. 내 세대의 많은 사람이 처음 만났던 학습 게임은 매스블래스터Math Blaster였다. 화면은 주로 스페이스인베이더Space Invader 같았는데, 화면 위쪽에서 마을로 내려오는 외계인을 향해 플레이어들이 레이저 광선을 쏘는 형식이다. 이때 레이저는 수학 문제로 동력을 받아 작동하고, 게임은 주기적으로 멈추면서 학생에게 질문을 던진다. 문제의 변수는 무작위로 바뀌지만 기본적으로는 미리 설계된 배열 순서를 따른다. 순서를 모두 거친 학생에게는 더욱 어려운 문제가 배정된다. 내 아홉 살짜리 딸이 학교에서 사용하는 수학 앱인 엑스트라매스XtraMath에서 학생은 '12 빼기 9' 같은 문제를 풀면서 '선생님'과 경쟁하며 수학적 해결 능력을 습득한다. 하지만 간단한 수학 문제를 풀고, 점수를 얻고, 더 어려운 수학 문제를 풀고, 더 많은 점수를 얻는 등 엑스트라매스와 매스블래스터의 구조는 기본적으로 같다. 이러한 강사 주도 게임은 폐쇄형 네트워크 플랫폼이나 소프트웨어 패키지, 또는 앱 내부에서 만날 수 있다. 패턴에 부합하는 자동채점 기능을 통해 학생의 수행과 진도를 평가하며, 불을 지피는 것flame kindler보다 물통을 채우는 것pail filler에서 교육학적 영감을 끌어온다.

게임 연구자인 브렌다 로럴Brenda Laurel은 이런 종류의 게임을 묘사하기 위해 "초콜릿 입힌 브로콜리Chocolate-Covered Broccoli"라는 생생한 비유를 사용했다. 매스블래스터나 엑스트라매스에서 핵심 활동은 연산 문제를 푸는 것이므로 연습문제지를 사용한 핵심 활동과 다르지 않다. 연습문제지 푸는 것을 끔찍하게 지루해하는 학생들이 많으므로 게임 설계자들은 반복 학습활동에 점수, 별, 경적, 기타 보상을 추가한다. 매우 전통적인 수학 활동이 외부 보상과 인센티브 바로 밑에 숨겨져 있는 것이다. 교수주의 브로콜리 위에 행동주의 초콜릿을 입히는 과정은 자주 '게임화'로 묘사되며 학교에서 폭넓게 실시되고 있다. 게임화는 칸 아카데미에서 수여하는 포인트나 배지와 마찬가지로 학습 소프트웨어의 요소다. 교사들은 카훗Kahoot 같은 플랫폼을 활용해 퀴즈나 복습 시간 등 교실에서 전형적으로 실시하는 과정을 교실 게임 쇼로 전환하면서 게임 플랫폼에서 자신만의 콘텐츠를 만들 수 있다.[9]

게임화 접근 방식은 데이비드 타이악David Tyack과 래리 큐반이 붙인 명칭대로 학교교육의 "문법", 즉 교육 시스템에 깊이 박혀 있어서 이론의 여지가 없는 과정·신념·전제를 최소한으로 변화시켜 전통적인 학교 환경에 비교적 쉽게 들어맞는다.[10] 앞서 살펴보았듯 학교교육의 문법은, 학생이 조직적이고 직접적인 교육을 통해 배우고, 학생의 학습이 측정될 수 있는 손다이크의 교육학적 철학을 지향한다. 게임화한 학습 연습들은 사용하기 쉽고 놀기에도 짧아서 비슷한 종류의 활동 대신 수업 시간에 배정하기 쉽다. 또 그것들은 연습문제에 게임 요소를 추가한다. 연습문제지를 사용하는 목적의 하나는 교육 시스템 발전의 문지기로 작용하는 교실과 표준화 시험을 연습하는 것이다. 이러한 점에서 학습 게임은 학생들이 수학 시험을 더욱 잘 볼 수 있도록 수학 시험에 나온 문제에 관한 게임을 사용하면서 근전이 문제를 해결한다는 목표를 세운다.

알고리즘 주도 학습 게임: 듀오링고

상대적으로 적은 수의 학습 게임들이 교실 밖에서 갑작스레 큰 성과를 거뒀지만, 최근 들어 가장 크게 성공한 사례는 게임화 언어 학습 앱인 듀오링고다. 언어 학습이지만 게임 같고, 알고리즘으로 주도되며, 반응형 개인지도를 사용한 듀오링고는 카네기멜론대학 컴퓨터 과학자인 루이스 폰 안Luis von Ahn과 캡차 크라우드소싱시스템의 발명가가 공동 설립했다. 대부분의 듀오링고 활동은 번역이나 인식 활동의 형태다. 학생은 포인트를 따고, 진행 표시줄을 완성하고, 말하기와 쓰기에서 표적 언어와 모국어를 오가며 원문 번역을 함으로써 배지를 획득한다. 2018년 시점에서 계정 가입자가 3억 명을 넘어서면서 듀오링고는 세계 최대 독립 학습용 플랫폼 자리에 올랐다. 듀오링고가 보이는 두드러진 특징의 하나는 개인에게 맞춰 간헐적 반복을 실시하는 반응형 기능을 포함하는 것이다. 이러한 반응형 기능은 학습자에게 몇 가지 흥미로운 이익을 제공하지만, 다른 대규모 알고리즘 주도 학습 기술에서 그렇듯 자동 채점 기능의 한계는 이러한 도구의 전반적인 효용성에 가해지는 중대한 제약이다.[11]

거의 한 세기 전에 심리학자들이 파악한 사실에 따르면, 벼락치기로 공부할 때보다 장기간에 걸쳐 기억하는 연습을 할 때 학습 내용을 더욱 잘 기억한다. 시험 하루 전날 한 시간 공부와 시험 사흘 전 매일 20분씩 공부 중에 선택하라면, 간헐적 연습의 효과가 거의 보편적으로 더 크다. 이러한 시스템은 학습자가 가장 잘 기억하지 못하는 사실이나 주제에 학습경험의 초점을 맞출 때 더욱 향상될 수 있다. 플래시 카드에 적힌 언어를 공부하는 경우에 학습자는 자신이 항상 맞히는 플래시 카드에 학습 시간을 거의 들이지 않고(물론 시간을 들이면 감정적 보상을 받겠지만), 항상 틀리는 플래시 카드에 시간을 거의 모두 투입해야 한다. 간헐적 반복이 이롭다는 것은 학습에 대해 분명한 함의를 지닌 인지 심리학 분야에서 확립된 연구 결과지만, 실제 교실에서는 거의 구현되지 않는다.[12]

예를 들어 한 스페인어 교사는 논리상 매우 복잡하기 때문에 수업 시간에 개인맞춤형 간헐적 반복을 실시할 수 없을 것이다. 교사는 각 학생이 아직 숙달하지 못한 단어의 정의나 동사 활용 등을 가르쳐야 하고, 새로운 콘텐츠를 소개하면서 연습할 기회를 제공해야 하며, 학생들이 이를 숙달해가면 연습에서 서서히 빼야 한다. 2주차에 소개한 어휘 몇 개를 6주차에서 시험 보는 것은 교사에게 그다지 어려운 일이 아니다. 하지만 일반적인 교사 입장에서, 수십 명이 치르는 시험을 개인별 진도와 숙달 정도에 따라 개인맞춤형으로 실시하는 것은 거의 불가능하다. 하지만 컴퓨터는 각 학생에게 간헐적 반복을 시키는 복잡한 개인맞춤형 학습을 구현할 수 있어, 최소한 언어 학습의 기초 단계에서는 장래성이 있다. 2012년 독립적인 연구자들이 밝힌 사실에 따르면, 듀오링고로 스페인어를 배우는 데 평균 34시간을 소비한 사용자들의 학습량은 대학에서 첫 학기에 배우는 분량과 거의 같았다.[13]

언어 학습 교과과정이 지닌 흥미로운 특징은, 일반적인 강좌의 진도가 진행되는 중간에 학습의 인지적 복잡성이 급증한다는 점이다. 예를 들어 스페인어 입문 과정에서 학생들은 '고양이'를 뜻하는 단어를 외우고, '갖다'를 뜻하는 동사를 조합하는 방식을 암기한다. 고급 과정에서는 세르반테스의 작품을 읽고 해석한다. 자동 채점 기능은 고급 과정에서 실시하는 해석 과제보다 입문 과정에서 실시하는 것처럼 정답 있는 과제에 훨씬 유용하다. 그러므로 입문 언어 개념을 학습할 때 듀오링고의 유용성이 좀 더 발전된 언어 습득 기술까지 확장될 가능성은 낮다. 듀오링고에서는 개인이 한 단어나 짧은 구절을 정확하게 정의하거나 번역했는지 여부를 평가할 수 있다. 하지만《돈키호테》가 스페인 문학과 문화에 어떤 영향을 미쳤는지를 둘러싼 학생들의 주장은 평가할 수 없다. 언어 학습 게임은 언어를 학습하기 시작하는 데 좋은 방법일 수 있지만, 가까운 미래에 실질적인 언어 유창성을 발전시키려면 문화

를 이해하고 원어민과 대화해야 하는데 이것은 자동 채점 앱으로 평가
할 수 없다.

동료 주도 학습 게임: 배니시드와 마인크래프트

초콜릿 입힌 브로콜리 접근법이 전통적인 학교교육 활동에 게임화 요
소를 덧입히는 것이라면, 대안은 이미 있는 재미와 장난기 요소를 콘텐
츠 영역 안에서 찾는 것이다. 이렇게 학습 게임을 개발하는 접근 방식
에서, 재미는 수학을 어느 정도 학습하고 나서 외계인을 쏴서 얻는 것
이 아니라 수학을 하는 것 자체에서 느낀다.

MIT 교육 아케이드MIT Education Arcade에서 근무하는 내 동료들은 자
칭 "공명 게임resonant game"을 개발한다. 게임에서 플레이어는 개인적으
로 참여해 학구적 콘텐츠에 대한 풍부한 통찰력을 제공하는 활동에 몰
입한다. 대부분의 학습 게임이 학생들에게 콘텐츠를 제공하고 기억을
시험하는 교육 은행 모델Banking model of education인 교수주의에 가장 잘
부합한다면, 교육 아케이드가 개발하는 공명하는 게임들은 학습의 견
습생 모델apprenticeship model of learning인 불 지피기에 더욱 가까운 경향을
보이므로 플레이어들은 게임 세계를 통해 일종의 인지적 견습생 모델
에 몰입한다.[14]

예를 들어 배니시드Vanished 게임은 플레이어에게 과학적인 사실을 묻
는 퀴즈를 내지 않고, 플레이어를 무생물 행성의 운명을 이해하려는 과

학자 커뮤니티의 구성원으로 몰입시킨다. 교육 아케이드 소속 과학자들과 설계자들이 스미소니언협회Smithsonian Institution와 협력해 개발한 배니시드는, 수천 명을 동시에 수용하는 일종의 온라인 도피처인 오픈 웹에서 펼쳐지는 거대한 멀티플레이어 퍼즐 체험이다. 이 게임의 세계관에 따르면, 미래 과학자들은 앞으로 소행성이 초래할 세계 종말을 인류에게 경고하기 위해 시간을 거슬러 메시지를 보낸다. 그들은 웹과 물리적 박물관에 숨겨진 일련의 퍼즐과 미니 게임 시리즈를 통해 플레이어에게 정보를 전달한다. 일부 퍼즐에서는 대규모 협업이 필요하고, 각 사용자는 퍼즐을 풀기 위해 조립해야 하는 코드 99개 중 하나를 무작위로 받는다. 플레이어는 게임하는 내내 벌어들인 포인트로 문서를 구입할 수 있고, 일부 문서는 매우 비싸서 플레이어가 포인트를 모아야만 살 수 있다. 게임에 등록한 플레이어 계정은 6,000개가 넘었으며, 그중에서 끝까지 활동한 계정은 650개 이상이었다.

게임은 연결주의의 영향을 분명하게 받지는 않지만 연결주의에서 영감을 받은 교육학과 많은 공통점을 지녀서, 플레이어들은 네트워크를 형성하고, 서로 의사소통하며, 자원과 솔루션을 공유한다. 그들은 주제(이 경우에는 소행성의 위협에 대응할 수 없도록 인류를 무력화시키는 기후 변화)에 대해 배우는 동시에 과학자로서 공유하는 정체성을 개발한다. 해당 게임 이야기는 단위 변환에서 법의학과 인류학에 이르는 다양한 과학 콘텐츠 분야를 학습할 기회를 플레이어에게 제공한다. 무엇보다 더 중요하게는 과학자로서 정체성을 개발할 수 있는 기회를 제공한다. 한 플레이어는 게임을 이렇게 평가했다. "이제는 정말 미래 과학자가 된 것 같다.

우리가 전 세계 연구소에서 유명한 직업에 종사하게 되었다고 상상해 보라. 우리가 어릴 때 어떻게 게임을 했는지 누군가가 알아낼 것이다."

배니시드 역시 다른 동료 주도 학습경험과 마찬가지로 일련의 난제에 부딪힌다. 과정을 밟다가 지치는 바람에 전체 경험에서 이익을 얻는 학습자 수가 줄어들고, 참가자의 경험은 개인적인 차원에 머무르기 쉽고, 학습 결과는 한결같지 않으며, 장기적이고 낯선 학습경험은 전통적인 교실 연습으로 통합되기 어려웠다. 하지만 게임 경험에 깊이 몰입한 플레이어에게는 게임이 단지 과학뿐 아니라 과학자가 되면 어떨지에 대해 독특하면서도 강력한 학습경험을 제공했다.[15]

마인크래프트

매스블래스터, 배니시드, 듀오링고는 교육 목적으로 설계된 게임이나 게임화 경험을 창출하려는 노력의 표현이지만, 학습 게임에 접근하는 다른 방식도 있다. 바로, 강력한 학습경험을 증진할 잠재력과 광범위한 호소력을 갖춘 상업적인 게임을 찾는 것이다. 교육자들이 새로운 게임을 만들고 홍보하기보다는 이미 있는 게임을 선택해 학구적 콘텐츠를 가르치고 배우게 하면 어떨까? 2020년 마인크래프트와 교육판 마인크래프트는 이러한 측면에서 가장 야심찬 시도에 속한다.

마인크래프트는 세계 최대 학습 커뮤니티의 하나로서, 전 세계 수백만 명의 젊은 영혼들이 마인크래프트 세계에서 플레이하고 구축하고 탐험한다. 마인크래프트는 먼지, 돌, 모래, 물, 용암, 철, 금, 다이아몬드 등 다양한 종류의 사각 블록으로 구성된 오픈 월드 게임(가상 세계를 자유롭게 돌아다니며 탐색하고 공략하도록 설계한 게임 디자인 — 옮긴이)으로, 플레이어는 도구를 사용해 블록을 채굴하고 조합해서 레고 블록 같은 창작물을 만들 수 있다. 다른 블록에서 떨어져 나온 자원을 결합해 새로운 도구와 무기 갑옷부터 문과 카펫의 장식물까지 상당히 다양한 물건을 만들 수 있다. 마인크래프트는 1억 8,000개 이상 판매되면서 역대 가장 인기 있는 게임의 하나로 기록되었다. 마인크래프트 세계는 멀티플레이어 서버로 설정될 수 있으므로 플레이어들은 같은 세계에 들어가 플레이하고 구축하고 공유하고 협업할 수 있다.[16]

마인크래프트를 중심으로 형성된 학습 커뮤니티의 범위는 상당히 넓다. 최근의 많은 게임과 마찬가지로 마인크래프트는 상당히 복잡한데도 매뉴얼 없이 배송된다. 하지만 걱정할 필요는 없다. 사용자들이 게임 매뉴얼을 손수 제작했기 때문이다. 그들은 게임 내 실험과 게임 파일 검색을 통해 게임피디아 마인크래프트Gamepedia Minecraft 같은 위키를 만들었다. 해당 위키는 300명 이상의 활동적인 기여자들이 참여하고 있는데, 마인크래프에 관한 자잘하고 소소한 기사부터 분석적이고 전문적인 기사까지 4,000편 이상을 보유하고 있다. 마인크래프트의 특징을 전용으로 소개하는 유튜브 계정도 무수히 많다. 스탬피롱헤드Stampylonghead로도 알려진 조지프 개릿Joseph Garrett 같은 세계적인 유명 인사의 유튜브 채널은 구독자 900만 명을 모았고, 게임 방법을 소개하는 '하우투마인크래프트How to Minecraft' 시리즈를 소개해 조회 수 수천만 회를 기록했다. 트위치에는 언제든지 뛰어들어 마인크래프트에 참여하는 활동적인 스트리머 수백 명이 있다. 소셜 뉴스 웹사이트인 레딧에는 엄청난 창작물 사진과 재미있는 순간이 담긴 파일을 보유한 채널이 있다. 이러한 콘텐츠 유통 채널들은 하나같이 무한한 이야기와 창의성을 끌어내는 보물창고다.[17]

이 모든 디지털 학습자원은 조밀하고 복잡하고 난해한 동료 학습 네트워크를 형성한다. 플레이어는 자원을 사용해 마인크래프트 세계에서 취하는 최초 행동을 시작점으로 게임 세계의 오지를 찾아가거나, 무작위로 창출된 게임 세계에 거대한 환경을 구축하는 데 필요한 자원을 관리한다. 마인크래프트를 배울 수 있는 동료 주도 대규모 학습 네트워크가 있기는 하지만, 게임 자체가 정규교육 시스템의 안팎에서 어느 정도까지 학습 목적으로 사용될 수 있을까?

지난 십 년 동안 청소년들이 마인크래프트를 하느라 수십 억 시간을 썼고, 현재 교실에서 점점 더 많이 사용되고 있는 실정을 고려했을 때, 마인크래프트를 하는 경험과 그 결과 발생할 수 있는 이익에 대한 연구는 이외로 매우 적다. 마인크래프트 같은 비정규 학습환경을 연구하기는 대단히 어렵다. 우리는 학생을 위해 특정 학습목표를 세우고, 학생을 평가하며, 이러한 평가와 교실에서의 관찰을 결합해 어떤 학습이 일어나고 있는지 파악한다. 따라서 아이들이 비정규적인 환경에서 놀 때 수천만 가정에서 일어나는 학습을 추적하는 것은 훨씬 더 어렵다.

놀이와 비정규 학습을 연구하는 연구자들은 마인크래프트를 하면서 참여자가 긍정적인 결과를 얻을 수 있는 다양한 행동을 지적할 수 있다. 게임은 발견과 끈기를 증진한다. 싱글 플레이어 설정에서는 자기조절 능력이 필요하고, 멀티플레이어 설정에서는 의사소통과 협업 능력이 필요하다. 게임 설계자이자 연구자인 케이티 샐런Katie Salen은 팀워크, 전략적 의사소통, 도움 요청, 끈기, 실패에서의 회복, 협상, 계획 수립, 시간 관리, 의사결정, 공간 인식 등 마인크래프트를 하면서 개발할 수 있는 기술들을 제시한다. 이것은 낙관론자가 생각하는 전이 개념으로, 마인크래프트와 같은 게임에서 이 같은 기술을 학습하는 데 시간을 투자하면 영역 독립적인 기술을 발달시킬 수 있다는 뜻이다. 마인크래프트에서 협력해 성을 쌓으면서 발달시킨 팀워크 기술은 직장이나 시민 환경에서 팀을 구성할 때 유용하다고 밝혀질 것이다.[18]

전이 연구에 근거한 좀 더 비관적인 주장도 있다. 마인크래프트를 하느라 많은 시간을 소비하면, 주로 마인크래프트 하는 방법을 배운다는 주장이다. 체스를 숙달하느라 상당량의 시간을 소비한 사람들이 영역 독립적인 전략적 사고 기술을 개발하는 것 같지 않다면, 마인크래프트를 하는 사람들이 영역 독립적인 건축 기술이나 디자인 기술, 기타 마인크래프트를 하면서 필요한 다른 기술들을 개발하고 있는지는 분명하지 않다.

내가 생각하기에는 플레이어들이 마인크래프트를 하면서 개발할 수 있는 영역 독립적인 문제해결 기술이 분명 있을 것이다. 예를 들어 과제를 수행하다가 궁지에 몰렸을 때는, 비슷한 과제에 대한 해결책을 기록해두거나 문제해결 방법을 기꺼이 알려주는 교사와 학습자 온라인 커뮤니티가 있을 수 있다는 직관을 키울 수 있다. 동료 주도 대규모 학습을 다룬 장에서 제안했듯, 이것은 네트워크 세계에서 채택하기에 매우 유용하다. 인간이 노력을 쏟는 거의 모든 영역을 들여다보더라도 기

언택트 교육의 미래

꺼이 도움을 주려는 사람들을 온라인에서 찾을 수 있기 때문이다. 그렇기는 해도, 각각 독특한 학습 네트워크를 이용하려면 특정 기술과 사실을 갖춰야 한다. 플레이어가 마인크래프트에서 플레이 방법을 알아내려면 게임의 구조와 어휘, 믿을 수 있는 공통 지식 저장소, 정보 보급과 온라인 담론에 대한 규범을 이해해야 한다. 자바스크립트에서 특정 기능을 작성하고, 프로그램 오류를 검출해 제거하는 방법을 알아내기 위해서도 비슷한 사항을 배워야 한다. 또 자바스크립트 언어의 역학과 구문, 기능을 나타내는 어휘, 신뢰할 수 있는 공통 지식 저장소, 스택오버플로 안에서 검색하는 방법, 커뮤니티 규범 안에서 새로운 질문을 하는 방법을 배워야 한다. 영역 독립적인 기술, 동료 주도 온라인 학습 네트워크를 구하는 성향, 네트워크의 공통 구조를 이해하는 것은 많은 다른 환경에도 다소 유용하다. 체스를 둘 때 말의 일반적인 위치를 기억하듯, 한 영역에서 광범위한 콘텐츠 지식은 국소적인 문맥에서는 반드시 필요하지만 다른 영역에서는 그다지 유용하지 않다. 이렇게 구분한다고 해서 온라인에서 도움을 구하고 온라인 네트워크에 참여하는 더욱 광범위한 성향의 가치가 줄어들지는 않지만, 이러한 성향만으로는 원전이의 틈을 메우지 못한다. 영역 독립적인 기술은 많은 다른 영역에서 약간 유용하지만 특정 영역에서는 크게 유용하지 않다.

마인크래프트에서 학습 기능의 인기와 잠재력을 인식한 일부 교육자들은 마인크래프트 놀이와 교실 학습을 좀 더 긴밀하게 연결하기 위해 연구했다. 카네기멜론대학 재료과학과 교수인 리자 자얀B. Reeja Jayan은 마인크래프트를 사용해 학생들이 디지털 블록으로 원자와 분자 모델을 만드는 방식으로 재료과학의 기초를 엔지니어들에게 가르쳤다. 마인크래프트 우주에 있는 '빨간 돌redstone'이라는 물질을 게임 내 회로를 만드는 데 사용할 수 있도록 교육자들은 물리학, 전기공학, 컴퓨터과학의 기본을 학습하는 다양한 과제를 개발했다. 일종의 대규모 학습 분야에서 이질적인 요소들을 결합하는 방식으로 캘리포니아대학 샌디에이고 캠퍼스 교수진은 마인크래프트를 사용해 코딩을 가르치는 MOOC를 만들었다.[19]

마인크래프트의 오픈 월드 설계는 놀이와 탐험을 하기에는 탁월하지만, 학교에서 목표로 하는 콘텐츠 학습을 하기에 완전히 적합한 것은 아니다. 2011년 교실 친화적인 기능을 더 많이 추가하려는 노력의 일환으로 티처게이밍TeacherGaming은 교실에서 사용하는 교사를 돕기 위해 마인크래프트를 수정한 마인크래프트에듀MinecraftEDU를 출시했다. 이렇게 수정한 덕택에 교사들은 학생을 등록시키고 그들을 세계에 할당하는 것 등의 임무를 더욱 수월하게 수행할 수 있게 되었다. 또 교육자들은 교사들이 오픈 월드 플랫폼 안에서 강사 주도 경험을 학생들에게 더 많이 제공할 수 있도록 특정 임무, 제약, 게임 규칙을 담은 특정 세계를 만들 수 있었다. 2010년대 마이크로소프트는 마인크래프트와 마인크래프트에듀를 인수했다. 이후 교육판 마인드크래프트를 출시해 강사에게 게임 세계와 학습 계획을 통제할 수 있는 새로운 방식을 제공하고 있다. 생물 다양성과 멸종부터, 회로에 작용하는 불리언 논리Boolean logic 까지 아우르는 학구적 콘텐츠를 가르칠 목적으로 사용할 수 있는 게임 세계를 제공한다.

어떤 의미에서 이러한 수정은 마인크래프트가 내세우는 몇 가지 원칙에 위배된다. 대부분의 플레이어에게 마인크래프트는 자신이 원하는 것을 무엇이든 할 수 있기 때문에 재미있다. 즉 구조물을 건축하거나, 임의의 도전을 만들어내거나(완전 무장을 할 수 있을 정도로 다이아몬드를 충분히 수확하는 등), 단순히 다음 모퉁이에 라마가 있는지 확인해볼 수 있다. 하지만 교육판마인크래프트 프로젝트는 이러한 창의성을 어느 정도 제한한다. 특정 콘텐츠를 가르치기 위해 학생들에게 교사들이 원하는 것을 하라고 요청한다. 최악의 경우에 마인크래프트가 제공하는 자유를 제한하면 재미를 망칠 것이고, 그렇다면 강사들이 이러한 세상을 만드느라 시간 비용을 많이 들이는 데 비해 게임에 참여해서 얻는 이익이 그다지 크지 않을 것이다. 최선의 경우에는 이렇듯 추가적인 학습 기반이 오픈 월드 놀이와 교사 주도 문제 기반 학습을 생산적으로 혼합할 것이다. 교육 분야에서 마인크래프트에 대한 체계적인 연구는 거의 이루어지지 않고 있지만, 나는 정규 학교가 가하는 제약에 잘 맞지 않는 다른 대규모 학습에 관한 연구 결과처럼, 연구자들이 다음과 같은 결과를 도출해내리라 예측한다. '소수 기관에서 매우 독특한 응용 사례를 보이고 있지만, 광범위하게 많은 학교에서 채택되고 있지는 않다'.

혼종성과 대규모 학습 유형: 줌비니의 수학 논리 여행

:

강사가 한 가지 유형의 문제를 어떻게 풀지 단계별로 설명하는 교육 전략을 예로 들어보자. 이 장에서 나는 대규모 학습 기술의 한 가지 유형으로 교육 게임을 취하고, 어떤 패턴이 나타나는지 입증하기 위해 대규모 학습 분류법 안에 그 기술을 배치하는 분류화를 예로 들었다. 그래서 세 가지 대규모 학습 유형에 잘 맞는 게임 몇 가지를 예로 들었다. 강사 주도 학습경험으로는 매스블래스터, 반응형 알고리즘 주도 학습 앱으로는 듀오링고, 동료 주도 대규모 학습 커뮤니티로는 배니시드를 설명했다. 이러한 범주로 게임을 나누면 게임의 일부 강점과 약점을 신속하게 파악할 수 있다. 듀오링고가 반응형 개인지도라는 사실을 알 수 있으면, 반응형 개인지도의 역사에 대해 알고 있는 사항을 검토할 수 있고, 강점과 한계를 제대로 추측할 수 있다. 이러한 역사를 짚어보면 신제품이 두드러지는 방식도 파악할 수 있다. 수십 년 동안 반응형 개인지도가 활용되어왔지만, 정규 학습환경을 벗어난 영역에서 타의 추종을 불허하게 가장 널리 채택된 앱은 듀오링고였다. 듀오링고의 설계 사항, 예를 들어 게임화 요소, 언어 학습이라는 주제, 모바일 우선 플랫폼은 예측보다 폭넓게 채택되었다. 설계자들은 이처럼 특정 접근 방식의 두드러진 측면을 다룰 수 있고, 그들 중 어떤 측면이 같은 유형이나 그 너머에서 다른 기술들에 적용될 수 있을지 고려할 수 있다.

모든 대규모 학습 접근 방식이 내가 제안한 세 가지 유형에 깔끔하게 들어맞는 것은 아니고, 혁신을 달성하려면 혼종성hybridity이 필요하다. 게임이나 다른 신기술에서 요소들의 참신한 조합을 발견할 때, 대규모 학습에 대한 새로운 접근 방식을 고안하는 데 영감을 얻을 수 있다. 이러한 혼종성을 보여주는 학습 게임의 예로는, 스콧 오스터바일

Scot Osterweil이 개발한, 역대 최고의 수학 게임의 하나로 꼽히는 '줌비니Zoombinis의 수학 논리 여행The Logical Journey of the Zoombinis'을 들 수 있다.

이 게임에서 플레이어들은 작은 줌비니 무리를 보유한다. 줌비니는 발이 달리고 머리가 작으며 피부색이 파란 캐릭터로, 플레이어는 사악한 블로트Bloats에게 노예로 붙잡힌 줌비니들을 새로운 정착지로 안내해야 한다. 줌비니는 눈, 코, 머리카락, 발에 네 가지 특징을 갖고 있는데, 특징마다 다섯 가지 선택사항(예를 들어 눈에는 큰 눈, 애꾸눈, 졸린 눈, 안경 쓴 눈, 선글라스 쓴 눈)이 있어서 모두 625개의 독특한 줌비니를 생성할 수 있다. 플레이어는 줌비니의 특징에 반응하는 퍼즐을 풀어야 줌비니 무리를 데려올 수 있다. 예를 들어 알레르기 절벽 레벨에는 다리 두 개가 있는데, 다리마다 큰 눈이나 초록색 코처럼 줌비니의 특정한 특징에 알레르기를 일으킨다. 플레이어는 아무 지시도 받지 않은 상태에서 특정 다리의 속성을 스스로 발견해야 한다. 플레이어가 알레르기를 일으키는 줌비니를 보내 다리를 건너게 하면, 다리는 재채기를 해서 줌비니를 뒤로 날려버린다. 이 게임을 설계한 목적은 논리, 패턴 인식, 조합론에 대한 개념을 플레이어에게 학습시키는 것이다.[20]

해당 게임을 분류하려면 먼저 학습 속도와 경로를 누가 제어하는지 살펴본다. 해당 게임은 싱글 플레이어 게임이므로 동료 요소는 없지만, 알고리즘 주도와 강사 주도 요소를 둘 다 지원하는 기능을 포함한다. 퍼즐에는 '다음'이나 '이전' 버튼이 없고, 플레이어가 일련의 단계·움직임·조합을 시도하면 게임 레벨이 플레이어의 선택에 반응한다. 플레이어가 한 퍼즐 레벨을 완수하면 가지치기 구조에 노출되면서, 설계

자 또는 플레이어에게 자율성이 주어지는 다음 퍼즐을 선택한다. 결과
는 MOOC 같은 완전 등급 시스템과 완전 반응형 시스템 사이 어딘가
에 놓여 있다. 시각적 외면은 매우 다르지만 줌비니와 에드엑스는 배열
순서에 따른 학습활동을 공유하고 자동 채점으로 평가를 받는다.

줌비니의 수학 논리 여행은 내가 제안한 대규모 학습 유형이라는 범
주를 거부하지만, 대규모 학습 유형들은 게임 실행과 학습을 다른 학습
경험에 배치하는 데 상대적으로 유용하다. 교육학적으로 줌비니의 수
학 논리 여행은 탐구심을 강하게 강조하면서 제약을 가하지 않고 플레
이어를 논리적인 사고 연습에 몰입시킨다. 각 레벨에는 문서화된 지시
사항도 시연도 예시도 없다. 그래서 플레이어는 문맥에 따른 시각적 힌
트, 시행착오, 논리를 통해 각 퍼즐의 규칙을 스스로 발견해야 한다. 외
관은 매우 다르지만 게임의 기술적 인프라는 자동화 평가 시스템을 갖
춘 폐쇄형 네트워크 서비스로서 MOOC와 공통점을 지닌다. 목적을
살펴보더라도 스크래치나 레인보룸 커뮤니티보다는 MOOC나 반응
형 개인지도와 공통점이 더 많다. 이렇게 MOOC와 지능형 개인지도
와 비슷하기는 하지만 게임의 이면에 있는 교육학은 강의보다 수습 시
스템과 놀이에 관한 것이어서, 살만 칸이 제공하는 연습문제보다 시모
어 페퍼트가 제공하는 로고 프로그래밍 언어와 철학적으로 더 가깝다.

줌비니는 내가 앞에서 설명한 패턴의 결을 거스르는 학습경험으로,
새로운 발전 방향을 찾는 데 영감을 줄 수 있다. 재미와 수습 시스템의
가치를 유지하는 스크래치 플랫폼에서 자동 평가 시스템을 갖춘 것은
어떤 모습일까? 재미와 수습 시스템에 대한 개념이 지능적인 개인지도

나 xMOOC에 내재한 것은 어떤 모습일까? 여러모로 혼종성을 시도하는 것은 한 가지 대규모 학습 유형의 한계를 다른 유형의 강점으로 상쇄할 수 있는 잠재적 방식을 제공한다.

대규모 학습 유형부터 여전히 다루기 힘든 딜레마까지

이 책의 1부에서는 세 가지 유형을 정의하기 위해 대규모 학습환경의 차이점을 강조했다. 2부가 시작되는 다음 장부터는 유사점에 초점을 맞추려 한다. 1부에서 다룬 기술혁신은 어떤 면에서는 눈부시다. 예를 들어 해부학에서 동물학까지 거의 모든 과목을 다루는 무료 온라인 강좌, 수학 교과과정 전체를 망라한 무료 온라인 영상 저장소, 개별 학생을 위해 연습을 개인화하는 반응형 개인지도, 학습자가 컴퓨터 창의성이나 온라인 학습을 연구하기 위해 모이는 동료 커뮤니티, 언어를 학습하거나 세상을 구축하기 위한 게임 등이 그렇다. 이 모든 기술혁신이 특히 2000년대 말과 2010년대 초에 나타나면서 어떻게 교육 시스템을 근본적으로 변혁할 수 있는 길을 닦을 수 있는지에 대한 극적인 예측이 쏟아졌다. 하지만 비정규 학습환경과 정규 기관에서 대규모 학습 기술을 채택하는데도 근본적인 변혁은 이루어지지 않고 있다. 새로운 대규모 학습 기술은 전통적인 교육 시스템을 근본적으로 재구성하는 수단이 아니라, 제한적이기는 하지만 유용한 보완책으로 입증되었다. 그 이유는 무엇일까?

듀이나 손다이크에게 영감을 받고, 지불 장벽의 이면이나 오픈 웹에서 발견되며, 강사나 알고리즘, 동료 커뮤니티가 주도하는 매우 다른 종류의 대규모 학습 시스템 전반에 반복적으로 등장하는 특정 딜레마가 있다. 바로 '친숙함의 저주curse of the familiar'다. 이것은 칸아카데미의 연습문제처럼 학교에서 전형적인 요소로 보이는 기술이, 스크래치의 개방형 프로그래밍 환경처럼 기존과 매우 달라 보이는 기술보다 훨씬 쉽게 확장된다는 것이다. 학교는 일종의 항상성에 정교하게 주파수를 맞추는 복잡한 기관이다. 학교가 더 새롭고 잠재적으로 훨씬 강력한 접근 방식 대신 오래된 아이디어를 더욱 쉽게 채택한다면, 미래의 도전을 충족하기 위해 어떻게 변화하고 발전할 수 있을까?

MOOC부터 반응형 개인지도, 스크래치에 이르기까지 증거를 살펴보면 '에듀테크 마태 효과edtech Matthew effect'가 상당히 일반적으로 나타난다. 즉 신기술은 새로운 혁신을 활용할 수 있는 재정적·사회적·기술적 자본을 보유한 학습자에게 불균형적으로 이익을 안긴다. 어떻게 하면 기회의 격차를 악화하지 않고 호전시키는 학습 기술을 설계할 수 있을까? 기술은 여러 주제 영역에 불균일하게 유용하며, 이때 불균일한 핵심 근거의 하나는 평가 기술다. 평가 기술은 문제해결이 구조화되고 일상화되어 있는 영역에서 훨씬 원활하게 가동한다. '일상적인 평가의 함정trap of routine assessment'에 따르면, 자동화 평가가 가장 잘 가동하는 영역은 자동화와 로봇공학이 인간의 작업을 대체할 가능성이 가장 큰 영역과 매우 밀접하게 겹칠 수 있다. 이 책의 1부를 통틀어 나는 최고의 학습 기술 시스템이 지닌 특징의 하나는 지속적인 연구, 반복, 개선의 지배를 받는다는 사실이라고 주장했다. 이러한 종류의 연구에는 온라인 학습환경에서 수집한 방대한 양의 데이터가 매우 유용하다. 해당 데이터에는 어떻게 학습하는지, 어느 부분에서 성공하고 실패하는지, 다른 사람과 비교해 어떻게 등수를 매기는지, 흥미와 신념이 무엇인지를 포함해 사람들의 생활과 학습경험에 대한 상당히 개인적인 정보가 포함되어 있다. 이 같은 상황을 헤쳐 나가려면 '데이터와 실험의 독성'에 대처하고, 데이터 수집이라는 연구 이익과 더불어 개인정보 노출 위험성을 저울질해야 한다. 따라서 매우 다양한 기술, 교육학, 설계 전반에서 모든 대규모 학습 계획은 이 책의 후반부에서 설명할 공통적인 도전에 맞닥뜨릴 수밖에 없다.

2부

대규모 학습이 맞닥뜨린 딜레마

친숙함의 저주

립 밴 윙클과 스큐어모피즘

:

교육혁신가들이 주고받는 오랜 농담인 동시에 강연할 때 상당히 자주 인용하는 이야기가 있다. 립 밴 윙클(워싱턴 어빙Washington Irving이 쓴 동명 단편소설《립 밴 윙클》의 주인공으로, 산에 올라갔다가 낯선 사람에게 술을 얻어 마신 후에 하룻밤 만에 20년을 흘려보냈다 ─옮긴이)이 100년 동안 낮잠을 자다가 요즈음 눈을 떠서 새로운 세상을 보면 매우 당황하리라는 것이다. 마을을 이리저리 기웃거리다가 사람들이 계속 휴대전화 화면을 들여다보며, 옆으로 밀고 툭툭치는 광경을 보고 놀란다. 혼자서 움직이는 자동차, 자동 계산대가 있는 가게를 보고 깜짝 놀라 뒷걸음친다. 그러다가 학교에 들어갔는데 학교만은 자신이 기억하는 그대로여서 크게 안도의 한숨을 쉰다.

이것은 학교교육의 안정성을 과장해 강조한 농담이지만, 학교가 사회에서 보수적인 기관이라는 중요한 진실을 내포한다. 사람들은 자신이 배운 대로 가르치는 경향이 있고, 신기술은 새로 조직하기보다는 기존 시스템에 맞추는 방향으로 기울 가능성이 훨씬 크다.

신기술을 통합하는 과제에 직면했을 때 대부분의 교육자는 신기술을 시도하는 것에 대한 불안, 학생들의 시간을 최대한 활용하려는 욕구, 수업을 계속 진행하는 데 필요한 막대한 작업량에서 생기는 스트레스가 결합하면서 접근 방식에 제약을 받는다. 대부분의 교육자가 기술을 사용해 교수와 학습에 대한 새로운 접근 방식을 편안하게 시도할 수 있는 경우는 지원, 전문적 학습 기회, 협업 계획, 기타 시스템 수준의 자원이 갖춰졌을 때뿐이다.

연구 결과에 따르면, 교사가 기술을 통합하기 위해 적절한 지원을 받을 때조차도 신기술을 채택하는 것은 대개 기존 방식으로 사용하는 것에서 시작한다. 1980년대 주디스 샌드홀츠Judith Sandholtz와 연구 팀은 '다음 세대를 위한 애플 교실Apple Classroom of Tomorrow' 프로젝트를 수행했다. 해당 프로젝트의 취지는 애플 IIe 같은 당시의 최첨단 개인용 컴퓨터와 최초의 유선 컴퓨터 네트워크를 K-12학년 교실에 배치하는 것이었다. 샌드홀츠는 교사들이 진입, 채택, 적용, 전용, 발명 단계의 발달 궤적을 따를 필요가 있었다고 밝혔다. 초기 단계에서 교사들은 기술을 사용해 기존 관행을 복제했지만, 시간이 흐름에 따라 신기술 없이는 불가능했을 교수와 학습에 대한 접근 방식을 개발했다. 신기술이 도입되었을 때 대부분의 교사는 초기 단계에서 적용을 시작했고, 대체로 교사는 그 수준 이상을 넘어서지 못했다. 신기술이 있든 없든 훌륭한 교수 활동은 일어날 수 있으므로, 이것은 비판이라기보다 경험적 관찰일 뿐

언택트 교육의 미래

이다. 교수와 학습에서 의미 있는 변화를 이끌어내는 방식으로 신기술을 통합하는 능력을 발전시키려면 시간이 걸리고, 전문성을 개발하기 위한 기회가 있어야 하며, 코칭과 동료의 지원이 필요하다.[1]

많은 학습자는 교사들과 마찬가지로 보수주의 관점에서 교육 기술에 접근한다. 나는 MOOC를 개발한 처음 몇 년 동안 하버드엑스에서 일하면서, 일부 학습자가 MOOC의 "표준"처럼 보이지 않으면 무엇이든 떠들썩하게 비판하는 경우가 굉장히 흔하다는 사실을 깨닫고 놀랐다. 미생물학 교수인 데이비드 콕스David Cox가 인간 뇌에 대해 가르치려고 애니메이션과 시뮬레이션을 활용해 MOOC를 만들었을 때, 학습자들은 강의와 시험에 치중한 MOOC와 비교해 진지하지 않다며 일축했다. 2014년 조지 시멘스는 학습 분석 관련 에드엑스 MOOC인 '데이터 분석과 학습Data Analytics and Learning, DALMOOC'을 개발하는 작업을 주도하면서 구조주의 MOOC와 연결주의 MOOC의 구성 요소를 포함시키려고 시도했다. 에드엑스의 MOOC에는 강의 영상과 자동 채점 문항, 그리고 병렬형 온라인 커뮤니티가 있었다. 병렬형 온라인 커뮤니티는 cMOOC의 기능을 보완한 것으로, 사회적 특징 및 더 개방적인 학습환경을 갖추고 있었다. 하지만 일부 학습자들은 에드엑스 게시판에서 선택 사항인 cMOOC 파트를 비난했다. 2014년 인터뷰에서 시멘스는 이렇게 설명했다. "현재의 MOOC는 코세라와 에드엑스가 도입되었던 2011년과 기본적으로 구조가 같습니다. 학생들은 특정 기대치를 보이면서, 기존의 구성 방식을 원하는 것 같습니다." 3년이라는 짧은 기간에 학습자들이 xMOOC에 거는 기대치는 MOOC가 어떠해야

한다는 보수적인 개념을 중심으로 공고해졌다.[2]

　인기 있는 소비자 기술의 설계자들도 사용자들이 보수주의 태도를 취하리라고 종종 가정한다. 컴퓨터 화면에서 가장 널리 알려진 '휴지통'이나 '삭제' 아이콘은 실제로 물리적인 휴지통처럼 보인다. 이것은 스큐어모피즘(Skeuomorphism, 신기술로 만든 새로운 사물을 구시대 사물의 형태로 모방하는 것 — 옮긴이)으로 불리는 사용자 경험 디자인 전략의 고전적인 사례로, 디지털 도구를 아날로그 구성 요소처럼 보이게 만든다. 애플의 iOS 노트북 앱인 노트Notes의 초기 버전들은 페이지가 노란색이고, 그 위에 선이 그어져 있으며, 가죽 장정의 메모지 패드처럼 보인다. 이렇듯 친숙함을 표시하는 요소는 신기술 사용 방식을 상상할 수 있게 한다. 하지만 이러한 상상은 더 오래된 기술의 시각적 표시로 인해 제약을 받는데, 이때 제약을 가하는 것은 디자인이다. 가죽 장정의 노트 앱을 디자인할 때 의도는 디지털 노트북을 더욱 흥미롭거나 유용하거나 효과적으로 공부 습관이나 연습 습관을 이끌어내는 새로운 방식으로 상상한 것이 아니라, 계속 과거 방식대로 메모를 하게 하려는 것이었다. 스큐어모피즘은 신기술을 사용해 어떤 새로운 일이 가능할지 상상하는 것을 제한하지만, 무엇을 할지에 대해 사용자에게 힌트를 준다.[3]

　스큐어모피즘은 교육 기술을 표현할 때 유용한 비유다. 대부분의 새로운 도구는 전형적인 교실 연습에서 일종의 아날로그 선례를 반영하는 방향으로 설계된다. 칸아카데미 영상을 5초만 들여다보더라도 자신이 강의를 시청하고 있다는 사실을 알 것이다. 영상이 제시하는 문제들을 보면, 질문과 대답 상자를 디지털 연습문제지로 인식할 것이다. 정답을 맞힐 때 나오는 별, 포인트, 소리는 초등학교 1학년 교사가 학습장 맨 위에 붙여주는 금색별만큼이나 친숙하다.

　세계에서 매우 널리 사용되는 교육 기술 제품으로 퀴즈렛Quizlet이 있다. 퀴즈렛은 연습하고 시험하고 공유할 용도로 사용되는 온라인 플래시 카드를 만드는 앱이다. 전 세계적으로 매월 사용자가 5,000만 명 이상으로, 미국에서만 전체 K-12학년 학생의 50퍼센트가 참여하고 있다고 주장한다(미국 K-12학년 학교 재학생은 연간 5,000만 명 이상이다). 그렇다고 해서 정부 지도자가 세계적 전문가들을 소집해 미국 교육 시스템에서 가장 시급하게 필요한 사항을 논의한다고 가정할 때 "플래시 카드 부족"이 1위로 거론되리라고는 상상하기 어렵다. 색인 카드에서 디지털 플래시 카드로 전환하는 것은 아마도 교육을 개혁하기 위해 가장 긴급한 전략은 아닐 것이다. 퀴즈렛은 단일 앱으로 미국 학생의 절반을 성공적으로 참여시켰을 수 있겠지만, 그렇다고 그 덕택에 학습이 전국적으로 상당히 향상되었다고 믿을 만한 근거는 없다. 하지만 디지털 플래시 카드는 종이 플래시 카드보다 효율성이 약간 더 크고, 기존 교육 시스템에 잘 들어맞으며, 넓은 범위의 교사와 학습자에게 쉽게 사용되고 채택될 수 있다.[4]

　내가 친숙함의 저주라고 부르는 현상의 한 단면은 이렇다. 기존 교실 관행을 복제하는 기술은 쉽게 채택되겠지만, 교사와 학생이 지금껏 해오던 일을 디지털화하는 기술은 학교에서 상당한 발전을 거둘 가능성이 낮다. 학생이 매년 100만, 10억, 1조의 퀴즈렛 학습 세트를 사용해서 스스로 시험을 보더라도, 온라인 플래시 카드는 학교교육과 학습경험을 크게 바꾸지 못할 것이다.

당혹함이나 시시함이냐, 친숙함의 저주에 가려진 이면
:

친숙한 동전의 저주에 가려진 이면은 무엇일까? 에듀테크 개발자가 학습자의 경험을 실질적으로 바꾸겠다고 약속하는 새로운 학습환경을 만들었을 때, 많은 학습자가 혼란스러워하고 교사들은 채택하기 어렵다고 느끼리라는 것이다. 앞선 장들에서 이러한 역학을 다뤘다. 캐나다 교육자들이 개발한 연결주의 MOOC를 접했을 때 분산화 구조, 새로운 통합 기술, 학습자에게 제공되는 자유, 최소로 지정된 연습의 한계 때문에 당황하는 학습자가 많았다는 사실을 기억하라. 학습자들은 연결주의 MOOC에 등록하고 참여하는 방법을 파악하고, 요점을 이해해야 하는 등 새로운 학습환경에 참여하는 방법을 학습하느라 상당히 노력해야 했다. 이것은 정확하게 연결주의 MOOC의 핵심이었지만 학습에 걸림돌로도 작용했다.

학교에서 스크래치 프로그래밍 환경을 채택하려는 노력도 친숙함의 저주를 나타내는 사례다. 개발자와 옹호자는 스크래치가 학생과 학습자에게 프로젝트, 열정, 파트너, 놀이를 강조하는 교육학을 통해 컴퓨터 창의성을 개발할 기회를 만들어줄 수 있으리라 기대한다(스크래치 설립자 미치 레스닉이 평생유치원연구소에서 실행하는 프로젝트에 대해 설명한 내용을 기억해보라). 스크래치를 이상적으로 사용한 사례에서, 학습자는 흥미 있는 프로젝트를 추구할 때 높은 자율성을 발휘해야 한다. 그리고 자신에게 적합한 애니메이션, 게임, 프로그램, 자원을 개발하면서 학습하기 어려운 순간을 맞이하거나 학습할 기회를 얻을 것이다. 이상적으로는 이러한 도전에 대처하기 위해 스크래처들은 교사를 포함해 온라인 커뮤니티와 지역 커뮤니티를 모색해서 학습자원을 구하려 할 것이다. 수는 많지만 상대적으로 비율이 낮은 스크래처들에게 스크래치는 이러한 조사 경로를 추구할 동기를 제공한다. 하지만 스크래치를 시작하는 많은 학생은 개방형 학습환경과 협업 가능성을 혼란스러워하거나 버거워한다. 코딩 블록으로 무엇을 해야 할지 또는 코딩 블록이 어떻게 작동할지가 불분명하다. 스크래치의 빈 캔버스에서 시작해 경험 많은 프로그래머들이 만든 정교한 애니메이션과 게임까지 어떻게 도달해야 할지 명확하지 않다. 따라서 스크래치에 가입한 많은 사람이 프로젝트를 시작했다가 이내 그만둔다. 2019년을 기준으로 스크래치 등록 사용자는 약 4,000만 명이고, 프로젝트도 약 4,000만 개다. 그러나 스크래치에 참여하는 경우는 일반적으로 일회성이다.

스크래치가 학교에서 널리 채택되면서 레스닉과 동료들은 다양하고 전형적인 학교 구조가 스크래치 이면에 있는 교육철학에 위배된다는 딜레마에 부딪힌다. 스크래치는 오래된 아이디어를 다시 상상하고 이를 기반으로 새 아이디어를 구축할 수 있도록 프로젝트를 다시 혼합하는 과정에 가치를 둔다. 하지만 전형적으로 학교는 개별 학생에게 점수를 부여할 수 있도록 명확하고 개별적인 작업 출처를 요구하고, 프로젝트의 재혼합을 속임수로 간주한다. 스크래치는 개방형 탐색과 발견에 가치를 두지만, 수업 시간은 엄격하게 제한한다. 또 종종 교사들은 점수, 학점, 지시를 따랐다는 표시를 부과하기 위해 특정 시점에 특정 이정표를 완수하라고 학생들에게 요구한다. 스크래치는 구성주의 교육학을 구현하는 기술과 매개체로서 설계되었지만, 학교는 스크래치의 이러한 요소들을 종종 중성화시킨다. 따라서 스크래치는 교사의 통제를 강조하고 학생들에게 특정 일과나 지시를 준수하라고 강조하는 학습 환경에서 실시될 수 있다.

보수적 교육 시스템을 위한 새로운 기술 지원

:

친숙함의 저주에는 양면적인 딜레마가 있다. 평범한 요소를 재현하면 채택은 되지만 변화를 이끌지 못한다. 그렇다고 새로운 요소를 시도하면 타깃 대상을 혼란스럽게 만들거나, 그들이 새로운 접근 방식을 취했다가도 인습적 접근 방식으로 바꾸게 만든다. 지난 10년 동안 벤처 지원 교육 기술이 기울여온 노력은 압도적으로 전자의 방향을 따랐다.

지난 10년 이상 벤처캐피털이 교육 기술 개발에 참여하는 사례가 크게 늘어나면서 보스턴에서 베이징까지 신생 스타트업에 연간 수백만 달러를 투자하고, 스타트업이 협력업체와 지원 네트워크를 확보할 수 있도록 공유하면서도 독립적으로 활동할 수 있는 공간을 제공하고 있다. 벤처캐피털 기업은 사업 운영 자금을 투입하는 대가로 신생 스타트업 지분의 일부를 사들인다.

벤처 자금을 지원받은 에듀테크 스타트업이 지향하는 핵심 목표의 하나는 가능한 한 신속하게 많은 사용자를 모으는 것이다. 설치 기반의 증가는 벤처캐피털 자금을 추가로 유치하고, 인수 기업(대형 에듀테크 기업이 소형 신규 기업을 사들이는)이나 초기 공모에 투자할 투자자를 끌어들일 가치 기반을 마련하리라 예상된다. 스타트업은 수익 창출보다 성장에 우선순위를 두는 경우가 많은데, 기업이 대규모 소비자 집단에 서비스를 제공할 수 있으면 수익은 저절로 창출할 수 있으리라 생각하기 때문이다.

스타트업이 최대한 신속하게 성장하는 방법은 사람들에게 이미 친숙한 제품을 만드는 것이다. 2018년 교육 기술 역사가이자 평론가인 오드리 워터스는 투자액을 가장 많이 유치한 11개의 에듀테크 기업을 목록으로 작성했는데, 그중 일곱 곳은 시험 준비용 개인지도에 초점을 맞춘 기업이었다. 나머지 네 곳은 학교용 행정 소프트웨어, K-8학년을 대상으로 하는 수학용 지능형 개인지도, 음악 수업과 영어 수업용 개인지도를 개발했다. 구조적으로 벤처캐피털 기업은 교육을 실질적으로 향상시키는 제품을 지원하기보다는 투자 수익을 거두는 데 더욱 관심을 쏟는다. 교육 시스템의 보수주의와 금융 시스템의 보수주의는 서로 강화하기 때문이다. 캐나다 소재 대학들이 연결주의 MOOC를 시작하고, MIT 미디어랩이 스크래치를 시작했듯, 대학이 교육 기술 분야에서 매우 흥미로운 노력을 시도하면서 자금조달, 지적 자유, 장기간의 전망이 특이하게 결합했다. 기술이 친숙하다는 이유로 널리 채택된다면, 채택과 투자 수익률의 최대화에 관심을 쏟는 자금조달 구조에서 생겨난 교

수와 학습에, 진정으로 새로운 접근 방식이 통하리라고 상상하기는 힘들다.[6]

친숙함의 저주를 통과하는 길은 커뮤니티다

친숙함의 저주는 기술만을 사용해 학교교육을 바꾸려는 태도에서 비롯한다. 복잡성과 보수주의가 강한 학교는 신기술의 등장으로 혁신되기보다는 오히려 신기술을 기존 기술로 길들인다. 기술을 사용해 교수와 학습을 실질적으로 바꾸고 싶은 사람들이 이러한 난제를 극복할 수 있는 가장 유망한 방법은, 기술 채택과 더불어 시스템 변화에 우선순위를 두는 것이다. 교육 변화에서 가장 중요한 이해관계자는 교사다. 새로운 아이디어의 설계, 전달, 채택을 장려하기 위해 필요한 것은 교육의 변화를 위해 헌신하는 교사로 구성된 커뮤니티이고, 이러한 커뮤니티를 협력자로 생각하려는 열정을 품은 설계자들이다.

교사 사이에서 동료 대 동료의 관계 형성은 학교에 새로운 아이디어를 전달하는 데 대단히 중요하다. 교육학적 변화 과정에 관한 조사나 인터뷰에서 K-12학년 담당 교사진과 고등교육기관의 교수진은 자신의 교육에 최대로 영향을 미치는 요인으로 다른 교사들을 꼽는다. 교육자의 교수 내용과 교과과정 선택에 중대하게 영향을 미치는 것은 교장이나 정부의 요구사항이지만, 교육자의 교수 방식을 형성하는 데 가장 강력하게 영향을 미치는 것은 동료다. 새로운 교육 관행을 확장하는 것은 다름 아닌 사람들이다. 그래서 교육자들은 교수와 학습을 주제로 대화하고, 새로운 아이디어를 이해하고 옹호하기 위해 커뮤니티를 형성한다. 또 개인과 개인의 집단은 제도적 문화와 구조를 바꾸는 시간 소모적이고 인내심을 시험하는 작업을 수행한다. 교사들의 행동을 대규모로 변화시키려면 교육자 사이에 분산된 동료 학습 네트워크를 널리 육성해야 한다.[7]

이러한 과정을 밟을 때 기술이 유용하게 쓰일 수 있다. 신기술은 새로운 대화를 시작하는 도발적인 방식이 될 수 있기 때문이다. 학교가 스크래치 프로그래밍 언어와 온라인 커뮤니티를 컴퓨터과학 교과과정으로 채택할 때, 기술이 어떻게 학생의 창의성을 격려하고 지원할 수 있을지, 컴퓨터 사용이 추구하는 많은 목적은 무엇인지에 대해 교육자가 토론하는 진입점이 형성된다. 내가 지난 10년 동안 교육 기술을 연구한 주요 동기는, 신기술을 접한 교육자들이 교육학에 대한 공개 토론에 더욱 적극적으로 참여하는 모습을 목격했기 때문이다. 하지만 기술이 촉매로 유용하게 쓰이더라도 신기술의 잠재력을 적극 활용할 목적으로 교육 시스템을 재편하는 힘든 작업을 대체할 수는 없다.

1부에서 검토했듯 기술 전도사들은 종종 파괴적 혁신을 의미하는 단어를 사용하면서 기존 시스템이 어떻게 신기술에 밀려날지 이야기한다. 하지만 현실을 감안할 때 학교 관행을 바꿀 가능성이 큰 것은 기술이 아니라 커뮤니티다. 기술에 관한 대화를 통해 교육학에 의미 있는 변화를 추진하려는 집단으로는 두 조직을 예로 들 수 있다. 하나는 스크래치 프로젝트를 추진하는 평생유치원연구소이고, 나머지 하나는 데스모스 온라인 그래핑 계산기의 개발자들이다.

스크래치: 기술, 커뮤니티, 교사 학습

:

스크래치는 주로 방과 후 프로그램과 여가시간 활용을 위한 자원으로
출발했지만, 최근 들어 주로 학교들이 스크래치를 채택하기 시작하면
서 성장세를 보이고 있다. 미치 레스틱, 나탈리 러스크를 포함해 평생유
치원연구소 동료들은 스크래치가 광범위하게 채택되고 있는 현상을 지
켜보며 자부심을 느끼지만, 그렇다고 이 현상이 그들의 유일한 목표는
아니다. 그들은 교육자들이 스크래치를 사용할 뿐 아니라 이면에 있는
본질적인 아이디어를 수용할 수 있도록 부단히 노력한다. 어떤 의미에
서 학교는 창의적인 구성주의 교육학보다 스크래치를 더 일찍 채택했
고, 평생유치원연구소 팀은 그 격차를 좁히기 위해 노력하고 있다.

　스크래치 팀이 추진해온 전략의 하나는 교사와 학생에게 스크래치를
소개하면서 더욱 많은 구조를 제공하는 것이다. 스크래치보다 먼저 생
겨난 로고 프로그래밍 언어를 공동 개발한 시모어 페퍼트의 주장에 따
르면, 좋은 학습설계는 바닥이 낮고 천장은 높아야 한다. 따라서 시간
경과에 따라 더욱 복잡한 작업을 허용하면서 쉽게 함께 작업하기 시작
할 수 있어야 한다. 레스닉은 학생들의 관심사에 맞는 다양한 창작물을
허용하는 것이 좋은 학습설계라고 강조하면서, 나중에 "넓은 벽"을 설
계 사양에 추가했다. 현재 스크래치 팀은 "좁은 현관narrow foyer", 즉 사

람들이 스크래치의 아이디어와 기본 운영에 참여할 수 있도록 발판과 제약을 갖춘 장소를 많이 개발하기 위해 연구하고 있다. 스크래치 팀은 새로운 진입점을 만들기 위해, 젊은 층의 관심사와 관계가 있는 주제를 중심으로 조직된 그래픽 자원 모음과 프로그래밍 블록을 사용해서 스크래치 프로그래밍 환경인 마이크로월드Microworlds를 만들었다. 예를 들어 한 마이크로월드는 힙합을 강조하는데, 댄스에는 공시성, 병렬, 작업 순서의 개념을 포함한 프로그래밍과 흥미로운 연결점이 있어서 코딩과 도시 예술을 자연스럽게 연결할 수 있다. 다른 마이크로월드는 패션, 예술, 코미디 등의 주제를 포함한다. 스크래처들은 마이크로월드에서 프로젝트를 시작한 후에 블록 집합을 활성화하고 더욱 복잡한 프로젝트로 진입할 수 있다. 나는 스크래치가 초기 복잡성을 줄이고, 학습자와 교육자에게 흥미 기반 진입점을 제공함으로써, 교육자들이 코드를 통해 어떻게 창의적인 표현을 지원할 수 있는지 더욱 잘 이해하기를 바란다.[8]

스크래치 팀이 사용하는 다른 접근 방식은 게임부터 스토리, 음악, 애니메이션에 이르기까지 학생들이 만들 수 있는 프로젝트의 범위를 보여주는 물리적인 코딩 카드와 스크래치에서 다양한 표현 형식을 학생에게 다시 소개하는 활동 지침을 개발하는 것이다. 광범위하게 선택 사항을 제공하는 목적은, 개별 표현을 이끌어낼 스크래치의 잠재력을 볼 수 있도록 교육자들을 안내하기 위해서다. 즉 학급 전체를 겨냥한 동질적인 방법 기반 프로젝트를 멀리하고, 학생들이 각자 관심사와 놀이 감각, 탐험에서 추진력을 얻어 코딩 방법을 배울 자유를 누리는 학습환경

을 지향하기 위해서다.[9]

전 세계 아이들이 사용할 수 있는 컴퓨터 프로그래밍 언어를 개발하는 과제는 그 자체로도 엄청나다. 평생유치원연구소은 이러한 아이디어에 동조해 전 세계 교육자들을 참여시키는 대규모 프로젝트에 가담하고 있다. 스크래치 기술 팀이 스크래치 프로그래밍 언어를 가능한 한 널리 배포하기 위해 노력하는 동안, 홍보 팀은 스크래치 이면에 담긴 아이디어에 동참하는 교육자들과 다른 동료 사용자들로 커뮤니티를 구축하는 데 헌신하고 있다.

평생유치원연구소 그룹은 교육자들에게 스크래치 이면의 아이디어를 더욱 잘 이해시키기 위해 다양한 접근 방식을 취한다. 연례 스크래치 회의에서 교육자들과 스크래처들은 MIT를 방문해 아이디어를 공유하고, 평생유치원연구소 팀과 네트워크를 형성하고, 커뮤니티를 구축한다. 매년 스크래치의 날에는 교사, 도서관 사서, 방과 후 교육자, 그 밖에 전 세계 스크래처들이 자체적으로 스크래치 관련 행사와 모임을 주최한다. 2018년에는 전 세계에서 다양한 규모로 스크래치의 날 행사가 1,200개 이상 열렸다. 스크래치 팀은 행사에 환영식, 학습 워크숍, 축제 활동 등 스크래처 각자의 경험을 공유하고 그날을 축하하는 시간을 넣으라고 권고했다. 레스닉과 그의 팀은 온라인으로도 교육자들을 참여시킨다. 그래서 공개 온라인 강좌인 '창의적인 학습 배우기Learning Creative Learning'를 다양한 버전으로 반복해 가르쳤다. 이 강좌에서 교육자들은 스크래치와 함께 프로젝트에 참여하거나 관련 기술을 사용해 스크래치 이면에 있는 아이디어를 습득한다. 2019년 초 스크래치 3.0

언텍트 교육의 미래

을 출시한 데 이어서 평생유치원연구소는 매달 제시되는 주제를 중심으로 조직한 자원을 사용해 모듈 방식으로 온라인 학습에 접근하는 '연습용 스크래치Scratch in Practice'를 포함해, 온라인으로 교육자들에게 학습을 제공하기 위해 노력했다. 해당 사이트는 교육자의 이야기와 사례, 스크래치 이면에 있는 미시적 아이디어를 공유하는 영상 '미치와 함께 몇 분을 Minute with Mitch', 자원을 소개하고 교육적인 접근 방식에 대한 아이디어를 올리는 블로그 게시물인 '나탈리의 메모Natalie's Notes', 그리고 학생들의 아이디어를 게시한 트위터 피드 등을 포함한다. 이 외에도 교육자들과 연결하는 다른 실험적인 방법으로 위스크래치WeScratch가 있다. 스크래처들은 온라인으로 작은 영상 회의실에 모여 프로젝트를 공동으로 진행하거나 다른 스크래처들과 온라인에서 병렬 프로그래밍을 실시한다.[10]

레스닉 밑에서 공부했고 역시 하버드대학에서 활동하는 캐런 브레넌 Karen Brennan이 이끄는 스크래치에드ScratchEd 팀도 직접 교육자들과 함께 작업하면서, 프로젝트의 교육학적 기반과 일치하는 방식으로 교실에서 스크래치를 실행할 수 있도록 교육자들을 지원한다. 브레넌과 스크래치에드 팀은 21일 동안 진행하는 이메일 기반 학습 온라인 강좌인 '게팅언스턱Getting Unstuck'을 이끌고 있다. 이 과정에서 참가자들은 DS106인 데일리크리에이트와 비슷하게 매일 창의적인 도전을 받는다. 스크래치에드는 스크래치 교육자들로 정기적 모임을 조직한다. 이 모임에서 참가자들은 동료 주도 개방형 학습경험에 참여함으로써 스크래치에 대해 배우고 자신이 가르치는 학생들에게 비슷한 경험을 창출

해달라는 격려를 받는다.[11]

이렇게 커뮤니티에 참여하는 노력을 기울이고 있지만 여전히 친숙함의 저주를 깨지는 못하고 있다. 세계 수백만 명에 이르는 학생들이 학교에서 스크래치에 로그인하고 있으며, 스크래치에드 모임의 회원 수는 2020년을 기준으로 3,500명을 조금 넘어섰다. 확실히 이러한 교육자들은 더욱 광범위한 동료들에게 영향을 미칠 수 있지만, 그들은 학생들을 스크래치에 참여시키는 교육자들의 일부에 지나지 않는다. 커뮤니티를 확장하는 일은 스크래치를 널리 보급하는 일보다 훨씬 어렵지만, 교육자들은 신기술을 접할 때만이 아니라 동료에게 새로운 아이디어를 들으면서 자신의 관행을 바꾼다. 만약 스크래치 팀이 구성주의 학습 관행을 채택하라고 학교를 격려하는 데 성공한다면, 그 비결은 스크래치 플랫폼에 올바른 기술적 기능을 구축한 것과 함께 해당 기술의 교육학적 토대를 이해하도록 동료들을 돕는 교육자 커뮤니티를 구축한 데 있을 것이다.

데스모스: 커뮤니티와 커뮤니티를 위한 설계

나는 커뮤니티 구축의 사례로, 수학을 가르치고 시각화하는 플랫폼인 데스모스를 즐겨 인용한다. 데스모스의 뿌리는 고급 수학 수업에서 거의 모두 사용하는 텍사스인스트루먼트Texas Instrument TI-84 계산기를 대체할 목적으로 만든 온라인 그래핑 계산기 프로젝트다. 데스모스 이면에 숨겨진 아이디어는 의외로 단순하다. 많은 학생이 전화, 태블릿, 노트북, 기타 모바일 장치에 접근할 수 있으므로, 자신이 보유한 다기능 장치에서 온라인 그래핑 계산기를 사용할 수 있으면 단일 기능 계산기를 더 이상 따로 구매할 필요가 없을 것이다. 데스모스는 출판사와 시험 회사가 자사 상업용 프로젝트에 계산기 사용을 허가하는 방식으로 학생과 교사에게 무료로 제공할 수 있다. 그리하여 피어슨, 칼리지보드College Board, 기타 회사들은 기관이 사용할 용도로 데스모스에 비용을 지불하고, 데스모스는 개인과 교실에 기술을 무료로 제공했다. 시간이 흐르면서 데스모스는 단순히 계산기 기능을 모방하는 수준을 넘어서서 학생과 교사가 수학적 모델의 시각화를 구축하고 공유할 수 있는 플랫폼으로 발전했다.[12]

데스모스의 댄 메이어Dan Meyer는 전직 고등학교 수학 교사이면서 수학교육 연구원, 설계자, 교사 교육자로 남다른 경력을 쌓았다. 메이어는 질 높은 수학교육을 지향하면서 수학 모델링을 강력하게 강조했다. 학생들이 수학 수업 시간에 하는 공부의 상당 부분은 개념적 이해와 절차적 유창성을 발달시키기 위한 틀로서 사회적이고 창의적인 문제해결을 중심으로 조직되어야 한다고 주장했다.

처음에 메이어는 자신이 명칭을 붙인 "3막three-act" 문제로 수학교육 커뮤니티에서 유명세를 탔다. 3막 문제에서 학생은 세상에서 일어나는 상호작용을 담은 짧은 영상을 시청한다. 현실에서는 거의 볼 수 없지만 기하학 교과서에서 종종 볼 수 있는 팔각형 탱크에 호스로 물을 채우는 영상이 한 가지 예다. 영상은 평범하지만 호기심을 살짝 불러일으킨다.

메이어는 많은 수업에서 경험한 이야기를 다음과 같이 설명한다. 수업을 진행하다가 특정 시점에서 한 학생이 "이 탱크에 물을 가득 채우려면 시간이 얼마나 걸릴까요?"라고 물으면 그는 "네가 그 질문을 해주어 참 기쁘구나!"라고 대답한다. 영상에서 메이어는 학생에게 질문을 하라고 요청하고, 학생이 질문거리를 찾으면 더욱 많은 정보를 제공한다. 과제의 2막에서는 학생들에게 자세한 정보를 좀 더 많이 제공하기 위해 타이머와 치수 몇 개를 제시하면서 영상을 다시 보여준다. 그러면 학생들은 탱크가 언제 채워질지 예측하는 수학적 모델을 만들 수 있을 만큼 충분한 정보를 확보한다. 3막에서는 타이머를 켜놓은 상태로 영상을 끝까지 다시 보면서 학생들은 자신이 세운 모델이 현실과 어떻게 맞아떨어지는지 확인한다. 이런 접근 방식은 단순히 절차적 계산이 아니라, 수학적 모델링을 수학 수업의 중심으로 만든다. 데스모스는 이러한 종류의 모델링 활동을 지원하는 그래픽 표현을 만드는 도구다.[13]

메이어는 미국 50개 주 수학 교사들을 상대로 강연하면서, 문제를 해결할 때 학생의 학습활동과 수학 모델링, 데스모스가 아이디어를 지원하는 방법에 관해 광범위하게 글을 썼다. 또 자신의 주장이 공유되고 채택될 수 있도록 자신의 교육학 원칙을 단순화하기 위해 부단히 노력했다. 강연과 워크숍을 통해 자신이 취하는 접근 방식의 근거를 제시하고, 전형적인 교육의 한계를 설명했다. 또 어떻게 교수 자료의 변화가 학생에게, 특히 수학 수업에 적극적으로 참여하지 않는 학생에게 새로운 종류의 참여와 수학적 사고를 끌어낼 수 있는지를 구체적으로 제시했다. 한 기조연설에서는 교과서에 실린 전형적인 수학 문제를 발췌한 후 슬라이드 발표 소프트웨어에서 이 문제를 어떻게 수정하면 모델링, 토론, 발견에 좀 더 개방적이고 적절하게 만들 수 있는지 보여주었다. 메이어는 순회강연과 연설을 하는 동시에 블로그와 트위터를 활용해 수학교육자 커뮤니티에 능동적으로 참여함으로써, 이 모델링 접근 방식을 자신들의 교수 방식에 통합하는 데 열정을 품은 수학교육자 커뮤니티를 육성해왔다.

2016년 말 메이어는 데스모스 블로그에 이례적인 내용의 글을 발표했다. 설립된 지 5년이 지난 시점에서 데스모스에 두 가지 기능, 즉 강의 자료에 짧은 영상과 다중 선택 항목을 통합한다는 것이었다. "이러한 기능들은 많은 기업이 자사 온라인 활동 플랫폼에 가장 먼저 추가하는 기능들로, 우리가 그토록 오랫동안 준비해온 이유다."[14]

메이어는 출시를 늦췄던 이유로 두 가지를 들었다. 첫째, 데스모스 팀은 초기 사용자들이 제품의 개발, 사용, 평판을 정의하리라는 직관을 갖고 있었다. 데스모스는 교수활동을 바꾸는 기술 프로젝트를 실시하려면 좋은 교수활동의 가치를 공유하는 커뮤니티를 통해 확장해야 한다는 개념에 귀를 기울였다. 스크래치가 교사 모임, 방과 후 컴퓨터 클럽 하우스와 프로그램, 교사 온라인 커뮤니티를 확장 노력의 중심으로 보았던 것과 매우 비슷하게, 메이어는 전국수학교사협의회National Council for Teachers of Mathematics의 주 단위 지부, 트위터에서 #iteachmath 등 교사 네트워크가 데스모스의 비전을 실현하는 모델링, 발견, 참여라는 개념을 확산하는 데 필수적이라고 보았다.

둘째, 데스모스는 이러한 기능의 출시를 미루면서 기업과 커뮤니티의 교육학적 목표와 조화를 이루는 방식으로 기능을 개발할 수 있었다. 예를 들어 데스모스의 다중 선택 항목 작성자는 기본적으로 학생들이 답을 선택할 때 답에 대해 설명하라고 요구하고, 같은 질문에 대해 다른 학생들의 답 세 가지를 보여준다. 메이어는 이러한 기능들을 일컬어 "학생들과 학생들의 생각을 연결시키고 싶어 하는 우리의 관심과 일치한다"라고 서술했다.[15]

의도적으로 기술을 개발하는 동시에 커뮤니티를 육성하는 것은 교실 수행을 의미 있는 방향으로 바꾸는 기술을 만들기 위해 개발자들이 해야 하는 줄타기다. 신기술의 영향은 사용자 계정 수, 활동 시간, 로그 데이터의 총 클릭 수를 포함해 채택 규모에 기반을 두는 기존 척도로 측정해서는 안 된다. 대신에 기술이 어떻게 교육 현장에서 유의미한 변화를 이끌어낼 수 있는지를 지속적으로 탐구하는 사람들의 커뮤니티 측면에서 규모를 측정해야 한다. 이러한 기술이 제도적 구조와 관행을 자체적으로 바꾸지는 못하지만, 헌신적인 교육자로 구성된 커뮤니티는 그럴 가능성이 있다.

복잡한 시스템 도입을 통한 신기술 구축

데스모스와 스크래치 같은 교육 기술을 설계하는 사람들이 자신들의 비전에 생명력을 불어넣으려면 교육기관의 복잡성에 대처해야 한다. 우선 현역 교사, 대학에서 활동하는 교수, 학습환경의 물질적 조건으로 이루어진 커뮤니티에 참여해야 한다. 교육 기술 전문가들은 교사와 학습자가 장치와 소프트웨어에 접근하는 방식, 학습환경에서 시간을 사용하는 방식, 평가 시스템에 신기술을 적용하는 방식(데스모스를 난이도 높은 수학 시험에 채택하는 방식이든, 블록 기반 프로그래밍 언어를 고급 컴퓨터과학 시험에 채택하는 방식이든), 주 정책과 지역 정책이 수학과 컴퓨터과학의 교수와 학습을 다루는 방식 등을 고려해야 한다. 기술 기업이나 연구 단체가 이러한 복잡한 요소에 대처하는 것은 무리지만, 사람들을 참여시키면 혼자 할 필요가 없다. 기술 전문가들은 교육자와 학습자를 협력자와 이해관계자로 생각함으로써 정책 입장, 지역 리더십, 시험 기업, 고등교육, 교사 교육, 기타 장소에서 협력자에게 힘을 실어줄 수 있고, 어떻게 복잡한 시스템의 다른 요소들을 잘 활용해 데스모스와 스크래치가 지지하는 교육학적 비전에 더욱 주파수를 맞출 수 있을지 고려할 수 있다.

보수적이고 복잡한 시스템에서 변화하라고 촉구하기는 쉽지 않다. 데스모스와 스크래치가 학교에서 지속적으로 널리 채택된다면, 미치 레스닉, 나탈리 러스크, 댄 메이어가 교실에 걸어 들어가 "바로 이겁니다! 우리가 생각한 대로 기술을 사용한 교수와 학습이 실현되었어요!"라고 감탄하는 매우 드물고 소중한 순간을 맞이할 것이다. 또 그들은 훨씬 많은 장소에서 이렇게 관찰할 것이다. "우리가 희망했던 교수와 학습이 여기에서 얼마간 일어나고 있는 것처럼 보이지만, 기술이 기존의 보수적인 교육학적 구조에 무릎을 꿇고 순응하는 경우가 여전히 지나치게 많다." 교육 역사학자 래리 큐반은 이런 패턴을 가리켜 교사들이 물통을 채우고 불을 지피는 교육학적 기둥의 "가운데를 끌어안는다"고 말한다. 큐반이 교실 관행을 50년 동안 연구한 끝에 발견한 사실에 따르면, 교육 진보주의자들이 관행을 대폭 개혁하라고 격려할 때 교사들은 지난 2세기 동안 학교교육을 지배해온 판에 박힌 과정을 유지하는 상태에서 새로운 접근 방식을 조금씩 채택하는 경우가 훨씬 흔하다.[16]

데이비드 코헨과 잘 메타는 2017년 〈개혁이 때로 성공하는 이유: 개혁을 지속적으로 추진할 수 있는 조건에 대한 이해〉라는 제목으로 발표한 논문에서 이러한 역학을 설명했다. 코헨과 메타는 20세기 동안 주요 교과과정을 개혁하려 했던 몇 건의 시도를 조사했다. 여기에는 1950년대와 1960년대 스푸트니크(Sputnik, 1957년 소련이 우주개발 초기에 발사한 세계 최초의 인공위성 — 옮긴이)에서 영감을 받아 STEM(과학, 기술, 공학, 수학을 뜻한다 — 옮긴이)과 사회과학 분야에서 기울인 노력, 1990년대 본격적으로 시작된 표준 기반 개혁운동의 일부로서 수학교육을 개혁하려는 노력 등이 포함된다. 두 운동 모두 미국 교실에서 암기와 절차에 비중을 두는 경향을 비판하면서 좀 더 탐구 지향적이고 학생 중심적인 교육을 실시해야 한다고 주장했다. 두 경우 모두 개혁은 헌신적인 교육자 팀들이 활동하는 몇몇 지역에서 추진되면서 그 영향이 미국 시스템 전체로 퍼져나갔다. 예를 들어 수학교육개혁에서 연구자들이 단순히 절차적 학습에 초점을 맞추기보다는, 수학의 의미를 추구하는 데 초점을 맞추고 있다는 증거가 늘어나고 있다. 하지만 이 의미는 일반적으로 교사 중심 교육을 통해 전달되었다. 즉, 교사에게 시간만 있었다면 학생들이 불 지피기를 통해 발견했을 수 있는 사항들에 대해 물통 채우

기를 한 것이다.[17]

코헨과 메타는 좀 더 실질적이고 영속적인 변화가 교육 시스템의 생태계 안에 있는 '틈새'에서 발생할 수 있다고 주장한다. 특정 형태의 야심찬 교육은 발도르프Waldorf 교육, 몬테소리 스쿨, 공공지역 기반 교육 시스템 밖에서 운영되는 특정 차터스쿨 네트워크에서 찾아볼 수 있다. 또 다른 형태는 국제 바칼로레아(International Baccalaureate, 국제 공통 대학 입학 자격시험 — 옮긴이)나 대학 과목 선수료제(Advanced Placement, 대학 과정을 고등학교에서 미리 수강하는 제도 — 옮긴이)에서 번성하지만 공교육 시스템과는 다소 단절되어 있다.

이러한 역사적 관점을 고려할 때 야심찬 개혁가들에게 남아 있는 선택 사항은 다소 암울하다. 즉 작은 지역들, 아마도 부유한 특권층 인구가 거주하는 지역에서 번성하거나, 아니면 약화된 아이디어를 널리 퍼뜨리는 것이다. 이처럼 학교 변화가 마주한 진퇴양난의 상황을 헤쳐나가는 경로를 대규모 학습 기술에서 찾는다면, 경합하는 우선사항들 사이에서 균형을 유지시킬 수 있는 기술이 필요할 것이다. 기술은 초기 경험 너머로 성장할 수 있도록 교육자에게 기회를 제공하는 동시에, 바쁜 교육자들에게 기술을 채택하게 해주는 좁은 현관, 즉 쉬운 진입점을 제공해야 한다. 퀴즈렛에는 좁은 현관이 있지만, 그 너머로 갈 곳이 없다. 경험이 친숙함의 저주를 깰 도구로 쓰이려면 새로운 교육학적 아이디어를 전달하도록 설계되어야 한다. 기술을 사용하는 경험을 통해 교사와 학생에게 친숙하고 판에 박힌 학교교육 과정 너머를 보고 새로운 가능성을 상상하라고 상기시키거나 그들을 슬쩍 떠밀거나 밀어붙여야 한다. 또 기술은 복잡한 교수와 학습 관행을 더욱 구현하기 쉽게 만들어야 한다. 교사들이 야심찬 교육을 시도할 수 있도록 기술은 더욱 단순해져야 하고, 시간을 적게 소비해야 한다. 이러한 모든 기술 변화와 더불어 새로운 아이디어와 관행을 전파하고, 관행을 바꾸도록 신참 교육자들을 지원할 수 있는 교육자 네트워크 커뮤니티를 구축하는 역시 힘든 노력을 수반해야 한다.[18]

친숙함의 저주는 앞으로 수십 년 동안 세계적으로 교육 기술을 장악할 것이다. 친숙함의 저주를 깨는 사람들은 기술을 구사하는 데 그치지 않고, 신기술을 채택하면서 시스템을 개혁하려고 노력하는 혁신적인 교육자 커뮤니티를 육성하는 방법을 시도할 것이다. 이러한 문제는 해결하기 상당히 어렵지만 그럼에도 해결하기 위해 노력할 가치가 있다. 교육 기술은 스스로 인내심 있는 낙관주의자라고 생각하는 사람들이 활동하기에 좋은 분야다.

에듀테크 마태 효과

여러 해 동안 교육자, 설계자, 정책 입안자들은 무료이거나 저비용인 온라인 기술을 사용해 더 부유한 학생과 그렇지 못한 학생을 가르는 기회의 간극을 메울 수 있기를 희망했다. 하지만 안타깝게도 이 꿈은 실현하기 힘든 것으로 밝혀졌다.[1]

대학원 시절 나는 뉴햄프셔 시골에 있는 한 교실을 방문했다. 그곳에서 한 야심찬 젊은 교사는 학생들과 함께 여러 사람이 온라인으로 공동 문서를 작성해 올릴 수 있는 웹사이트인 위키에 글을 작성해 게시하려는 계획을 추진하고 있었다. 우선 수업에 필요한 기술을 사용하려면 자원을 서로 연결할 수 있어야 했다. 인터넷 네트워크가 케이블을 통해 건물로 들어와 교실에 있는 무선 라우터를 통해 데이터를 전달했다. 학생들은 전날 밤 자신의 노트북을 완전히 충전한 후에 무선 신호를 받았다. 교사가 프로젝터를 컴퓨터에 연결하고, 벽에 걸린 화면을 내려 영상을 받았다(이 글을 읽는 교사들은 고정되지 않고 자꾸 말려 올라가는 부실한 화면을 머릿속에 떠올리며 몸서리를 칠 것이다). 프로젝터 전원을 켜고 학생들에게 무엇을 할지 자신의 컴퓨터를 사용해 보여주려 했다. 그런데 플러그를 꽂으려는데 콘센트가 흔들리더니 단열재 뒤로 떨어졌다. 교사는 단열재 뒤로 넘어간 콘센트를 꺼내려고 몇 분 동안 애를 쓰다가 프로젝터 사용하는 것을 포기했다. 하지만 다행스럽게도 시범 없이 무난하게 수업을 진행했다.

나는 시골 학교를 방문하고 나서 교실, 학교, 기숙사, 가정에서 기술을 사용해 학습하게 해주는 전력, 초고속 인터넷, 무선 신호, 장비, 전구, 충전기 등의 자원에 대해 자주 생각했다. 이웃, 가정, 학교, 기관을 비롯한 부유한 커뮤니티는 무료 온라인 학습 도구와 앱을 활용하기 위해 이처럼 섬세한 사슬을 구축하고 유지하는 데 사용할 수 있는 자원을 더욱 많이 갖고 있다. 사회학자들은 이러한 현상을 표현하기 위해 기독교 성서 마태복음에 있는 구절을 인용하면서 "마태 효과Matthew Effect"라고 부른다. "있는 자는 더 받아 풍족하게 되고, 없는 자는 가진 것마저 빼앗길 것이다."[2] 에듀테크 마태 효과는 이러한 패턴이 교육 기술과 대규모 학습 분야에서 매우 일반적으로 나타난다는 사실을 가리킨다. 새로운 자원, 심지어 무료 온라인 자원까지도 이미 부유한 학습자들에게 혜택을 안길 가능성이 크다. 네트워크 기술에 접근할 수 있고, 무료 온라인 자원을 활용하는 방법을 아는 인맥을 보유하고 있기 때문이다.

앞으로 살펴보겠지만 에듀테크 마태 효과가 만연한다는 강력한 증거가 있는데도, 에듀테크 자금 후원자, 개발자, 열성팬들은 학습을 민주화하는 잠재력이 기술에 있다는 다음과 같은 사회적 통념 세 가지를 강력하게 주장한다. 교육 기술의 미래가 좀 더 공평해질 수 있으려면, 이러한 사회적 통념을 거부하고 더욱 생산적인 발달, 정책, 관행을 지향하는 방향으로 나아갈 수 있도록 현실을 직시해야 한다.

첫째, 기술이 불평등 시스템을 파괴하고 혁신하리라는 것이다. 기술 덕택에 교육 시스템에 주요한 조직적 변화를 가할 수 있으리라는 희망과 과대 선전에도 불구하고, 현실을 보면 기술은 시스템에 내재한 불평등을 재생산한다. 새로운 앱, 소프트웨어, 장치는 기존 구조의 서비스와 시스템을 재배치하는 것이 아니라 이미 부유한 학습자들에게 이로운 방향으로 투입된다.

둘째, 무료 개방 기술이 교육을 민주화하리라는 것이다. 새로운 디지털 플랫폼에서 수집할 수 있는 풍부한 데이터를 보유하면, 서로 다른 생활환경에 속한 학습자들이 새로운 학습 기술에 접근해 이를 사용하는 방법을 과거 어느 때보다 면밀하게 조사할 수 있다. 이러한 조사를 토대로 실시한 연구가 분명하게 제시하는 현실은 이렇다. 신기술, 심지어 무료 신기술도 이미 혜택을 받은 학생들에게 불균형적으로 혜택을 안길 것이다. 어떤 의미에서 디지털 격차는 디지털 단층선에 더욱 가깝고, 각각의 새로운 혁신은 가장 부유한 학생과 가장 가난한 학생 사이에 벌어진 기회의 간격을 더욱 벌린다.

셋째, 기술에 대한 접근을 확대하면 디지털 격차를 없앨 수 있다는 것이다. 안정적인 초고속 인터넷에 연결하고, 제대로 기능하는 최신 컴퓨터에 접근하도록 학습자를 돕는 것은 디지털 평등이라는 목표로 나아가는 단계일 뿐이다. 사회적·문화적 형태의 배제는 기술에 접근하는 도전만큼이나 강력하게 작용하며, 이해하고 대처하기가 훨씬 어려울 때가 많다. 기회를 잡을 가능성이 가장 희박한 학생들에게 혜택을 주는 방향으로 교육 기술의 잠재력을 전환하려면 소외된 학생들이 살고 있는 사회적·문화적 맥락, 그리고 대부분의 신기술 응용 프로그램과 서비스가 개발되는 매우 다른 맥락에서 판단해야 할 것이다.

축적된 증거는 이러한 사회적 통념의 오류를 입증하고, 교육 기술이 디지털 격차를 결코 좁히지 못하리라고 분명하게 밝힌다. 아무리 많은 트랜지스터를 1제곱밀리미터 안에 밀어 넣더라도, 아무리 많은 비트가 무선으로 우리 머리 위를 지나가고 있더라도, 교육 불평등을 줄이기는 여전히 어려울 것이다.

기술은 시스템에 내재한 불평등을 재생산한다

발명가들과 기술 전도사들은 신기술이 젊은이들에게 더욱 공평한 학습경험을 안겨주리라고 장담했다. 래리 큐반은 1984년 출간한 저서 《교사와 기계*Teachers and Machines*》에서 1930년대 거대한 라디오 송수신기 주위에 옹기종기 모여 있는 아이들의 모습을 담고 "혜택을 받지 못하고 소외된 학교가 라디오 덕택에 혜택 받는 학교로 바뀌었다"고 서술했다. 큐반은 영화·라디오·텔레비전의 발달사와 교실에 개인용 컴퓨터를 비치하려는 초기 노력의 발달사를 기록하고, 각 세대의 기술 옹호자들이 어떻게 교수와 학습을 급진적으로 재구성하겠다고 약속했는지 서술했다. 그러면서 몇 가지 대담하고 흥미로운 실험을 발견했지만 이 실험들은 학교에 이미 존재하는 패턴, 행동, 불평등을 대부분 재생산한다.[3]

학교에서 가장 불행하고 불평등한 관행의 하나는 매우 다른 질의 학습경험을 하도록 학생들을 분리하는 것이다. 지니 오크스Jeannie Oakes는 자신의 고전적 연구 결과를 담은《주어진 길Keeping Track》에서 우등생과 대학 준비 과정에 있는 학생들이 어떻게 풍부한 콘텐츠에 참여하고, 복잡한 문제를 풀며, 자신들이 이해한 사항을 다양한 방식으로 의사소통하는지 기록했다. 이와 대조적으로 같은 학교에서 기초 수업과 보충 수업에 출석하는 학생들은 단순화한 교과과정을 접하고, 흥미가 떨어지는 문제를 풀며, 창의적이고 지적인 표현을 할 수 있는 기회를 제한당한다. 이러한 과정에 배정되는 것은 인종과 계급과 관계가 있다. 부유한 주류 학생들은 가장 도전적이고 의미 있는 학습환경에 배치되는 반면에, 저소득 가정이나 소수 인종 출신 학생들은 성장과 잠재력을 제한당하는 교실에 배치될 가능성이 더 크다.[4]

지난 30년 동안 교육 기술 연구자들이 수집한 증거를 보면, 디지털 학습 기술을 구현하는 과정에서 교육의 질이 달라지는 비슷한 패턴이 나타났다. 21세기로 들어서는 시점에서 사회학자 폴 애트웰Paul Attewell은 교육자들이 이런 패턴을 두 가지의 디지털 격차로 생각해야 한다고 제안했다. 첫째 디지털 격차는 접근의 격차다. 저소득 가정이나 소외된 배경 출신 학생이 신기술에 접근할 기회는 부유한 학생보다 일반적으로 적다. 하지만 훨씬 더 중요한 디지털 격차는 사용의 격차다. 부유한 학생들은 교사, 부모, 성인의 멘토링을 더 많이 받으면서 더욱 창의적인 활동을 하기 위해 기술을 사용하는 반면에, 저소득 가정이나 소외된 배경 출신 학생들은 성인의 지원이 제한된 상태에서 일상적인 반복 연습과 훈련을 하기 위해 기술을 사용할 가능성이 더 크다.[5]

1990년대 교육평가원 소속 해럴드 웬글린스키Harold Wenglinsky는 1996년 전국교육성취도평가National Assessment of Educational Progress, NAEP에서 발표한 시험 점수와 조사 데이터를 분석했다. 그는 학생들에게 수학 교실에서 기술을 사용하는 패턴에 대해 물었다. 조사 결과 저소득층과 유색인종 아동은 반복 연습과 훈련을 하기 위해 기술을 사용하는 반면에, 부유한 백인 아동은 그래프 작성, 문제해결, 기타 고차원 연습을 하기 위해 기술을 사용하는 경향이 더 강했다. 웬글린스키는 이렇게 주장했다. "도시나 시골에 거주하는 가난한 학생들은 교외 지역에 거주하는 가난하지 않은 학생들보다 고차원적 기술 사용에 노출될 가능성이 적었다."[6] 2009년과 2011년 전국교육성취도평가에서 같은 질문을 다시 사용해서 조사했을 때도 결과는 기본적으로 같았다. 즉 교육 기술을 장래성 있게 사용하는 것은 대부분 이미 사회적으로 혜택을 받고 있는 학생들이었다. 교육 기술 사용의 질적인 측면을 탐구하는 연구자들도 학교와 가정을 면밀하게 관찰한 후에 유사한 패턴을 발견했다. 논문을 쓰기 위해 매슈 라팔로우Matthew Rafalow는 기술에 접근하는 수준은 같지만 학생 집단의 구성은 다른 캘리포니아 남부 소재 고등학교 세 군데를 대상으로 문화기술적 연구를 실시했다. 한 군데는 부유한 지역에 있으면서 백인이 주류인 곳이었다. 그곳에서 교사들과 교육자들은 기술을 창의적이고 재미있게 사용하는 대상이고, 심지어 마인크래프트 같은 게임을 하는 것도 학생 발달에 소중한 일부라고 생각했다. 이와 대조적으로 중산층과 저소득층 학생들이 다니는 두 학교에서 교육자들은 기술을 창의적이고 재미있게 사용하는 것이 부적절하거나 파괴적이라고 서술하면서 더욱 기본적인 기술을 집중적으로 사용해야 한다고 주장했다. 부유한 학교에서 컴퓨터를 가지고 노는 아이들은 해커였고, 교사들은 놀이를 기술 분야 직업을 준비하는 과정으로 보았다. 하지만 저소득층 아이들이 다니는 학교에서 컴퓨터를 가지고 노는 아이들은 게으름뱅이 취급을 받았다.[7]

대부분의 경우에 신기술은 학교에서 이루어지는 관행을 재정비하지 않고 오히려 강화한다.

무료는 수단을 가진 사람들에게만 이익을 준다

최근 몇 년 동안 기술 옹호자들은 신기술이 불평등을 줄일 가능성을 설명하기 위해 "교육 민주화"라는 표현을 사용했다. 민주화는 종잡을 수 없는 단어이고, 달성 방법을 정확하게 제시하지 않은 상태에서 무언가를 더욱 공정하거나 평등하거나 정의롭게 만드는 과정을 묘사할 때 주로 사용한다. 한 변화 이론에 따르면, 부유한 학습자들과 그들 가정은 이미 수준 높은 학습경험을 누릴 여유가 있으므로, 앞으로 무료로 또는 더욱 손쉽게 신기술에 접근할 수 있는 환경이 조성된다면 부유한 학습자들이 이미 보유하고 있는 신기술에 부유하지 않은 학습자들도 접근할 수 있을 것이다.

새로운 대규모 학습 기술이 보이는 장점의 하나는, 서로 다른 배경을 지닌 학생들이 어떻게 기술을 다르게 사용하는지를 더욱 깊이 탐구하기 위해 활용할 수 있는 데이터 출처를 생성한다는 것이다. 지난 10년 동안 나는 디지털 격차의 한 유형인 사용 격차에 관해 두 가지 주요 연구를 수행했다. 2000년대 후반에는 교사와 학생이 블로그와 위키 등 소셜미디어와 동료 제작 도구를 어떻게 사용하는지 연구했다. 당시에는 이러한 도구들이 언론, 비즈니스, 사회관계, 정보 관리에서 그랬듯 교육 분야에 변혁을 일으키리라는 진정한 낙관론이 존재했다. 위키와 블로그는 교실이나 전 세계에 걸쳐 학생이 동료와 협업할 수 있는 새로운 기회를 창출할 수 있었다. 이러한 웹 기반 협업 도구가 출현하기 전에 협업 컴퓨팅 프로젝트를 수행하려면, 컴퓨터, 네트워크, 하이퍼카드 같은 특수 소프트웨어에 대한 대규모 투자가 필요했다. 컴퓨터에 더욱 쉽게 접근할 수 있고, 소프트웨어를 무료나 저비용으로 사용할 수 있다면 특히 저소득층 학생들이 풍부한 디지털 학습 기회를 훨씬 더 폭넓게 제공받을 수 있을 것이다.[8]

2009년부터 나는 K-12학년의 교육 환경에서 사용되는 수십만 개의 위키에서 수집한 데이터를 살펴봤다. 각 위키에는 모든 사용자가 시도한 변경 내용이 모두 수록되었고, 우리는 많은 위키를 대상으로 사이트에서 제작된 콘텐츠를 조사하고, 위키를 제작한 학교를 식별하고, 위키를 만든 학교의 인구통계를 더욱 많이 파악하기 위해 국립교육통계센터National Center for Education Statistics가 보유한 데이터를 사용할 수 있었다. 조사 결과에 따르면, 위키는 부유한 지역에 있는 학교에서 제작될 가능성이 더 컸고, 이 경우에는 학생 참여도를 높일 기회를 확대하면서 더욱 오랜 기간 사용되었다. 저소득층 학생들이 재학한 학교에서 제작된 위키는 교사 중심 콘텐츠를 전달할 용도로 사용될 가능성이 더 컸고 사용 기간은 더 짧았다.[9]

나는 이러한 패턴을 이해하기 위해 위키를 사용하는 교사들을 전국적으로 찾아다니기 시작했다. 이렇게 해서 뉴햄프셔 소재 학교를 찾아가 엉성한 콘센트가 말썽을 부렸던 교실까지 갔던 것이다. 나는 그곳에서 애트웰이 1990년대 목격한 것과 비슷한 현상을 보았다. 즉 부유한 학교는 더 많은 자원을 투입해 기술 네트워크를 유지하고 더욱 쉽고 안정적으로 사용할 수 있었다. 교사들은 시간 계획과 전문성 개발에 더욱 신경을 쓸 수 있었고, 표준화 시험 때문에 받는 부담이 적었으므로 교육학적 위험을 좀 더 감수할 수 있었으며, 위키 같은 새로운 도구를 시도해볼 수 있었다. 부유한 지역의 학교에 근무하는 교사들은 가정의 기술 자원에 좀 더 많이 접근할 수 있었으므로, 온라인 과제를 해야 하는 복잡한 프로젝트를 학생들에게 좀 더 마음 편하게 배정할 수 있었다. 교사들은 위키 클라우드 소프트웨어를 무료로 사용할 수 있었지만 기술 시스템과 전문 기술을 유지하는 비용은 비쌌다.

교육 분야에서 소셜미디어와 동료 제작을 통합하려는 관심이 급증하는 현상이 휩쓸고 지나간 후에 MOOC는 에듀테크 과대광고 주기에 참여하는 다음 주자가 되었고, 옹호자들은 무료 온라인 강좌가 교육을 민주화하리라고 다시 선언했다. 1장에서 살펴보았듯 나와 동료인 존 핸슨John Hansen은 에드엑스에서 수집한 MOOC 등록과 참여 데이터를 미국 인구조사에서 수집한 인구통계 데이터에 연결하면서, 부유한 지역에 거주하는 사람들이 에드엑스 MOOC에 등록할 확률이 더 높다는 사실을 발견했다. 게다가 대학 학위를 보유한 부모를 두거나 부유한 동네에 거주하는 등 사회경제적 지위의 표시는 강좌 수료와 긍정적인 상관관계를 보였다. 매우 어려운 환경에 처한 학습자들이 새로운 기회를 활용하는 놀라운 사례가 있기는 했지만, MOOC가 연 기회의 문을 통과해 전진한 사람들의 대다수는 이미 교육을 받았고 부유했다.[10]

부유한 지역에 거주하는 학습자들은 무료일 때조차도 새로운 교육 기술을 더욱 잘 활용할 수 있다. 연구 기록을 검토해보면, 매년 다음과 같은 사실이 더욱 분명해진다. '온라인에서 무료로 손에 넣을 수 있는 기술을 포함해 대부분의 교육 기술 계획은 부유층에 불균등하게 혜택을 안길 것이다'.

사회적·문화적 장벽은 공평한 참여를 가로막는 장애물이다

:

재정적·기술적 장벽은 실재하면서 중대한 영향을 미치고 있다. 그런가 하면, 사회적·문화적 배제는 더욱 까다로우면서 교육 형평성을 자주 방해한다. 이러한 사회적·문화적 장벽은 커뮤니티와 맥락에 따라 상당히 다양하게 나타나고, 식별하기 더 어려우며, 더욱 조심스럽게 대처해야 한다.

'디지털 격차'는 교육 불평등을 특징짓기에는 지나치게 단순한 비유다. 나는 '디지털 단층선digital fault line'이라는 이미지를 즐겨 사용한다. 신기술로 발생한 지각변동이 사회 지형을 바꾸면서 불평등이 나타났다가 사라진다. 신기술이 등장하고 오래된 기술이 쓸모를 잃으면서 디지털 단층선의 모양이 계속 바뀐다. 1980년대와 1990년대 교육 분야에서 발생한 디지털 격차는 더 부유한 학교와 그렇지 않은 학교에서 볼 수 있는 학생 대 컴퓨터 비율의 차이이거나 가정용 데스크톱 컴퓨터 소유의 차이를 뜻했다. 컴퓨터를 갖추기 시작하는 학교가 많아지면서 가장 두드러진 디지털 격차는 장비 보유보다 초고속 인터넷 접속 쪽으로 옮겨갔다. 모바일 인터넷이 처음 보급되기 시작하자 유색인종 청년층이 앞장서서 단기간에 받아들였다. 가정에서 가정용 초고속 인터넷을 구독하는 것보다 모바일 인터넷을 채택하는 것이 가성비가 좋았기 때문이다. 하지만 휴대전화 기능이 더욱 정교해지면서 모바일 초고속 인터넷의 채택을 둘러싸고 격차가 발생했다. 비키 카츠Vikki Katz와 동료들은 초고속 인터넷 보조금 프로그램인 커넥트투컴피트Connect2Compete를 연구하고 나서, 대상 고객을 제대로 이해하지 못한 상태에서 정책이 결정되었다는 사실을 발견했다. 보조금 프로그램에서는 대상 가정들이 인터넷에서 완전히 단절되어 있어서 이더넷(Ethernet, 대표적인 버스 구조 방식의 근거리 통신망—옮긴이) 연결이라도 환영하리라고 가정했다. 하지만 예측과 달리 대부분의 가정은 이미 인터넷을 이용하고 있었고, 학교, 직장, 커뮤니티 참여, 여가활동 등 가족구성원 전체의 필요를 충족하려면 와이파이를 통해 여러 기기를 안정적으로 연결할 필요가 있었다. 보조금 프로그램은 바로 눈앞에 벌어져 있는 격차를 무시하고, 이미 거의 사라진 디지털 단층선의 격차를 메우려 했던 것이다.[11]

디지털 단층선을 따라가며 가장 손쉽게 측정할 수 있는 격차는 접근 격차다. 즉 누가 어떤 종류의 초고속 인터넷 속도를 사용해 얼마나 많은 수의 컴퓨터나 모바일 장치에 접근할 수 있느냐다. 하지만 더 극복하기 어려운 것은 본질적으로 사회적·문화적 장애물이다. 카츠와 동료들은 커넥트투컴피트 프로그램을 연구하고, 저소득층 커뮤니티의 인터넷 활용도가 커뮤니티의 신뢰 수준에 따라 다르다고 기록했다. 학교와 지자체에 대한 커뮤니티의 신뢰가 높은 경우에 커넥트투컴피트 프로그램은 새로운 자원에 접근할 수 있도록 가정들을 더욱 효과적으로 지원할 수 있었다. 하지만 애리조나주의 사례 연구 현장에서는 인터넷 활용도가 훨씬 낮았다. 많은 이민자 가정이 주정부의 감시를 두려워한 나머지 학교에서 배포하는 노트북을 사용하는 것을 꺼려했기 때문이다. 앞서 소개했듯 매슈 라팔로우가 세 학교를 대상으로 실시한 사례 연구에 따르면, 여러 학교가 기술을 일정하게 유지하더라도 교사들은 다른 학생들의 기술 사용에는 이의를 제기하면서도 특권층 학생들의 기술 사용은 격려할 가능성이 있다.

대규모 정량적 연구도 세계적인 규모에서 발생하는 이 같은 도전을 조명한다. MOOC에 관한 연구 결과를 살펴보면, 거주 국가도 강좌 수료 여부를 예측할 수 있는 강력한 변수일 수 있다. 국제연합개발계획 United Nations Development Program이 개발하고 각국의 풍요로움, 교육, 전반적인 복지를 측정하는 척도인 인간개발지수Human Development Index, HDI 를 사용해 연구한 결과 HDI 점수가 낮은 국가의 MOOC 학습자들이 강좌를 수료할 확률은 HDI 점수가 높은 국가의 학습자보다 현저하게 낮다. MOOC에서 일종의 글로벌 학업성취도 격차가 나타난 것이다. 개발도상국의 온라인 학습자들에게 이러한 격차가 나타난 원인으로는 불안정한 인터넷과 전기, 구조적 빈곤, 그 밖의 많은 난제를 들 수 있다.[12]

내 동료인 르네 키질섹René Kizilcec은 선진국을 제외한 국가의 학습자들이 사회 정체성 위협이라는 장애에 부딪힐 수 있다는 이론을 세웠다. 사회 정체성 위협은 자신이 배제당한다는 느낌이나 고정관념을 유발하는 인지적 자원을 학습자가 사용할 때 발생한다. 온라인 강좌에서 어떤 요소가 사회 정체성 위협을 일으키는지 명확하게 알 수는 없지만, 그 원인을 열거하면 MOOC를 제공하는 대학의 일류 브랜딩, MOOC 강좌를 장악하고 있는 백인 미국인과 유럽인 교수진, 포럼에서 사용자 이름을 영어로 사용하는 경향, 배제당한다는 느낌을 소수인종 참가자들에게 주는 표시 등이다. 사회 정체성 위협을 느끼는 경우에는 다음과 같은 부정적인 악순환에 빠질 가능성이 있다. 수업이 시작되었을 때 학습자는 아웃사이더처럼 느낄 수 있다. 이렇듯 배제당한다고 느끼면 수강 첫 주에 자기 실력을 발휘하지 못하고 강좌를 제대로 따라가지 못할 수 있다. 그러면 자신을 아웃사이더처럼 느끼게 만드는 요소에 더욱 신경을 쓰면서 강좌에서 좋은 성과를 내지 못할 것이다. 다시 말해 키질섹이 세운 가설에 따르면, 개발도상국 학습자는 온라인 강좌에 참여할 때 구조적·경제적 장애물 말고도 본질적으로 심리적인 장애물에 직면할 수 있다.[13]

나와 키질섹은 이러한 가설을 시험하기로 결정하고, 하버드대학, MIT, 스탠퍼드대학 소속 동료들과 함께 250개 이상의 MOOC를 고르고, 개강하기 전에 조사를 실시해 사회 정체성 위협에 대처하는 중재를 무작위로 포함시켰다. 이 간단한 중재 활동에서 학습자들은 가치 목록을 읽고, 자신에게 가장 중요한 가치를 두세 개 선택했다. 그런 다음 이러한 가치에 맞춰 자신들이 온라인 강좌를 수강하는 이유를 간단히 적었다. 해당 중재는 학습자의 목적의식과 수업 참여의 연결성을 심화시키기 위해 설계되었고, 이론적으로는 사회 정체성 위협에 따른 부정적 피드백에 대한 '예방접종'으로 작용했다. 글짓기 연습을 통해 학습자는 포함에 대한 이야기를 써서 배제의 감정에 대처했다. 통제집단 학습자들은 중재 없이 표준 설문조사를 받았다. 조사 결과를 살펴보면, 부유한 국가 학생들이 개발도상국 학생들보다 훨씬 높은 수료 비율을 기록한 강좌에서 중재가 효과를 발휘했다. 이러한 강좌에서 인간개발지수가 중간 이하인 국가 출신이면서 무작위로 중재집단에 배정받은 학생들은 통제집단에 배정받은 학생들보다 강좌를 수료할 확률이 컸다. 다시 말해 '글로벌 학업성취도 격차'가 있는 곳에서 중재는 격차를 일부 좁혔다. 선진국 이외 국가 출신 MOOC 학생들은 인프라의 질과 접근 측면에서 여전히 어려움을 겪을 수 있지만, 우리가 실시한 연구의 결과를 보더라도 MOOC에서 나타난 교육 성취도 격차 중에서 적어도

언택트 교육의 미래

일부는 배제의 감정에서 비롯될 수 있다.[14]

사회적·문화적 배제가 경제적·기술적 장애물만큼 강력하게 작용할 수 있다는 개념은 매우 반직관적으로 보일 수 있다. 키질섹과 내가 중재에 관한 초기 논문을 써서 제출했을 때 《사이언스》는 아무 설명도 하지 않고, 검토자에게 보내지조차 않고 거부했다(이것은 데스크 리젝션desk rejection이라 불리는 과정으로 저명한 학술지에서 드물지 않게 일어난다). 한 익명의 편집자는 이렇게 언급했다. "학습자들이 '자기 나라에 대한 부정적인 고정관념에 비춰 평가를 받을 수 있다고 생각해서 느끼는 두려움'이 예를 들어 불규칙한 전력 공급, 불안정한 인터넷, 성별, 지역 맥락이나 문화에 대한 자료의 맞춤화 부족 등보다 더욱 큰 장애가 될 수 있다는 점을 명확하게 이해할 수 없다." 하지만 논문의 핵심 전제는 단지 우리가 실시한 실험이 학습자의 심리 상태에 영향을 미쳤다는 것이었다. 즉 인간개발지수가 낮은 국가의 학생 중에서 처치집단은 기술과 접근 측면에서 통제집단과 동일한 어려움에 직면했다. 실험에 참여한 학생들의 경험 차이는 심리적인 지원을 제공할 목적으로만 설계한 짧은 연습에 접근할 수 있느냐에 근거해 발생했다. 심지어 문화적 배제가 중요하다는 실험적 증거를 확인하고서도 해당 편집자는 기술적 차원의 중요성을 여전히 확신했다. 결론을 말하면 이 문제는 원만하게 해결되었다. 우리는 학습자 경험에서 유일하게 바꾼 것은 심리적 요소였다는 점을 강조해서 논문을 다듬어 다시 제출했고, 편집자들은 논문을 받아들이기로 결정했다.[15]

문화적 배제에 대처할 때 부딪히는 난제의 하나는 에듀테크 개발자들과 옹호자들 사이에 존재하는 사회적 지위의 차이와 그들이 대상으로 삼으려는 학습자 커뮤니티다. 사회학자 트레시 맥밀런 코텀Tressie McMillan Cottom은 기술 전문가들이 종종 자기 학생들을 "배회하는 독학자roaming autodidact"로 상상한다고 주장하면서, 이러한 학생들을 가리켜 "기술 관료제의 미래에 깊이 뿌리를 내리고 있는 동시에 장소, 문화, 역사, 시장에서는 이탈해 스스로 동기를 부여하는 유능한 학습자"라고 묘사한다.[16] 이러한 설명이 적절한 집단은 아마도 에듀테크 개발자들일 수 있다. 그들은 매사추세츠주 케임브리지에서든 캘리포니아주 팰로앨토에서든 몇 안 되는 일류 대학을 졸업한 주로 백인계와 아시아계 남성들, 그리고 기술과 풍요를 사용해 자신의 문화와 안락함을 가는 곳마다 보급하는 글로벌 엘리트층이다. 그들 대부분은 학습경험과 상호작용을 형성하는 문화와 가정에 뿌리를 내리면서 특정 지역에 거주한다. 지역적 차이, 문화, 맥락에 생산적으로 대응하면서 효과적으로 수백만 명까지 확장되는 학습경험을 창조하는 일은 놀라울 정도로 복잡하다. 동질적인 문화적·교육적 경험을 공유하는 기술 개발자들이 혜택을 적게 받는 더욱 다양한 지역 출신의 대상 학생들에게 그렇게 하기는 훨씬 더 힘들다.

교육 기술과 형평성이라는 난제에 대처하려면 무료 온라인 교육 기회가 저절로 민주화를 이룬다는 사회적 통념을 거부해야 한다. 대신에 교육자, 개발자, 정책 입안자들은 교육 기술이 불평등을 영속화하는 데 개입하는 현실을 드러내는 광범위한 데이터를 확보하고 고심해야 한다. 이제 우리는 이러한 역학을 충분히 알고 있으므로, 교육 분야에서 과대광고 주기의 다음 물결이 밀려올 때, 그것이 가상현실과 관계가 있든 인공지능과 관계가 있든 한 발 뒤로 물러서서 새로운 혁신으로 누가 가장 큰 혜택을 입을 것인지 질문할 수 있다.

디지털 형평성을 추구하는 설계 원칙

교육 기술이 놀라운 학습 기회들을 창출할 수 있지만, 교육을 통해 좀 더 공정한 미래를 창출하기는 여전히 어려울 것이다. 이러한 모든 난제를 해결하기 위해 많은 교육자, 개발자, 연구자는 디지털 격차를 좁히는 데 견인차 역할을 하는 다양한 접근 방법을 실험하고 있다. 하지만 문제를 이해한 만큼 해결책은 생각해내지 못하고 있다. 우리는 어떻게 신기술이 전형적으로 교육적 불평등을 재생산하거나 확대하는지 자신 있게 설명할 수 있지만, 어떤 접근 방식이나 전략이 디지털 단층선에 새로 등장한 격차를 신뢰성 있게 메울 수 있을지는 제대로 알지 못한다. 다양하고 흥미로운 사례·실험·계획이 있지만, 이론이나 원칙을 통합하기에는 여전히 충분하지 않다.

현장에서는 "디지털 형평성을 추구하는 설계 원칙"을 제시하는 지침이 필요하다. 그래야 자금 제공자, 벤처 투자가, 자선가, 개발자, 교육자, 정책 입안자가 투자 결정, 개발 전략, 정책, 학습 기술의 공정한 사용을 이끌어낼 수 있다. 나는 동료인 이토 미즈코와 함께 이 설계 원칙들을 처음으로 시도해 네 가지 주요 주제를 도출해냈다. 즉 공동 목표를 중심으로 단결하고, 가정·학교·커뮤니티와 연합하며, 문화적으로 다양한 아동과 청소년의 관심사와 정체성을 연결하고, 하위집단의 필요를 측정해 이를 달성 목표로 삼는 것이다.[17]

첫째, 설계자들은 학습자·학습자 커뮤니티와 공동 목표를 중심으로 단결해야 한다. 형평성을 달성하기 위해 노력하면 개발자, 교육자, 학습자를 공동 목표 중심으로 단합시킬 수 있다. 이해관계자와 함께 공동으로 계획을 수립하고 수행하면, 사회적·문화적 맥락의 중요한 요소에 주파수를 맞출 가능성이 커지고, 교사와 학습자는 주인 의식을 갖고 계획을 추진할 수 있다.

둘째, 설계자들은 가정, 학교, 커뮤니티와 연합해야 한다. 부유한 학생들은 종종 기술을 잘 알고 있는 부모 밑에서 가정에 최신 기술을 갖추고 생활하는 반면에, 자원이 부족한 학생들은 이러한 지원을 기대할 수 없다. 개발자와 개혁가가 학교에서 기술 사용 능력을 구축하는 데 전력을 기울인다면 이러한 단절이 약화될 수 있다. 이러한 격차를 줄이는 유용한 전략의 하나는 학생들의 역량은 물론 부모와 멘토의 역량을 키우는 것이다. 세대 간 학습경험은 부모와 자녀에게 새로운 영역을 탐색할 수 있는 기술을 제공하는 동시에 가족의 유대를 강화할 수 있다.

셋째, 교육자들은 소수인종 아동과 청소년의 관심사와 정체성을 연결해야 한다. 동료 학습 커뮤니티는 아웃사이더에게 적대적인 환경을 형성하는 방식으로 주류문화를 반영할 때는 배타적이지만, 소수인종 아동과 청소년에게 안전하고 친화적인 공간을 만드는 데 활용될 수 있다. 학생들이 학교 밖에서 개발하는 관심사를 학구적인 맥락에서 발생

언택트 교육의 미래

하는 학습 기회와 연결할 때 강력한 학습경험이 생겨난다.

　마지막으로 설계자와 연구자는 하위집단의 필요를 측정하고 이를 달성 목표로 삼아야 한다. 개발자와 개혁가는 서비스를 제공하려는 커뮤니티의 특정 필요를 이해할 때 가장 자원이 빈약한 집단에게 가장 큰 이익을 안기는 프로그램을 배치할 수 있다. 이러한 전략에는 심리적 위협에 대응하고, 저소득층에게 더욱 중요한 비용 문제를 해결하며, 학생의 학습 궤적에서 고위험 순간을 표적으로 삼는 것 등이 포함된다.

공동 목표를 중심으로 단합하기

배경과 생활환경이 다른 사람들은 매우 다른 방식으로 삶을 경험할 수 있고, 이러한 경험에 따라 세상을 이해하는 방법도 달라질 수 있다. 일류 대학교에서 컴퓨터과학을 전공하고 교육 기술 분야에서 일하는 부유한 백인이 바라보는 세상은, 가난에 영향을 받는 동네에서 성장하는 흑인이나 라틴계 아이들과 매우 다르다. 따라서 공동 목표를 중심으로 단합하려면, 교육 기술 계획을 수립할 때 매우 다양한 이해관계자들을 포함시켜야 한다. 박사학위 논문을 준비 중이었던 벳시 디살보Betsy DiSalvo는 아프리카계 미국인 남자아이들이 컴퓨터과학 분야에 진출할 수 있도록 새로운 경로를 개발하고 싶었다. 그래서 글리치 게임 테스터Glitch Game Tester로 불리는 프로그램을 제작할 목적으로, 젊은 남성 집단을 대상으로 연구를 진행했다. 글리치 게임 테스터는 방과 후 프로그램으로 발전했는데, 여기서 고등학교 학생들은 컴퓨터게임 회사를 위한 품질보증 프로젝트에 참여했다. 이들은 이름과 로고를 선택하고, 관행을 개발하고, 정규 컴퓨터과학 교육 분야에서 학습경험을 쌓는 등 계획의 궤적을 형성하는 과정을 함께했다. 젊은 남성들을 설계에 포함시켜 참석자들이 참여할 수 있도록 마련하고, 프로그램 리더들이 상상했을 필요와 상황보다는 학습자들의 진정한 필요를 충족시키는 방향으로 교육 기회를 보장했다.[18]

공동 목표를 중심으로 단합할 때 갖춰야 할 또 하나의 요소는 학교에 기반을 두고 있는 학생 기술 팀이다. 버라이즌 혁신 학습 학교Verizon Innovative Learning School 프로그램은 미국 전역에 있는 타이틀 원Title I 중학교 500곳 이상에 3년 동안 무료 4G 무선 인터넷과 태블릿 컴퓨터를 제공하는 10년 계획을 한창 추진 중이다. 프로그램의 요건 하나는 학교가 기술 정책을 공동 설계할 학생 기술 팀을 구성하고, 프로그램을 주도적으로 전개하도록 팀을 지원하며, 프로그램 전반에 걸쳐 조언자와 문제해결사의 역할을 해야 한다는 것이다. 학생들에게 해당 프로그램을 공동으로 주도할 권한을 부여하면 그만큼 참여도를 높이고 훈육 문제도 줄일 수 있다.[19]

이렇게 하면 교육 프로그램에서 학생을 주요 이해관계자로 포함시켜 그 목소리를 들을 수 있다. 뿐만 아니라, 벤처 투자가와 자선가는 기금 조성과 프로그램 팀에 더욱 많은 다양성을 도입할 수 있고, 개발자와 기업가를 격려해 자신들이 서비스 대상으로 삼는 사람들과 같은 배경의 사람들을 팀에 포함시킬 수 있다. 에듀테크 기업은 다양한 실제 현장의 맥락에서 더 많은 개발과 시험을 수행할 수 있고, 더 많은 교사와 가정을 유급 조언자와 컨설턴트로 포함시킬 수 있다. 공동 목표를 중심으로 단합하면 교육 분야에서 리더십을 위한 새 목소리에 힘을 실어주고, 새로운 교육 기술 제품과 프로그램의 설계자들이 타깃 소비자의 필요를 충족시킬 기회를 증가시킨다.

가정·학교·커뮤니티와 연합하기

한 아이를 키우는 데 마을 전체를 동원해야 한다면, 에듀테크 개발자들은 프로그램을 통해 단지 젊은 사람들뿐 아니라 그 가족구성원과 보호자들의 역량을 키우는 방법까지 고려해야 한다. 젊은이들에게 교육적 형평성을 지원하는 유망한 접근 방식은 주변 어른들에게 새로운 종류의 학습경험을 창출해주는 것이다. 동료 주도 학습환경을 다룬 장에서 살펴봤듯 스크래치는 블록 기반 프로그래밍 언어이고, 젊은이들이 게임, 애니메이션, 기타 프로그램을 코딩할 수 있는 소셜 커뮤니티다. 스크래처를 대상으로 실시한 인터뷰에서, 특히 학교에 스크래치가 광범위하게 보급되기 전에 실시한 인터뷰에서 많은 스크래처는 부모 중 한 사람이 컴퓨터 프로그래머 또는 엔지니어이거나, STEM 분야, 또는 프로그래밍과 관련이 있는 가정에서 성장했다. 컴퓨터 관련 전문 지식을 갖춘 가정에서 성장한 스크래처들의 학습은 그러한 전문 지식을 통해 지원을 받고 가속화한다. 현재 콜로라도대학 볼더캠퍼스에서 활동하는 리카로즈 라키Ricarose Roque는 이러한 종류의 장점에 영감을 받아 MIT 미디어연구소에서 박사과정을 밟으며 '가족 창의적 학습Family Creative Learning' 프로젝트를 진행했다. 라키는 소년소녀클럽Boys and Girls Clubs 같은 커뮤니티 기반 조직이 주최하는 창의적 기술 워크숍에 부모와 아이들을 참가시켰다. 뜨개질 등 좀 더 전통적인 공예품을 만들 때와 달리 신기술 분야에서는 부모들과 아이들 사이에 접촉점이 적은데, 특히 부모들이 기술에 능숙하지 않은 경우에는 더욱 그렇다. 이 프로젝트에서는 안전하고 쾌적한 공간에서 스크래치와 함께 메이키메이키Makey Makey 발명 키트를 이용한 활동에 참여하는데, 이를 통해 아이들이 디지털 크리에이터로 자랄 수 있도록 지원하는 역량을 가족 안에 구축한다. 여기에는 청소년, 부모, 보호자가 따로 하는 활동이 있고, 나눠서 하거나 함께하는 활동도 있다. 이 과정에서 아이들과 가족들은 새로운 기술을 구축한다. 부모는 창의적인 기술로 아이들의 학습을 지원하는 새로운 전략을 갖추고, 가정끼리 유대를 맺고 서로 연결하는 경험을 한다.[20]

'기술을 집으로Ech Goes Home'는 보스턴 공립학교에서 실시하는 것과 비슷한 프로젝트로, 각 가정은 50달러짜리 노트북과 할인된 가격의 인터넷 서비스를 이용할 수 있다. 보스턴 공립학교 재학생의 부모들은 자녀의 학교에 근무하는 교사에게 15시간짜리 컴퓨터 활용 강좌를 수강하고, 강좌가 끝나면 컴퓨터를 구매할 수 있다. 이 강좌는 단순히 학습용 기술을 사용하는 것만 가르치지 않고, 부모들이 컴퓨터를 사용해 일자리와 커뮤니티 기회를 찾고, 소셜미디어와 다른 응용 프로그램을 지속적으로 활용하도록 돕는다. 부모들이 컴퓨터를 사서 집에 비치해두면 모든 가족이 컴퓨터로 혜택을 누릴 수 있다. 또 부모는 집에서 기술 사용법을 지도하는 새로운 기술을 갖출 수 있고, 자녀의 학교에서 교사와 새로운 관계를 형성할 수 있다. 해당 프로그램은 기술 접근 프로그램을 더욱 폭넓은 사회적 맥락에 배치함으로써 컴퓨터 접근, 부모와 아이의 기술 사용 능력, 가정과 학교의 연결, 교사와 커뮤니티의 관계를 동시에 향상시킨다.[21]

'론치코드LaunchCode'는 세인트루이스에서 성인을 대상으로 실시하는 프로그램이다. 원래는 커뮤니티 구성원들이 입문 프로그래밍 MOOC를 함께 수강할 수 있는 기회로 출발했다. 결제 처리 기업인 스퀘어Square를 공동 창업한 짐 맥켈비Jim McKelvey는 고향인 세인트루이스에 더 많은 기회를 창출하고 싶어서 하버드엑스의 CS50x 강좌를 함께 수강하도록 한 커뮤니티를 후원했다. 초기 수요가 예상보다 훨씬 많아지면서, 프로그램은 수요를 수용하기 위해 장소를 지역 도서관에서 피바디 오페라 하우스Peabody Opera House로 신속하게 옮겼다. CS50x는 학습량이 상당히 많은 까다로운 강좌여서 학습자들이 외부 지원을 받지 않고 강좌를 수료할 가능성은 매우 낮다. CS50x는 하버드대학 캠퍼스에서 열리는 CS50 강좌의 온라인 형태이고 조교들을 두어 학기 내내 하버드대학교 학부생을 지원한다. 론치코드는 MOOC를 성공적으로 수료할 수 있도록 학습자들을 돕기 위해 일부 지원을 제공하고, 더 나아가 CS50x 수료자들과 나중에 론치코드의 컴퓨터과학 입문 강좌 수료자들이 컴퓨터 프로그래밍 분야에서 경력을 추구할 수 있도록 취직과 인터뷰 준비, 인턴직과 수습직, 기타 구조를 추가적으로 지원했다. 하버드엑스 MOOC는 론치코드를 발전시키는 데 필요한 귀중한 학습자원을 제공했고, 론치코드는 그 경험을 중심으로 인적 지원을 구축했다. 이러한 전반적인 서비스는 론치코드가 MOOC라기보다는 지역사회 대학에 더 가깝다는 뜻이며, 기회 경로를 만들기 위해 지원 커뮤니티를 확장하는 일은 새로운 MOOC 학습관리시스템을 확장하는 일보다 훨씬 어렵다. 하지만 형평성 문제에 관심을 갖는 사람들에게는 불평등 문제에 대응하기 위해 온라인에서만 노력하는 것보다 혼합된 접근 방식을 사용했을 때 성공 가능성이 훨씬 크다.[22]

학생의 다양한 관심사를 연결하기

기술 분야에서 불평등 문제에 대처하기 위한 세 번째 전략은 학생의 관심사와 연결되는 학습경험으로 진입하는 지점을 만드는 것이다. 3장에서 살펴보았듯 연결 학습은 이토 미즈코 등이 발전시킨 모델로서, 학생의 관심사를 학습설계의 중심에 두고, 학습 기관들을 서로 연결해 학생들이 가정과 방과 후 활동에서 추구하는 관심사를 학교 기반 학습 기회로 확장할 수 있다. 흥미 기반 학습 경로는 학생들의 열정을 발판으로 학생의 관심사와 학구적 과목을 연결한다.[23]

'모두를 위한 코딩Coding for All' 프로젝트를 통해 스크래치 개발자들과 설계자들은 여학생과 유색인종 학생의 공동 관심사를 겨냥해 스크래치 커뮤니티로 통하는 새로운 진입점을 구축해오고 있다. 역사적으로 유명하고 스크래치 웹사이트에도 소개되고 있는 이 프로젝트는 비디오게임, 애니메이션, 관련 주제를 중심으로 전통적으로 특이한 주제를 많이 포함한다. 하지만 이러한 진입점들은 일부 젊은 학습자들에게는 매력적이지만, 다른 학습자들에게는 맥 빠지는 요소일 수 있다. 그리하여 스크래치 팀은 다양한 젊은이들이 자신의 관심사를 코딩과 연결하도록 마이크로월드를 만들어 스크래치 프로그래밍에 진입하는 또 다른 방식을 제공한다. 마이크로월드에는 5장에서 언급했듯 힙합을 강조하는 것도 있고, 패션, 예술, 코미디 같은 주제를 다루는 것도 있다.[24]

시카고에서 디지털청년네트워크Digital Youth Network가 추진하는 '디지털 디바스Digital Divas' 프로젝트는 방과 후 프로그램에 참여하는 중학교 여학생들에게 문화적으로 적절한 STEM 학습활동을 제시한다. 여학생들은 전자 섬유와 기타 설계 프로젝트를 거치며 프로그래밍과 엔지니어링을 배운다. 이 경우에 설계자들은 학생들의 관심사를 기반으로 새로운 프로그램을 만들 뿐 아니라 저소득층과 소수인종 학생들에게 확실한 서비스를 제공할 수 있도록 커뮤니티 파트너들과 협력하고 있다.[25]

이러한 접근 방식이 통하리라고 장담할 수는 없다. 아마도 상류층 백인 가정만큼 자녀들에게 흥미 주도 학습경험을 성공적으로 제공하는 부모 집단은 없을 것이다. 단순히 기술과 학생들의 관심사를 연결하는 것에 초점을 맞추는('학생의 관심사는 무엇이든 중요하다') 에듀테크 문화는 교육 불평등을 부추길 가능성도 있다. 하지만 학교에서 소외되거나 풍부한 교육 경험에 접근할 수 없는 학습자들의 관심사를 연결하는 데 초점을 맞춘다면, 디지털 단층선을 가로질러 강력한 가교로 작용할 수 있다.

하위집단의 필요를 연구하기

마지막으로 하위집단에 좋은 서비스를 제공하려면 그들을 적극적으로 연구하고, 특정 커뮤니티의 특정한 필요에 대응하며, 자원이 가장 빈약한 집단에게 최대 이익을 안길 수 있는 프로그램을 배치해야 한다. 나와 르네 키질섹이 동료들과 함께 MOOC에서 발생할 수 있는 사회 정체성 위협을 주제로 수행한 연구는 다음 모델을 따랐다. 처음에 우리는 샘플 집단에서 그 다음에는 대규모 집단에서, 서로 다른 배경 출신의 학생들이 MOOC에서 어떻게 다르게 학습하는지 연구했다. 그리고 비계(주어진 과제를 잘 수행하도록 유능한 성인이나 또래가 도움을 제공하는 지원의 기준이나 수준—옮긴이)가 추가로 필요한 특정 학습자 집단을 지원할 수 있는 방법을 찾아내고, 다양한 중재를 실험적으로 실시했다. 다른 하위집단이 대규모 학습을 어떻게 다르게 경험하는지 이해해야만 앞으로 기회가 생겼을 때 일부 격차 문제를 해결하기 위해 노력할 수 있다.

가격 책정 문제는 어떻게 유사한 제품 특징이 서로 다른 사회적 맥락에서 매우 다르게 작용할 수 있는지를 드러낸다. 2013년부터 2018년 무렵까지 대부분의 MOOC는 무료로 이용할 수 있었고(이 기간에 유다시티, 코세라, 종국에는 에드엑스가 제품에 다양한 지불 장벽을 추가했다), 증거를 추적해

언택트 교육의 미래

보면 MOOC의 혜택은 더욱 부유한 학습자들에게 돌아갔다. 하지만 온라인 학습경험 중에는 무료로 제공하면서 기회에서 가장 멀리 떨어져 있는 가정에 불균형적으로 혜택을 주는 것으로 보이는 경험도 있다. 특히 교육용 제품에 드는 비용이 저소득 가정에게는 상당히 크지만 부유한 가정에게는 사소한 경우라면, 무료 제품이 격차를 줄이는 데 특히 효과적일 수 있다.

오픈스택스OpenStax는 대학 입문 강좌용으로 무료로 제공되며, 동료가 검토하고, 공개적인 라이선스 교재를 개발한다. 한 학기에 대학 강좌에 등록하는 학습자의 상당수는 대수학, 생물학, 미적분학, 경제학, 심리학, 정치학 등 몇 개의 입문 강좌에 몰린다. 이러한 조사 대상 강좌의 교과서 가격은 100달러가 넘을 때도 있어서, 학점당 몇 백 달러만 지불해도 되는 지역사회 대학과 다른 교육기관에 재학 중인 학생에게는 상당히 큰 부담이 될 수 있다. 이에 오픈스택스는 2016~2018년 무료 대안을 제공함으로써 학생들의 교과서 비용을 약 1억 7,700만 달러 절약해주었다고 주장한다. 모든 배경 출신의 학생들이 이러한 자원에서 혜택을 받을 수 있지만, 가장 큰 혜택을 받은 가정과 학생은 175달러짜리 교과서가 주요 재정적 장애물로 작용하는 계층이었다.[26]

이와 비슷하게 데스모스는 소매가가 100달러가 넘는 TI-84플러스처럼 텍사스인스트루먼트Texas Instruments 제품에 직접적으로 도전장을 내밀면서 무료 브라우저 기반 그래픽 계산기를 개발하고 있다. 데스모스 그래픽 계산기는 휴대용 계산기보다 훨씬 많은 기능을 탑재하고, 화면 판독기 및 기타 접근성 소프트웨어와 통합하는 과정을 통해 접근성을 크게 향상시켰다. 오픈스택스의 교과서 가격과 마찬가지로, 텍사스 인스트루먼트의 계산기 가격 100달러는 부유한 가정에는 크게 부담을 주지 않지만, 저소득층 학교와 가정에는 상당히 큰 부담이 될 수 있다. 특히 많은 가정이 좀 더 성능이 좋은 노트북, 전화, 태블릿을 자녀에게 주기 위해 이미 비용을 지출한 경우에는 특히 그렇다.

하위집단을 겨냥하는 것도 특정 집단에게 특유한 접근과 발전을 가로막는 장애물을 이해한다는 뜻일 수 있다. 2014년 벤 캐슬먼Ben Castleman, 린지 페이지Lindsay Page는 자신들이 "서머 멜트"(summer melt, 고교 졸업생들이 대학 입학을 앞두고 갑자기 진학을 포기하는 현상 ─옮긴이)라고 부르는 현상을 정의했다. 캐슬먼은 로드아일랜드주 프로비던스에 있는 MET 스쿨에서 일했다. 이곳은 학생들이 고교 시절을 보내고 대학교 합격증을 받으면서 고등학교를 졸업할 수 있도록 대단히 효과적으로 지원하는 도시 차터 스쿨이었다. 그런데 MET 스쿨 직원들은 고등학교 졸업생을 추적하고 나서 충격적인 사실을 발견했다. 대학 입학 허가를 받은 고등학교 졸업생의 10~40퍼센트가 대학 첫 학기에 등록하지 않았던 것이다. 이것은 입학 허가를 받으면 당연히 등록하고 종국에는 졸업하리라고 생각하는 엘리트 학생들의 부모들에게는 거의 상상조차 할 수 없는 일이었다. 대도시 지역 세 곳을 대상으로 연구를 실시한 결과, 고등학교 졸업률과 대학교 합격률을 성공적으로 향상시킨 학교들이 대학으로 진학하는 과정에서 학생들을 잃고 있다는 사실을 발견했다.[27]

고등학교 졸업생들은 여름 동안 대학교에 등록하고 재정 지원을 신청하는 과정에서 관료주의적 장애물에 부딪히며 혼란스러워했다. 초반에 기울인 노력이 엇갈리는 결과를 낳기는 했지만 캐슬먼과 페이지는 이러한 난제를 해결하기 위해 재단, 학교, 기타 연구자와 손을 잡았다. 그들은 문자 메시지를 활용한 중재를 실시해서 등록, 재정 지원, 오리엔테이션과 관련한 주요 날짜와 절차를 학생들에게 상기시켰다. 이러한 중재가 모든 학생들이 직면한 문제를 전부 해결하지는 못했지만, 매우 적은 비용을 들여 대학 입학률을 몇 퍼센트 끌어올리는 데 성공했다. 안타깝게도 "서머 멜트" 중재를 받은 학생이 초기에 기록한 입학률 향상은 졸업률 향상으로 이어지지 않았다. 외부 지원을 받아 관료주의적 장애물을 극복하고 대학에 입학한 학생들이 반드시 끝까지 버틴 것은 아니었다. 캐슬먼과 페이지가 진행한 연구 프로그램이 궁극적으로 성공하기 위해서는, 중요한 학생 집단의 필요와 문제를 깊이 이해한 후에 학생들의 학습 궤적을 지원하면서 학생들이 광범위하게 접근할 수 있는 기술을 찾아내야 한다.[28]

에듀테크와 형평성을 지향하는 새로운 운동 구축하기

현장에서 일하면서 우리는 디지털 단층선이라는 난제를 잠재적 해결책보다 훨씬 잘 이해한다. 우리가 교육 기술과 형평성에 관한 사회 통념과 현실을 밝히는 연구를 상당량 실행하고 있지만, 해결책을 이해하는 것은 여전히 일관성이 부족한 사례 연구를 통해서다. 이 분야에서는 교육 기술을 발전시키려는 새로운 노력을 이끌기 위해 디지털 형평성을 지향하는 전략에 대한 연구를 대폭 늘려야 한다.

이때 사용할 수 있는 접근 방식의 하나는 팀을 결성하고, 아이디어를 실행에 옮길 자금을 조달하고, 기술을 개발하고, 학교와 학습자에게 제품을 판매하거나 마케팅하고, 학교나 다른 환경에서 기술을 구현하고, 피드백과 데이터를 수집하고, 프로그램을 평가하는 일련의 단계를 거치면서 교육 기술 제품의 전체 주기를 고려하는 것이다. 형평성 문제는 각 단계에서 대처할 수 있다. 창업 팀은 기술 개발자와 학생 커뮤니티 사이의 사회적 격차를 해소할 수 있는 다양한 리더십을 갖추고 있는가? 후원자는 형평성 목표를 달성하는 책임을 수혜자나 기업가에게 지울 것인가? 지원이 가장 필요한 학습자가 개발 과정에서 공동 설계자로 포함되어 있는가? 데이터 수집과 평가 관행이 서로 다른 하위집단의 필요, 강점, 기회를 조사하는가?

각 단계에서 지침을 제공하려면 효과적이고 형평성에 초점을 맞춘 관행을 훨씬 더 많이 연구해야 한다. 우리가 '기술을 집으로', '가족 창의적 학습', 오픈스택스, 기타 계획을 대상으로 수행한 사례 연구들은 훌륭한 시작점이지만, 기회에서 가장 멀리 떨어져 있는 학습자들의 필요를 효과적으로 충족하는 프로그램과 전략을 훨씬 더 풍부하게 이해해야 한다. 우리는 추가적인 사례 연구를 통해 좀 더 엄격하게 연구할 가치가 있는 관행을 식별하고, 디지털 형평성을 달성하기 위한 설계 원칙을 개발함으로써 신기술을 통해 학습을 지원할 여력이 있는 다양한 이해관계자의 작업을 이끌 수 있었다. 이 장에서 소개한 원칙들은 이 작업을 시작할 수 있는 출발점을 제공한다.

일상평가의 함정

컴퓨터, 비조직적 문제해결,
복잡한 의사소통을 위한 일상적인 작업

자동 채점은 일상적인 과업을 평가하는 데 탁월하게 작용하고, 더 이상
사람이 수행할 필요가 없는 종류의 작업이다.[1]

1980년대와 1990년대 개인용 컴퓨터가 직장에 널리 보급되면서 임
원, 정책 입안자, 연구자들은 이 새로운 기계가 인간 노동력에 어떤 영
향을 미칠지 궁금해했다. 초기 가설은 컴퓨터가 고임금 노동력을 보완
하고 저임금 노동력을 대체하리라는 것이었다. 즉, 의사 같은 전문직 종
사자가 아니라 계산원을 대체하리라는 뜻이다. 컴퓨터가 노동시장에서
인간의 노동력을 대체한 것은 확실하지만, 지난 40년 동안 펼쳐진 현상
은 이처럼 단순한 예측보다 훨씬 복잡했다. 교육에 관심을 기울이는 경
제학자들은 노동과 기술 수요가 어떻게 변할지뿐 아니라 이러한 변화

가 교육에 어떤 영향을 미칠 수 있고, 또 앞으로 어떤 영향을 미쳐야 하는지를 더욱 잘 이해하기 위해 컴퓨터화를 연구해왔다. 리처드 머네인Richard Murnane과 프랭크 레비Frank Levy는 여러 해 동안 이 문제를 탐구했고, 항공사 체크인 카운터 사례를 사용해 사람들에게 자동화를 이해시켰다.[2]

비행기를 이용할 때 직원을 통해 체크인하던 상황을 떠올려보자. 직원과 주고받는 대화는 매우 체계적일 것이다. 비행기를 자주 타는 승객이라면 아마도 다음과 같은 대화를 기억할 것이다.

- 항공권 있으세요?
- 최종 목적지가 어디시죠?
- 신분증을 보여주시겠어요?
- 부칠 짐이 있으세요?
- 짐을 싼 후에 계속 갖고 계셨나요?
- 짐을 쌀 때 다른 사람의 도움을 받으셨나요?
- 여기 항공권과 수하물 영수증입니다. 즐거운 여행 하세요.

카운터에서 일하는 사람들은 탄탄한 중산층 노동자들이었다. 그들은 노조에 가입하고, 유니폼을 입으며, 상당한 급여와 혜택을 받았다. 하지만 지금은 이 직업의 다수가 사라졌다. 요즈음 비행기를 탈 때 직원을 찾아가 체크인하는 승객은 거의 없다.

체크인할 때 오가는 대화에서 필요한 정보는 매우 체계적이었다. 항공권에는 번호, 승객의 이름, 좌석 번호, 출발지와 도착지가 적혀 있다. 부칠 수하물이 있느냐는 질문에는 '예'나 '아니오'로 대답하면 된다. 신분증은 스캔해서 승객과 일치하는지 확인하기 위한 용도로 쓰인다. 결과적으로 이러한 대화는 키오스크에 내장된 컴퓨터에 코드로 입력될 수 있으며, 키오스크는 가격이 저렴할 뿐 아니라 승객과 체크인 관련 대화를 밤낮으로 쉬지 않고 할 수 있다. 모바일 기술과 네트워크가 보급되면서 키오스크 대신에 스마트폰 앱으로도 기능을 보완할 수 있어서 이제 승객은 스마트폰을 사용해 같은 내용의 대화를 할 수 있다.

그래도 항공사 체크인 키오스크에 가면 유니폼을 입은 항공사 직원들이 대기하고 있는 광경을 볼 수 있다. 교육자 입장에서 나는 이 사람들에게 상당히 관심이 많다. 그들은 어떤 사람일까, 무슨 일을 할까, 무엇을 잘할까 등등. 자동화 물결이 거센 환경에서도 끝까지 자동화할 수 없었던 직업에 종사하는 소수의 사람들이 맡은 임무는 무엇일까?

항공사 카운터 직원은 키오스크와 모바일 앱이 제대로 처리하지 못하는 두 가지 일반적인 문제를 해결한다. 첫째, 키오스크 시스템 설계자가 예상하지 못한 문제들이 주기적으로 발생한다. 즉 항공편이 바뀌고, 결제가 엉키고, 기타 일반적이지 않은 사건들이 일어난다. 머네인과 레비는 이처럼 결과와 해결 경로가 즉각적으로 명확하게 드러나지 않는 문제를 가리켜 "구조화되지 않은 문제"라고 부른다. 경제학자들이 사용하는 용어를 빌리자면, 이러한 종류의 난제에 맞닥뜨렸을 때 인간은 컴퓨터보다 "비교 우위"를 갖는다. 과업이 더욱 복잡하고 구조적이지 않을수록 서비스를 제공하는 소프트웨어를 개발하고 유지하는 비용이

사람들을 고용하는 비용보다 더 비싸진다는 뜻이다.[3]

둘째, 사람들은 키오스크와 의사소통할 때 온갖 어려움을 겪는다. 자신이 원하는 업무에 적합한 키오스크를 찾지 못하거나, 키오스크에 프로그래밍되어 있는 언어를 구사하지 못하거나, 안경을 잊고 가져오지 않았거나, 항공사의 태도에 너무 화가 나서 키오스크를 두드린다. 인간이 컴퓨터보다 나을 때는 언제일까? 사회적 상호작용을 통해 임무를 이해해야 문제를 해결할 수 있거나, 임무 자체가 교육, 설득, 다른 복잡한 방식으로 사람들을 참여시켜야 하는 "복잡한 의사소통"을 할 때다.[4]

복잡한 의사소통과 구조화되지 않은 문제의 해결은 가까운 미래에 인간이 컴퓨터를 능가할 영역이다. 데이비드 오터David Autor는 레비와 머네인과 함께 미국 노동부가 관리하는 직업 코드 수백 개의 목록을 확보해 각 직업을 일상적인 수작업, 일상적인 인지 작업, 복잡한 의사소통이 필요한 작업, 제대로 구조화되지 않은 문제해결이 필요한 작업으로 분류했다. 그들은 노동시장에 대비해 일상적인 업무가 사라지고, 복잡한 의사소통과 전문 지식이 필요한 일자리가 확대되고 있다는 사실을 발견했다. 후속 연구에서는 특정 종류의 전형적인 직업이 서비스 부문에 계속 존속하고 있지만, 이것은 특별한 기술 없이 누구로도 대체 가능하고, 주정부나 연방정부가 법률로 정한 최저임금을 받는 직업이라는 사실을 발견했다.[5]

지난 20년 동안 교육개혁가들이 발달시킨 21세기 기술의 거의 모든 목록도 레비와 머레인이 실시한 해당 노동시장 연구에서 나왔다. 아마도 가장 인기 있는 공식은 창의성creativity, 비판적 사고critical thinking, 의

사소통communication, 협업collaboration을 가리키는 네 가지 C일 것이다. 여기서 창의성과 비판적 사고는 구조화되지 않은 문제해결의 파생물이고, 의사소통과 협업은 복잡한 의사소통의 파생물이다.[6]

직업 세계를 뒤흔드는 컴퓨터

이러한 변화는 직업 범주 안에서도 목격할 수 있고, 변화에 따른 영향은 매우 다른 종류의 직업과 임금 수준에서도 비슷하다. 나는 이 같은 현상을 설명할 때 버몬트 시골에 있는 내 오두막 이야기를 예로 즐겨 인용한다. 어머니는 이 오두막을 35년 전에 샀고, 동네 배관공에게 의뢰해 온수기를 설치했다. 25년 후 어머니가 돌아가시면서 나와 동생은 오두막을 유산으로 물려받았고 이내 온수기를 교체해야 했다.

세월이 많이 흘렀지만 당시 배관공이 여전히 일하고 있어서 그에게 새 온수기를 설치해달라고 의뢰했다. 배관공은 작업을 마치고 나서 나를 창고로 데려가 사용법을 설명해주었다. 온수기에는 LED 패널이 있어서 기계가 정상적으로 가동할 때는 '정상GOOD'이라는 단어가 떴다. 배관공은 패널에 정상 말고 다른 단어가 뜨면 초기화 버튼을 누르고 잠시 기다리라고 말했다. 그래도 효과가 없으면 전원을 껐다 켜서 온수기를 재부팅하라고 했다. 그랬는데도 문제가 지속되면 어떻게 하느냐고 내가 묻자 배관공은 버몬트주 어퍼리버밸리Upper River Valley에 있는 한 배관공만이 스칸디나비아로 날아가 이러한 온수기를 재프로그래밍하는 방법을 교육받고 왔으므로 어쩔 수 없이 그에게 연락해야 한다고 설명했다.

여러 해 동안 나는 1960년대와 1970년대에 배관공 수습 생활을 마치고, 파이프를 자르고 땜질하는 법을 배우고, 새 장치를 설치하면서, 버몬트 시골에 있는 꽁꽁 얼어붙은 주택을 살만한 곳으로 회생시켰던 숙련공들에 대해 생각했다. 과거로 돌아가 수습 단계에 있는 젊은이들에게 50년 후면 배관공이 컴퓨터 프로그래머가 되리라고 설명하면 어떨까? 게다가 온수기에 내장된 컴퓨터는 재부팅과 전원 순환을 통해 쉬운 문제는 자체적으로 해결할 수 있다. 컴퓨터 프로그래밍 기술을 보유한 배관공은 컴퓨터가 스스로 해결할 수 없는 흔하지 않고 사소하지 않은 문제를 해결할 때만 필요하다.

경제 범위의 반대편 끝에서도 비슷한 예를 들 수 있다. 법률 업무에서 흔한 작업은 진술서를 살펴서 위법 행위의 증거를 담고 있을 수 있는 문서를 발견하고, 요청하고, 확보하는 것(discovery, 미국법에서의 개시 작업－옮긴이)이다. 며칠 후 기업들은 증거를 찾기 위해 변호사들을 고용해 문서를 모조리 검토하게 할지 모른다. 하지만 새로운 서비스는 컴퓨터로 문서를 스캔하고 조사해서 키워드나 기타 범죄 행위 패턴을 찾아내는 등 개시 작업의 일부를 자동화한다. 이런 과정을 통해 훨씬 적은 분량의 문서만을 전보다 훨씬 줄어든 수의 변호사들에게 검토용으로 제공할 수 있다.[7]

어떤 직업 분야 이건 진취적인 컴퓨터 프로그래머들은 루틴화할 수 있는 업무를 식별해내고, 소프트웨어를 작성한다. 또 앱을 개발하고, 로

언텍트 교육의 미래

봇을 제작하며, 인간의 작업을 대체할 수 있는 키오스크를 만든다. 자율주행차는 자동화 기술을 개발하는 분야에서 획기적인 발명품으로 주목받고 있다. 2005년 발표한 《새 노동 분업*New Division of Labor*》에서 레비와 머네인은 지속적인 교통 흐름으로 좌회전해 진입하는 것을 매우 복잡한 결정으로 묘사했다. 자동차, 조건, 보행자, 동물 등 변수가 매우 많으므로 컴퓨터는 좌회전 시기를 확실하고 안전하게 결정하는 방법을 결코 배울 수 없다고 했다. 물론 로봇기술자, 인공지능 전문가, 기계 시각 전문가 등은 많은 다른 복잡한 결정 중에서도 교통 흐름에서 좌회전해 진입할 수 있는 자율주행차를 프로그래밍하기 위해 맹렬하게 노력하고 있다.[8]

교육자로서 내 최대 관심사의 하나는 현재 교육 시스템으로 학생들을 학습시켜서 컴퓨터와 로봇으로 복제할 수 없는 종류의 기술을 개발하게 할 수 있느냐다. 교육자들은 인간이 비교우위를 갖는 영역에 특별히 초점을 맞춰야 한다. 컴퓨터가 노동시장과 시민 영역의 수요를 바꾸고 있으며, 학생들이 복잡한 기술에 대한 숙련도를 개발해야 한다고 요구한다면, 대규모 학습 기술은 이러한 과제를 해결하기 위해 어떤 역할을 할 수 있을까?

앞서 설명했듯 대규모 강사 주도 학습과 알고리즘 주도 학습이 제안한 가치를 살펴보면, 학습자는 컴퓨터가 촉진하는 교육 경험에 참여할 수 있고, 자동화된 평가를 기반으로 한 학습 자료를 통해 발전할 수 있다. 대부분의 MOOC와 반응형 개인지도 시스템은 문제, 퀴즈, 학습자 역량을 평가하는 기타 활동을 포함한다. 또 이 평가에 기초해 피드백이나 수료증을 제공하거나, 개인맞춤형 개인지도의 경우에는 수행에 근거한 추가 문제나 학습자원을 제공한다.

그렇다면 인간 수행의 어떤 영역을 컴퓨터 시스템으로 평가할 수 있을까?

시험에 대한 이해와 오해: 구상화 오류

이 질문에 대한 대답을 찾기 전에 "구상화 오류"(reification fallacy, 경험적 세계에 존재하지 않거나 이해할 수 없는 것이 실제에도 존재한다고 생각하는 것이다 — 옮긴이), 즉 이름이 대상의 실체를 정확하게 대표한다고 무비판적으로 믿는 오류에 대해 생각해볼 가치가 있다. 심리측정학자는 시험 방법을 연구하고, 시험과 시험 데이터가 이해되고 오해되는 모든 방식을 연구하는 통계학자다. 시험 시스템을 평가할 때 가장 흔하게 범하기 쉬운 오류의 하나는 시험 명칭이 시험 내용을 정확하게 정의한다고 믿는 것이다. 일반적으로 '대수학 시험'이라는 명칭을 쓴다고 해서 개인의 대수학 능력을 정확하게 측정한다는 뜻은 아니다. 영어를 막 배우기 시작한 이민자 학생은 대수학을 매우 잘 이해할 수 있지만, 영어 능력에 영향을 받는 시험에서는 실패할 수 있다. '대수학 시험'은 단순히 대수학 시험이 아니라 영어 또는 '수학적 영어'이거나 '학술적 영어' 시험이고, 과목 내용뿐 아니라 시험 응시 전략에 관한 지식을 평가하는 시험이다.[9]

또 대수학 시험은 대수학의 모든 차원을 평가하지 않는다. 모든 시험은 특정 영역 안에서 견본을 사용해 학습자의 지식을 판단하려는 노력이다. 대수학 시험은 논리적인 표현에 관한 항목을 많이, 추론에 관한 항목을 매우 적게 포함할 수 있으므로, 대수학에서 어떤 부분이냐에 따라서 학습자의 능력을 제대로 또는 형편없이 평가할 수 있다. 구상화 오류는 '대수학 시험'이 대수학을 평가하는 보편적인 시험이 결코 아니라고 상기시킨다. 잘 설계된 평가는 영어 능력, 시험 응시 기술, 기타 영역을 평가하지 않도록 충분한 지원과 접근 방법을 제공하는 동시에 대수학의 대표 영역에서 표본을 광범위하게 추출할 수 있다. 하지만 모든 평가는 불완전하게 설계되어 있다.[10]

구상화 오류의 함축적 의미는 모든 시험이 좀 더 잘 측정하는 부분도 있지만, 그렇지 못한 부분도 있다는 것이다. 시험은 측정 대상으로 언급되지 않은 영역을 필연적으로 평가하기 마련이다. 교육자들과 교육 설계자들이 컴퓨터를 사용해 평가를 자동화할 때, 컴퓨터 도구의 강점과 한계는 주어진 영역에서 어떤 부분을 시험으로 평가할지를 극적으로 결정한다.

컴퓨터, 시험, 일상적인 작업

컴퓨터가 매우 일상적인 작업을 능숙하게 처리하듯, 교육 시스템에서 사용되는 컴퓨터는 고도로 구조화된 방식으로 수행을 정의하거나, 잘 정의된 정답과 오답을 가지고 일상적인 작업으로 전환될 수 있을 때 인간의 수행을 능숙하게 평가한다.

2장에서 나는 오로지 교육 목적으로 개발된 최초의 컴퓨터 프로그래밍 언어면서, 플라토 컴퓨터 시스템에 사용되는 튜터 프로그래밍 언어를 언급했다. 시간이 지나면서 플라토는 놀라울 정도로 다양한 학습경험, 게임, 사회적 상호작용을 지원했지만, 초창기의 일부 기능은 콘텐츠 전달 화면이 평가와 교대로 나타나는 컴퓨터 지원 수업을 형성했다. 이때 평가는 패턴 매칭 시스템을 사용했다. 교육 설계자들이 답변 은행에 특정 단어, 숫자, 특징을 입력하고, 플라토가 학생들에게 질문을 던지면 학생들은 대답을 타이핑한다(그러면 대답이 학생 앞에 놓인 화면에 즉시 나타난다. 당시로는 커다란 진보였다!). 그러면 플라토 시스템은 학습자의 대답과 답변 은행이 보유한 목록 사이에 일치점이 있는지 평가할 것이다.[11]

이러한 종류의 패턴 매칭은 여전히 컴퓨터가 대답을 평가하는 주요 방식이다. 자동화 평가 시스템은 인간의 추론을 채택하거나, 의미를 평가하거나, 어떤 종류이든 주관적인 평가를 하지 않는다. 오히려 컴퓨터는 정답과 오답의 속성을 암호화한 '답변 은행'에 학생들이 제출한 대답들을 비교한다. 새로운 대답과 기존의 답변 은행이 구문론적으로나 구조적으로 유사한지 아닌지를 결정한다. 또 본질과 의미를 전혀 이해하지 못하므로 구문론과 구조를 근거로 대답을 평가한다.

시간이 경과하면서 우리는 패턴 매칭을 실행하기 위해 복잡한 도구를 개발했다. 튜터 프로그래밍 언어의 초기 형태에서 어떤 교육 설계자가 '5', 'five', 'fiv' '3+2'를 문제에 대한 정답으로 인정하고 싶다 치자. 그러면 이러한 대안이나 완전한 대안을 정의하는 규칙을 답변 은행에 수동으로 프로그래밍해야 한다. 점점 복잡해지는 입력 정보를 평가할 수 있는 "파서"(parser, 문장의 구조 분석, 오류를 점검하는 프로그램 —옮긴이)가 있지만, 근본적인 수준에서 컴퓨터 평가 도구는 학생들이 제출한 답과 평가 설계자들이 옳다고 정의 내린 답을 비교한다. [12]

대부분의 자동 채점 시스템은 구조화된 입력 정보만 평가할 수 있다. 자동 채점 시스템은 정답이 시스템에 프로그래밍되어 있을 때 선다형 항목을 자동적으로 평가할 수 있다. 또 정답이 하나('5')이거나, 두 개('5'와 '-5')인 정량적 질문을 평가할 수 있다. 화학에서는 입력 정보가 엄밀하게 숫자로 나타나지 않지만, 수치 시스템으로 변환될 수 있는 화학 방정식의 평형을 평가할 수 있다. 강사들은 MIT의 최초 MOOC인 6.002x가 지닌 특징인 회로와 전자 시스템 같은 컴퓨터 논리를 통해 시스템을 평가할 때, 다소 개방적인 과제('이러한 시뮬레이션된 부품을 사용해서 시뮬레이션 된 조명을 켜는 완전한 회로를 구축하라')에도 성공 기준을 정의할 수 있다. 컴퓨터는 학생이 구축한 어떤 시스템이 성공 기준을 충족하는지 식별할 수 있다.

이러한 가능성을 고려할 때 심지어 가장 정량적인 과목과 분야에서도, 우리가 가치를 두는 모든 인간 수행이 고도로 구조화된 입력 정보로 축소될 수 있는 것은 아니다. 수학을 생각해보자. 미국에서 널리 채택하고 있는 수학과 문자해독능력 기준인 공통핵심학력기준안Common Core State Standards은 수학 모델링 과정을 다섯 단계로 정의한다. (1) 일련의 특징에서 문제를 발견한다. (2) 문제를 방정식, 표, 도식, 그래프 등의 적절한 모델로 배열한다. (3) 모델 안에서 계산 문제를 해결한다. (4) 원래 맥락에 숫자로 된 답을 입력한다. (5) 언어를 사용해 모델과 계산에 내재한 추론을 설명한다. [13] 우리의 자동 채점 도구는 수학적 모델링의 다섯 단계 중에서 더 이상 사람이 평가할 필요가 없는 계산 구성 요소를 능숙하게 평가한다. 나는 통계적 추론을 도구로 학술 논문을 쓸 때, 일반적으로 계산기나 컴퓨터를 사용해 논문에 필요한 모든 계산을 한다. 내가 컴퓨터와 학술적으로 협업해 획득한 가치는, 흥미로운 문제가 무엇인지 아는 것은 컴퓨터가 아니라 나라는 사실이다. 나는 흥미로운 질문을 던지고, 흥미로운 문제를 식별해내며, 이러한 문제를 인간도 컴퓨터도 이해할 수 있도록 체계화한다. 그런 다음 컴퓨터가 솔루션을 계산할 수 있도록 구조화된 방정식과 투입 정보를 제시함으로써 가치를 이끌어낸다. 일단 컴퓨터가 솔루션을 계산하면 나는 다시 주도권을 잡고, 컴퓨터가 계산한 답이 내가 애초에 서술한 맥락에 어떻게 들어맞는지 설명한다. 또 솔루션을 찾는 과정의 배후에 있는 추론을 설명하고, 해당 솔루션이 내 학문 분야나 인간 사회에 어떤 결과를 낳는지 글로 써서 설명한다.

통계 컴퓨팅 소프트웨어와 협업할 때 내가 거두는 부가가치는 모두 소프트웨어가 할 수 없는 작업에서 발생한다. 비구조적 데이터나 흥미로운 문제를 분석하고, 주관적으로 유용하다고 판단한 방식으로 문제를 체계화하며, 자연어를 사용해 과정을 설명하는 것이 그 예다. 컴퓨터는 이 작업을 할 수 없으므로 일반적으로 이 부분에 대해 인간의 수행을 평가하도록 프로그래밍 될 수 없다. 우리는 작업을 자동 채점하는 기능을 개발할 수 없기 때문에 수학 수업에서 대규모 평가를 실시하지 않는 경향이 있다. 대신에 우리가 수학 수업에서 대규모로 평가하는 대상은 컴퓨터가 이미 능숙하게 처리하고 있으면서 더 이상 인간이 수행

할 필요가 없는 계산이다.[14]

다시 한번 강조하지만 구상화 오류의 개념은 유용하다. 공부하는 내내 학생들은 수학 시험을 치르는데, 이 수학 시험이 컴퓨터로 점수를 매길 수 있는 문제 유형으로 한정된다면, 수학 영역 전체의 일부만 평가할 수 있을 뿐이다. 컴퓨터로 채점하는 수학 시험에서 좋은 점수를 받는 학생은 계산을 잘할 수는 있지만, 시험은 흥미로운 문제를 발견하거나 체계화하고, 자신의 추론을 설명하는 능력을 평가하지 못할 뿐 아니라 전문 수학자들이 보수를 받고 수행하는 작업들도 평가하지 못한다.

그렇다고 학교에서 계산을 가르치지 말아야 한다는 뜻이 아니다. 수학에 대해 추론하려면 계산을 이해해야 하므로 학생들은 모든 종류의 계산을 배워야 한다. 학생들은 곱셈표를 포함해, 구글보다 빨리 사실에 접근하는 것이 유리한 모든 상황에서 매우 유용한 수학적 사실들을 암기해야 한다. 하지만 이러한 계산상 사실들은 학생들이 정량적 계산을 넘어서 수학적으로 추론하는 방법을 학습하기 위한 구성 요소가 되어야 한다.

일상적인 평가의 함정은 컴퓨터는 스스로 할 수 있는 것을 평가할 수 있을 뿐이라는 사실이고, 따라서 우리는 그 점을 학생들에게 가르친다. 하지만 경제와 노동시장을 둘러보면 컴퓨터가 이미 능숙하게 처리하고 있는 작업을 사람들이 담당할 필요가 점차 사라지고 있다. 이제 학생들은 복잡한 의사소통 기술을 개발하고, 비구조적 문제, 즉 수학에서 문제 계산보다는 문제 발견과 문제 구조를 공략하고, 자신의 추론을 설명해야 한다. 하지만 학교 시스템은 수학의 이 중요한 영역을 저렴한 비용으로 시험할 수 없으므로, 이러한 차원을 대규모로 평가하지 않는다. 따라서 교사, 출판사, 기타 관계자는 교과과정과 교수법에서 이러한 차원의 중요성을 축소한다. 물론 훌륭한 수학 교사들이 있어서 더 완전한 수학을 가르치기도 하지만, 현실을 거슬러 그렇게 하는 것이다.

기계학습과 평가

앞으로 컴퓨터가 인간의 추론을 평가하는 새로운 능력을 개발하는 동안 평가 기술이 향상된다면, 그것은 "기계학습"의 진보와 관계가 있을 가능성이 매우 크다. 기계학습은 알고리즘과 통계를 결합한 분야이며, 컴퓨터는 특정 규칙들을 따르지 않고 패턴을 토대로 추리해서 결정을 내리도록 프로그래밍 된다. 기계학습에서 평가에 가장 적절한 분야는 지도식 기계학습supervised machine learning이고, 숙련된 인간과 비슷한 방식으로 데이터에 꼬리표를 붙이거나 결정을 내릴 수 있도록 컴퓨터 프로그램을 조정하는 작업을 포함한다. 예를 들어 원어민은 학습자들이 일련의 단어들을 발음하는 소리에 귀를 기울이면서 단어를 제대로 발음했는지 잘못 발음했는지 꼬리표를 붙인다. 그러면 컴퓨터 프로그래머들은 이러한 "교육" 데이터를 사용해 정확한 발음과 부정확한 발음을 인식하는 방법을 컴퓨터에 가르치려고 노력한다.[15]

이렇게 학습하는 기계는 어떤 의미 있는 측면에서도, 적어도 인간

언택트 교육의 미래

과 같은 방식으로는 단어에 "귀를 기울이지" 않을 것이다. 오히려 컴퓨터 프로그래머들은 기계에 지시해 소리의 오디오 파일을 가져다가 매우 작은 오디오 파장들로 쪼갠 다음에 미세한 음높이와 음량 등 소리의 속성을 계산하게 할 것이다. 그러면 기계학습 알고리즘은 어느 소리 속성이 정확한 발음, 또는 부정확한 발음과 더욱 밀접하게 상관관계가 있는지 계산한다. 정확하거나 부정확하다고 분류되지 않은 새로운 소리를 입력했을 때는 새로운 소리 파일의 정량적 속성을 기존 소리 파일과 비교하고, 새로운 소리 파일이 정확한 발음을 담은 소리 파일에 더 가깝거나 부정확한 발음을 담은 소리 파일에 더 가까울 확률을 계산한다. 그러면 인간은 컴퓨터가 생성한 평가를 검토하고 재평가한다("컴퓨터야, 그렇지 않아. 네가 부정확한 발음을 뜻하는 꼬리표 'o'를 붙였지만 실제로는 정확한 발음을 뜻하는 꼬리표 'I'를 붙여야 해"). 이러한 조정을 토대로 채점 알고리즘을 업데이트할 수 있다.[16]

자동 채점 기능을 향상시키기 위한 기계학습 기반 접근 방식은 다음 두 가지 조건이 들어맞을 때 매우 유용하다. 첫째, 기존 규칙들로 모든 정답을 설명할 수 없을 때다. 둘째, 인간 평가자가 정답과 오답 또는 더 바람직한 답과 더 바람직하지 않은 답을 구별할 수 있을 때다. 회로 시뮬레이터나 산술 문제에서 그렇듯 가능한 모든 정답을 기술하도록 규칙 집합을 프로그래밍할 수 있다면 기계학습은 불필요하고, 프로그래밍 된 평가 규칙이 가동할 것이다. 인간이 정답과 오답을 신뢰성 있게 구별할 수 없다면, 컴퓨터를 프로그래밍하는 데 사용할 수 있는 훈련 데이터를 생성할 수 없다. 따라서 컴퓨터 지원 발음 훈련에 대한 기계

학습 접근 방식은 이 두 가지 조건이 들어맞기 때문에 유망하다. 하지만 컴퓨터 프로그래머들이 산술 문제에 대한 정답을 정의하기 위해 엄격한 패턴 매칭 규칙들을 개발할 수 있었던 것과 같은 방식으로 정확한 발음에 대한 엄격한 규칙들을 개발하는 것은 불가능하다. 동시에 대부분의 원어민은 정확하게 발음한 단어와 부정확하게 발음한 단어의 차이를 대수롭게 않게 생각할 수 있다. 이렇듯 인간의 평가에는 "불확실성fuzziness"이 있다. 미네소타 출신 영어 원어민은 내가 구사하는 보스턴식 발음 'cah'를 듣고 자동차를 가리키는 만족스러운 발음이라고 인식할까? 하지만 허용 가능한 신뢰성 수준에서 가동하는 예측을 기계학습 알고리즘이 발달시키기 위해서 인간 사이에 의견이 완전히 일치했다는 꼬리표가 훈련 데이터에 붙을 필요는 없다.

기계학습 기반의 발음 기술을 통해 자신이 좋아하는 언어학습 앱에 "por favor"(스페인어로 please를 뜻한다 — 옮긴이)라고 말하면, 앱은 발음의 정확도를 자동적으로 평가할 수 있다. 우리가 "por favor"라고 말할 때, 언어학습 앱은 중학교 스페인어 교사가 듣는 것과 같은 방식으로 소리를 듣지 않는다. 대신에 "por favor"의 소리 파일을 취해 많은 소리 세그먼트로 잘게 나눠 세그먼트의 특정한 정량적 특징을 평가한다. 그리고 이 평가를 사용해 사운드 파일을 정량적으로 평가한 후, 인간이 정확하게 또는 부정확하게 발음했다고 꼬리표를 붙인 'por', 'favor', 'por favor'의 정량적 모델 라이브러리와 대조한다. 이러한 비교 과정에서 발음 자동 채점 기능은 사운드 파일의 정량적 모델이 정확한 발음의 소리 파일에 더 가까운지, 아니면 부정확한 발음의 소리 파일에 더 가까운지 추정한

언텍트 교육의 미래

다. 이러한 평가는 확률에 영향을 받으므로 프로그래머는 잘못된 긍정 평가와 잘못된 부정 평가에 대한 허용 오차를 결정하고, 언어학습 앱이 사운드 파일에 '정답'이라고 평가하기 위해 도달해야 하는 확률적 신뢰도의 임계값을 결정한다.

이 모든 것은 프로그래머들이 50년 전 플라토 시스템과 함께 가동하기 위해 튜터 언어를 훈련시킨 것과 같은 패턴 매칭을 실시하는 거대한 시스템이다. 이 시스템은 단어의 소리처럼 특유한 대상을 취하고, 비슷한 정량적 소리 모델을 담은 '대답 은행'에 비교할 수 있는 일련의 양적 특징들로 소리를 쪼갠다. 우리는 인간 뇌에 있는 뉴런과 화학물질의 심해에서 일어나는 놀랍고 복잡한 현상을 정말 조금 이해할 뿐이다. 그 덕택에 아이들은 잘못 발음된 단어를 즉시 인식하고, 컴퓨터는 인간이 내릴 수 있는 미묘하고 모호한 평가를 취한 후에 일상적인 계산 작업으로 전환해서 확률적 평가를 도출한다.

이러한 시스템을 훈련하려면 방대한 양의 데이터가 필요하다. 구글은 새로운 이미지를 분류하도록 이미지 검색 엔진을 훈련시킬 때, 인간이 인터넷에서 캡처한 막대한 양의 이미지들을 훈련용 데이터로 사용할 수 있다. 인간이 본문에 정확한 발음인지 아닌지 꼬리표를 붙인 자연발생적인 데이터 소스가 없으므로, 언어학습 앱을 개발하는 기업들은 이러한 데이터를 생성해야 한다. 누구나 예상할 수 있듯, 전문가가 단일 언어에서 가장 흔한 단어 천 개에 대한 발음을 가장 일반적인 발음에 견주어 평가하는 비용은 상대적으로 저렴하다. 하지만 더 많은 단어와 구절, 더 많은 양의 허용 가능한 사투리와 억양, 더 많은 언어를 포함한 훈련 세트를 개발하는 비용은 훨씬 비싸진다. 영어를 배우는 스페인어 원어민에게서 수집한 데이터를 사용해서 발음 탐지기를 훈련한다고 가정해보자. 탐지기가 사용하는 분류 알고리즘은 라틴아메리카계 스페인어 학습자, 포르투갈어 원어민, 기타 로망스어 사용자, 중국어 원어민의 경우에는 정확도가 떨어질 것이다. 중국어 원어민이 영어 발음을 배울 때 범하는 오류의 종류는 스페인어 원어민의 경우와 매우 다르다. 따라서 서로 다른 원어민이 소리내는 발음의 질을 효과적으로 평가할 수 있도록 탐지기를 훈련하려면 새로운 데이터가 있어야 한다. 발음을 제대로 평가하려면 사람의 발음으로 꼬리표를 붙인 방대한 양 데이터를 확보해야 한다. 예를 들어 모국어 배경이 다양한 초보 학습자, 해당 언어의 다양한 현대 사투리 전문가에게 수집한 것처럼 이질적인 입력 데이터는 다양한 배경을 지닌 학습자의 발음을 효과적이고 정확하게 자동 채점하는 데 결정적으로 중요한 역할을 한다. 이러한 데이터 수집, 꼬리표 붙이기, 평가 시스템을 가동하는 비용은 상당히 비싸다. 앞으로 수십 년 안에 언어학습 시스템은 꾸준히 발전하겠지만, 발음을 인식하는 난제를 따져보면 원어민처럼 자연어를 듣고 피드백을 제공할 수 있는 반응형 개인지도에서 우리가 얼마나 멀리 있는지 알 수 있다.[17]

기계학습과 에세이 자동 채점

아마도 기계학습에서 고급 자동 채점을 가장 눈에 띄게 적용하는 분야

언택트 교육의 미래

는 에세이일 것이다. 에세이 자동 채점이 인문학, 사회과학, 과학, 전문직 전반에 걸쳐 안정적으로 가동한다면, 학생들에게 복잡한 주제에 대해 글을 써서 이해도를 증명하라고 요청할 수 있다. 이상적으로 교사들은 다양한 시험에 에세이 평가가 추가되는 추세에 맞추도록 학생들에게 좀 더 높은 품질의 글쓰기 과제를 부과할 필요가 있다. 시험의 질이 높아지면 교육의 질도 높아질 수 있다. 대부분의 교육 기술에서 그렇듯, 현실은 이처럼 멋진 희망을 품기에는 녹록하지 않다. 에세이 자동 채점은 평가 시스템에 완전히 사소하지도 않고 진정으로 혁신적이지도 않은 제한된 이익을 제공한다. 하지만 이 시스템은 앞으로 몇 년 동안 계속 향상될 것이고 아마 이익도 점차 증가할 것이다.[18]

대부분의 교육자는 에세이 자동 채점의 메커니즘을 독특하다고 생각한다. 에세이를 평가할 때 채점자는 단어와 구두점의 배열인 구문론과 구문론에서 나오는 의미를 다루는 의미론을 모두 조사한다. 컴퓨터는 단어의 소리를 이해하지 못하듯 문장의 의미를 이해하지 못하므로 구문만 분석한다. 에세이 자동 채점 도구는 훈련 데이터, 즉 항목에 따라 인간 채점자가 점수를 매긴 방대한 양의 에세이에서 출발한다. 그런 다음 컴퓨터는 각 에세이를 취하고, 글의 다양한 특징을 정량화하기 위해 여러 일상적인 작업을 수행한다. 이러한 기술 중에 '단어 가방Bag of words'이 있다. 여기서 소프트웨어는 모든 구두점, 간격, 단어 순서를 제거하고, a, the, and 같은 불용어를 없애며, jumping, jumped, jump가 모두 같은 단어를 가리키도록 모든 단어의 원형을 찾고, 문서에 남아 있는 모든 단어를 출현 빈도에 따라 목록으로 만든다. 자동 채점은 단어가 두 개씩 또는 세 개씩 발생하는 빈도를 가리키는 N-gram이나 총 단어 수처럼 비슷한 계산을 다양하게 수행할 수 있다. 그러면서 인간 채점자가 매긴 점수와 에세이의 정량화된 구문 특징 사이의 상관관계 모델을 개발한다.

대개 특정 타깃 대상이 작성한 에세이 주제에 관한 훈련 데이터와 특정 표준화 시험의 에세이 문제를 통해 수집한 에세이 수백 편을 확보한 상태에서, 새로 제출된 에세이는 같은 구문 알고리즘을 통과한다. 자동 채점은 특징의 유사성에 근거해 비슷한 구문 특징을 보이는 에세이를 인간 채점자가 어떻게 채점할지 예측할 수 있다. 이러한 과정을 통해 자동 채점으로 생성된 점수는 인간 채점자와 비슷한 신뢰성 수준을 달성할 수 있다. 여기서 신뢰성이 가리키는 사실에 따르면, 사람 두 명과 컴퓨터 한 대를 시켜 새로운 에세이 수백 편을 채점하게 하는 경우에 사람끼리 점수가 일치하지 않는 빈도만큼이나 컴퓨터가 매긴 점수도 사람들과 일치하지 않는다.

이러한 채점 접근 방식에 찬성하는 사람들은 대규모의 자연 언어 글쓰기를 더욱 저렴하게 채점할 수 있다고 강조한다. 대규모 글쓰기 평가에서 인간 채점자가 실시하는 평가가 특별히 좋은 것은 아니다. 채점자는 전형적으로 질적 피드백 없이 전체적인 평가를 실시하기 위해 학생들의 에세이를 불과 몇 분마다 한 편씩 읽어야 하지만, 컴퓨터는 품질과 신뢰성을 유지하면서 평가를 달성할 수 있다. 표준화 시험에 들어 있는 에세이 수를 늘리기 위해 이러한 기술을 사용함으로써, 우리는 교육 시스템이 교과과정에서 글쓰기를 가르칠 가능성이 높고, 비록 평가

가 불완전하더라도 글쓰기를 포함하지 않는 표준화 시험보다 나을 것이라 희망한다.[19]

에세이 자동 채점에 반대하는 입장에서는 글쓰기에서 읽는 이가 차지하는 중요한 역할을 무시하고, 애초에 질 낮은 채점을 복제하는 데다가 확장하기 어렵다고 주장한다. 사람들이 글을 쓰는 이유는 자신의 글을 컴퓨터가 단어 가방에 집어넣게 하려는 것이 아니라, 다른 사람이나 자신의 마음을 움직이기 위해서다. 따라서 소프트웨어 프로그램의 구문 기준을 충족하기 위한 글쓰기는 글쓰기 활동의 의미를 고갈시킨다. 점수 자체에 담긴 의미론적 뜻도 다소 다르다. 인간이 매긴 점수는 일련의 기준을 척도로 글의 의미론적 뜻을 평가하고, 질에 대한 주장을 했다는 뜻이다. 컴퓨터가 매긴 점수는 해당 글의 구문론적 수준이 다른 글의 구문론적 수준과 어떤 관계가 있는지를 예측한 것이다. 자동 채점의 옹호자들은 이렇게 다른 수단들이 같은 채점 결과를 낳는다고 주장하지만, 비판자들은 이러한 교육 활동의 과정이 중요하다고 주장한다.

마지막으로, 우리가 가동하는 글로벌 교육 시스템에서 표준화 작문 시험 시스템 전체가 뛰어난 가치를 지니는 것은 아니다. 프롬프트는 진부한 경향이 있고, 글쓰기에 적용되는 시간 제약은 비현실적이며, 인간이 내리는 평가의 질은 성급하고 불량하다. 새로운 에세이를 신뢰성 있게 자동 채점할 수 있을 정도로 에세이 은행과 훈련 데이터세트를 대규모로 발달시키려면 비용과 시간이 많이 들므로, 학생, 인간 채점자, 평가 설계자 편에서 막대한 투자가 필요하다. 에세이 하나에서 수집하는 훈련 데이터만 가지고서는 자동 채점으로 다른 에세이를 신뢰성 있게 평가할 수 없으므로 각 특정 프롬프트를 훈련시켜야 한다. 자동 채점의 불량도를 약간 낮추는 방식으로 해당 시스템을 점차 개선하는 것은 교수와 학습을 향상시키는 생산적인 경로가 아닐 수 있다.[20]

에세이 자동 채점을 비평하는 한 가지 현명한 방법은 에세이 자동 작성을 프로그래밍하는 것이다. 컴퓨터가 언어 구문에서 패턴을 평가한다는 점을 고려할 때, 인간이 이러한 패턴을 해독할 수 있다면 전산 도구를 사용해 의미론적으로는 무의미하지만, 구문론적으로는 채점 알고리즘이 선호하는 패턴을 고수하는 새로운 에세이를 생성할 수 있다. MIT의 '교과과정 전반에 걸친 글쓰기Writing across the Curriculum' 프로그램(지금은 '글쓰기·수사·커뮤니케이션'으로 불린다)의 명예 이사이자 에세이 자동 채점을 심각하게 비판하는 레스 페렐먼Les Perelman은 MIT 학생들과 함께 바벨제너레이터Babel Generator를 연구 개발했다. 바벨제너레이터는 의미론적으로는 무의미한데도 에세이 자동 채점 항목에서 높은 점수를 받는 에세이를 만들어낼 수 있다. 페렐먼이 이끄는 팀은 자동으로 생성된 에세이에 대해 자동 피드백을 얻기 위해 교육평가원의 스코어잇나우!ScoreItNow!라는 도구를 사용했다. 의무 교육인 초등학교 교과과정을 주제로 작성한 에세이는 "암살에 대해 배우는 피교육자는 언제나 인류의 일부일 것이다"라는 문장으로 시작하고, "그러므로 프로그램은 상당한 박탈감을 낳을 수 있다"라는 문장으로 끝을 맺었다. 이 에세이는 6점을 받았고, 스코어잇나우!는 "문제를 설득력 있게 분석해서 표현하고, 의미를 능숙하게 전달한다"라고 서술했다.[21]

마음을 독하게 먹고 자동 생성된 엉터리 에세이를 암기해 제출하는 학생도 있을 수 있겠지만, 어쨌거나 에세이 자동 작성이 시험 감독을 두고 치르는 표준화 시험을 위협하지는 않는다. 하지만 에세이 자동 작성은 시험 감독이 없는 상태에서 작성된 에세이를 채점하는 경우에 문제가 될 수 있으므로 열띤 비판을 받고 있다.[22]

에세이 자동 작성과 자동 채점에 대해 내가 상상하고 싶은 광경은, 학생들은 자동으로 에세이를 쓰는 컴퓨터 프로그램을 다운받아 실행하고, 강사들은 컴퓨터를 사용해 이러한 에세이를 자동으로 채점하는 것이다. 컴퓨터가 에세이를 즉시 채점하는 동안 학생들과 강사들은 따뜻한 햇볕이 내리쬐는 잔디밭에 모여 앉아 멋진 아이디어들을 꺼내놓으며 서로 배우는 것이다.

교육 기술 분야에서 등장하는 많은 아이디어가 그렇듯, 이것은 실제로 매우 오래 존재해온 꿈이다. 1930년대 시드니 프레시Sidney Pressey가 기계식 교수 기계를 최초로 선보였을 때, 오하이오주립대학 재학생들이 발행하는 〈오하이오주립대학월간지Ohio State University Monthly〉는, 프레시가 만든 기계식 선다형 기계에서 정확한 키를 자동으로 누르는 제2의 기계를 누군가가 제작할 수 있다면, 교육의 미래는 "학생들이 보기에 완벽할 것"이라고 썼다.[23]

컴퓨터 프로그래밍에서 자동 채점

:

아마도 인간 수행 중에서 합리적으로 자동 채점할 수 있는 가장 복잡한 형태는 컴퓨터 프로그램일 것이다. 컴퓨터 프로그래밍 분야는 프로그래머들에게 소프트웨어에 관한 피드백을 주는 도구를 개발하면서 부분적으로 발전해왔다. 많은 컴퓨터 프로그래머는 자동화 작업을 수행하는 통합개발환경integrated development environment, IDE을 이용해 프로그램을 작성한다. 예를 들어 컴퓨팅 스크립트에는 프로그램을 통해 수정하고 호출해야 하는 변수가 많을 수 있고, IDE가 변수들을 추적하므로 프로그래머들은 정확한 문자열을 기억할 필요 없이 목록에서 변수를 선택할 수 있다. 많은 IDE에는 자동완성 기능이 있으므로, 프로그래머들은 문자열이나 함수의 처음 몇 자만 입력하면 목록에서 정확한 문자열이나 함수를 선택할 수 있다. IDE는 프로그램을 실행할 때 발생하는 오류에 대한 피드백을 프로그래머들에게 제공하기도 한다. 예를 들어 어딘가에서 논리적 오류가 발생해 프로그램이 제대로 실행되지 않는 경우에 IDE는 자동으로 코드를 분석해 오류가 발생할 수 있는 부분을 찾아낸다. 어떤 의미에서는 컴퓨터 프로그래머가 프로그램을 실행할 때마다 일종의 형성적 평가 작업을 한다고 볼 수 있으며, 좋은 IDE는 프로그래머들에게 제대로 작동하는 코드와 그렇지 않은 코드에 대한 피드백을 준다.

코드에 대한 피드백을 자동적으로 제공하는 것이 하나의 학문이자 전문 분야로서 컴퓨터 프로그래밍 발전에 중심적인 역할을 한다는 점을 고려할 때, 컴퓨터 프로그램을 평가하기 위한 강력한 도구를 온라인 교육 시스템이 갖추고 있다는 사실은 충분히 예상할 수 있는 일이다. 학생들은 과제로 컴퓨터 프로그램을 작성하고, 강사들은 다음 여러 조건에 따라 다른 컴퓨터 프로그램을 만들어 학생들이 작성한 프로그램의 질을 평가한다. '과제 제출물은 공학적 요건을 충족하는가?', '실행 속도는 얼마나 빠른가?', '몇 줄의 코드가 필요한가?', '코드는 설계 사양을 충족하는가?' 학생들이 제출한 코드가 다소 복잡하더라도 자동 채점 도구는 인간 수행의 질을 나타내는 많은 중요한 차원을 평가할 수 있다. 아마도 컴퓨터 프로그래밍은 인간 수행 중에서 컴퓨터로 평가할 수 있는 가장 복잡한 형태의 결과물일 것이다.

그럼에도 다른 영역만큼이나 컴퓨터과학에서도 구상화 오류가 나타난다. 엔지니어링 시험을 통과하는 컴퓨터 프로그램을 작성하는 것은 훌륭한 컴퓨터 프로그래머가 수행하는 작업의 극히 일부분이다. MIT에 오래 재직한 컴퓨터과학 교수이면서 시모어 페퍼트의 공동 연구자인 할 아벨슨Hal Abelson은 협업자인 제럴드 서스만Gerald Sussman, 줄리 서스만Julie Sussman과 함께 다음과 같이 주장했다. "우리가 확립하고 싶은 개념은 이렇습니다. 컴퓨터 언어는 단지 작업을 수행하도록 컴퓨터에 지시하는 방법이라기보다는 방법론에 대한 개념을 표현하는 새로운 공식 매개체라는 것입니다. 따라서 프로그램은 사람들이 읽을 수 있고 기계는 부수적인 작업만 실행하는 방향으로 작성되어야 합니다." 아벨슨이 지적하려는 요점은, 공학적 테스트를 통과하는 수준 정도로 컴퓨터 프로그램을 작성하는 것만으로 충분하지 않다는 것이다. 코드는 프로그래머가 사용한 문제해결 방식을 다른 사람이 이해할 수 있도록 작성되어야 한다. 이러한 정보는 작동 순서, 변수 명칭 지정, 코드 구조화 방식을 통해 전달되고, 어떻게 코드 안에서 주석이 프로그램 진행 방식을 설명하는지를 통해 전달된다. 아벨슨이 강조한 개념에 따르면, 컴퓨터 자동 채점으로 평가할 수 있는 모든 요소는 프로그래밍의 "부수적" 부분이다. "형식"을 평가하는 자동 채점은 확립된 규약을 주어진 단편적 코드가 잘 지키는지 여부를 평가할 수 있다. 하지만 제출된 코드가 방법론을 표현하는 매개로서 다른 인간이 분석할 수 있는 방식으로 작성되었는지는 다른 프로그래머만 판단할 수 있다.[24]

같은 맥락에서 컴퓨터 프로그래밍은 인간 시스템의 필요를 이해하고, 엔지니어링 요구와 더 광범위한 사회적 관심사의 균형을 맞춰야 한다. 또 팀 간에 협업하면서 우선순위를 결정하고, 다른 엔지니어링 분야에 공통되면서 소프트웨어 엔지니어링에 특유한 수많은 관심사를 이해해야 한다. 자동 채점은 놀라운 성능을 보이며 컴퓨터 프로그래밍을 평가하지만, 훌륭한 소프트웨어 엔지니어가 되는 데 필요한 지식, 기술, 성질의 극히 일부만 평가할 수 있다. 컴퓨터 프로그래밍 수업에서 컴퓨터로 채점하는 시험에 뛰어난 점수를 받았다고 해서 훌륭한 소프트웨어 엔지니어가 될 수 있는 기술을 모두 갖췄다는 뜻은 아니다. 다만 자동 채점을 사용해 현재 평가할 수 있는 기술에 대한 숙련도를 증명했다는 뜻이다.

함정을 피한다, 한 번에 한 개의 혁신

일상적인 평가의 함정에는 서로 맞물리는 구성 요소 두 개가 있다. 즉 자동화 기술이 발전하면서 노동시장과 시민 영역은 컴퓨터가 할 수 없는 비일상적인 기술의 가치를 높게 만들 것이다. 동시에 대부분 컴퓨터는 인간이 더 이상 수행할 필요가 없는 일상적인 기술들을 평가한다. 교육자 입장에서도 작업장을 재편성하는 자동화 기술의 흐름을 막기 위해 할 수 있는 일은 거의 없다. 하지만 자동 평가할 수 있는 복잡한 인간 수행의 범위를 서서히 확대하는 평가 기술을 지속적으로 개발할 수는 있다.

한 가지 예로, MIT 수학교육자들은 미적분 MOOC에서 사용하기 위해 학생들이 그래프에 곡선을 그리는 방식을 평가하는 새로운 도구를 개발했다. 미적분을 학습할 때 학생들은 종종 함수를 계산하고 데카르트 평면에 곡선으로 그리거나 적분이나 도함수를 그리는 과제를 받는다. 과제의 목표는 이러한 곡선을 완벽하게 그리는 것이 아니라 x축과 y축을 대략적으로 합당한 지점에 교차시키고, 위아래로 오르내려야 할 때 오르내리게 하고, 점근선을 대략적으로 합당한 지점에 접근시키는 것이다.[25]

이러한 곡선을 그리는 것은 미적분학의 기본을 학습하는 데 필수다. 따라서 MIT 수학과의 MOOC 팀은 학점을 매길 수 있을 만큼 자신 있게 학생들의 제출물을 분석하고 질을 평가하는 시스템을 개발했다. 이러한 혁신을 달성하기 전에, 학생들이 적분과 도함수의 개념을 얼마나 이해했는지 자동으로 평가하는 유일한 방법은, 객관식 항목을 만들어 그래프 네 개를 늘어놓고 학생들에게 합당한 그래프를 고르게 하는 것이었다. 새로운 도구는 강사들에게 단순히 곡선을 인식하는 것이 아니라 곡선을 그리는 학생들의 능력을 평가하게 해준다. 이렇게 하면 수학 강사들이 점점 더 복잡해지는 인간 수행을 컴퓨터로 평가할 수 있는 여지가 더욱 확대된다.

모든 평가는 한 영역에서 샘플을 채취하는 작업을 포함한다. 어떤 시험도 해당 영역에서 성공하기에 필요한 지식, 기술, 성질을 모두 포함할 수 없으므로, 시험 설계자들은 기술을 대표하는 샘플을 형성하는 문항을 선택하려고 노력한다. 일례로 MIT 미적분 팀은 자동 채점에 의존하는 시험 설계자들이 전체 영역에서 샘플을 추출할 수 있는 미적분 기술과 지식이 차지하는 비율을 확대했다. 만약 다섯 단계로 구성된 수학적 모델로 돌아간다면, 이러한 발전 양상이 두드러지게 나타날 것이다. 학생들이 단순히 다른 형태의 계산이 아니라 문제 표현에 대한 숙련도를 보여줄 수 있기 때문이다. 평가 기술 덕택에 앞으로 기계가 인간의 더욱 광범위한 수행을 평가할 수 있는 것도 바로 이처럼 꾸준하고 점진적인 발전을 통해서다. 해당 분야에서 평가 능력이 향상되면서 이러한 종류의 수행이 교과과정에 등장해 더 많은 사람이 교수하거나 학습할 가능성이 더욱 커진다. 일상적인 평가의 함정을 넘어서는 경로는 미적분 곡선 채점 같은 다른 애플리케이션 수천 가지를 개발하는 작업을 포함하고, 각 애플리케이션은 인간의 복잡한 수행을 구성하는 새로운 요소를 평가한다.

스텔스 평가

:

자동 채점 평가에 대한 가장 흥미로운 연구의 하나는 '스텔스 평가Stealth Assessment'다. 스텔스 평가는 '평가'로 불리는 특별한 활동을 할 때가 아니라 학습 과제를 수행하는 동안 학생들을 평가한다. 대개 금요일에는 학생들이 퀴즈를 볼 수 있도록 학습이 중단되므로, 전형적인 평가가 학습 행동에서 단절되었다고 느껴질 수 있다. 만약 교실 평가가 수습 과정의 형성적인 평가에 더욱 가까워 보인다면 어떨까? 예를 들어 목공 수습생이 선반에서 의자 다리를 연마하는 동안 장인이 가까이 서서 견습공에게 비결과 피드백을 제공한다고 생각해보자. 이러한 맥락에서 평가는 목공소에서 의자를 만드는 과정의 일부다.

물리학이나 수학에서 이러한 평가는 어떻게 보일까? 플로리다대학의 유명한 밸러리 슈트Valerie Shute를 비롯해 몇몇 연구자들은 게임을 하려면 수학적 현상이나 과학적 현상에 대한 이해를 발달시켜야 하는 온라인 게임을 개발했다. 게임에 참여할 때 플레이어들은 과학적 이해를 측정하는 다른 척도와 상관관계에 놓인 게임 패턴을 분석할 수 있도록 로그 데이터를 만든다. '뉴턴의 운동장Newton's Playground'이라는 게임에서 플레이어들은 뉴턴의 운동을 이해해야 하는 임무에 참여한다. 학생들은 뉴턴의 운동에 대해 사전 시험을 치르고, 게임을 하고 난 뒤 사후 시험을 치른다. 이러한 시험을 통해 게임 실행 데이터에 효과적으로 "꼬리표"를 붙일 수 있다. 로그 데이터에서 발견되는 패턴이 나중에 시험 점수와 상관관계가 있을 수 있기 때문이다. 목표는 효과적인 플레이의 패턴을 충분한 신뢰성을 바탕으로 식별해 미래에 시험을 실시할 필요를 제거하는 것이다. 비디오게임을 통해 뉴턴의 물리학을 충분히 이해했다는 사실을 보여준 학생은 별개의 평가를 거치지 않고 게임 실행으로 평가를 받을 수 있다.[26]

이 개념이 유망하기는 하지만 구현하기는 매우 어려운 것으로 입증되고 있다. 학생들이 중요한 수학적이거나 과학적인 추론 기술을 보여줄 수 있는 즐거운 학습경험을 개발하는 일은 꽤나 어렵고, 소수의 콘텐츠 표준에 대한 게임과 관련 평가 엔진을 개발하려면 상당한 투자가 따라야 한다. 연구자들은 문제해결에서 회복력, 창의력, 인내 등 전통적으로 시험을 통해 평가되지 않는 역량을 측정하기 위해 스틸스 평가를 사용하는 방안을 탐구해왔다. 이러한 평가는 미래에 비교우위를 제공할 수 있을지 모르지만, 광범위하게 배치된 평가 시스템이라기보다는 시범 연구 대상으로 남아 있다.[27]

아마도 최대 장애물은 이 같은 가상 평가에서 게임 실행 데이터가 역량이나 이해와 신뢰성 있는 상관관계를 보이지 않는다는 것이다. 게임 환경에서 시험을 치를 때 나타나는 학생들의 행동은 환경의 참신성에 따라 형성된다. 비효율성을 드러내거나 망설이거나 혼란스러워 보이는 학생은 학습 콘텐츠를 매우 잘 이해할 수 있더라도 새로운 환경은 잘 이해하지 못할 수 있고, 이들의 놀이 패턴은 콘텐츠를 이해하지 못하는 학생들과 유사점이 많아서 패턴을 구별하기 어렵다. 하지만 더 많이 연구하고 개발하면 이러한 장애물을 극복할 가능성이 있으므로, 온라인 학습환경은 평가 시간을 내기 위해 학습을 중단하는 대신에 문제가 발생할 때 학생들의 문제해결을 추적하고, 학습이 발생할 때 학생 학습에 대해 추론할 수 있다.

대규모 학습에서 이루어지는 평가의 미래

일상적인 평가의 함정은 기술의 발전으로 극복할 수 있는 일시적인 장애물일까? 아니면 컴퓨터 자동화 평가의 좀 더 영구적이고 구조적인 특징일까? 기술 낙관주의자들은 온라인에서 사진을 식별하거나, 초인적인 수준으로 체스나 바둑을 두거나, 전화로 미용실에 약속을 잡을 수 있는 인공지능 시스템이 산출하는 비상한 이익을 지적할 것이다. 이것은 인상적인 기술혁신의 사례들이지만, 사례마다 교육에서 쉽게 복제할 수 없는 특징이 있다.[28] 사진 분류 자동화 기능은 사람이 사진 설명을 작성하고 온라인에 올린 수많은 사진에서 추출한 훈련 데이터를 기반으로 한다. 효과적이거나 비효과적인 교수 관행을 구별하는 꼬리표를 붙이는 활동에 인간이 자연적으로 참여하는, 교육에는 이러한 데이터세트가 없다. 가장 진보한 형태의 체스 엔진들은 소프트웨어가 자신을 상대로 수백만 번의 체스 게임을 하는 일종의 강화 학습을 사용하며, 게임의 고도로 구조화된 특성, 즉 특정 이동 규칙을 따르는 8×8 체스판이나 잘 정의된 승리 상태는 자동화 평가에 매우 적합하다. 체스에서 그렇듯 글쓰기에도 질적 상태에 대한 정의가 없기 때문에, 강화 학습 시스템은 수백만 편의 에세이를 쓸 수 없고 에세이를 다른 에세이와 비교해 채점할 수 없다. 미용실에 전화를 걸어 예약할 수 있는 음성 비서의 발전은 인상적 현상이지만, 조수가 훈련을 받아 개별 임무를 수행하려면 광범위한 데이터, 교육, 조정이 필요하다. 컴퓨터 음성 개인지도는 정답과 오답이 잘 정의되어 있고, 학습 진도를 주의 깊게 연구한 제한된 영역에서 발달할 수 있다. 만약 한 자릿수 더하기, 두 자릿수 더하기, 한 자릿수 빼기 등 우리가 교육 시스템에서 수립한 고도로 세분화된 목표를 달성하기 위해 이와 같은 시스템을 개발하려고 노력하면 해당 혁신의 맞춤형 특성이 시스템 전반에 걸친 변화와 양립하지 못하게 된다.[29]

21세기 전반에 에세이 자동 채점의 역사는 교훈적이다. 자연 언어를 처리하는 소프트웨어가 향상되면서, 대학원에 입학하기 위해 치르는 GRE 시험, 국가 표준 시험, 일부 제한된 강의실 응용 프로그램이 자동 채점을 널리 채택하고 있다. 2013년 MOOC를 둘러싼 공공 담론이 절정에 이르렀을 때, 평가 설계자들은 강좌에서 에세이 자동 채점을 구현할 수 있을지 여부를 탐색하면서 몇 가지 제한된 실험을 실시했다. 평가 도구를 확대하기 위한 개발자의 기술 관련 전문 지식과 강력한 동기가 있었지만 커다란 발전은 이루어지지 않았고, 오늘날 에세이 자동 채점을 사용하는 MOOC는 거의 없다. 이러한 움직임은 대학과직업준비도평가협력체Partnership for Assessment of Readiness for College and Careers, PARCC와 스마터밸런스평가협력단Smarter Balanced Assessment Consortium, SBAC의 발전과 거의 같은 시기에 이루어졌고, 휼렛재단Hewlett Foundation은 연구소와 민간 기업 등 여덟 곳이 참가한 에세이 자동 채점 대회를 후원했다. 2010년대 초반 이러한 노력을 기울인 이후로 PARCC나 SBAC에서 에세이 채점 기술의 주요 변화나 발전은 이루어지지 않았다. 자동 평가 기술이 곧 대대적으로 향상되리라 주장하는 옹호자들은, 지난 10년 동안 학계와 산업계에서 매우 똑똑하고 헌신적인 팀들이 상당한 투자를 했는데도 발전이 미미한 이유를 설명해야 할 것이다.[30]

평가의 문제는 어렵다. 이 장에서 컴퓨터 프로그램, 그래픽 미적분 함수, 발음, 표준화 에세이를 평가하는 사례들은 모두 평가 설계자들이 인간 수행에서 평가 대상의 경계를 확대하고 있는 영역이다. 이렇게 혁신과 가치 있어 보이는 제한된 영역의 발전이 완만하고 점진적인 것만 보더라도 이 경계가 실질적인 진보에 얼마나 저항하고 있는지 알 수 있다.

기존의 기술을 활용하는 경우에 대규모 학습환경은 앞으로 오랫동안 일상적인 평가의 함정을 벗어나지 못할 것이다. 미래에 인간의 의미 있고 가치 있는 작업을 정의할 복잡한 의사소통 그리고 비구조적 문제 해결 작업과는 정반대로, 우리가 대규모로 평가할 수 있는 수행의 많은 부분은 일상적인 작업이다. 컴퓨터는 대부분 컴퓨터가 능숙하게 처리할 수 있는 작업을 평가할 수 있으며, 이러한 작업은 노동시장에서 인간이 수행할 필요가 없다. 평가 기술이 혁신되면서 이 경계가 서서히 확대될 것이고, 점진적인 발전과 더불어 자동평가 대상의 경계가 유용하게 확장되겠지만 자동화 평가를 근본적으로 재형성하지는 않을 것이다. 수백만 달러를 투자하고, 똑똑하고 재능 있는 많은 사람이 자동화 평가 문제를 해결하기 위해 노력하며, 새로운 해결책을 모색하기 위해 교육 시장에 강력한 인센티브가 작용하고 있다. 하지만 진보의 속도는 여전히 더뎌서, 가까운 미래에 사람들이 학습할 가치가 있는 수행을 평가하고 싶다면, 교사들과 다른 교육자들이 개별적으로 시도한 맞춤형 평가에 심각하게 의존해야 할 것이다. 복잡한 수행을 평가할 때 인간적 척도의 한계는, 대규모 학습환경이 교육 시스템 전반에 얼마나 광범위하게 채택될 수 있을지에 영향을 미치는 가장 엄격한 제한의 하나로 남을 것이다.

08

데이터와 실험의 독성

모든 이야기에는 영웅과 악당, 모범적 메시지와 경고의 메시지가 등장한다. 지난 수십 년 동안 대규모 학습의 역사에서 악당 캐릭터는 기술이 교육 시스템에 혁신적인 변화를 일으키리라 약속했던 카리스마 넘치는 기술 전도사들이다. 반면에 영웅 캐릭터는 인내심 있는 낙관주의자들이다. 그들은 틈새 영역 한두 개를 꾸준히 연구하며 특정 맥락에서 학생들 편에서 학습을 향상시킬 수 있는 기술을 지속적으로 개발해온 팅커러들이다. 이 조용한 영웅들 중에서도 나는 기술 개발자와 옹호자들을 가장 존경한다. 그들은 엄격한 연구를 실시해 설계하고 중재하며, 연구를 통해 도출한 증거를 적용해 제품을 향상시킨다. 기술을 사용해 복잡한 시스템을 향상시키는 것은 번개 같은 비약적 발전을 통해 가능한 것이 아니라, 이처럼 꾸준한 노력을 기울일 때 가능할 것이다. 현장에서 일하는 교육자들과 긴밀하게 협력하며 노력할 때 특히 그렇다.

대규모 학습환경에는 이러한 지속적인 조사와 꾸준한 향상에 매우 적합한 일련의 특징이 있다. 강사 주도, 알고리즘 주도, 동료 주도 기술 전반에 걸쳐 대규모 학습환경이 지닌 일부 통합적인 특징은 이러한 시스템의 기반인 데이터와 데이터 구조다. 어떤 순간에라도 대규모 학습 시스템은 학습자가 취할 수 있는 모든 행동 모델과 학습자의 상태에 관한 모델을 갖춰야 한다. 스크래치를 예로 들면 이것은 특정 순간에 스크래처 프로그램으로 조립된 모든 블록일 수 있다. MOOC의 경우에는 학생이 지금까지 완료한 모든 과제와 현재 진행 중이면서 아직 완료하지 않은 모든 과제를 추적한다는 뜻일 수 있다. 이 모든 데이터는 모든 학습자가 시스템 안에서 수행한 모든 작업에 대한 전체 기록을 형성할 수 있다. 즉 전 세계 학습자 수백만 명이 누른 키와 클릭의 수를 수집한 종적인 기록을 확보할 수 있다. 대규모 학습환경은 교육 연구자들이 전통적으로 연구해온 것보다 규모가 큰 데이터세트를 생성하고 있다.

더욱이 대규모 학습 시스템은 단순히 관찰형 데이터 수집뿐 아니라 실험에도 잘 맞는다. 인류학자 시리하시 켈카Shreeharsh Kelkar가 주장하듯, 나를 포함해 MOOC와 기타 대규모 플랫폼에 관심이 있는 학습 과학자들은 대규모 학습환경과 구글, 페이스북, 아마존처럼 사용자들을 대상으로 지속적인 실험을 실시하는 주요 소프트웨어 플랫폼을 즐겨 비교한다.[1] 이러한 대형 인터넷 플랫폼이 지난 수십 년 동안 급속하게 향상시켜온 한 가지 방식은 A/B 테스트로 불리는 실험이다. 이 실험에서는 서로 다른 사용자들에게 같은 웹사이트의 약간 다른 버전을 보여준다. 한 버전에서 빨간색인 '지금 구매' 버튼은 다른 버전에서는 파란

언택트 교육의 미래

색일 수 있다. 이 같은 실험을 통해 소매업 연구자들은 쇼핑을 장려하는 온라인 환경을 설계하는 지식을 점차 늘릴 수 있다. 대형 학습 플랫폼은 강좌 설계자와 기술 개발자들이 학습환경을 지속적으로 향상시키기 위해 실시하는 교육학 실험과 콘텐츠 실험과 같은 방식으로 연구될 수 있다.

　데이터 수집과 실험은 대규모 학습환경을 훨씬 더 효과적이고 효율적으로 만들며 성공 가능성을 끌어올릴 수 있는 수단으로서 유망하다. 하지만 이러한 수단에는 위험이 따른다. 나는 컴퓨터 보안 연구자인 브루스 슈나이어Bruce Schneier가 사용한 독성이라는 용어를 빌려서 이러한 위험을 설명하려 한다. 슈나이어는 그저 보유하고 있기만 해도 기업과 사용자에게 위험할 수 있다면서 기업 데이터를 "독성 자산"으로 묘사했다.[2] 생명을 구하기도 하지만 암을 유발하기도 하는 방사성 물질처럼, 독성 자산은 매우 신중하게 사용해야 한다. 나 같은 연구자들은 데이터와 실험에 내재한 힘의 존재에 흥분한다. 학생들이 일반적인 활동을 하는 동안 온라인 학습을 연구하고 지속적인 향상 주기를 앞당기기 위해 대규모 학습환경을 사용할 수 있기 때문이다. 하지만 학생의 개인정보 보호와 자율성을 옹호하는 사람들은 데이터 침해에 따른 위험, 인간의 수행을 정량화하는 데 따르는 위험, 실험의 종류, 아마도 가장 중요하게는 실험의 종류를 결정하는 사람에 대해 심각하고 정당한 우려를 제기한다. 대규모 학습에서 데이터와 실험의 힘을 성공적으로 활용하려면, 학습 기술 연구에 따르는 잠재적인 보상과 연구에 수반될 수 있는 위험과 해악의 균형을 맞춰야 한다. 이러한 작업은 모두 잠재적 위험과 보상을 이해하는 데서 시작한다.

대규모 학습 데이터: 문장에서 이야기까지

:

대부분의 온라인 학습 시스템은 모든 사용자의 활동을 기록한다. MOOC 안에서 학습자가 취하는 거의 모든 행동, 즉 어떤 페이지를 방문했는지, 어떤 영상을 시청했거나 시청을 중단했는지, 어떤 문제를 시도했는지, 어떤 진행 상황이 펼쳐졌는지 등을 추적한다. 스크래치 안에서 학습관리시스템은 각 프로그래밍 "브릭brick", 다른 브릭들에 대한 그 브릭의 상대적 위치, 프로그램에 대한 다른 스크래처들의 의견 등을 포함해 모든 스크래치 프로그램의 상태를 기록한다. 이러한 데이터는 각각의 학습환경과 관련한 온라인 서버에서 구조화된 데이터 파일에 저장되고, 소프트웨어 프로그램을 통해 체계적으로 조작될 수 있다는 의미에서 "컴퓨터로 판독 가능하다".[3]

학습 소프트웨어는 학습자의 행동을 추적하기 위해 다음처럼 문장으로 서술해서 기록을 생성한다. "2017년 1월 6일 UTC(협정 세계시)로 오후 10시 34분 17초, 학습자 번호 235,439,009는 단위 4의 질문 3에 대해 '더 크다'는 답을 제출했고, 그 답은 오답이었으므로 학습자에게 힌트를 제시했다." 문장은 영어가 아니라 구조화된 데이터 형식으로 기록된다("DateTime, UserId, ActionType, ContentID, AnswerCorrect?"). 연구자들은 이러한 "문장"을 다른 종류의 이야기로 조합할 수 있다. 일부 이야기들은 개별 학습자에 관한 것일 수도 있고("사용자 009는 일주일에 한 번 로그인하고, 12주 과정 동안 대개 이집트에서 점심시간에 로그인한다"), 학습경험의 요소에 관한 것일 수도 있다("학습자의 63퍼센트가 단위 4의 질문 3에 대해 첫 시도에서 정답을 제시했다" 또는 "학습자의 4퍼센트만 새로운 프로그래밍 브릭의 하나를 사용하려고 시도한다").[4]

전 세계 수백만 학습자들이 다양한 온라인 학습 플랫폼에서 클릭하면, 수많은 개인 데이터 기록(이처럼 학습에 대한 구조화된 문장)이 생성되고 저장된다. 세계적으로 보급되어 있는 플랫폼에서 데이터 저장소는 놀라울 정도로 다양한 패턴에 따라 거의 모든 시간대에 작업하는 모든 국가의 사람들을 포함할 수 있다. 예를 들어 미분 방정식에 대한 영상 몇 편을 훑어보는 칸아카데미 학습자, 문제 세트에 뛰어들어 체계적으로 공부하는 사람, 즉 단일 수업을 파고들어 공부하는 MOOC 참가자, 전체 학위 프로그램을 수료하는 사람들을 포함한다.

이러한 이야기는 데이터의 "구조화된 문장"으로 축적되므로 거의 무한한 방식으로 조합되고 분석될 수 있다. 데이터 로그는 학습자가 강좌에서 자신의 배경, 목표, 경험에 대해 직접 보고한 데이터처럼 다른 데이터세트와 결합할 수도 있다. 그러면 연구자들과 개발자들은 학습자의 특성 관련 데이터를 행동·수행 관련 데이터와 연결해 패턴을 찾을 수 있다. 또 연구자들은 서로 다른 환경에서 학습자들을 추적하려고 시도할 수 있다. 예를 들어 네덜란드 소재 델프트공과대학Delft University of Technology 연구자들은 에드엑스에서 기능 프로그래밍 MOOC를 제공하고, 깃허브(GitHub, 세계적으로 유명한 소프트웨어 개발 플랫폼)에서 오픈소스 프로젝트의 저장소를 검색했다. 그리고 나서 학습자가 온라인 강좌를 수강한 후에 오픈소스 프로젝트에 더 많이 기여했는지 여부를 확인했다. 그들은 두 가지 환경, 즉 에드엑스와 깃허브에서 같은 이메일을 사용한 학습자를 찾는 방식으로 이 작업을 수행했다. 내부 MOOC 데이터 로그를 공개적으로 사용할 수 있는 데이터와 연결함으로써, 연구자들은 어떻게 학습자가 실제 상황에 새로운 기술을 구현하는지에 대해 새로운 통찰을 얻고 싶어 했다.[5]

대규모 학습환경이 수집한 데이터 기록은 폭이 넓고 깊이가 깊다. 그 덕택에 연구자들은 "현미경과 망원경"을 통해 학습을 연구할 수 있다. 현미경적 관점에서는 학생 개인의 상세한 기록을 조사할 수 있다. 2014년 토머스 멀레이니Thomas Mullaney는 단일 MOOC에서 수료증을 취득한 학생 여섯 명의 학습 궤적을 조사했다. 그러면서 새 콘텐츠가 공개될 때 매주 꾸준히 공부하는 학생, 강좌가 진행되는 동안 몇 지점에서 일시적으로 분발하는 학생, 마지막 순간까지 공부를 미루는 학생 등 학생들의 상당히 다른 행동 패턴을 구별했다.[6] 이전에 개별 학습자들의 이력은 인류학적 근거리 관찰을 통해서만 포착할 수 있었지만, 요즈음 연구자들은 학습자 수백만 명에게서 이러한 패턴을 조사할 수 있다. 학습자에 대한 데이터를 집계하고 전체 시스템에서 시간 경과에 따른 변화를 조사하는 망원경적 관점도 가능하다. 예를 들어 평생유치원 연구소 연구자들은 스크래치에 새로운 블록이나 기능을 추가할 때, 참가자 수천 명의 패턴을 종합해 어떻게 새로운 활동이 전체 시스템에 배치되고 있는지 주장할 수 있다.[7]

이 새로운 데이터는 학습 분석과 교육 데이터 마이닝 같은 학습 과학의 새로운 하위 전문 분야에 활기를 불어넣었다. 하위 분야에서 연구자들은 컴퓨터과학, 데이터과학, 통계학에서 가져온 기술을 사용해 수백만 명의 참가자가 개별적으로 수행한 수많은 행동에서 수집한 데이터를 분석한다. 그런 다음 분석을 통해 대규모 시스템에서 학습에 대한 이해를 발전시키고, 이러한 시스템을 향상시킬 수 있는 방법을 찾을 수 있다. 예를 들어 라이언 베이커Ryan Baker와 동료들은 교실 행동을 연구하고 학생들이 언제 참여하고, 지루해하고, 혼란스러워하고, 좌절했는지 식별하기 위해 반응형 개인지도를 사용해 학생들의 로그 데이터를 추적했다. 그런 다음 학습자 활동을 근거로 그들의 상태를 인식할 수 있는 "탐지기"를 개발했다. 그리고 지루함, 혼란, 좌절 상태에 따라 학생들에게 서로 다른 지원을 처방했다. 이렇게 감정 탐지기는 반응형 개인지도에서 학습과 연습을 더욱 매력적이면서 지루함을 줄여주는 데 유용하게 작용할 수 있다.[8]

대규모 학습환경은 매우 다른 기술을 사용하면서 다양한 교육학적 비전을 구현하는 연구자들의 수중에서 개발되지만, 시스템이 수집하는 상세한 데이터를 사용하는 방식으로도 연구될 수 있다. 이러한 데이터 기반 분석은 대규모 강사 주도, 알고리즘 주도, 동료 주도 학습을 연구하는 다양한 커뮤니티 소속 연구자들을 통합하는 가교를 제공할 수 있다. 데이터를 통해 다양한 연구자들은 앞서 설명했듯 여전히 다루기 힘든 딜레마를 해결하는 방향으로 함께 발전을 이룩할 수 있다.

자료 분석을 통한 교육 향상의 역사

미국 공립교육이 시작된 이래로 학교는 시스템 평가와 향상이라는 목표를 달성하기 위해 학생들을 강제해 자료를 생성하게 했다. 19세기 중반 보스턴학교위원회는 관할 학교에 시험관을 파견해 퀴즈를 보게 해서 학생들의 학습 상태를 파악했다. 시험관들이 관찰한 사실에 따르면, 학생들은 "대부분 학습 내용에 담긴 정신을 설명하지 않을 뿐 아니라, 자신들이 배운 내용에 어떤 뜻이 담겼는지 생각하기보다는 교과서에 수록된 단어들을 외우는 방향으로 학습했다". "역사는 무엇인가?"라는 질문에 대한 대답 16개 중 11개는 교과서 내용을 자세히 풀어 설명하지 하지 않고 "역사는 과거 사건의 기술이다"라고 적힌 그대로를 인용했다.[9] 시험관들은 학생들에게 토마스 제퍼슨이 수출금지법을 시행한 날짜를 질문하고 나서 수출금지법을 정의하라고 물었다. 많은 학생은 날짜(교과서에 적혀 있었다)를 대답할 수 있었지만 수출금지법이 무엇인지 (교과서에 적혀 있지 않았다) 알지 못했다. 시험을 치른 학생들은 스스로 특정 이익을 얻지 못했다. 하지만 학교를 방문한 위원회가 역사 교육을 개선하라고 권고함으로써, 학생들이 생성한 데이터는 학생들에게 전반적인 이익을 안겼다.[10]

20세기 중반 미국은 교육시스템을 평가하기 위해 시험을 전국적으로 실시했다. 그것은 국가에서 주는 "성적표"라고도 불리는 전국교육성취도평가National Assessment of Educational Progress, NAEP로, 미국 50개 주에서 학교, 교실, 학생 표본을 무작위로 추출해 다양한 과목의 연례 시험을 치르게 한다. NAEP는 학생이 아닌 시스템을 평가하므로, 개별 학생과 교사의 신원은 드러내지 않는다. 시험의 역사는 1965년 초중등교육법Elementary and Secondary Education Act까지 거슬러 올라간다. 상원의원 로버트 케네디는, 학교에 대한 추가 자금 지원은 인종 하위집단에 대한 분석을 포함해 향상 여부를 지속적으로 감시하는 과정과 연계해야 한다고 생각했다. 그래야 정책 입안자와 커뮤니티 구성원들이 추가적인 연방 기금과 프로그램으로 학습을 향상시키고 있는지 추적할 수 있기 때문이다. 그 이후로 NAEP는 미국에서 서로 다른 배경의 아이들이 어떻게 불평등한 교육 경험을 하는지 이해하는 데 중요한 도구로 작용했다.[11]

몇 가지 측면에서 볼 때 교육 데이터 과학 분야에 기울이는 노력은 학교 시스템을 향상시키기 위해 학생, 교실, 학교에서 데이터를 수집해온 오랜 역사를 기반으로 한다. 앞선 장에서는 "대규모 데이터를 요구하는 교육 기술 연구의 최고 결과" 목록의 상위에 오를 수 있는 몇 가지 연구와 설계 연구 프로젝트를 설명했다. 20년 넘게 카네기러닝이 실시한 인지적 개인지도의 발달과 이 프로그램이 산출한 유망한 대수학 학습 결과는 K-12학년 교육 데이터 과학의 한 고점을 기록했다. 대학생들이 전통적인 수업을 받는 학생들보다 시간을 20퍼센트 적게 들이고도 입문 통계를 수료한 OLI 강좌는 고등교육 연구에서 중요한 기준점이다. 대규모 학습환경에 대한 과장된 주장을 반박하는 연구들도 교육 정책 관련 문헌에 등장한다. 나는 동료들과 협력해 수행한 MOOC 관련 연구가 "교육 민주화" 주장에 의문을 제기하도록 사람들에게 동기를 부여했다는 사실을 자랑스럽게 생각한다. 이뿐만 아니라 고등교육에서 학습자가 성공을 거두고 있는 특정 분야를 인식하고, 학습자들이 자신의 교육 목표를 향해 얼마나 발전하고 있는지 측정하며, 더 많은 사람이 목표를 달성하도록 지원할 수 있는 전략을 파악하도록 도왔다는 사실에도 자부심을 느낀다. 이 연구가 MOOC를 극적으로 향상시키지는 못했을 수 있지만, 어떻게 하면 MOOC가 교육 시스템에 안착할 수 있을지 여부를 더욱 잘 파악하는 데는 유용하게 작용했다.[12]

나는 연구자로서 열성적으로 노력했지만, 데이터 기반 교육 연구의 이점을 입증하는 증거가 여전히 많지 않다는 사실도 인정한다. 2014년 교육 연구자와 고등교육 관리자로 구성된 집단이 캘리포니아주 아실로마주립공원Asilomar State Park에 모여 온라인 학습과 학습 과학을 향상시킬 연구에 대한 지속적인 공공 지원을 어떻게 구축할 수 있을지 논의했다. 일부 참석자들은 "암 치료법"을 발견한다는 은유에 관심을 보였다 (게놈 데이터 과학은 새로운 질병 치료법을 발견할 수 있는 잠재성 덕택에 사람들의 폭넓은 지지를 받는다). 자금 지원을 하도록 정책 입안자들을 설득하기 위해 온라인 학습 연구자들이 선전할 수 있는 성공은 무엇일까? 이 질문에 대한 대답은 모든 참석자에게 분명하지 않았다. 물론 참석자들은, 예를 들어 대학을 4년이 아니라 3년 안에 졸업하거나, 2년 동안 학습할 수학 내용을 1년 안에 학습하는 등 미래의 목표를 브레인스토밍할 수 있었다. 하지만 사람들에게 제시한 약속이나 제안이 다량의 데이터에 대한 우리의 책임을 분명하게 정당화할 것인지 명확하지 않았다. 또는 사람들에게 기존의 연구를 제시해서 학습 분석 연구가 이미 달성한 사실을 직관적이고 설득력 있게 설명할 수 있을지 분명하지 않았다.[13]

언택트 교육의 미래

학생 데이터 수집에 대한 비판: 범위와 강제성

교육 개선 작업에 학생 데이터를 투입하는 것은 가치 있는 목표다. 하지만 비판론자들은 현재 교육 시스템에서 수집되고 있는 데이터의 범위에 타당한 우려를 나타냈다. 나는 MIT에서 학부 세미나를 이끌면서 학생들에게 학교가 그들에 대해 수집하는 모든 데이터를 목록으로 작성하라고 요청한다. 토론은 이름, 생년월일, 강좌와 학점을 포함한 성적, 배치시험 점수, 주소, 사회보장번호, 영주권 등 학적부 데이터로 대부분 시작한다. 하지만 학생들은 처음에 예상했던 것보다 학교와 학교의 민간 하청업체들이 자신에 대한 데이터를 훨씬 더 많이 보유하고 있다는 사실을 금세 알아차린다. 학교는 학생의 장애와 편의 계획에 대해 상세한 정보를 담은 개인별 학습 계획에서 데이터를 수집한다. 학교 보건 시스템은 의료 방문, 진단, 약물, 백신 접종에 대한 개인 데이터를 보유한다. 학습관리시스템은 학습활동, 과제, 과제 성적에 관한 기록을 갖고 있다. 학교 컴퓨터는 브라우저 이력과 웹사이트 쿠키를 기록한다. 학교 이메일 시스템과 구글 닥스Google Docs 같은 공유 작업 영역은 학생들의 의사소통을 추적한다. 신분증, 건물 출입증, 와이파이 연결 지점을 활용하면 캠퍼스 전체에서 학생들의 움직임을 추적할 수 있다. 학부모들이 포털에 로그인해 자녀의 학점을 확인할 수 있게 하거나, 대학 세탁실에서 건조기의 가동이 끝났을 때 학생에게 알림 문자를 보내는 것처럼, 학교가 학생들과 가족을 위해 디지털 중재 서비스를 더 많이 제공하면서 학생에 대해 수집하는 데이터의 양도 점점 증가하고 있다.

비평가들은 다량의 데이터를 수집하는 정책이 학생들의 개인정보를 침해한다고 지적한다. 다량의 학생 데이터를 장기간 보관하면 학생 관련 정보를 노출시킬 위험이 있다. 또 자신에 관한 데이터를 제공하라고 강요당하는 학생들은 후속 연구에 대한 사전 동의를 자발적으로 할 수 없다. 학생의 장애, 수행, 기타 특징에 관한 데이터를 의도적 또는 우발적으로 공개하거나, 범죄와 관련해 공개할 때 실질적인 위해를 초래할 수 있다.[14]

최악의 시나리오를 피할 수 있다고 하더라도, 학교는 강의만큼이나 행동과 절차를 통해 학생들을 가르치는 공공기관이다. 비평가들의 주장에 따르면, 광범위한 데이터 수집에 학생들을 강제로 참여시키는 것은 기술 네트워크를 선전하고 감시 상태를 증가시키는 감시 자본주의(surveillance capitalism, 온라인에서 수집한 개인 정보를 이용해 수입을 창출하는 자본주의 — 옮긴이)를 받아들이도록 학생들을 길들이는 것이다. 소셜미디어 기업들이 데이터를 유출하고, 잘못 사용하고, 불법적으로 공유하면서 이러한 우려가 점점 눈에 띄게 대중 담론에 등장하기 시작했다. 중국과 다른 국가들은 광범위한 온라인 감시와 시민 등급 시스템을 구축하며, 국가 보안 조직, 상업용 데이터 수집 기업, 범죄 행위자들은 데이터를 사고 훔치고 팔고 공유한다.[15]

데이터 기반의 공공 서비스 시장에서 개인은 회사 서비스 관련 데이터에 접근하는 것에 대해 명목상으로 어느 정도 선택권을 쥐고 있다. 인스타그램 계정에 로그인할 때, 아무도 길고 거추장스러운 약관을 읽지 않는다는 사실은 널리 알려져 있지만, 젊은 사람들은 데이터가 사용

　　　　　　언택트 교육의 미래

되고 공유되는 조건을 서술한 서비스 약관과 개인정보 정책에 동의한다. 하지만 미국과 다른 많은 국가의 학생들은 공립학교에 의무적으로 다녀야 하고, 학교가 학생에게 온라인 학습활동에 참여하라고 요구할 때는 학교와 학교의 상업적인 협력자들에게 필요한 자료를 제공하라는 요구를 받는다. 고등교육을 받는 학생들은 어느 정도 자율성을 더 많이 누리지만, 강제성도 고등교육의 주요 특징에 속한다. 특정 건물에서 진행되는 수업을 수강하고 싶다면 그 건물에 들어갈 수 있는 신분을 갖춰야 한다. 특정 전공을 선택하려면 필수 강좌의 온라인 활동을 수료해야 한다. 사생활 보호 원칙을 지키는 경우에는 특정 데이터 수집 활동을 피할 수 있을지 몰라도, 학생은 많은 학문적 경로에서 수업에 참여하는 조건으로 데이터를 제출해야 한다.[16]

데이터 수집이 특히 사생활을 침해하는 영역으로는, 부정행위 방지 기술을 꼽을 수 있다. 고등교육에서 온라인 학습이 확대되자 교육기관들은 집에서 교과서, 친구, 인터넷으로 커닝하면서 자신의 컴퓨터로 시험을 치르는 학생들을 감시하는 기술을 모색하고 있다. 부정행위 방지 소프트웨어는 시험을 보는 동안 학생의 눈동자와 신체 움직임, 키 입력, 웹 사용을 기록할 수 있다. 어떤 소프트웨어는 학생들이 새 브라우저 창을 열지 못하게 하거나 심지어 글을 복사해 붙이지 못하게 한다. 학생들에게 부정행위 금지 소프트웨어를 컴퓨터에 설치하라고 요구하는 행위는 학생들의 개인 컴퓨터에 강력한 감시 도구를 설치하라는 뜻이므로, 일부 학생들의 강력한 저항에 부딪히고 있다.

2015년 럿거스대학Rutgers University의 재학생 벳시 차오Betsy Chao는 부

정행위 방지 소프트웨어 프록터트랙Proctortrack의 설치에 반대하는 캠퍼스 전체 시위를 주도했다. 럿거스대학에서 온라인 강좌를 수강하는 차오와 동료들은 프록터트랙을 자신의 컴퓨터에 다운로드하고, 기록하고 스캔하기 위해 얼굴과 손가락 마디를 보이고, 시험 보는 동안 소프트웨어를 실행하라는 요구를 받았다. 〈뉴욕 타임스〉의 나타샤 싱어Natasha Singer는 그 상황을 다음과 같이 묘사했다. "차오의 진술에 따르면, 시험이 시작되자 빨간 경고 문구가 컴퓨터 화면에 뜨면서 프록터트랙이 학생의 컴퓨터를 감시하고 있으며 학생의 모습을 녹화하고 있다고 알렸다. 또 해당 프로그램은 감시당하고 있다는 사실을 학생들에게 계속 상기시키기 위해 실물 축소 영상을 컴퓨터 화면에 띄웠다."[17] 럿거스대학은 프록터트랙을 사용해야 한다는 조건을 학기 중간에 추가했다. 강의계획서와 기타 합의 조건을 수용하고 강좌에 등록한 학생들은 소프트웨어를 구입하고 설치하고 사용하는 비용으로 37달러를 추가로 지불해야 한다는 말을 들었다. 이미 강좌에 등록하느라 비용을 지불한 학생들에게는 부당한 강요 행위였다. 학생들이 시위를 벌이자 대학 측은 매번 40달러를 내고 시험 감독이 입회한 시험을 치를 수 있게 하겠다고 학생들에게 제안했다. 이처럼 자신의 사생활을 보호하는 서비스를 받기 위해 추가 요금을 지불해야 하는 추세가 사회의 많은 부문에서 증가하고 있다.

데이터 수집의 역사에 관한 초기 설명을 살펴보면, 모든 데이터 수집이 유해한 것은 아니다. 전국교육성취도평가 프로그램은 50년 넘게 학생들에게 데이터 수집 활동의 일환으로 시험을 치르라고 강요해왔지

언택트 교육의 미래

만, 그동안 사람들은 광범위하거나 적극적으로 이의를 제기하지는 않았다. 교육 분야의 이해관계자들은 적절한 상황이라고 판단한 경우에는 학생으로부터 강제로 데이터를 수집하는 정책에 동의할 것이다. 하지만 비평가들이 지적하듯 새로 부상하는 기술은 다른 의문을 제기한다. 대규모 학습 기술을 통해 새로운 데이터를 수집하는 사업들은 과거보다 훨씬 막대한 노력을 기울인다. 이제 학생 데이터를 수집하고, 저장하고, 사용하는 것에 대한 지침을 재고해야 할 때다.

상황별 무결성: 사생활 보호에 대한 추론

정보과학 교수인 헬렌 니센바움Helen Nissenbaum은 데이터 사용과 사생활의 경계를 설정하기 위한 새로운 지적 기반을 제공하기 위해 상황별 무결성 개념을 발전시켰다. 상황별 무결성 옹호자들은 사용자들의 가치를 고려하면서 사생활 보호 규범을 개발하고 분석해야 한다고 주장한다. 최근 MIT에서 불거진 논란은 전형적인 데이터 사용과 참가자의 기대 사이에 발생하는 잠재적인 충돌을 보여준다. 정부는 학생들의 복지를 더욱 잘 이해하기 위해 학생들에게 익명으로 설문조사를 완성하라고 요청했다. MIT의 일부 학생 지도자들은 학생들을 지원하는 방법을 학생 지도부와 행정부에 더욱 잘 홍보하기 위해 설문조사를 완성하라고 동료들을 부추겼다. 설문조사에서는 학생들의 주거지를 묻지 않았고, 학생들은 이것이 익명성을 보호하는 조치라고 인식했다. 하지만 결과적으로 특정 기숙사가 약물을 사용하고 문제 행동을 하는 비율이 훨씬 높다는 사실이 밝혀졌다. 왜 이런 일이 벌어졌을까? 일부 학생들은 관리자들이 자신의 기숙사에 대해 질문하는 것이라고 생각했다면, 설문조사에서 약물에 관한 질문에 솔직하게 대답하지 않았을 것이다. 하지만 행정 연구자들이 연구를 수행하는 제3자에게 학생 개인의 거주지 정보를 제공하면서 학생들도 모르는 사이에 거주지 정보가 개인의 대답과 연결되었다. 이러한 데이터가 증거의 일부로 채택되면서, 약물 사용 문제가 만연해 있다고 보고된 기숙사를 폐쇄하는 행정적 결정이 내려졌다. 관리자들은 학생 복지를 지원하려는 선의에서 이러한 정보를 사용했고, 비록 개인정보 보호와 비밀 유지에 관한 구체적인 합의를 위반하지는 않았지만, 학생들은 특정 상황에서 자신들의 개인정보가 침해당했다고 느꼈다.[18]

이러한 사례는 개인정보 보호와 상황별 무결성에 공동으로 작용하는 문제를 제시한다. 즉 단일 데이터세트를 통해 입수할 수 없는 정보가 데이터세트와 결합하면서 노출될 수 있다는 점이다. 그래서 개인 건강 문제에 대한 조사를 통해 수집된 데이터가 거주 기숙사 데이터와 결합하면서 MIT 관리자들에게 기숙사 차원의 문제에 대한 데이터를 제공한 것이다. 더욱이 새로운 통계 수단이 개발되면서 설문조사 응답자가 인식하는 정도보다 훨씬 많은 정보를 조사자에게 제공할 가능성이 생겼다. 예를 들어, 앞으로 몇 년 안에 더욱 발전된 형태의 감정 분석 기술이 발달하면서 연구자들은 글 조각을 근거로 학생들의 기분이나 감정 상태를 추정할 수 있을 것이다. 배포된 설문조사로 알 수 있는 정보는 미래에 데이터로 알 수 있는 정보의 일부에 불과하다.

시간이 지나면서 데이터가 보존되고 다른 데이터 출처와 결합하면서 새로운 통찰을 얻을 가능성, 유익한 사실을 발견할 가능성, 개인정보를 침해할 위험성이 증가한다. 데이터를 독성 자산으로 특징짓는 본질의 일부는 시간 경과에 따라 데이터의 독성이 증가하는 것이다. 시간이 흐를수록 연구자들은 대규모 데이터 출처를 연결하고 분석하는 더욱 강력한 기술을 개발하므로 기존 데이터 출처가 더욱 잘 드러날 가능성이 크다.

집 주소를 사용한 MOOC 학습자 연구

:

1장에서는 다른 지역의 학습자들이 어떻게 상이한 방식으로 MOOC와 상호작용하는지 더욱 잘 이해하기 위해 나와 동료들이 MOOC 학생들의 집 주소를 사용했다고 설명했다. 우리는 미국에서 부유한 지역에 거주하는 사람들이 그렇지 않은 사람들보다 하버드엑스와 MITx가 제공하는 강좌에 등록하고 수료하는 비율이 더 크다는 사실을 발견했다. 이 연구는 개인정보 보호와 연구로 얻는 통찰의 이율배반적 성향을 설명한다.[19]

에드엑스의 경우, 출범 당시부터 등록자가 사이트에 등록할 때 드롭다운 메뉴를 선택하는 것이 아니라 열린 텍스트에 메일 주소를 입력해야 했다. 나는 이러한 정보의 수집 이유와 이 수집 방식을 사용하는 이유를 분명히 알 수 없었다. 사용자들은 이름, 집 주소, 이메일 주소, 성별, 나이, 교육수준을 입력하고 나서 자신의 데이터를 에드엑스 측이 사용할 수 있도록 광범위한 권한을 부여하는 서비스 약관과 개인정보 보호 정책에 동의했다. 서비스 계약 조건에 뿌리를 내리고 있는 법률적인 관점에서 볼 때, 사용자들은 대개 조건을 읽지 않은 상태에서 연구에 자신의 데이터 일부나 전부를 사용해도 좋다고 연구자들에게 미리 동의한 것이다. 상황별 무결성의 렌즈로 본다면 이렇게 물을 수 있다. "연구 대학(하버드와 MIT)이 지원하는 무료 교육 기술 프로그램(에드엑스)의 연구에 자신들의 주소가 사용되리라는 말을 들었을 때 합리적인 사람이라면 어떤 예상을 할까?"

이 질문에 대한 대답은 하나일 수 없다. 에드엑스 사이트에 정보를 입력한 전 세계 각계각층의 인구 수백만 명은 주소가 필요한 이유를 공유하지 않기 때문이다. 거주 주소를 입력할 때 사람들은 에드엑스가 종이 수료증을 우편으로 보내기 때문이라고 예상했을까? 서비스의 지리적 채택을 더욱 잘 이해하기 위해서라고 예상했을까? 지역 모임을 조직하기 위해서라고 예상했을까? 글을 입력한 수백만 명 가운데 연구자들이 이웃의 수입과 교육수준을 파악하기 위해 자신의 거주 주소와 인구조사 데이터베이스를 연결하리라 예상한 사람은 얼마나 될까? 이렇게 예상한 사람들 중에서 상업적인 사용에는 반대한다 하더라도 연구의 사용에는 허용할 수 있다고 생각한 사람은 얼마나 될까? 하버드엑스, MITx, 에드엑스가 출판물이나 언론과 맺는 상호작용, 하버드엑스와 MITx의 강좌 안에서 이루어지는 메시지 교환을 통해 분명히 밝히려고 노력한 사실은 다음 두 가지였다. 즉 에드엑스가 근본적인 목적의 하나로 연구를 추진한다는 점, 무료 온라인 학습을 제공하는 근거는 이러한 환경 안에서 학습을 연구하는 것이라는 점이었다. 이러한 의사소통 노력은 사람들의 상황별 이해를 형성하는 데 효과적일까? 상황적 무결성 이론에서는 시스템의 이해관계자들이 사용자의 목소리, 신념, 고려사항에 주의를 기울여야하지만, 사용자들의 신념은 쉽게 동의하는 것에 반대한다. 또 참신성은 연구에 근본적으로 필요한 요소이고, 연구를 수행하는 것은 대부분 정의상 아직 시도되지 않은 방식으로 데이터를 사용하는 것이다.[20]

연구자 입장에서 나는 상황별 무결성을 침해할 위험성을 연구의 잠재적인 이익에 견주어봐야 한다고 생각한다. 내가 MOOC 인구통계를 연구한 동기는 온라인 교육의 불평등을 이해하고, 온라인 학습이 불평등을 개선하기보다 오히려 확대할 수 있다는 우려를 제기하는 것이었다. 우리가 던진 연구 질문은 고등교육에 접근하는 것이 제한된 사람들에게 MOOC가 불균형적으로 혜택을 안겨서 "교육을 민주화"하리라고 오해할 소지가 있는 광범위한 주장에 대해 중요한 통찰을 제공한다. 이러한 주장은 다양한 배경을 지닌 사람들이 어떻게 기술을 달리 사용하는지를 충분히 고려하지 않았다. 나는 우리 연구가 그 사용 방법의 차이에 대해 중요한 데이터를 제공하리라 믿었다. 또 동료와 함께 작업을 진행할 때 올바른 선택을 했다고 확신한다.

하지만 내가 개별 연구 과학자로서 집 주소 데이터를 사용할지, 어떻게 사용할지를 결정할 때 구사하는 자율성에 대해서는 재고해야 한다고 생각했고 지금도 그렇게 생각한다. 우리는 사람을 대상으로 한 연구를 감시하는 하버드 부설 의학연구윤리심의위원회Institutional Review Board, IRB의 인간피험자사용관련위원회Committee on the Use of Human Subjects에 의도적으로 활용 범위를 넓게 잡은 연구 제안서를 제출해서, 에드엑스에서 수집한 데이터를 폭넓게 사용할 수 있도록 허용해달라고 요청했다. 또 우리가 보유하고 있는 주소 데이터를 인구조사 데이터와 연결하려면 특별한 검토 과정을 거쳐야 하는지 알기 위해 IRB에 문의하기도 했다. 담당자는 우리가 연방법과 하버드대학의 정책에서 규정하는 연구 검토 기준을 충족했으므로 그럴 필요가 없다고 대답했다. 하지만 해당 정책은 새로운 분야에서 완전한 윤리적 지침을 제공할 수 없었기 때문에 결국 결정은 내 몫이었다. 결합할 데이터세트와 시도해야 할 신기술의 목록이 점점 증가하는 문제에 직면했을 때, 대부분의 연구 동료가 학습자와 학습 시스템을 존중하는 바람직한 결정을 내리려고 노력하겠지만 그 과정에서 틀림없이 실수가 발생할 것이다.

교육 연구와 데이터 수집에서 비용 대 혜택의 비율

교육 연구 데이터를 수집하고 저장하고 분석하는 방법에 대해 바람직한 판단을 내리려면 비용 대 혜택을 계산해야 한다. 공개와 사용에 따른 피해를 최소화하고, 교육 연구를 통해 학생에게 안기는 혜택을 보장하는 시스템을 설계할 수 있을까? 아마도 그럴 것이다. 하지만 지금 당장은 피해와 혜택의 규모를 계산하기 어렵다.

대규모 학습환경에서 수집한 데이터의 유용성이 있다고 한다면, 얼마나 유용할까? 앞선 장들에서는 대규모 학습 시스템이 수십 년 동안 점진적으로 향상해온 방식을 서술했다. 대규모 학습 시스템에서 추출한 로그 데이터는 발전 이면에서 추진된 연구의 중요한 부분이다. 온라인 학습은 분명히 모든 연령대 수많은 학습자의 삶을 풍요롭게 해주었지만 외부에서 보기에 교육 시스템은 크게 바뀌지 않았다. 인간은 60년 동안 컴퓨터를 사용해 다른 인간에게 수학을 가르치려고 노력하고 있지만 대부분의 학생은 여전히 8학년이나 9학년에 대수학에 도달한다. 따라서 우리는 수학교육에서 중학교 학생들을 미적분학이나 통계학을 학습할 수 있을 정도로 준비시키는 획기적인 큰 변화를 달성하지 못했다. 또 여전히 중국 무술인 쿵후나 그 외의 사항들을 인간 뇌에 직접 다운로드할 수 없다.

혜택과 마찬가지로 데이터 집약적인 교육 연구의 위험성은 아직 완전히 이해되지 않았다. 네트워크 세상에서 사람들은 이퀴팩스Equifax가 보유한 금융·신용 데이터, 매리어트가 보유한 여권 데이터, 페이스북이 보유한 개인 데이터, 무수한 웹사이트가 보유한 암호 등 방대한 데이터 침해 현상에 점점 더 익숙해지고 있다. 에듀테크는 "암 치료" 임무를 어떻게 수행해야 할지 여전히 파악하지 못하고 있지만, 데이터 해킹이나 데이터 노출이 광범위한 공공 피해를 초래한 이퀴팩스 수준의 침해를 앞으로 겪어야 할 것이다. 그렇다고 실질적인 침해, 해킹, 랜섬웨어 공격, 학생 데이터에 대한 기타 공격이 발생하지 않았다는 뜻은 아니다.

'2017년의 에듀테크'라는 제목의 글에서 오드리 워터스는 이전 해에 보고된 해킹 사례의 일부를 나열했다.

교육 분야에서 대학과 대학교, K-12학년 학교, 교육부, 에듀테크 기업, 학교가 흔히 사용하는 소프트웨어에서 침해 사례가 발생했다. 에드모도에서 사용자 계정 7,700만 개가 도난당했다. 스쿨질라Schoolzilla에서는 파일 구성 오류가 발생해 학생 약 130만 명의 데이터가 노출되었다. 메인주 소재의 한 학교 시스템이 랜섬웨어의 공격을 받았다. 텍사스주 소재의 어느 커뮤니티 칼리지도 랜섬웨어의 공격을 받았다. MIT, 트리니티칼리지, 워싱턴대학, 노스다코다주립대학, 메인대학 등에서 컴퓨터가 워너크라이WannaCry 바이러스에 감염되었다. 대학 이메일 암호와 비밀번호 1,400만 개가 "다크 웹"에서 거래되었다. 코네티컷주의 한 학군에서 W2 피싱 사기가 발생했다. 미네소타주의 한 학군에서도 W2 피싱 사기가 발생했다. 학교평가기관Ofsted으로 가장한 피싱 이메일이 도착했다. 캘리포니아대학 학생 건강플랜을 가장한 피싱 이메일이 도착했다. 맥이완대학MacEwan University에서 1,180만 달러 사기 사건이 발생했다. 아이오와대학이 키로거(keylogger, 키보드의 입력 내용을 저장해 비밀 정보를 탈취하는 해킹 프로그램─옮긴이)의 공격을 받았다. 캔자스대학 역시 키로거의 공격을 받았다. 플로리다주에서는 학교 트위터 계정이 해킹당했다. 스탠퍼드대학에서도 개인정보 침해 사례가 발생했다. 한 커뮤니티 칼리지의 보건소가 데이터를 도난당했다. 온타리오주의 한 교육위원회에서 데이터 유출 사고가 발생했다. 시카고 공립학교들에서 데이터 유출 사고가 발생했다. 앨버타대학이 악성 코드의 공격을 받았다. "다크 오버로드Dark Overlord"로 불리는 악명 높은 인물이 여러 학군에 대한 데이터를 입수하고 나서 학부모들에게 문자를 보내 몸값을 지불하지 않으면 아이들을 살해하겠다고 위협했다.[21]

하지만 이러한 위반 사례가 학생들에게 어느 정도로 피해를 미쳤는지는 여전히 분명하지 않다. 트럼프 임기 말에 이 책을 쓰기 시작했는데, 학교 데이터에서 확인할 수 있는 불법체류 아동과 그 가족이 처한 위험이 특히 첨예해 보였다. 이에 많은 커뮤니티에서 학군과 이민세관집행국Immigration and Customs Enforcement의 협력에 거세게 이의를 제기하고 있다. 하지만 학생 데이터의 수집과 사용에 반대하는 광범위한 사람들의 목소리는 이러한 사건에서 전반적으로 들리지 않고, 학교와 학생에 대한 첨예한 위협이라기보다는 대개 디지털 세계에 있을 수 있는 성가신 요소 정도로 치부한다.[22]

악의적 공격이 피해를 초래할 수 있지만, 학생 학습을 지원하기 위해 데이터를 사용하려는 선의의 시도도 피해를 초래할 수 있다. 한 가지 위험은 소프트웨어가 추천을 하기 위해 과거 데이터를 바탕으로 훈련된 알고리즘을 사용할 수 있고, 이러한 추천이 교육 시스템의 구조적 편견을 강화한다는 것이다. 이 같은 위험이 첨예하게 드러나는 분야로는 데이터와 알고리즘을 기반으로 하는 학업 상담 서비스를 들 수 있다. 예를 들어 내비앙스Naviance는 미국 고등학교에서 널리 채택하고 있는 고등학교 및 대학 이후 교육 관련 상담 서비스 플랫폼으로 고등학교 학생의 40퍼센트가 사용한다. 대개 미국 고등학교 학생들을 지원하는 상담사의 비율은 수백이나 수천 명당 한 명이다. 따라서 대학에 진학하도록 학생을 돕는 인적 지원용 자금이 부족한 상황에서 학교들은 컴퓨터와 알고리즘 추천에 눈을 돌리고 있다. 알고리즘으로 생성된 조언을 제공할 용도로 대학, 학생, 고등학교에 대한 데이터를 수집해놓은 내비앙스에 로그인해보라. 학생들은 비슷한 특징을 보이는 과거 지원자들이 고등학교 이후 매우 다양한 교육기관에 어떻게 지원했는지 알아보기 위해 데이터베이스에 질문할 수 있다.[23]

가능하다면 최대한 내비앙스는 학생들이 낯설어하는 고등학교 이후의 교육 기회를 발견하도록 그들의 관심사와 기회를 발전시킬 수 있는 학교와 프로그램을 학생들에게 짝지어주고, 학생에게 상상력을 확장해줄 수 있거나 입학을 허가해줄 가능성이 있는 학교와 프로그램을 제안할 것이다. 좀 더 현실적이기는 하지만 여전히 낙관적인 관점에서 학생들에게 좀 더 효과적으로 서비스를 제공하도록 상담자를 도울 수 있다. 그러나 최악의 시나리오를 가정하면, 내비앙스 같은 프로그램들은 교육 분야에서 구조적 편견을 강화하고 재현할지 모른다. 이 소프트웨어는 특정 강좌 수강 패턴을 보이는 학생들이 특정 프로그램에 입학할 자격을 얻을 가능성이 낮다는 사실을 감지하고 입학 기회에서 멀어지게할 수 있다. 이때 강좌 수강 패턴이 인종이나 다른 차원의 사회경제적지위와 확실히 상관관계가 있을 수 있다는 데 문제가 있다. 주로 과거 데이터에 근거한 이러한 추천 엔진은 역사적으로 불평등한 패턴을 강화하는 추천을 제공할 가능성이 있다.

내비앙스가 눈부시게 보급되고 있지만 안타깝게도 교육 연구는 내비앙스나 다른 대학 추천 소프트웨어에 대한 학생들의 경험과 결과에 아무런 결론도 내리지 못하고 있다. 내비앙스는 미국 학교에서 가장 비중이 큰 소프트웨어 자리를 노리는 강력한 후보다. 하지만 구글 학술 검색Google Scholar에서 내비앙스를 검색하면, 2017년 발표된 논문 〈내비앙스의 구현을 통한 대학 입학의 증가: 탐구적 연구Increasing College Access through Implementation of Naviance: An Exploratory Study〉가 선도하는 소수의 동료 검토 연구만 나온다. 현재 검토 과정에 있는 논문에서 하버드 케네디스쿨 박사과정 학생인 크리스틴 멀헤른Christine Mulhern은 내비앙스가 보유한 주립대학 관련 정보가 사회적으로 혜택받지 못한 학생들의 출석률을 높이지만 일부 영문 대학에 지원하는 것을 방해한다고 주장했다.[24]

많은 다른 경우와 마찬가지로 이 사례에서 대규모 학습 도구는 이것을 평가하는 데 필요한 연구보다 훨씬 더 빨리 구현된다. 따라서 내비앙스는 대규모 학습환경의 혜택과 비용 측면에서 아쉬움을 남기는 사례. 내비앙스가 고등학교 상담자에게 가치 있는 보완 도구로 작용하는지, 구조적인 편견을 강화하는지, 만약 그렇다면 어떻게 개선할 수 있을지 판단하려면 데이터와 연구가 필요하다. 이러한 연구로 뒷받침 받지 못한다면, 내비앙스는 인간 지도의 유효한 대체물로 작용함으로써 학생들에게 손해를 입힐 가능성이 있다. 그리고 만약 내비앙스가 데이터 침해를 당하면 추가적으로 손해가 발생할 수 있다. 실질적인 혜택과 중대한 손해가 발생할 가능성이 한 제품 안에 공존하는 것이다.

교육 연구와 데이터 수집의 비용 대 혜택의 비율을 계산하는 과정을 복잡하게 만드는 요인은 교육 연구에 사용할 수 있는 자금이 한정되어 있고, 자금이 기존의 프로젝트를 분석하기보다는 새로운 프로젝트를 시도하는 방향으로 투입된다는 사실이다. 2021년 미국국립과학재단은 에듀테크 시제품 개발과 소규모 현장 시도를 지원하기 위해 상금 수백만 달러를 수여할 예정인데, 그 가운데 많은 프로젝트에는 소수의 수업이나 학생만 참여할 것이다. 이와 동시에 학습관리시스템, 대학 추천 시스템, 학생 정보 시스템 등 학교에서 가장 널리 채택하고 있는 소프트웨어 도구에 대한 연구는 상당히 저조하다. 데이터 수집과 교육 기술에서 비용 대 혜택의 비율이나 위험 대 보상의 비율을 파악하고, 이 같은 평가에 반응해 합리적인 정책과 관행을 수립하는 일은, 교육 연구자들이 사람과 학교가 실제로 사용하는 도구를 연구하지 않으면 거의 불가능할 것이다.

대규모 학습의 가치 극대화, 실험을 통한 데이터

MOOC 시대 초창기에 온라인 학습으로 눈길을 돌렸던 컴퓨터 과학자들은 "마침내 데이터를 입수했으므로" 교육 연구가 크게 도약할 준비를 갖췄다고 말할 수 없었다. 지금까지 교육 연구는 학습자 행동에 대한 풍부한 데이터가 부족했으므로 제약을 받았다. 하지만 이제 교육 기술 분야는 학습자 활동을 추적하며 방대한 기록을 수집하고 있어서 학습에 대한 이해를 획기적으로 발전시킬 수 있는 지점에 도달해 있다. 컴퓨터 과학자와 데이터 과학자는 이처럼 방대한 새로운 데이터 출처에 대해 새로운 기계학습 알고리즘을 실행하고, 특정 교육 관행과 학생 결과의 상호관계를 식별하며, 어떤 교육 관행이 가장 효과적인지 결정할 것이다.[25]

　하지만 이 책의 전반부에서 주장했듯 관찰에 입각한 접근 방식은 사람들의 학습 방법에 대한 이해를 혁신하는 획기적인 통찰을 이끌어내지 못하고 있다. 전형적으로 일상적인 학습경험을 하는 동안 수집한 교육 데이터를 역으로 면밀히 조사하고 나서, 연구자들은 "일하는 사람은 일을 더 많이 할 뿐 아니라 일하지 않는 사람보다 더 잘한다"라는 라이시 법칙의 몇 가지 변형을 발견한다. 이것은 문제에 대답하고, 영상을 시청하고, 과제를 제출하고, 토론 게시판에 기여하는 등 어떤 유형이라도 학습활동을 더 많이 시도하는 사람이 다른 유형의 활동도 시도할 가능성이 높다는 상식적인 관찰 결과다. 그만큼 활동에 더욱 적극적으로 참여하기 때문이다. 학습활동을 더 많이 완수한 사람들이 일반적으로 학습과 지속성이라는 척도에서 더 나은 것은 의외가 아니다. 온라인 플랫폼에서 수집한 데이터를 나중에 새로운 통찰을 얻으리라는 희망을 품고 저장하는 것은, 기껏 긍정적으로 생각해야 불완전하고 최악의 경우에는 잘못된 전략이다. 강력한 대규모 환경을 개발하기 위한 훨씬 유망한 접근 방식은 체계적인 실험을 통해 향상시켜나가는 것이다.[26]

　온라인 학습환경은 특히 실험 연구를 수행하기에 매우 적합하다. 연구자들은 물리적인 교실에서는 불가능한 방식으로 환경을 일정하게 유지할 수 있어서 학습경험의 많은 측면을 통제할 수 있다. 학생들이 변화에 반응하는 방식도 상세히 기록한다. 그리고 학습자 수천 명이 참여하는 온라인 수업 환경에서, 학습자 스스로 큰 차이를 만들어내지 못하더라도 많은 소소한 변화와 결합해 상당한 차이를 만들어낼 수 있는, 작은 효과들을 예민하게 감지하는 대규모 실험을 실시할 수 있다. 대규모 학습은 지속적인 테스트, 평가, 정리를 통해 인간 개발의 중요하고 획기적인 돌파구를 만들 것이다. 실험 진전의 유일한 방법은 아니지만, 무작위 통제 시도는 대규모 학습환경을 계속 향상시킬 수 있는 가장 유망한 방법의 하나다. 예를 들어 스크래치는 설계자와 연구자가 별다른 무작위 통제 없이 결과를 평가하기 위해 질적 사용자 연구를 강조하면서 설계 변경을 체계적으로 도입하고 있는 플랫폼으로 두각을 나타내고 있다.

내가 MOOC를 대상으로 수행한 실험은 이 연구 방법으로 제공할 수 있는 통찰 유형을 밝힌다. 나는 2년 동안 동료들과 함께 사회심리학과 행동경제학에서 영감을 받은 다양한 중재가 MOOC에서 학생들의 끈기와 수행에 영향을 미친 방식을 조사했다. 또 강좌 수강이 어떻게 자신의 가치와 조화를 이루는지, 어떻게 과정을 수료할 계획인지를 주제로 글을 쓰라고 요청하는 등 생산적인 마음가짐으로 강좌를 시작할 수 있도록 학생들에게 짧은 쓰기 연습을 제시했다. 시험 연구에서 중재를 시험한 후에는 처치집단 하나에 학생 25만 명 이상을 배정하고 하버드엑스, MITx, 스탠퍼드대학의 오픈에드엑스에 개설한 거의 250개의 강좌를 대상으로 연구를 수행했다. 우리가 이러한 중재를 선택한 이유는 시험 연구에서 원활하게 가동했기 때문이다. 하지만 연구 초기에는 복합적인 강좌에 걸쳐 좀 더 큰 규모로 중재를 시험했을 때, 평균 효과가 전혀 없는 경향을 발견했다. 때로 강좌에서 평균 효과가 긍정적으로 나타났을 때도 있었지만, 부정적으로 나타날 때도 있었다. 이러한 발견은 실제 손해나 이익의 표시라기보다는 단순히 표본 오차에 불과할 가능성이 크다. 하지만 시간이 지나면서 특정 학생의 경우에 특정 맥락에서 중재가 평균 결과를 향상시켰다는 사실을 발견했다. 중재는 HDI 점수가 낮은 국가의 학생들에게 가장 큰 효과를 발휘했고, 선진국과 개발도상국(또는 HDI 점수가 높고 낮은 국가들)의 학습자들 사이에서는 수료율 격차가 상당히 컸던 강좌에서만 효과를 발휘했다. 우리는 중재가 특정 학생들에게 더욱 큰 효과를 발휘한 것 같다는 점을 상대적으로 초기에 깨달았다. 하지만 불과 3년이 지나고 수백 개의 강좌에서 우리의 접근 방식을 구현해본 뒤에야 해당 중재가 특정 종류의 맥락(개발 중인 강좌를 수강한 학생들의 수료율이 다른 학생들보다 낮은 강좌)에서만 특정 종류의 학생(개발도상국 학생)에게 효과를 발휘한다는 사실을 깨달았다. 그렇다면 이런 종류의 실험을 거치면서 특정 학생들을 위한 맞춤형 지원을 개발할 수 있을 것이다.[27]

교육 실험에 대한 우려와 비판

:

연구자인 내게 "학생을 대상으로 실시하는 실험"이라는 표현에는 긍정적인 의미가 담겨 있다. 교육자가 학생들의 학습과 복지를 향상시키는 방법을 체계적으로 찾고 있다는 뜻이기 때문이다. 물론 "학생을 대상으로 실시하는 실험"이라는 말이 사람들에게 그다지 좋게 들리지는 않을 것이다.

2018년 대형 출판사인 피어슨Pearson은 성장형 사고방식을 취하게 하는 중재가 컴퓨터과학 학습용 소프트웨어를 사용했을 때 학습 능력이 향상되는지 판단하기 위해, 내가 위에서 설명한 것과 비슷한 연구를 수행했다. 사고방식 이론에서는 학생들이 고정형 사고방식("나는 수학을 잘해" 또는 "나는 수학을 못해")이 아니라 성장형 사고방식("계속 노력하면 수학을 더 잘할 수 있어")을 취할 때 학습을 더욱 잘 한다고 주장한다. 피어슨은 무작위 통제를 시도해 이 방법을 시험했고, 비슷한 학생들로 구성된 통제집단과 달리 학생 약 9,000명에게 성장형 사고방식에 근거한 메시지를 보냈다. 몇몇 관찰자들은 이러한 연구를 실시하는 출판사들에 반대했다. 인공지능의 사회적 함의를 조사하는 연구소인 AI나우AI Now의 설립자 케이트 크로퍼드Kate Crawford는 트위터에 이렇게 썼다. "에듀테크 기업은 '사회심리학적' 메시지를 은밀히 삽입하고 시험을 다르게 치르는지 알아보기 위해, 누구에게도 알리지 않거나 동의를 구하지 않고 학생 9,000명을 대상으로 실험한다. 그러면 절대 안 된다." 탁월한 연구자이자 비평가인 크로퍼드의 반대 논평을 접한 뒤, 나는 이 연구에 대해 그녀와 다르게 생각하는 이유를 깊이 생각해보았다.[28]

수업을 진행하는 교사, 교육 출판사, 교육 설계자는 교수활동을 향상시키기 위해 시간에 따른 교수 관행의 변화를 구현한다. 교육 분야에서 여러 해 동안 활동하면서 정확히 같은 관행을 실시하는 사람은 실제로 없다. 대신에 변형을 도입하고, 그 변형이 더 나은 결과를 낳는지 조사

언택트 교육의 미래

한 후에 조정한다. 2016~2017년 학생들은 이전 버전의 피어슨 제품을 사용해서 특정 교육 결과를 산출했다. 2017~2018년 피어슨은 일부 학생들에게 새 버전을 주고 다른 학생들에게는 이전 버전을 제공하고 실험했다. 피어슨이 2017~2018년 학생 모두에게 새로운 버전을 배포하는 계획을 실행했더라도 여전히 이전 버전을 받은 집단(2016~2017년 학생들)에서 얻은 결과를 활용할 수 있었을 것이므로 그러한 분노를 사지는 않았을 것이다.

크로퍼드는 자신의 논평에서 두 가지 반대 사항을 언급하고 있다. 첫째, '사회심리학적 메시지 전달'에 대한 반대. 이는 아마도 출판사가 학생들의 심리를 조작하려고 시도함으로써 정도에서 벗어나고 있는 것처럼 보이기 때문일 것이다. 하지만 모든 학습 상호작용은 사회심리적 메시지를 담고 있다. 학생이 반응형 개인지도에서 정답이나 오답을 말할 때 시스템은 힌트, 기호(녹색 체크, 빨간색 ×), 기타 피드백 등으로 어쨌거나 학생에게 알려야 한다. 이 모든 반응은 학생들에게 학습적으로 알리는 동시에 최소한의 사소한 방식으로 자기인식을 형성할 정도까지 사회심리학적 메시지를 전달한다. 교육에서 사회심리학적 메시지를 제거할 길은 전혀 없으며, 오히려 잘 전달할 수 있는 방법을 찾아야 한다. 따라서 나는 피어슨의 연구 목표가 가치 있다고 인정한다.

둘째, 다음 반대는 학생을 다른 학습경험에 무작위로 배정하는 것과 관계가 있다. 사회과학 연구자들은 보건, 교육, 기타 분야에서 "실험 혐오" 현상을 식별해냈다. "사람들은 어떤 것이 더 우수한지 판단하기 위해 미검증 정책이나 처치집단 실험(A 또는 B)을 보편적으로 시행하는 것에는 종종 찬성하지만, 무작위 실험(A/B 테스트)에는 반대한다."[29] 교육자가 2016년 방법 A를 사용하고, 2017년 방법 B를 사용하는 경우에는 학습자가 매년 다르므로 어떤 접근 방식이 더 좋은지 판단하기는 매우 어렵다. 연구자들이 무작위 배정 방법을 사용할 때는, 즉 같은 해 학습하는 학생들을 임의로 절반으로 나누어 방법 A와 B를 각각 사용하는 경우에는 이러한 상황별 요소를 더욱 잘 통제할 수 있으므로, 변화가 향상을 불러왔는지 여부에 대해 더욱 강력한 주장을 펼칠 수 있다. 달리 표현하면 교육자들은 학생에 따라 유리하거나 불리한 변화를 교실에 지속적으로 도입하지만, 우리가 어떤 학생에게 유리하고, 어떤 학생에게 불리한지 알 수 있는 방식으로 그렇게 하는 것은 아니다. 실험 연구는 이렇게 유의미한 추론을 도출해내는 강력한 도구지만, 애석하게도 학교, 대학, 출판사, 기술 기업 등 기관이 제대로 알리지 않은 채 학생들을 새로운 실험의 대상으로 삼는 힘과 학생 자율성에 대해 심각한 우려를 낳기도 한다.[30]

내가 보기에 피어슨이 세운 목표는 훌륭했다. 그들은 잘 확립된 연구 노선을 취했고(성장형 사고방식을 전달하는 메시지는 학생 학습에 소소하게 긍정적인 영향을 미치고, 특히 성취도가 낮은 학생들에게 유효했다고 드러났다), 모든 학생에게 사고방식 메시지를 인식시키기 전에 특정 맥락에서 효과가 있는지 조사하기 위해 특정 제품에 담긴 메시지를 시험했다. 이러한 종류의 시험을 온라인 플랫폼에 통합하기가 상대적으로 용이하다는 점, 대규모 학습 프로젝트에 참여하는 학생 수가 많다는 점, 디지털 데이터 구조 등이 모두 결합함으로써, 온라인 환경은 어떤 관행이 학생 학습을 지원하는

지 더욱 잘 이해할 수 있는 실험을 실시하기에 잠재적으로 유망한 공간이다.[31]

온라인 학습이 학생들로부터 더 나은 결과를 산출한다면, 효과적인 온라인 학습에 대한 지식 기반을 점진적으로 굳히는 이 같은 무수한 연구를 합병하는 방식을 통해서일 것이다. 하지만 연구자, 기술 개발자, 출판업자, 교육자가 사람들의 신뢰를 얻지 못하면, 또 연구자들이 데이터와 실험의 유해한 영향력을 현명하게 행사한다는 믿음을 얻지 못하면, 이 같은 연구 기획은 붕괴할 것이고, 대규모 학습 기술에 담긴 일부 잠재적인 혜택은 실현되지 못할 것이다.

데이터와 실험이 미치는 유해한 영향력의 완화와 관리

대규모 학습환경에서 데이터 수집과 실험의 위험성은 불확실하다. 데이터 개인정보 침해가 많이 발생하고 있지만, 이러한 침해로 생겨난 피해는 제대로 기록되지 않고 있다. 틀림없이 일부 실험에서 중재는 일부 학생들에게 불리하게 작용하고 있지만, 매년 교육 시스템에 발생하는 비체계적인 변화 때문에 정기적으로 유리하게 작용하기도 하고 불리하게 작용하기도 한다. 대규모 데이터 수집이 미치는 가장 광범위하고 장기적인 위험의 일부는 상당히 심각해 보인다(우리는 감시 상태에서 학생들을 훈련시키는 공교육 시스템을 원하지 않는다). 하지만 자율성과 실험 과학의 균형을 맞추는 데이터 사용법의 법적·문화적 규제를 활용하면 이러한 위험을 피할 수 있다. 일부 연구는 학습 기술과 학습 과학을 더욱 잘 이해하는 가치를 입증하지만, 이러한 연구를 지속할 필요성을 분명히 드러낼 만큼 극적으로 발전하지는 못했다.

우리가 정책 입안자나 시민 입장에서 불확실성의 안개를 통과하며 교육 기술 데이터에 대한 비용 대 혜택을 계산해야 하더라도, 위험을 완화하고 자신이 수집하는 데이터의 가치를 최대화하려고 여전히 노력할 수 있다. 현재 교육 데이터 인프라의 주요 문제는 학교를 통해 데이터를 수집하지만, 그 데이터가 학교 수준의 책임감이나 인센티브 없이 민영 하청업체로 흘러들어간다는 것이다. 주 법률과 지역 학군은 아이들을 의무적으로 학교에 가게 하고, 구글 교육 계정, 내비앙스 계정, 학점 확인용으로 파워스쿨PowerSchool, 숙제 문제와 읽기용으로 피어슨 계정이나 칸아카데미 계정에 가입하라고 요구한다. 심지어 이 모든 다양한 서비스에 로그인하도록 학생들을 지원하는 클레버Clever 같은 단일 로그인 공급자의 계정에도 가입하라고 요구한다. 따라서 이 모든 다양한 조직은 학년, 온라인 플랫폼 활동, 수행 등 학생에 대한 방대한 양의 데이터를 입수할 수 있다. 일부 학군에 따라서는 수십에서 수백에 이르는 기업으로 흘러 들어간 학생 데이터를 법적으로 보호할 수 있는 길은 모호하다.[32]

이러한 상황에 대처하려는 노력의 일환으로, 빌앤멀린다게이츠재단 Bill and Melinda Gates Foundation은 2011년에 자금을 지원하고, 2013년에는 1억 달러 규모의 인블룸inBloom 계획을 출범시켰다. 인블룸 정신은 학교와 영리 산업 사이에 신뢰할 수 있는 비영리 데이터 중개 기관을 만드는 것이었다. 인블룸은 학교와 협력해 학생 데이터를 저장하고, 기업과 협력해 데이터에 접근하며, 기업이 필요할 때만 필요한 데이터에 국한해 공유하는 책임을 진다. 이와 동시에 특정 데이터 수집·저장 기능을 중앙집중화해서 학교, 지역, 주 전반에 걸쳐 기술 사용과 학습 결과를 조사하는 새로운 연구 기회를 창출하려 했다. 하지만 인블룸이 제안한 핵심 가치는, 비영리 지위를 이용해 학습용·연구용 학생 데이터 사용을 허용하는 활동과 기업들이 개인 데이터를 광범위하게 확산시키는 위험에서 학생들을 보호하는 활동 사이의 균형을 더욱 잘 잡는 것이었다.[33]

그러나 인블룸의 출범이 발표된 직후, 비평가들의 공격이 잇따랐다. 빌앤멀린다게이츠재단은 교육 정책에 자금을 제공으로 기관으로, 워낙 규모가 크고 유명세가 있어 그만큼 자주 논란거리의 대상이 되기도 한다. 대형 고등학교들을 소형 고등학교로 쪼개거나, 커먼코어Common Core 같은 전국적인 교과과정 표준을 만드는 등 재단이 세운 대표적인 몇 가지 기획들은 전제에서도 실행에서도 비판을 받고 있다.

지난 20년 동안 지역과 기업 협력자가 학생 데이터를 눈에 띄지 않게 서서히 축적해왔지만, 인블룸은 매우 빠른 속도로 등장하면서 자금 출처를 둘러싸고 논란을 빚었고, 엄청난 양의 학생 데이터를 저장하려 한다는 의혹을 받았다. 비평가들은 국가, 주, 지역 차원에서 이 새로운 기획에 우려를 나타냈고, 결과적으로 여러 주들은 학생 개인정보 보호 법안을 400개 이상 발의했다. 이 모든 법안이 얼마나 성공을 거뒀는지, 시간이 흐르면서 앞으로 어떤 효과를 낼지 분명하지 않지만, 인블룸은 출범한 지 1년이 조금 넘는 시점에서 폐쇄되었다. 학생 개인정보 보호 측면에서 현상을 뒷받침하는 특징 하나는, 문제에 대처하려는 어떤 새로운 노력을 기울이더라도, 눈에 보이지 않고 대개 제대로 기능하지 않지만 아직 파멸을 불러오지는 않은 기존의 현상보다 우려를 자아낼 가능성이 더 크다는 것이다.[34]

　전국 데이터 저장소가 해답이 아니라면 학교, 에듀테크 제공자, 연구자들은 데이터 개인정보 보호 문제를 개선하기 위해 무엇을 할 수 있을까? 한 가지 접근 방식은 학교와 공급자가 계약을 맺고, 기업이 데이터를 사용하는 용도와 데이터를 저장하는 기간에 분명한 한계를 설정하는 것이다. 또 학교가 학생 데이터를 독성 자산으로 인식하고, 기록을 유지하는 법적 의무를 지키면서 정기적으로 데이터를 삭제하도록 권장하는 것이다(이것은 초기 초등학교용 기획이 학생의 장기 학습 궤도에 어떻게 영향을 미치는지 이해하려는 목적으로, 오랜 시간에 걸쳐 수집된 데이터를 사용하는 종적 연구에 관심을 쏟는 연구자들에게는 손실일 것이다). 하지만 이러한 접근 방식을 사용하려면 미국 1만 3,000개 학군에 근무하는 학교 관계자들이 대체적으로 갖추지 못한, 전문 지식이 필요하다. 예산 긴축 정책이 계속 펼쳐지고 있는 시대에 학군은 교사들을 지원하고, 건물과 차량을 계속 유지하며, 학교의 지속적 운영에 필요한 수많은 책임을 수행할 관리자를 충분히 보유하고 있지 못하다. 학교는 데이터 개인정보 관리자이자 공급업체라는 미묘한 상황 때문에 자체적으로 전문 지식을 개발할 수 있을 가능성이 낮다. 기업은 정부 규제 때문에 학생 데이터를 사용해 가능한 활동을 제한당할 가능성이 있다. 한편 학교 기술 전문가를 대표하는 회원제 조직 같은 공익 단체들은 모델 계약과 서비스 약관을 개발하기 위해 자원을 모으고, 최상의 관행을 채택하도록 에듀테크 기업들에게 압력을 가할 수 있을 것이다.[35]

또 하나의 접근 방식은 학습 데이터를 장기간 보유하더라도, 정보 식별 데이터를 제거한 후에만 보유하는 것이다. 이것은 피츠버그학습과학센터의 데이터숍DataShop 저장소에 있는 많은 데이터베이스가 취하는 접근 방식이다. 데이터숍은 주로 지능형 개인지도에서 공개적으로 입수할 수 있는 데이터세트를 보유하며, 연구자들은 이를 사용해 새로운 이론을 시험하고 새로운 분석을 수행할 수 있다. 일부 데이터세트에는 인구통계상 식별자가 없거나, 데이터 보호 표준을 충족할 수 있는 연구자로 접근이 제한된다. 물론 민감한 인구통계상 정보를 제거하면 데이터세트의 효용성이 제한되기 마련이다. 연구자들은 서로 다른 배경의 학생들이 어떻게 기술을 다르게 사용하는지에 관한 중요 사항을 조사할 수 없다. 건전한 교육 생태계라면, 다양한 목적에 따라 다양한 이해관계자가 사용할 수 있는 데이터를 저장하고 개인정보를 보호하기 위한 다양한 접근 방식을 갖출 것이다. 예를 들어 국립교육통계센터 National Center for Education Statistics는 학교, 지역, 전국교육성취도평가 시험, 기타 계획을 통해 많은 양의 학생 데이터를 수집한다. 그러면서 사람들이 입수할 수 있는 데이터와 연구자들이 입수할 수 있는 데이터세트를 다양한 보호 수준으로 요약하면서, 학생 데이터를 보호하고 사용하는 방법에 관한 모델을 제공한다. 학교와 시스템은 더 나은 계약, 규제, 데이터 저장, 유지와 삭제 관행을 조합함으로써, 지속적인 향상과 장기적

인 연구를 위해 여전히 데이터를 사용하면서도 데이터 수집에 따른 일부 위험을 줄일 수 있다.[36]

궁극적으로 에듀테크 발전 측면에서 실험과 지속적인 향상은 사람들의 지지와 대화에 따라 좌우된다. 강력하고 새로운 데이터 출처와 실험에 관심을 두는 연구자들은 그 힘을 현명하게 사용하리라는 사람들의 신뢰를 지속적으로 얻어야 한다. 학습 기술에 대한 실험적 연구가 더욱 확대되면서 투명성과 공공 참여가 모두 중요해질 것이다. 출판사, 기술 개발자, 연구자는 공개 토론회를 열어서 자신의 연구 관심사를 설명하고, 학습자의 자율성을 가장 잘 보호할 수 있는 방법에 대해 피드백을 모으며, 커뮤니티가 가장 크게 관심을 갖는 학습 도전이 무엇인지 파악해야 한다. 실험을 수행하는 연구자들은 효과의 정도를 보고하면서 자신들이 사용한 방법과 도출한 결과를 투명하게 밝혀야 한다. 사람들이 이러한 실험 결과를 비판하는 경우에 연구자들은 주의를 기울여서 비판을 듣고, 어떻게 해야 우려를 해소할 수 있을지 생각해야 한다. 대규모 학습환경은 인간 학습에 대한 새로운 통찰력의 강력한 출처로 자리 잡을 가능성이 있다. 데이터와 실험의 잠재적 혜택이 실현되려면 사람들의 신뢰가 중요한 자원이 될 것이다.

대규모 학습에 관한 과대광고 주기에 대비하기

하늘을 나는 차세대 로봇 개인 교사

변혁이 다가오고 있다는 예측은 교육 기술 역사에서 가장 확실하게 반복되고 있는 현상이다. 1913년 토머스 에디슨은 곧 책의 시대가 가고 영화의 시대가 오리라고 선언했다. 그러면서 이렇게 인터뷰했다. "공립학교에서 책은 곧 무용지물이 될 것입니다. 학생들은 눈으로 교육을 받을 것입니다. 모든 갈래의 인간 지식을 활동사진으로 가르치는 것이 가능해집니다. 나라의 학교 시스템은 10년 안에 완전히 바뀔 것입니다." 10년이라는 예측이 빗나가자 에디슨은 시기를 연장했다. 1923년 연방거래위원회 앞에서 에디슨은 이렇게 설명했다. "나는 사진을 통해 아이들에게 화학을 가르치는 실험을 했습니다. 아이들 12명에게 화학과 관련한 많은 사진을 보여준 뒤 배운 점을 적으라고 했습니다. 그리고는 아이들이 화학처럼 복잡한 과목의 상당 부분을 사진을 통해 쉽게 이해한다는 사실을 깨닫고 놀랐습니다. 사진에서 아이들이 이해하지 못했던 부분들은 마침내 사진 전체를 이해할 때까지 반복해서 보여주었습니다. 나는 이제 활동사진의 시대가 시작했다고 생각합니다. 20년 안에 아이들은 교과서가 아니라 사진을 통해 학습하게 될 것입니다."[1]

에디슨 시대가 끝나고 100년이 지난 뒤에도 기술 전문가들은 교육 시스템이 수백 년 동안 직면해온 난제들을 새로운 발명품이 등장해 즉시 해결해주리라고 여전히 약속하고 있다. 뉴턴의 설립자 호세 페레이라가 하늘을 나는 반응형 로봇 개인 교사를 생각해내고, 유다시티의 설립자 서배스천 스런이 MOOC를 통해 세계적 규모의 저비용 학습을 이룰 마법 공식을 고안하는 등 2010년대 들어서서 카리스마를 갖춘 기술 전문가들이 등장해 활발하게 활동했다. 그 10년이 끝날 무렵 학습 기술의 한계를 둘러싼 대화에 깨달음이 생겨났다. 하지만 10년이라는 과대광고 주기가 안긴 절망 상태에서도 희망은 사라지지 않았다. 2019년 당시 캔버스 학습관리시스템을 제공하는 인스트럭처Instructure의 CEO인 댄 골드스미스Dan Goldsmith는 자사의 새 학습 분석 프로그램이 학생들을 성공적으로 학습시키고, 교사들의 생산성을 끌어올리며, 학생 유지율을 높이리라고 자랑했다.

우리는 지구상에서 가장 포괄적인 교육 경험 데이터베이스를 보유하고 있습니다. 따라서 우리에게 있는 정보를 고려할 때 알고리즘과 예측 모델을 개발할 수 있는 데이터 자산을 다루는 측면에서 어느 누구도 우리만큼 정통하지 않습니다. 훨씬 흥미롭고 매력적인 점은 우리가 정보를 취해 온갖 종류의 대학과 교과과정에 연결시킬 수 있다는 것입니다. 또 학생들과 강사들에게 성공적으로 학습하고 강의하는 방법을 다음과 같이 추천하고 제안할 수 있습니다. '이 영상을 시청하세요', '이 구절을 읽으세요', '이 교과서 17~34쪽에 있는 문제를 푸세요', '두 시간을 더 들여서 다음 과제를 하세요'.[2]

많은 시간을 MOOC 연구에 쏟았던 나는 이 주장을 읽고 당황했다. 개인맞춤형 학습 분야에서 데이터 주도 혁명에 대한 이러한 예측은 초기 MOOC 옹호자들이 약속한 그대로였다. 세계 유수의 일부 대학들이 규모 강좌, 플랫폼, 연구에 수억 달러를 투자했던 골드스미스가 상상했던 성과는 거두지 못했다. 뉴턴과 유다시티의 개발자들과 기타 기술 전문가들은 개혁에 대해 펼쳤던 초기 주장을 철회해야 했다. 그러나 다른 CEO가 등장해 마치 짚을 꼬아 금을 만들어내듯 방대한 양의 데이터세트를 어떻게 혁신적인 학습 통찰로 전환할 것인지에 대해 동일한 수사학적 주장을 펼치고 있다. 의심할 여지없이 앞으로 수 년 안에 사업가들은 인공지능, 가상현실, 5G, 실리콘밸리가 세계에 퍼뜨리는 신기술에 대해 같은 종류의 약속을 내놓을 것이다. 따라서 교육자들은 이 현상에 대비할 준비를 해야 한다.

새로운 교육 기술이 그들의 높은 기대를 충족하지 못할 때 일반적으로 일어나는 수사학적 움직임은, 신기술의 진정한 효과가 모습을 드러내려면 시간이 더 흘러야 한다고 주장하는 것이다. 미래학자 로이 아마라Roy Amara는 다음과 같이 주장했다. "우리는 기술의 효과를 단기적으로는 과대평가하고, 장기적으로는 과소평가하는 경향이 있다."[3] 100년 전에 에디슨이 활동사진에 대해 펼친 주장은 이러한 이론을 시험하는 좋은 예다. 가장 광범위한 관점으로 학습을 생각한다면 에디슨이 예측한 현상의 일부는 이미 달성됐다. 영상은 레인보룸부터 마인크래프트, 그 밖에 많은 분야에 이르기까지 비정규 학습에서 지배적인 매체가 되었다. 하지만 정규교육 시스템의 복잡한 생태계에서는 여전히 교과서가 학습경험의 중심이고, 영상은 보충 자원으로 남아 있다. 나는 에디슨이 예측한 지 200주년이 되고, 살만 칸이 '영상을 사용해 교육을 재창조하자'라는 제목으로 테드 강연을 한 지 100주년이 되는 2110년 쯤에도, 교육 필름과 영상이 대부분의 정규교육 시스템에서 여전히 부차적인 역할에 머무르지 않을까 생각한다.

혁신과 기술 주도적 프로그램에 관한 수사학적 표현의 중심에는, 신기술을 창조해 교육 시스템의 변혁을 이끄는 영웅적인 개발자들이 있다. 에디슨은 활동사진을 발명하고, 교과서는 10년 안에 더욱 효과적인 교육 필름으로 대체될 것이라 예측했다. 하지만 이러한 일은 일어나지 않는다. 나는 기술이 학습을 향상시키는 방식에 대한 이야기에 반드시 있어야 하는 세 가지 변화를 제안하려 한다. 첫째, 변화의 출처는 영웅적인 개발자도 심지어 기술 기업도 아니라, 혁신적인 교육학과 교육 형평성에 헌신하는 교육자·연구자·설계자 커뮤니티다. 우리에게 필요한 것은 영웅이 아니라 그들의 협력이다. 둘째, 기술은 교수와 학습을 변혁하지 않을 것이다. 최선의 희망은 기술이 교과과정, 교육학, 강의 자원, 학생 지원, 교사의 전문성 개발, 정책, 기타 학교 시스템의 중요한 측면을 전체적으로 향상시킬 수 있는 새로운 여지를 마련하는 것이다. 기껏해야 기술은 시스템 변화라는 더욱 광범위한 작업에서 제한된 역할을 수행할 뿐이다. 마지막으로는 때로 소비자 기술에서 발생하는 극적인 변화에 대한 희망을 버리고, 대신에 시스템 변화 작업을 팅커링과 지속적인 향상을 추구하는 긴 과정으로 생각해야 한다.

대규모 학습 기술이 교수법과 학습을 변혁하리라는 약속과 예측은 사라지지 않을 것이다. 앞으로 수십 년 안에 교육자는 새로 등장하는 기술을 조사하고, 지나치게 과장된 수사학적 표현을 무시하며, 터무니없는 과대광고를 일축하는 임무를 수행해야 한다. 그러면서도 새로운 도구들이 특정 상황이나 특정 과목, 특정 학생에게 유용한 것으로 입증될 가능성을 열어두어야 한다. 나는 에듀테크의 과대광고 주기 100년이 지난 후에, 교육자들이 충분한 경험과 데이터, 역사로 무장해서 대규모 학습의 미래에 대해 더욱 현실적이고 역사에 뿌리를 내린 예측을 하기 바란다. 그럼으로써, 다음에 밀려올 지나치게 낙관적인 주장의 물결을 막아낼 날이 오기를 희망한다.

대규모 학습을 탐색하기 위한 네 가지 질문

정책입안자, 관리자, 교사, 학생은 늘 학습 기술의 미래를 예측해달라는 요청을 받는다. 교장은 "학생들의 학습을 향상시키기 위해 교사들에게 구독해줄 수 있는 새로운 소프트웨어 프로그램이 있나요?"라고 묻는다. 정책 입안자들은 "졸업률이나 재학률을 높이려면 학교나 대학에 책정하는 국가 원조 중에서 구체적으로 몇 퍼센트를 기술에 배정해야 하나요?"라고 묻는다. 교사들은 "신기술을 채택하는 것이 학생들의 학습에 도움이 될까요?"라고 묻는다. 학습자들은 "이 MOOC에 시간을 투자할 만한 가치가 있을까요? 수료증은 몇 년 후에 어떤 가치가 있을까요?"라고 묻는다.

새로운 대규모 학습 기술을 마주했을 때 교육 기술의 오랜 역사에서 신제품의 입지를 파악하는 데 특히 유용한 네 가지 질문은 다음과 같다.

1. 무엇이 새로운가?
2. 누가 학습경험을 주도하는가? 교육 설계자인가, 반응형 학습 알고리즘인가, 동료 커뮤니티인가?
3. 교육학적으로 물통 채우기인가? 아니면 불 지피기인가?
4. 이 제품은 어떤 기존 기술을 채택하는가?

기술 전도사들이 펼치는 미사여구의 중심에는 새로움을 둘러싼 주장이 있다. 캔버스의 골드스미스는 자신들이 유일무이하게 보유하고 있는 데이터 자원이 개인맞춤형 학습의 새로운 시대를 열 것이라고 주장했다. "실제로 무엇이 새로운가?"라는 질문은 이에 관한 노력과 회의적인 지향을 비교하게 한다. MOOC 연구자들이 보유하고 있는 비슷하게 방대한 데이트세트는 정책에 관한 일부 통찰을 얻기에는 유용한 것으로 입증되었지만, 광범위한 노력에도 불구하고 개인맞춤형 학습 분야에서 획기적인 연구를 이끌어내지 못하고 있다. 피츠버그학습과학센터가 가동하는 데이터숍은 반응형 개인지도에 관한 다량의 데이터를 보유하고 있다. 이곳 연구자들은 스크래치, 칸아카데미, 온갖 종류의 학습 관리 시스템에서 수집한 거대한 데이터세트를 사용한다. 엄밀히 말해서 캔버스는 다른 기업에 없는 데이터 자산을 보유하고 있지만, 온라인 학습 행동에 관한 다른 대형 데이터세트도 많이 존재한다. 이 오래된 데이터세트가 개인맞춤형 학습 분야에 거대한 변화를 몰고 오지 않았다면 캔버스가 보유한 새로운 데이터도 그렇게 하지 못하리라고 예측하는 것이 타당하다.

기술 전도사들이 교육 기술의 오랜 역사를 제대로 인식하지 못하는 경우가 많아 보이기는 하지만, 나는 이 같은 역사가 대규모 학습의 미래를 예측하는 믿을 만하고 유용한 길잡이라는 사실을 깨달았다. 신기술이 대규모 학습 기술의 계보에서 어느 지점에 적합한지 파악할 수 있다면, 그 신기술의 조상이 거둔 실적을 바탕으로 신기술이 학교에서 어떻게 가동할지 예측할 수 있을 가능성이 크다. 이러한 점을 이해하고 나면, 신기술의 증가하는 기여도가 지닌 잠재적 가치를 조사할 수 있다. 캔버스가 보유한 데이터세트에는 과거에 교육 데이터 과학에 사용된 데이터세트와 다르면서 해당 분야에서 점진적 발전을 이끌어낼 수 있는 요소가 있을까? 이러한 탐색적 질문에 대답하려면 교육 기술의 오랜 역사에 새로운 참여자를 배치해야 한다.

대부분의 새로운 대규모 학습 기술은 이 책의 전반부에서 설명한 대규모 학습의 세 가지 유형 중 하나에 합리적으로 잘 맞는다. "무엇이 새로운가요?"라고 묻고 나면 배열 순서, 교육학, 기술에 관한 세 가지 질문이 뒤따를 것이다. 누가 학습자의 행동 배열 순서를 이끄는가? 학습 활동에는 어떤 교육학적 전통이 개입되는가? 학습자를 참여시키기 위해 어떤 기술이 사용되는가?

만약 강사가 학생 편에서 학습 배열 순서를 결정한다면, 또 교육학이 전문가가 학습자에게 새로운 지식을 직접 전달하는 교수주의자 입장을 취하고, 기술이 학습자의 진도를 평가하고 추적하기 위해 자동 채점을 갖춘 학습관리시스템을 결합한다면, 원격 교육의 오랜 역사와 MOOC의 좀 더 최근 역사는 새로운 강사 주도 기술의 미래를 예측하는 데 유용한 지침을 제공할 수 있다. 자동 채점은 인간 수행의 구조를 컴퓨터 프로그램으로 정량화하고 분석할 수 있는 소수 영역에서만 인간 수행을 신뢰성 있게 평가할 수 있으므로, 신기술의 유용성은 STEM 분야에서 크고, 인문이나 사회과학 분야에서 떨어진다고 예측할 수 있다. 현재 검토 중인 새로운 시스템이 상당량의 인간 코칭과 조언을 포함하지 않는다면, 아마도 한정된 일부 학습자, 즉 자기주도 학습경험을 통해 탐색하고 지속할 수 있는 자율규제 기술을 발달시킨 학습자들에게만 유용할 것이다. 이러한 환경에서 번성하는 경향이 있는 학생들은 이미 학문적 숙련도를 입증했다. 대부분 정규교육 시스템에서 수습 활동을 통해 자기조절학습을 발달시켰기 때문이다. 이 학습자들에게 자기진도학습은 학생 한 명당 낮은 한계 비용으로 강력하고 유연한 학습경험을 제공할 수 있다. 하지만 이 같은 기술들은 교육 기회의 격차를 줄이기보다는 가속화할 위험성이 상당히 크다.

알고리즘이 학습활동의 배열 순서를 결정한다면, 새로운 시스템은 반응형 개인지도와 컴퓨터지원교육의 오랜 역사에 속할 것이다. 다시 말해 이러한 시스템은 자동 채점에 의존하므로, 그 효용성은 일반적으로 K-12학년 시스템에서 대개 수학, 초급 독해, 언어 습득, 컴퓨터 프로그래밍처럼 영역 지식이 컴퓨터 평가에 적합한 몇 가지 분야로 제한된다. 메타분석은 반응형 개인지도가 수학 학습에 긍정적인 효과를 낼 수 있다고 제안하고, 개별 연구들은 다른 과목들에서 거두는 이익을 입증한다. 특히 카네기러닝이 실시한 최근 연구인 인지적 개인지도와 어시스먼트는 반응형 개인지도를 사용한 개별 교육이 수학 학습을 가속화할 수 있다고 제안한다. 일부 연구는 성취도가 높은 학생과 낮은 학생의 학습 격차를 좁히기 위해 반응형 개인지도를 사용할 수 있다고 제안한다. 하지만 이러한 이익은 소수 과목에만 국한되므로 해당 도구들을 중심으로 학교 전체의 교과과정을 다시 수립할 현실적인 통로는 전혀 없다.[4]

동료 커뮤니티가 학습자에게 쓸모 있는 자원을 만든다면, 그들의 노력으로 생성되는 신기술은 동료 주도 대규모 학습 유형에 속한다. 대체로 이러한 커뮤니티는 사람들이 평생학습에 참여하는 방식을 극적으로 재형성한다. 하지만 학교에서 이 접근 방식의 효과는 더욱 드러나지 않는다. 동료 주도 대규모 학습에서 겪는 가장 강력한 경험은 심오하고, 협력적이며, 지속적이고, 흥미 중심적인 경향을 보인다. 하지만 이러한 특징은 대부분의 학교에서 채택하는 교육학적 접근 방식과 조화를 이루지 못한다. 교육학적 접근 방식에서는 학습경험을 일련의 필수 교과과정 지침(학생의 관심사가 아니라)에 따라 개별적으로(집단적이 아니라) 추구해야 하고, 수업기간·분기·학기(지속적이 아니라) 등 획일적인 기간을 유지해야 한다. 비정규 온라인 학습 문화와 정규교육 시스템 문화가 분리되는 현상은 학교가 동료 주도형 흥미 주도 기술을 통합하는 데 어려움을

언택트 교육의 미래

겪고 있다는 뜻이다. 스크래치나 '자신의 도메인' 등의 프로그램들은 교육 시스템 주변에서 입지를 군힐 수 있지만 적합성이 불안한 경우가 많다. 가장 강력한 구현은 학교 전체의 변화라기보다는 교실 몇 군데에서 실시하는 작은 혁신인 경향이 있다. 이러한 기술은 학교에 새로운 교육학적 아이디어를 도입시킬 수 있고, 평생학습의 미래를 잘 준비할 수 있는 방법에 대해 젊은이들과의 대화를 촉발시킬 수 있지만, 기껏해야 출발점일 뿐이다. 개방적이고 네트워크화되어 있는 수습형 학습을 학교교육의 중심으로 삼으려면 교과과정부터 평가, 일정, 교사의 전문성 개발 등 학교 생태계의 모든 측면을 다시 생각해야 한다.

세 가지 대규모 학습 유형에서 기술을 통한 파괴, 변혁, 교육 민주화에 대한 예측은 지난 10년 동안, 실제로는 지난 20세기 내내 형편없이 빗나갔다. 각 학습 유형마다 특정 분야나 특정 학생에게 유용하다고 입증된 특정 기술이 있지만, 신기술은 기존 교육 시스템을 파괴하지는 않는다. 오히려 기존 교육 시스템이 신기술을 길들이고, 대부분의 경우에는 학교의 잘 확립되어 있는 목표와 구조를 지지하는 데 신기술을 사용한다. 교육 기술의 역사에서 가장 신뢰할 수 있는 발견들 중 두 가지는 교육자들이 기존 관행을 확장하기 위해 신기술을 사용하고, 신기술은 이미 혜택을 받고 있는 학습자들에게 대부분의 혜택을 안기는 경향이 있다는 것이다. 이 두 가지 패턴을 마음에 새기고, 위에 소개한 네 가지 질문을 사용한다면 견고한 토대 위에 새로운 학습 기술을 분석할 수 있다.

복잡성, 불균일성, 불평등

차이가 있기는 하지만 대규모 학습의 세 가지 유형은 정규 학교 시스템이라는 동일한 생태계와 상호작용한다. 오늘날 존재하는 대규모 학습 기술과 정규교육의 교차점에서는 복잡성, 불균일성, 불평등이라는 세 가지 반복적 특징을 볼 수 있다. 이러한 특징은 어째서 대규모 학습 기술이 모든 학교에서 모든 학생의 학습을 향상시키지 않는지, 어째서 대규모 학습에서 가장 해결하기 힘든 문제의 출처인지를 설명하는 데 유용하다.

학교는 복잡한 시스템이고 교사, 학생, 학부모, 관리자, 정책 입안자 등 학교 시스템에 속한 많은 이해관계자는 현상의 다양한 측면에 구속되는 경향이 강하다. 오늘날 학교는 학교교육 목적의 경쟁적 비전을 조율하기 위해 설계된 특징들의 결합체다. 따라서 평생학습에 영감을 주고, 관문 역할을 하는 시험에 통과하도록 학습자들을 도우며, 시민으로 살아갈 수 있도록 학생들을 준비시킨다. 이처럼 다양한 목적의 결과로서 학교는 거의 상상할 수 없는 수준의 경쟁적 기능을 다양하게 담당한다. 그래서 글을 읽고, 수학을 공부하고, 과학을 이해하고, 건강을 유지하고, 결혼하기 전에 성관계를 절제하고, 안전한 성행위를 실천하는 법을 사람들에게 가르친다. 역사를 배우고, 자기 나라를 사랑하고, 나라가 시행하는 정책에 의문을 제기하는 법을 가르친다. 스포츠활동을 하고, 예술 작품을 만들고, 노래 부르는 법을 가르친다. 또 다른 사람과 잘 어울려 일하고, 현실을 직시하는 개인이 되는 법을 가르친다. 이러한 목표를 각각 달성하려면 다른 종류의 교과과정, 학습환경, 일정, 교육적 접근 방식이 필요하다. 학교는 어떤 목표에 더 많은 자원을 투자할지 나름대로 결정한다. 신기술의 효용성은 다양한 목표에 걸쳐 균일하지 않고, 기술도 영역마다 다른 수준의 견인력을 나타낸다. 이 같은 복잡성 말고도, 우리 사회는 부유한 학습자들을 교육하는 학교에 매우 다른 수준의 자원을 할당하며, 학교는 가난에 영향을 받는 지역 출신 학생이나 소수 민족, 소수 학생에게 더 낮은 질의 학습경험을 제공하는 경우가 많다.

새로 부상하는 기술을 이러한 사회적·문화적·정치적·교육학적 복잡성에 견주어 생각하면, 대규모 학습의 이익과 성공이 일관성 없는 패턴을 보이면서 과목, 학습자, 상황에 따라 유용하기도 하고 유용하지 않기도 하는 이유를 분명히 파악할 수 있다. 대부분의 장소에서 이 같은 복잡성은 새로 부상하는 기술의 영향을 제한하려 한다. 하지만 주의 깊은 설계, 세심한 개선, 공공 수요, 기타 요소들이 대규모 학습으로 혜택을 받는 수많은 학습자에게 올바른 방식으로 작용하는 획기적인 해결책은 분명히 존재한다. MOOC 기반이면서 미국 최대 컴퓨터과학 학위 프로그램으로 성장한 조지아공과대학 컴퓨터과학의 온라인 과학 석사학위 프로그램이 바로 그렇다. 이 프로그램은 현재 직업에 종사하고 있으면서 해당 프로그램이 아니면 어떤 경우로든 석사학위 과정을 밟지 못하거나 밟을 수 없는 학생 집단의 필요를 효과적으로 충족시키고 있는 것으로 보인다. 스크래치 프로그래밍 커뮤니티는 전 세계 수백만 명의 젊은이에게 컴퓨팅 창의성을 소개하고 있다. 대규모 무작위 통제 시험을 실시한 결과에 따르면, 어시스트먼트는 모든 학생에게, 특히 전에 수학 시험에서 낮은 점수를 받았던 학생들에게 기술과 시간을 상대적으로 적게 투자하면서 학습 이익을 이끌어낼 수 있는 가벼운 온라인 수학 숙제 도우미가 될 수 있을 것이다.

이 예들은 특정 틈새에서 앞으로 성공 이야기를 이끌어낼 유용한 길잡이지만, 변혁의 징조는 아니다. MOOC 기반 석사학위 프로그램은 컴퓨터과학에서 효과를 거두고 있는 것처럼 보이지만, 창의적인 글쓰기, 간호, 교육, 기타 분야에서는 크게 성공할 가능성이 훨씬 떨어져 보인다. 스크래치 온라인 커뮤니티는 학교에 인상적으로 진입했다. 이 외에도 팬픽 창작에 참여하는 젊은 작가들처럼 젊은이들이 새로운 기술들을 발달시키는 온라인 커뮤니티들이 있지만, 내가 생각하기로는 이 많은 온라인 커뮤니티가 스크래치와 같은 방식으로 학교에 진입할 수 있을 것 같지는 않다. 비록 어시스트먼트가 훌륭한 수학 과제 도우미라고 하더라도 역사, 생물학, 미술 과목에서도 똑같이 과제 도우미로 훌륭하게 작동할 것 같지 않다.

이러한 사례들과 기타 노력들은 대규모 학습을 통해 인간의 복지를 향상시키려는 일반적인 도전 때문에 제한된다. 이 책의 후반부에서는 이처럼 "여전히 다루기 힘든 딜레마"를 서술했다. 이 같은 딜레마를 통해 설계자, 정책 입안자, 자금 후원자, 교육가들이 기술을 구사해 학습을 향상시키는 도전을 예측하기 위해 사용할 수 있는 질문들을 나열해보면 다음과 같다.

1. 학습 생태계에서 기존 이해관계자들은 이 같은 기술을 어떻게 볼 것인가?

특히 기존 관행을 확장하기 위해 어떻게 사용할 것인가?

2. 이 같은 기술로 어떤 종류의 학습을 평가할 수 있고, 평가할 수 없는가?

3. 배경과 생활환경이 서로 다른 학습자들이 어떻게 기술에 다르게 접근하거나 다르게 사용할 것인가?

4. 실험과 데이터 분석은 어떻게 이러한 기술을 향상시키고, 데이터 수집과 실험 노력은 어떻게 감시 문화에 기여할 것인가?

'익숙함의 저주'는 새로운 학습경험을 복잡하고 보수적인 시스템에 도입하는 난제를 서술한다. 기존 학교교육의 일상적인 과정을 디지털화하는 기술은 채택하기 더 쉽지만, 학교를 유의미하게 바꿀 가능성은 적다. 학교를 의미 있게 바꾸고 향상시킬 수 있는 기술은 보수적인 시스템이 채택하기 어렵기 때문이다. 어시스트먼트는 전형적인 학교교육의 일상적인 과정에 맞도록 설계되어 있어서 학교에 효과적으로 가동한다. 하지만 여기에도 한계가 있다. 어시스트먼트는 학교에서 실시하는 수학교육이 좀 더 정교한 수학적 추론보다는 판에 박힌 절차적 유창성을 추구하는 것에 더욱 가까울 때 유용하다. 새로운 학습 기술이 전형적인 학교교육의 일상적인 과정을 재생산하지 못하는 경우에 교육자들은 해당 기술을 교과과정에 통합하는 데 종종 어려움을 겪는다. 스크래치의 설계 취지는 학교에서 흔히 배우는 절차와 구문에 비중을 두는 방식보다 훨씬 더 창의적인 방식으로 컴퓨팅을 상상하도록 학습자와 교육자를 돕는 것이다. 하지만 교육자들은 열정에 따라 움직이고 재미있으며 시간을 많이 들여야 하는 스크래치 프로젝트를 시간이 한정되어 있는 전형적인 학교 수업 시간에 실시할 틈을 어떻게 만들 수 있을지 고심한다. 이러한 과제에 접근하는 가장 유망한 방식은 기술 확장과 관계가 있다기보다는, 기술이 더욱 큰 영향력을 발휘할 수 있도록 복잡한 시스템을 개혁하는 힘든 작업을 함께 수행하고 배울 수 있는 교육자 커뮤니티를 확장하는 것과 더 큰 관계가 있다.

대규모 학습 기술이 여러 과목에 불균일하게 영향을 미친다는 사실의 뿌리를 추적하면, 일상적인 평가의 함정에 도달할 수 있다. 대규모로 학습자를 평가할 방법을 찾는 MOOC, 반응형 개인지도, 기타 기술은 인간 수행을 컴퓨터로 평가하기 위해 자동 채점 기능에 의존한다. 자동 채점이 교과과정 전반에 균일하게 유용한 것은 아니다. 자동 채점을 대부분 유용하게 사용할 수 있는 곳은 수학, 과학의 정량적 부분, 초기 언어 습득, 컴퓨터 프로그래밍에서 고품질·저품질 수행의 특징을 알고리즘이 신뢰성 있게 식별하고 그에 따라 점수를 매길 수 있을 정도로 학생 수행이 충분히 일상적인 분야다. 하지만 우리가 학생들이 학습하면 좋겠다고 바라는 사항들은 대부분 엄격한 구조를 고수해야 하는 수행을 통해서는 입증될 수 없다. 실제로 인간의 일상적인 작업이 로봇과 AI 봇에게 어느 때보다 신속하게 이전되고 있는 세상에서 창의적인 문제해결과 복잡한 의사소통의 가치는 계속 증가하고 있다. 우리가 대규모로 유의미하게 평가할 수 있는 과목, 학문, 기술을 확장하는 새로운 방식을 개발할 수 없다면, 대규모 학습 시스템은 미래에 가장 유용하지 않은 영역에서 매우 급속하게 성장할 가능성이 있다.

익숙함의 저주와 일상적인 평가의 함정은 어째서 대규모 학습 기술이 복잡한 현재 교육 시스템에 통합되기 어려운지, 통합되더라도 어째서 과목과 학문에 불균일하게 영향을 미치는지 설명하는 데 유용하다. 에듀테크 마태 효과는 대규모 학습 기술이 서로 다른 배경을 지닌 사람들에게 불균일하게 영향을 미치는 이유를 설명하는 데 유용하다. 연구자들은 세 가지 유형의 대규모 학습에서 서로 다른 배경의 학습자들이 신기술에 접근하고 사용하는 방식을 평가할 때, 신기술 심지어 무료 기술에서 비롯한 이익이 이미 혜택을 받은 사람들에게 매우 신속하게 돌아간다는 사실을 자주 발견한다. 스크래치를 초반에 사용하기 시작한 사람들은 컴퓨팅을 어느 정도 경험한 부모 밑에서 성장했을 확률이 컸다. 이와 비슷한 맥락에서 고등교육을 받을 수 있는 새로운 경로를 모색하는 학생들보다 이미 학사학위를 보유한 학생들을 교육하는 것이 더 쉽기 때문에, MOOC 제공자들은 더 낮은 비용으로 석사학위를 제공하는 정책으로 방향을 전환하고 있다. 하지만 이것은 피할 수 없는 현상이 아니므로, 설계자들은 기회가 가장 적은 학생들에게 가장 큰 혜택을 줄 수 있는 기술을 설계하는 방법을 탐구해야 하고 또 그럴 수 있다. 아울러서 교육자들은 뿌리 깊게 박혀 있는 구조적 불평등을 신기술을 통해 수정해야 한다고 주장하는 접근 방식을 경계해야 한다. 아마도 신기술이 더욱 공평한 학습 생태계를 만드는 데 기여할 수 있겠지만 기술만으로는 교육을 민주화할 수 없을 것이다.

교육 연구자 입장에서 생각할 때 대규모 학습 기술의 가장 흥미로운 특징의 하나는 체계적으로 바뀌고 향상될 수 있다는 점이다. 우리는 학습자가 디지털 플랫폼과 상호작용하는 방식을 면밀히 검토하고 디지털 방식으로 기록할 수 있으며, 경쟁하는 접근 방식이 어떻게 학습자에게 혜택을 안기거나 손해를 끼칠 수 있는지 알아보기 위해, 해당 플랫폼 안에서 교육 변화를 체계적으로 시험할 수 있다. 하지만 이 같은 연구에 접근하는 가장 유망한 방식은 다음과 같은 심각한 윤리적 의문을 던진다. 학습자나 학교는 교육 실험이나 평가에 참여하겠다고 언제 동의해야 할까? 디지털 플랫폼에서 나온 데이터는 누가 관리해야 하고, 사용할 때는 어떤 제한을 가해야 할까? 아마도 가장 시급한 질문은 이럴 것이다. '심지어 새로운 자유와 이익을 약속할 때조차도 어떻게 하면 데이터 수집과 실험의 시스템을 통해 궁극적으로 인간의 자율성을 침해할 수 있는 디지털 감시 문화를 받아들이도록 젊은이들을 가르칠 수 있을까?' 데이터와 실험의 독성은, 에듀테크의 가능성과 잠재력에 대한 질문이 성질상 기술적이라 하더라도, 우리가 기술을 사용해 무엇을 해야 하는지에 관한 질문은 어쩔 수 없이 정치적이라는 사실을 부각시킨다. 장기적으로 연구를 통해 학습 기술을 개선하려면 이러한 절충에 대처하는 문제에 커뮤니티가 더욱 활발하게 참여해야 한다.

나는 이처럼 대처하기 힘든 딜레마를 불변의 장애물이 아니라 설계자, 개발자, 자금 후원자, 연구자, 교육자들이 힘을 합해 부딪쳐야 하는 도전이라 생각한다. 디지털 형평성을 달성하기 위해 실행할 수 있는 설계 원칙은 무엇일까? 새로운 평가 기술은 어떻게 더 많은 학습자에게 더욱 많은 대규모 학습 영역에서 더 유용한 피드백을 제공할 수 있을까? 신기술을 통해 교수와 학습을 향상시키기 위해 헌신하는 사람들로 커뮤니티를 형성할 수 있는 효과적인 전략은 무엇일까? 대규모 자료 수집에 내재한 위험과 학습자의 자율성과 존엄성에 맞서는 위협을 고려할 때, 어떻게 이를 지속적인 실험을 통해 기술을 향상시킬 수 있는 가능성으로 상쇄할 수 있을까? 에듀테크 스타트업, 연구 프로젝트, 기타 대규모 학습 분야의 새로운 시도를 통해 발표되는 내용을 검토할 때, 나는 어떤 프로젝트가 복잡성, 불균일성, 불평등에 대처해 대규모 학습의 방향을 바꿀 수 있는 새로운 설계나 통찰을 제공할 가능성이 높은지 식별할 목적으로, 이러한 질문이나 이와 유사한 질문을 지침으로 사용한다.

대규모 학습의 미래를 향한 시도

교육 분야가 극적인 변혁을 통해 향상하는 경우는 매우 드물거나 아마도 결코 발생하지 않을 수 있다. 그것이 가능하려면 장기적으로 심혈을 기울여 더욱 탄탄한 시스템을 구축해야 한다. 대규모 학습 기술은 비정규 학습이나 교육기관에서도 학습 기회를 절대적으로 향상시킬 수 있지만, 기술만으로는 특히 기회가 가장 적은 학습자들에게 지속적이고 의미 있는 변화를 안길 가능성은 낮다. 학습은 온라인 네트워크, 커뮤니티 센터, 학교, 대학 등 소셜 커뮤니티에서 거의 모두 일어나고, 학습 향상은 일반적으로 조정 작업들이 서로 맞물리며 이루어진다. 그렇다면 신기술이 가치를 발휘하는 경우는 언제일까? 기술을 수용하기 위해 일정을 조정할 때, 기술의 유용한 용도에 맞춰 목표와 평가를 수정할 때, 교사, 진행자, 코치 등 커뮤니티 리더들이 기술을 교육 관행에 통합시키는 숙련된 능력을 개발할 때, 개발자나 동료 기술자들이 반복적인 개발

주기를 통해 제품을 향상시킬 때다.

세상에서 가장 중요한 학습자원의 하나인 위키피디아가 293개 언어를 사용하고 4,000만 개 이상의 기사를 내보내며 매월 180억 뷰를 기록하고 있다는 사실을 생각해보자. 위키피디아는 인류가 달성한 가장 특별한 업적의 하나이고, 상상하기 힘들 만큼 엄청난 규모로, 집단적으로 생성한 세계적 지식 저장소다. 거의 전적으로 자원봉사자들의 손에서 단어 270억 개가 작성되고 관리되고 편집되어온 위키피디아가 처음으로 학교에 도입되었을 때만 해도, 주로 학생들이 숙제를 하기 위해 인용하거나 베끼는 용도로 사용되었기 때문에 깊은 의구심의 대상이었다. 교육자들은 위키피디아의 정체를 정확하게 알지 못했고 몹시 싫어했다. 하지만 시간이 지나면서 사서들이 후원자들의 질문에 대답하기 위해 도움을 구하느라 위키피디아를 들여다보고 자신들이 얻은 통찰을 열린 마음을 지닌 교사들과 공유하기 시작했다. 이 과정을 거치면서 세계적인 백과사전인 위키피디아는 서서히 많은 교육자에게 받아들여지고 있다. 위키피디아의 유용성은 시간을 두고 증가했지만, 교육자와 학습자의 커뮤니티가 자원 사용 방법을 더욱 잘 이해한 것도 유용성 증가에 기여했다.

교육자들과 전문가들은 위키피디아의 특정 요소들을 향상시키기 위해 정기적으로 모인다. 예를 들어 워싱턴주립대학 밴쿠버캠퍼스에서 온라인 학습을 총괄하는 마이크 콜필드Mike Caulfield는 최근 지역 신문에 위키피디아 항목을 확대하는 기획을 주도했다. 콜필드는 지역 신문의 기사처럼 보이도록 작성된 가짜 뉴스들이 입소문을 타면서 페이스북과 기타 소셜네트워크에 급속도로 유포되는 현상을 목격했다. 가짜 뉴스 기사들은 실제로 존재하지 않는 출판물을 뉴스의 출처로 인용하는 경우가 많았다. 콜필드는 지역 신문에 게재되는 위키피디아 항목의 요건을 강화해서, 실제로 존재하지 않는 신문에서 발췌했다고 주장하는 인용문들을 더욱 쉽고 신뢰성 있게 조사할 수 있는 장치를 마련해야겠다고 결심했다. 시민 교육자가 주도하는 자원봉사 활동에 힘입어 위키피디아는 조금 더 개선되었고, 미국의 정보 활용 능력 인프라는 종전보다 조금 더 견고해졌다.[5]

어떤 커뮤니티들은 백과사전 자체에 대해 작업하거나, 백과사전을 사용하기 위한 교과과정과 교육학적 접근 방식을 연구한다. 여전히 교사들과 사서들을 겨냥한 전문성 개발에 힘쓰면서 자원을 어떻게 사용하는지, 구글을 비롯한 검색 엔진들이 많은 검색 자원을 조정하는 장치로 위키피디어를 어떻게 사용하는지 연구하는 커뮤니티도 있다. 이러한 모든 노력을 통해서 위키피디아는 학교 안팎에서 학습용과 연구용으로 점점 더 입지를 굳히고 있다. 네트워크 세계에서 대부분의 사람이 대체로 잘 편집된 정보를 이토록 대량으로 간편하게 이용할 수 있는 것은 놀라운 성과다. 그러나 위키피디아가 교육 문제를 해결할 획기적인 돌파구인지에 대해서는 논쟁의 여지가 있다. 또 학습 과정은 매우 복잡하므로 많은 사실을 한곳에 모아놓았다고 해서 학습을 극적으로 가속화시키지는 못하는 것으로 밝혀지고 있다. 위키피디아는 글로벌 학습 생태계에 추가된 귀중한 자원이며, 이만큼 전 세계에 걸쳐서 학습에 놀라운 혜택을 안기는 프로젝트도 매우 드물다. 그러나 이를 통해 미국과 세계 젊은이들을 훨씬 더 똑똑하게 만들거나, 윤리성을 더욱 증진시키거나, 세계 변화에 잘 대처하도록 준비시키기는 어렵다.

만약 신기술이 인간의 발달 속도를 급격하게 증가시킬 수 있기를 바라는 사람이라면, 변화가 점진적으로 발생한다는 결론을 듣고 실망할 것이다. 하지만 전 세계 인간의 발달이 인치 게임game or inches, 다시 말해서 세 발 앞으로 나갔다가 두 발 뒤로 물러나는 느리고, 복잡하며, 속 터지고, 고달픈 과정이라고 생각하는 사람이라면, 위키피디아는 더도 덜도 말고 딱 그 정도다. 신기술이 도입되었을 때 복잡한 학습 생태계가 이를 활용하기 위해서는 복합적인 수준에서 다양한 변화를 겪어야 한다. 사람들은 위키피디아를 통해 세상에 존재하는 갖가지 사실을 알 수 있지만, 정작 배움을 통해 읽고 쓰는 능력, 수학, 연구, 자기조절학습, 정보 활용 능력을 향상시키지 않고서는 해당 사실들을 제대로 활용할 수 없다. 결과적으로 교육 시스템의 변화는 필연적으로 증가하지만, 멀리서 보았을 때 지속적이고 점진적인 변화가 곧 큰 변화다.

신기술은 두 가지 중요한 방식으로 이 지속적인 행진에 기여할 수 있다. 첫째, 기술 자체는 비정규 환경이든 정규 환경이든 학습을 지원할 수 있다. 신기술은 우리가 희망하거나 교육 전도사들이 약속한 만큼 변혁적인 경우는 드물지만, 점진적인 변화만 이끌어낸다고 비판한다 해서 신기술의 가치가 모두 축소되는 것은 아니다. 교육적 향상이 길고도 느린 여정이라고 믿는다면, 그 여정을 따라 한 걸음씩 내딛게 만들 수 있는 어떤 요소에도 등을 돌리지 않는 것이 현명하다.

둘째, 교육 기술의 참신성은 교수 관행에 대한 새로운 대화의 장을 연다. 새로운 학습 기술의 등장은 교육자 커뮤니티가 매우 중요하게 여기면서 정신을 몰두하고 있는 일상 업무에서 눈을 떼고, 새로운 도구가 자신들의 관행에 활력을 불어넣을 방법을 상상하는 계기를 마련할 수 있다. 기술 낙관주의자 입장에서는 학습자들이 콘텐츠, 그리고 동료들과 상호작용할 수 있는 새로운 방식을 상상할 것이고, 회의론자들은 세대를 걸쳐 갈고 닦아온 관행의 가치를 지적할 것이다. 새롭게 등장하는 대화에서 우리는 특정 기술이 학습자들에게 종전에 없던 가치와 기회를 추가로 제공할 수 있는 특정 공간을 발견할 수 있다.

이러한 대화는 학습에 매우 풍부한 가치와 기회를 제공할 것이다. K-12학년 시스템에서 스크래치와 코드닷오아르지Code.org 등 컴퓨터 프로그래밍에 관한 새로운 학습 기술은 학교와 학교 시스템에 영감을 주어 다음과 같은 중요한 질문을 던지는 계기를 마련했다. 누가 컴퓨터 프로그래밍을 둘러싼 교육 기회에 접근할까? 컴퓨터과학은 확립된 교과과정에서 어디에 적합할까? 컴퓨터과학 교사들은 어떻게 교육을 받고 자격증을 취득해야 할까? 비전문가인 초등학교 교사들이 어린 학생들에게 컴퓨터 프로그래밍 등을 효과적으로 소개하려면 어떤 지원을 받아야 할까? MOOC에 대한 열정이 급격히 증가하면서 생겨난 가장 생산적인 요소는, 고등교육 분야의 교수와 학습을 향한 새로운 관심이었다. 하버드대학과 MIT에서 MOOC가 출현하면서 하버드대학의 '학습과교수에관한기획Initiative on Learning Teaching과 MIT의 '개방형 학습연구소Office of Open Learning' 같은 조직들을 자극하거나 활성화시켰다. 최근에 나는 MIT에서 '입학 첫해 경험의 설계Designing the First Year

Experience' 강좌에 지원했다. 이 강좌에 등록한 학부생들은 신입생 시절을 다시 상상해보는 시도에 참여했다. 기술이 지닌 새로운 가능성은 MIT 전반에서 학습을 둘러싼 더욱 광범위한 대화의 문을 열었다. 내가 교육 기술을 이해하는 데 평생 전념할 수 있는 것은, 기술 자체보다는 신기술이 유발하는 교육학과 교과과정을 둘러싼 대화에서 자양분을 얻은 덕택이다.

신기술 덕택에 생성된 에너지와 흥분을 기술에만 투입하지 않고 기술과 시스템 변화의 결합에 투입한다면, 대규모 학습 분야에 최고의 기회를 제공함으로써 사람들이 학교 안팎에서 학습하는 방법을 의미 있게 향상시킬 수 있을 것이다.

감사의 글

무엇보다 내 에이전트인 캐런 갠츠Karen Gantz에게 감사한다. 갠츠는 MOOC에 관한 내 연구물을 읽고 2014년 7월에 연락을 해서, 고맙게도 MOOC에 관해 책을 쓰는 것이 어떻겠냐고 제안해주었다. 하버드 대학 출판부의 앤드류 키니Andrew Kinney는 탁월한 편집 지침을 제공했고, 내가 책을 쓰는 몇 년 동안 대단한 인내심을 발휘해 기다려주었다. 책을 쓰는 기간이 길어진 점이 두 사람에게 늘 미안했다. 월요일, 수요일, 금요일에 수업과 회의를 몰아서 하고, 일주일에 이틀만 글을 쓸 수 있어서 원고를 완성하기까지 몇 년이나 걸렸다.

책을 쓰는 동안 많은 사람이 원고의 전부나 일부를 읽어주는 호의를 베풀어주었다. 닐 헤퍼넌Neil Heffernan, 에릭 클로퍼Eric Klopfer, 잘 메타Jal Mehta, 짐 파라디Jim Paradis, 에드 시아파Ed Schiappa는 MIT에서 엄청나게 유용한 검토 워크숍을 소집해주었다. 트레시 맥밀런 코텀Tressie McMillan Cottom, 피오나 홀랜드Fiona Holland, 앤드류 호Andrew Ho, 이토 미미Mimi Ito, 데이비드 조이너David Joyner, 르네 키질섹, 마이라 리빈슨Meira Levinson, 내넷 네이피어Nannette Napier, 오드리 워터스, 이선 주커먼Ethan Zuckerman, 버크만-클라인Berkman-Klein 작가 클럽의 회원들, 하버드대학 출판부에서 묵묵히 일해준 교정교열자 모두 내가 책을 쓰는 내내 귀중한 통찰을 제공해주었다. 내가 몇 학기 동안 강의했던 '학습, 미디어, 기술' 세미나를 수강했던 학생들도 초고를 읽고, 좋은 질문을 던지며, 내용을 반박하고, 의견을 제시해주었다. 수업시스템연구소에서 근무하는 동료들은 장별로 원고를 읽고 피드백했을 뿐만 아니라 내게 책을 쓸 시간을 주기 위해 나머지 연구 과정을 기꺼이 맡아주었다. 나와 함께 연구소를 세우고 이끌어준 레이첼 슬래마Rachel Slama에게 특별히 감사를 전한다. 이 책 전반에서 연구 내용을 인용했지만, 책을 쓰는 데 흔쾌히 협력해준 연구 논문의 공동저자들에게도 감사하다.

이 책의 원고는 리사 캠너 맥케이Lisa Camner McKay와 내 친한 동료인 앨리사 네이피어Alyssa Napier의 뛰어난 편집 능력에 크게 덕을 보았다. 두 사람은 내용을 보완하기도 하고 결함을 메우기도 하며 훌륭한 책을 완성했다. 앨리슨 팽Alison Fang은 MIT에서 연구를 시작한 첫해에 참고 문헌 목록을 점검하고, 확인하기 힘든 사실들을 조사하는 등 훌륭하게 작업을 수행했다. 하버드대학 출판부의 줄리아 커비Julia Kirby는 책의 제작을 이끌었고, 리처드 파이트Richard Feit는 최종 편집을 담당했다. 두 사람 모두 결승선에 도달할 때까지 열정을 기울여 주었다. 이렇게 많은 노력을 쏟아부었지만 여전히 실수가 남아 있다면 그것은 모두 내 불찰이다.

킥스탠드 카페Kickstand Café의 직원들은 음식과 카페인으로 집필을

응원했고, 요요마Yo-Yo Ma, 에드가 마이어Edgar Meyer, 마크 오코너Mark O'Conner가 연주한 애팔래치아 왈츠는 책을 쓰는 동안 배경 음악이 되었다. 본문에서 언급한 그 어떤 내용도 하버드와 MIT의 공식 입장은 아니지만, 내 경력을 지원해준 두 대학에 감사를 전한다.

책을 쓰는 작업과 내 삶에 기여해준 교사, 학생, 연구 참여자는 일일이 언급하기 힘들 정도로 많다. 내가 MOOC를 연구하기 위해 설계한 조사 항목에 그야말로 수백만 명이 응답해주었다. 파일을 열거나 데이터를 검토할 때마다 나는 시간을 내준 사람들에게 감사하고, 동료와 함께 이 데이터를 활용해 수행하는 연구가 사람들에게 보답하는 가치를 발휘하기를 바란다. 무척이나 많은 교사, 학교 지도자, 대학 관리자가 수년 동안 내게 도움을 주었다. 기술과 학습에 대해 나와 대화하거나, 트윗을 주고받거나, 이메일을 교환했던 사람들에게 이 자리를 빌려 감사의 마음을 전한다. 내 첫 교육 멘토인 톰 다코드Tom Daccord에게 특별히 감사를 전한다. 다코드와 함께 에드테크티처를 추진하면서 학교에서 사용되는 기술에 대해 많이 이해할 수 있었다.

학교에서 보낸 40년 동안 특출한 교육자들을 만나는 축복을 누릴 수 있었다. 샤론 잭슨Sharon Jackson은 어린이집에서 만난 첫 선생님이며, 조 트루스델Jo Truesdell은 유치원에서 학교교육을 사랑하는 마음을 심어주었다. 내가 고등학교와 대학교를 다닐 때 톰 헤이즈Tom Heise와 에드 러셀Ed Russell은 내가 쓴 글이 다른 사람의 관심을 끌 만한 가치가 있다고 믿어주었다.

미주

들어가며

1. Dahlia Bazzaz, "Dispatches from Parents: Northshore School District' First Online-Only Day to Prevent Coronavirus Spread," *Seattle Times*, March 9, 2020, https://www.seattletimes.com/seattle-news/education/how-northshore-parents-handled-the-first-day-of-online-learning/.

서론

1. Vanessa Lu and Kristin Rushowy, "Rainbow Loom Bracelet Maker Hot Toy Trend," *Toronto Star*, October 4, 2013.

2. Ashley Rivera, "How to Make a Rainbow Loom Starburst Bracelet," YouTube video, August 1, 2013, https://www.youtube.com/watch=RI7AkI5dJzo.

3. Cheong Choon Ng, "Experience: I Invented the Loom Band," *Guardian*, September 26, 2014, https://www.theguardian.com/lifeandstyle/2014/sep/26/i-invented-the-loom-band-experience.

4. Henry Jenkins, *Confronting the Challenges of Participatory Culture: Media Education for the Twenty-First Century* (Cambridge, MA: MIT Press, 2009).

5. Mizuko Ito, Crystle Martin, Rachel Cody Pfister, Matthew H. Rafalow, Katie

Salen, and Amanda Wortman, *Affinity Online: How Connection and Shared Interest Fuel Learning* (New York: New York University Press, 2018).

6. Clayton M. Christensen, Michael B. Horn, and Curtis W. Johnson, *Disrupting Class: How Disruptive Innovation Will Change the Way the World Learns* (New York: McGraw-Hill, 2008), 101.

7. Salman Kahn, "Let' Use Video to Reinvent Education," TED talk, March 1, 2011, https://www.youtube.com/watch?v=nTFEUsudhfs.

8. Michael Noer, "One Man, One Computer, 10 Million Students: How Khan Academy Is Reinventing Education," *Forbes*, November 19, 2012, https://www.forbes.com/sites/michaelnoer/2012/11/02/one-man-one-computer-10-million-students-how-khan-academy-is-reinventing-education/7c96110644e0; Clive Thompson, "How Khan Academy Is Changing the Rules of Education," Wired, July 15, 2011, https://www.wired.com/2011/07/ff_khan/;Kayla Webley, "Reboot the School," Time, July 2012.

9. Salman Khan, *The One World Schoolhouse: Education Reimagined* (Boston: Grand Central, 2012).

10. Laura Pappano, "The Year of the MOOC," *New York Times*, November 2, 2012.

11. David Carr, "Udacity CEO Says MOOC 'Magic Formula' Emerging," *InformationWeek*, August 19, 2013, https://www.informationweek.com/software/udacity-ceo-says-mooc-magic-formula-emerging/d/d-id/1111221. MOOC의 역사를 간략하고 훌륭하게 서술한 글 세 편을 참조하라. Audrey Watters, "MOOCs: An Introduction," *Hack Education* (blog), August 26, 2014, http://hackeducation.com/2014/08/26/introduction-to-moocs; Fiona Hollands and Devayani Tirthali, *MOOCS: Expectations and Reality, Full Report* (New York: Center for Benefit-Cost Studies of Education, 2014), https://files.eric.ed.gov/fulltext/ED547237.pdf; and Barbara Means, Marianne Bakia, and Robert Murphy, *Learning Online: What Research Tells Us about Whether, When, and How* (New York: Routledge, 2014). 서배스천 스런의 예측을 살펴보려면 다음을 참조하라. Steven Leckart, "The Stanford Education Experiment Could

Change Higher Learning Forever," *Wired*, March 30, 2012, https://www.wired.com/2012/03/ff_aiclass/. 비판적인 반응에 대해 살펴보려면 다음을 참조하라. Audrey Watters," Future with Only Ten Universities," *Hack Education* (blog), October 15, 2013, http://hackeducation.com/2013/10/15/minding-the-future-openva.

12. 스런의 반전에 대해 살펴보려면 다음을 참조하라. Max Chafkin, "Udacity' Sebastian Thrun, Godfather of Free Online Education, Changes Course," *Fast Company*, November 14, 2013, https://www.fastcompany.com/3021473/udacity-sebastian-thrun-uphill-climb. 스런의 발언에 대한 당시 비판을 살펴보려면 다음을 참조하라. Rebecca Schuman, "The King of MOOCS Abdicates the Throne," *Slate*, November 19, 2013, https://slate.com/human-interest/2013/11/sebastian-thrun-and-udacity-distance-learning-is-unsuccessful-for-most-students.html.

13. Emily Ann Brown, "Sal Khan Envisions a Future of Active, Mastery-Based Learning," *District Administration*, January 31, 3019, https://districtadministration.com/sal-khan-envisions-a-future-of-active-mastery-based-learning/. 학습 이익의 규모에 관한 칸의 주장을 입증할 만한 견실한 증거가 발표된 사례는 없다.

14. Kenneth R. Koedinger, John R. Anderson, William H. Hadley, and Mary A. Mark, "Intelligent Tutoring Goes to School in the Big City," *International Journal of Artificial Intelligence in Education* 8 (1997): 30–43.

15. Philip Wesley Jackson, *Life in Classrooms* (New York: Teachers College Press, 1990), 166–67; Larry Cuban, *The Flight of a Butterfly or the Path of a Bullet? Using Technology to Transform Teaching and Learning* (Cambridge, MA: Harvard Education Press, 2018).

16. Justin Reich and Mizuko Ito, "Three Myths about Education Technology and the Points of Light Beyond," *Connected Learning Alliance Blog*, October 30, 2017, https://clalliance.org/blog/three-myths-education-technology-points-light-beyond/.

17. Morgan G. Ames, *The Charisma Machine: The Life, Death, and Legacy of One*

Laptop per Child (Cambridge, MA: Harvard University Press, 1995).

18. David Tyack and Larry Cuban, *Tinkering toward Utopia: A Century of Public School Reform* (Cambridge, MA: MIT Press, 2019).

19. 내가 가르친 수업의 사례를 살펴보려면 다음을 참조하라. Justin Reich, "Conflict and Identity: Using Contemporary Questions to Inspire the Study of the Past," *World History Connected*, last modified February 2007, https://worldhistoryconnected.press.uillinois.edu/4.2/reich.html.

20. UNESCO Global Education Monitoring Report, "Six Ways to Ensure Higher Education Leaves No One Behind," Policy Paper 30, April, 2017, https://unesdoc.unesco.org/ark:/48223/pf0000247862.

21. Victoria Lee and Constance Lindsey, "Access to Calculus Could Hinder Low-Income and Black Students," *Urban Wire* (blog), March 6, 2018, https://www.urban.org/urban-wire/unequal-access-calculus-could-hinder-low-income-and-black-students.

01 강사 주도 대규모 학습

1. Audrey Watters, "MOOCs: An Introduction," Modernlearners.com, n.d., https://modernlearners.com/moocs-an-introduction; Fiona M. Hollands and Devayani Tirthali, *MOOCs: Expectations and Reality* (New York: Center for Benefit-Cost Studies, Teachers College, Columbia University, 2014); Barbara Means, *Learning Online: What Research Tells Us about Whether, When and How* (New York: Taylor and Francis, 2014); John Naughton, "Welcome to the Desktop Degree," *Guardian*, February 4, 2012, https://www.theguardian.com/technology/2012/feb/05/desktop-degree-stanford-university-naughton.

2. "Press Conference: MIT, Harvard Announce edX," YouTube video, May 3, 2012, https://www.youtube.com/watch=7pYwGpKMXuA; Laura Pappano, "The Year of the MOOC," *New York Times*, November 2, 2012.

3. 1999~2000년 온라인 학습자 수의 출처는 다음과 같다. Anna Sikora and C. Dennis Carroll, *A Profile of Participation in Distance Education: 1999–2000* (Washington, DC: National Center for Educational Statistics, 2002), https://

nces.ed.gov/pubs2003/2003154.pdf. 하바드엑스와 MITx가 초기에 개설한 MOOC의 배경에 관해서는 다음을 참조하라. Andrew Ho, Justin Reich, Sergiy Nesterko, Daniel Seaton, Tommy Mullaney, James Waldo, and Isaac Chuang, "HarvardX and MITx: The First Year of Open Online Courses, Fall 2012– Summer 2013 (HarvardX and MITx Working Paper No. 1)," *SSRN*(2014), https://ssrn.com/abstract=2381263.

4. "Clayton Christensen Interview with Mark Suster at Startup Grind 2013," YouTube video, 06:40, "Startup Grind," February, 20, 2013, https://www. youtube.com/watch=KYVdf5xyD8I. '스타 교수' 개념을 좀 더 살펴보려면 다음을 참조하라. Justin Reich, "Personalized Learning, Backpacks Full of Cash, Rockstar Teachers, and MOOC Madness: The Intersection of Technology, Free-Market Ideology, and Media Hype in U.S. Education Reform," lecture, Berkman Klein Center for Internet and Society at Harvard University, May 7, 2013, https://cyber.harvard.edu/events/luncheon/2013/05/reich. 어떻게 온라인 학습이 고등교육을 개편할 수 있을지를 고찰한 관점을 살펴보려면 다음을 참조하라. Kevin Carey, *The End of College: Creating the Future of Learning and the University of Everywhere* (New York: Riverhead Books, 2016); and Steven Leckart, "The Stanford Education Experiment Could Change Higher Learning Forever," Wired, March 28, 2012, https://www.wired.com/2012/03/ffaiclass/.

5. Daphne Koller, "What We'e Learning from Online Education," filmed June 2012 at TEDGlobal 2012, Edinburgh, Scotland, video, https:// www.ted.com/talks/daphne_koller_what_we_re_learning_from_online_ education?language=en.

6. Koller, "What We'e Learning."

7. 인용문 사실 확인 사이트인 '쿼트인베스티게이터Quote Investigator'는 예이츠가 한 말로 자주 잘못 인용되는 표현에 대해 탁월한 조사를 실시해서 결과를 수록했다. "The Mind Is Not a Vessel That Needs Filling, but Wood That Needs Igniting", Quote Investigator, last modified March 28, 2013, ttps:// quoteinvestigator.com/2013/03/28/mind-fire/. 하버드대학 출판부에서 발간하는 《로엡 고전 문고*Loeb Classical Library*》는 인용문 전문을 번역해 실었다. "정

신은 병처럼 채워야 하는 것이 아니라, 독립적으로 사고하려는 충동과 진실을 갈구하는 열렬한 욕망을 그 안에 창조하기 위해 오히려 나무처럼 불을 붙여야 하는 것이다." 다음을 참조하라. Bill Thayer, "Plutarch, Moralia: On Listening to Lectures," last modified April 1, 2018, http://penelope.uchicago.edu/Thayer/E/Roman/Texts/Plutarch/Moralia/De_auditu*.html. 내가 인용할 때 처음으로 사용한 번역문의 출처는 다음과 같다. James Johnson Sweeney, *Vision and Image: A Way of Seeing* (New York: Simon and Schuster, 1968), 119. 라그만의 인용문은 당연히 그의 저서에서 발췌했다. Ellen Lagemann, "The Plural Worlds of Educational Research," *History of Education Quarterly* 29, no. 2 (1989): 185–214, https://doi.org/10.2307/368309. 라그만이 이 논문을 쓴 목적은, 20세기 후반 다양한 교육학적 전통들이 어떻게 다양한 학문적 커뮤니티 사이에서 다른 전통들을 이끌어냈는지 부각하는 것이다. 이 책은 이러한 분열이 디지털 시대에도 계속 진행되고 있다는 사실을 제시하고 있으며, 나는 이 분열을 해소하려는 라그만의 열정에 공감한다.

8. John Dewey, "My Pedagogic Creed," *School Journal* 54, no. 3 (1897): 77–80, http://dewey.pragmatism.org/creed.htm.

9. 손다이크를 공부할 때 처음 참조할 수 있는 작품은 다음과 같다. Edward Thorndike, *The Psychology of Learning* (New York: Teachers College, 1913).

10. MOOC의 교수주의 성향에 관한 연구를 살펴보려면 다음을 참조하라. Anoush Margaryan, Manuela Bianco, and Allison Littlejohn, "Instructional Quality of Massive Open Online Courses (MOOCs)," *Computers & Education* 80 (2015): 77–83. MOOC를 비판하는 문헌은 용의주도하고 포괄적이다. 초기 비판은 산호세주립대학이 입문 강좌용으로 하버드대학의 저스티스엑스 플랫폼을 학생들에게 사용하라고 요구했을 때, 해당 대학의 철학과 교수진에 의해 제기됐다. "An Open Letter to Professor Michael Sandel from the Philosophy Department at San Jose State U," *Chronicle of Higher Education*, May 2, 2013, https://www.chronicle.com/article/The-Document-an-Open-Letter/138937. 엘리자베스 로시Elizabeth Losh가 쓴 논문과 책은 MOOC에 대한 비판을 찾아보기에 유용한 출발점이 될 수 있다. Elizabeth Losh, *The War on Learning: Gaining Ground in the Digital University* (Cambridge, MA: MIT Press, 2014); and Elizabeth

Losh, *MOOCs and Their Afterlives: Experiments in Scale and Access in Higher Education* (Chicago: University of Chicago Press, 2017). Jonathan Rees is another thoughtful critic through his *More or Less Bunk* blog; a starting point is a piece in Slate: Jonathan Rees, "The MOOC Racket," *Slate*, July 25, 2013, https://slate.com/technology/2013/07/moocs-could-be-disastrous-for-students-and-professors.html.

11. James Becker, *Toward Automated Learning. A Professional Paper* (Pittsburgh:Research for Better Schools, 1968); William Cooley and Robert Glaser, "The Computer and Individualized Instruction," *Science* 166, no. 3905(1969): 574–582; James Becker and Robert Scanlon, *Applying Computers and Educational Technology to Individually Prescribed Instruction* (Pittsburgh: Research for Better Schools, 1970).

12. 특징 융합에 관해서는 다음을 참조하라. Carl Straumsheim, "Where Does the LMS Go from Here?" *Inside Higher Ed*, September 23, 2014, https://www.insidehighered.com/news/2014/09/23/educause-gates-foundation-examine-history-and-future-lms.

13. MOOC 플랫폼과 교육학의 관계를 살펴보려면 다음을 참조하라. Shreeharsh Kelkar, "Engineering a Platform: The Construction of Interfaces, Users, Organizational Roles, and the Division of Labor," *New Media & Society* 20, no. 7 (2018): 2629–2646.

14. '스토어프론트storefront'라는 은유를 써서 직접 판매를 묘사한 초기 글을 보려면 다음을 참조하라. Michael Feldstein, "Is Coursera Facebook, Amazon, or Pets.com " *e-Literate*, November 14, 2012, https://mfeldstein.com/is-coursera-facebook-amazon-or-petscom-2/. 예를 들어 유데미Udemy는 2010년부터 소비자와 직접 거래하는 온라인 강좌를 판매해왔으므로, 코세라와 에드엑스가 온라인 강좌를 최초로 직접 판매한 것은 아니지만, 내가 아는 범위에서 일류 대학들과 협력해서 판매한 것은 최초였다.

15. 최근 발표된 비평을 살펴보려면 다음을 참조하라. Draylson M. Souza, Katia R. Felizardo, and Ellen F. Barbosa, "Systematic Literature Review of Assessment Tools for Programming Assignments,"presentation, International Conference

언택트 교육의 미래

on Software Engineering Education and Training, Dallas, TX, April 2016, IEEE, https://ieeexplore.ieee.org/document/7474479. 사례를 살펴보려면 다음을 참조하라. The check50 program developed by Harvard' CS50 team: https://cs50.readthedocs.io/check50/.

16. 웹심websim의 초기 과정으로 첫 MITx 강좌에 사용된 회로 시뮬레이터에 대해 살펴보려면 다음을 참조하라. http://euryale.csail.mit.edu/.

17. 시험 개발자들은 선다형 문제가 비판적인 사고나 추론을 평가할 수 있다고 때때로 주장한다. 스탠퍼드대학 연구자인 마크 스미스Mark Smith는 이러한 주장을 반박하면서, 역사 시험에서 우수한 성적을 거둔 학생이라도 선다형 시험에서 복잡한 추론을 사용하지 않고, "사실 회상이나 인식, 독해력, 시험 응시 전략 등 세 가지 부적절한 구성 과정"을 사용한다고 설명했다. Mark D. Smith, "Cognitive Validity: Can Multiple-Choice Items Tap Historical Thinking Processes?" *American Educational Research Journal* 54, no. 6 (2017): 1256–1287.

18. 동료 채점과 자동 채점을 사용한 글쓰기 평가를 살펴보려면 다음을 참조하라. Stephen P. Balfour, "Assessing Writing in MOOCs: Automated Essay Scoring and Calibrated Peer Review™" *Research & Practice in Assessment* 8(2013): 40–48. MOOC에서의 동료 평가와 자기 평가를 살펴보려면 다음을 참조하라. Chinmay Kulkarni, Koh Pang Wei, Huy Le, Daniel Chia, Kathryn Papadopoulos, Justin Cheng, Daphne Koller, and Scott R. Klemmer, "Peer and Self Assessment in Massive Online Classes," *ACM Transactions on Computer-Human Interaction* (TOCHI) 20, no. 6 (2013): 1–31.

19. MOOC의 낮은 수료율을 다룬 문헌과 해설은 상당히 많다. 그중에서 흥미로운 주장을 펼친 사람으로는 나중에 하버드대학 총장으로 부임한 래리 바코우Larry Bacow와 마이클 맥퍼슨Michael McPherson이 있다. Michael S. McPherson and Lawrence S. Bacow, "Online Higher Education: Beyond the Hype Cycle," *Journal of Economic Perspectives* 29, no. 4 (2015): 135–154. MOOC와 수료율에 대한 가장 포괄적인 연구를 살펴보려면 다음을 참조하라. Katy Jordan, "Massive Open Online Course Completion Rates Revisited: Assessment, Length and Attrition," *International Review of Research in Open and Distributed Learning* 16, no. 3 (2015): 341–358. MOOC 수료율에 관한 초기 보고서들을

살펴보려면 다음을 참조하라. Gayle Christensen, Andrew Steinmetz, Brandon Alcorn, Amy Bennett, Deirdre Woods, and Ezekiel Emanuel, "The MOOC Phenomenon: Who Takes Massive Open Online Courses and Why?" *SSRN* (2013), https://ssrn.com/abstract=2350964; René F. Kizilcec, Chris Piech, and Emily Schneider, "Deconstructing Disengagement: Analyzing Learner Subpopulations in Massive Open Online Courses," presentation, International Conference on Learning Analytics and Knowledge, Leuven, Belgium, April 2013; Ho et al., "The First Year of Open Online Courses." 수료할 목표를 지닌 학생들의 수료율을 찾아보려면 다음을 참조하라. Justin Reich, "MOOC Completion and Retention in the Context of Student Intent," *EDUCAUSE Review Online*, December 8, 2014, https://er.educause.edu/articles/2014/12/mooc-completion-and-retention-in-the-context-of-student-intent. 인증 수료증을 취득하려 의도했던 학습자들의 수료율을 찾아보려면 다음을 참조하라. Justin Reich and José A. Ruipérez-Valiente, "The MOOC Pivot," *Science* 363, no. 6423 (2019): 130–131.

20. Zach Lam, Kathy Mirzae, Andreas Paepcke, Krystal Smith, and Mitchell Stevens, "Doing Things with MOOCs: Utilization Strategies of Stanford's California MOOC Learners," MIT Office of Digital Learning x-Talks, October 16, 2018, https://openlearning.mit.edu/events/doing-things-moocs-utilization-strategies-learners-massively-open-online-courses.

21. "Open edX Conference 2018 with Zvi Galil Keynote: Georgia Tech's Online MOOC-based Master Program," YouTube video, "Open edX," June 13, 2018, ttps://www.youtube.com/watch=-ETTblOvH6w; Joshua Goodman, Julia Melkers, and Amanda Pallais, "Can Online Delivery Increase Access to Education?" *Journal of Labor Economics* 37, no. 1 (2019): 1–34.

22. Joshua Littenberg-Tobias and Justin Reich, *Evaluating Access, Quality, and Equity in Online Learning: A Case Study of a MOOC-Based Blended Professional Degree Program*, pre-print retrieved from doi:10.31235/osf.io/8nbsz.

23. Littenberg-Tobias and Reich, "Evaluating Access."

24. 나노학위는 마이크로소프트 인증 기술자 프로그램 같은 초기 형태의 비학위 기

술 인증 프로그램과 공통점이 많다. 1990년대 마이크로소프트와 관련 정보기술 분야의 비학위 인증 프로그램의 역사를 살펴보려면 다음을 참조하라. Clifford Adelman, "Parallel Universe: Certification in the Information Technology Guild," *Change: The Magazine of Higher Learning* 32, no. 3 (2000): 20–29.

25. 영리 고등교육과 고등교육에서 수료증의 역할에 대해 더욱 많은 사실을 알려면 다음을 참조하라. Tressie McMillan Cottom, *Lower Ed: The Troubling Rise of For-Profit Colleges in the New Economy* (New York: New Press, 2017).

26. Phil Hill, "Coursera CEO Interview: Betting on OPM Market and Shift to Low-Cost Masters Degrees," *E-literate*, December 6, 2018, https://mfeldstein. com/coursera-ceo-interview-betting-on-opm-market-and-shift-to-low-cost-masters-degrees/. 온라인프로그램관리자OPM에 대한 비판을 살펴보려면 다음을 참조하라. Kevin Carey, "The Creeping Capitalist Take Over of Higher Education," *Highline: Huffington Post*, April 1, 2019, https://www.huffpost. com/highline/article/capitalist-takeover-college/.

27. Laura Pappano, "The Boy Genius of Ulan Bator," *New York Times*, September 13, 2013, https://www.nytimes.com/2013/09/15/magazine/the-boy-genius-of-ulan-bator.html.

28. Justin Reich and Ruipérez-Valiente, "MOOC Pivot" John D. Hansen and Justin Reich, "Democratizing Education? Examining Access and Usage Patterns in Massive Open Online Courses," *Science* 350, no. 6265 (2015): 1245–1248; René F. Kizilcec, Andrew J. Saltarelli, Justin Reich, and Geoffrey L. Cohen, "Closing Global Achievement Gaps in MOOCs," *Science* 355, no. 6322 (2017): 251–252; Ezekiel J. Emanuel, "Online Education: MOOCs Taken by Educated Few," *Nature* 503, no. 7476 (2013): 342. 최근 데이터를 더 많이 살펴보려면 다음을 참조하라. Isaac Chuang and Andrew Ho, "HarvardX and MITx: Four Years of Open Online Courses—Fall 2012–Summer 2016," December 23, 2016, https://ssrn.com/abstract=2889436.

29. SJSU Plus 관련 실험에 관한 초기 보고서를 살펴보려면 다음을 참조하라. Ellaine D. Collins, "JSU Plus Augmented Online Learning Environment Pilot Project Report," *Research and Planning Group for California Community Colleges*

38 (2013): 45. 뒤이은 분석에 따르면, 특히 진행 과정을 세밀하게 보완해서 두 번 진행한 강좌의 경우에 좀 더 긍정적인 결과를 산출했다. Erin L. Woodhead, Preston Tim Brown, Susan Snycerski, Sean Laraway, Nicholas G. Bathurst, Greg Feist, and Ronald F. Rogers, "An Examination of the Outcomes of a Brief and Innovative Partnership:SJSU and Udacity," *Innovative Higher Education* 42, no. 5–6 (2017): 463–476, DOI: 10.1007/s10755-017-9400-4; Lindsay McKenzie, "Arizona State Moves on from Global Freshman Academy," *Inside Higher Ed*, September 17, 2019, https://www.insidehighered.com/digital-learning/article/2019/09/17/arizona-state-changes-course-global-freshman-academy.

30. 자기조절학습과 MOOC를 살펴보려면 다음을 참조하라. Allison Littlejohn, Nina Hood, Colin Milligan, and Paige Mustain, "Learning in MOOCs: Motivations and Self-Regulated Learning in MOOCs," *Internet and Higher Education* 29 (2016): 40–48; René F. Kizilcec, Mar Pérez-Sanagustín, and Jorge J. Maldonado, "Self-Regulated Learning Strategies Predict Learner Behavior and Goal Attainment in Massive Open Online Courses," *Computers and Education* 104 (2017): 18–33; and M. Elena Alonso-Mencía, Carlos Alario-Hoyos, Jorge Maldonado-Mahauad, Iria Estévez-Ayres, Mar Pérez-Sanagustín, and Carlos Delgado Kloos, "Self-Regulated Learning in MOOCs: Lessons Learned from a Literature Review," *Educational Review* (2019): 1–27. 자기조절학습 기술을 발달시키는 방법을 살펴보려면 다음을 참조하라. Scott G. Paris and Alison H. Paris, "classroom Applications of Research on Self-Regulated Learning," *Educational Psychologist* 36, no. 2 (2001): 89–101; and Barry J. Zimmerman, "Becoming a Self-Regulated Learner: An Overview," *Theory into Practice* 41, no. 2 (2002): 64–70.

31. Reich and Ruipérez-Valiente, "MOOC Pivot."

32. Reich, "Rebooting MOOC Research."

33. Justin Reich, "Big Data MOOC Research Breakthrough: Learning Activities Lead to Achievement," *EdTech Researcher* (blog), March 30, 2014, http://www.edtechresearcher.com/2014/03/big_data_mooc_research_breakthrough

learning_activities_lead_to_achievement/. 변수에 관해서는 다음을 참조
하라. Kenneth R. Koedinger, Jihee Kim, Julianna Zhuxin Jia, Elizabeth A.
McLaughlin, and Norman L. Bier, "Learning Is Not a Spectator Sport: Doing
Is Better Than Watching for Learning from a MOOC," presentation, ACM
Conference on Learning at Scale, Vancouver, BC, Canada, March 14–15,
2015; Jennifer DeBoer, Andrew D. Ho, Glenda S. Stump, and Lori Breslow,
"Changing 'Course': Reconceptualizing Educational Variables for Massive
Open Online Courses," *Educational Researcher* 43, no. 2 (2014): 74–84.

34. OLI의 사례 연구를 살펴보려면 다음을 참조하라. Candace Thille, Emily
Schneider, René F. Kizilcec, Christopher Piech, Sherif A. Halawa, and Daniel
K. Greene, "The Future of Data-Enriched Assessment," *Research & Practice in
Assessment* 9 (2014): 5–16.

35. OLI 관련 통계 연구를 살펴보려면 다음을 참조하라. William G. Bowen,
Matthew M. Chingos, Kelly A. Lack, and Thomas I. Nygren, "Interactive
Learning Online at Public Universities: Evidence from a Six-Campus
Randomized Trial," *Journal of Policy Analysis and Management* 33, no. 1 (2014):
94–111. David Pritchard' introductory physics MOOC at MIT is probably
the best studied xMOOC; Kimberly F. Colvin, John Champaign, Alwina R.
Liu, Qian Zhou, Colin Fredericks, and David E. Pritchard, "Learning in an
Introductory Physics MOOC: All Cohorts Learn Equally, Including an on-
Campus Class," *International Review of Research in Open and Distributed
Learning* 15, no. 4 (2014). 온라인 학습의 고비용에 관해서는 다음을 참조하라.
McPherson and Bacow, "Beyond the Hype Cycle."

36. Justin Reich and Elizabeth Huttner-Loan, *Teaching Systems Lab MOOCs
in Review: 2017–2019* (Cambridge, MA: Teaching Systems Lab, 2019),
doi:10.35542/osf.io/c3bhw.

37. 전체 MOOC 학습자 수는 전체 MOOC 강좌 수보다 낮은 비율로 증가했고, 각
강좌의 수강 인원은 많이 감소했다. Chuang and Ho "arvardX and MITx Year 4"
and Reich and Ruiperez-Valiente, "MOOC Pivot."

38. 학점 회복에 관해서는 다음을 참조하라. Carolyn J. Heinrich, Jennifer Darling-

Aduana, Annalee Good, and Huiping Cheng, "Look Inside Online Educational Settings in High School: Promise and Pitfalls for Improving Educational Opportunities and Outcomes," *American Educational Research Journal* 56, no. 6 (2019): 2147–2188. 가상학교에 대한 주 차원의 연구를 살펴보려면 다음을 참조하라. June Ahn and Andrew McEachin, "Student Enrollment Patterns and Achievement in Ohio' Online Charter Schools," *Educational Researcher* 46, no. 1 (2017): 44–57; Brian R. Fitzpatrick, Mark Berends, Joseph J. Ferrare, and R. Joseph Waddington, "Virtual Illusion: Comparing Student Achievement and Teacher and Classroom Characteristics in Online and Brick-and-Mortar Charter Schools," *Educational Researcher* 49, no. 3 (2020): 161–175, ttps://doi.org/10.3102/0013189X20909814. K-12학년 학교에 대한 참담한 연구 결과의 예외를 살펴보려면 다음을 참조하라. Florida Virtual Schools: Guido Schwerdt and Matthew M. Chingos, "Virtual 260 Schooling and Student Learning: Evidence from the Florida Virtual School," Beiträge zur Jahrestagung des Vereins für Socialpolitik 2015, Ökonomische Entwicklung— Theorie und Politik—Session: ICT in Educational Production, No. B24-V2, ZBW—Deutsche Zentralbibliothek für Wirtschaftswissenschaften, Leibniz Informationszentrum Wirtschaft, https://www.econstor.eu/ bitstream/10419/113202/1/VfS_2015_pid_39.pdf. 유명한 사례로서 플로리다 가상학교Florida Virtual Schools는 K-12학년 학교 중에서 영리 제공자가 세운 것이 아니라 주 교육 시스템 안에서 세워진 유일한 학교에 속한다.

39. 크리스토퍼 데데Christopher Dede와 존 리처드스John Richards는 사전에 콘텐츠를 갖췄지만 소규모 교실에서 교사가 사용할 용도로 제작된 학습관리시스템에 붙일 명칭으로 디지털교수플랫폼digital teaching platform을 제안했다. Christopher Dede and John Richards, eds., *Digital Teaching Platforms: Customizing Classroom Learning for Each Student* (New York: Teachers College Press, 2012). 서밋러닝Summit Learning에 관해서는 다음을 참조하라. Joanne Jacobs, "Pacesetter in Personalized Learning: Summit Charter Network Shares Its Model Nationwide," *Education Next* 17, no. 4 (2017): 16–25; and Matt Barnum, "Summit Learning, the Zuckerberg-Backed Platform, Says 10% of

Schools Quit Using It Each Year. The Real Figure is Higher," *Chalkbeat*, May 23, 2019, https://www.chalkbeat.org/posts/us/2019/05/23/summit-learning-the-zuckerberg-backed-platform-says-10-of-schools-quit-using-it-each-year-the-real-figure-is-higher/.

40. John Daniel, Asha Kanwar, and Stamenka UvalićTrumbić "Breaking Higher Education' Iron Triangle: Access, Cost, and Quality," *Change: The Magazine of Higher Learning* 41, no. 2 (2009): 30–35. 철의 삼각형 비유는 프로젝트 관리 분야에서 비롯했다. Dennis Lock, Project Management Handbook (Aldershot, Hants, England: Gower Technical Press, 1987).

41. Patrick McAndrew and Eileen Scanlon, "Open Learning at a Distance: Lessons for Struggling MOOCs," *Science* 342, no. 6165 (2013): 1450–1451.

02 알고리즘 주도 대규모 학습

1. 2000년대 후반과 2010년대 초반, 학교를 개혁하기 위해 일반적으로 기울인 다른 노력들은 새로운 공통 핵심Common Core 교과과정을 중심으로 삼고, 교육을 향상시키기 위해 표준화 시험에서 도출한 데이터를 사용하며, '개입에 대한 반응' 같은 차별화된 교육 접근 방식을 채택하고, 사회적·정서적 학습의 문제에 대처하는 것이었다.

2. Benjamin S. Bloom, "The 2 Sigma Problem: The Search for Methods of Group Instruction as Effective as One-to-One Tutoring," *Educational Researcher* 13, no. 6 (1984): 4–16. 블룸의 논문은 박사학위 논문 두 편에서 영감을 받은 결과였다. 인간 개인지도에 대한 후속 조사에 따르면, 표준편차는 2 미만이었다. Kurt VanLehn, "The Relative Effectiveness of Human Tutoring, Intelligent Tutoring Systems, and Other Tutoring Systems," *Educational Psychologist* 46, no. 4 (2011): 197–221.

3. R. C. Atkinson and H. A. Wilson, "Computer-Assisted Instruction," *Science* 162, no. 3849 (1968): 73–77.

4. Brian Dear, *The Friendly Orange Glow: The Untold Story of the PLATO System and the Dawn of Cyberculture* (New York: Pantheon, 2017). R. A. Avner and Paul Tenczar, "The TUTOR Manual" (Washington, DC: Education Resources

Information Center, 1970), https://eric.ed.gov/?id=ED050583.

5. Michael Horn and Heather Staker, *Blended: Using Disruptive Innovation to Improve Schools* (New York: Wiley, 2014).

6. Eric Westervelt, "Meet the Mind Reading Robo Tutor in the Sky," *NPRed*, October 13, 2015, https://www.npr.org/sections/ed/2015/10/13/437265231/meet-the-mind-reading-robo-tutor-in-the-sky.

7. Anya Kamenetz, "Doubts about Data Driven Schools,"*NPRed*, June 3, 2016, https://www.npr.org/sections/ed/2016/06/03/480029234/5-doubts-about-data-driven-schools. 컴퓨터지원교육 시스템의 공용 데이터 저장소인 데이터숍이 보유한 최대 데이터세트에서는 6개월 동안 학생 628명에게서 240만 건의 트랜잭션이 수집됐다. 이것은 하루에 학생 한 명당 수집한다고 주장했던 데이터포인트 수백 만 개보다 몇 백 배 작은 규모다. https://pslcdatashop.web.cmu.edu/DatasetInfo=428.

8. "The Mismeasure of Students: Using Item Response Theory instead of Traditional Grading to Assess Student Proficiency," *Knewton Blog*, June 7, 2012, https://medium.com/knerd/the-mismeasure-of-students-using-item-response-theory-instead-of-traditional-grading-to-assess-b55188707ee5.

9. 문항 반응 이론의 역사와 소개를 살펴보려면 다음을 참조하라. W. J. van derLinden, "Item Response Theory," in *International Encyclopedia of Education*, 3rd ed., eds. Penelope Peterson, Eva Baker, and Barry McGaw (Oxford, UK: Elsevier, 2010), 81–89.

10. 문항 반응 이론의 변형 중 가장 중요한 것은 카네기멜론대학이 개발한 알고리즘인 '지식 분할knowledge tracing'이다. 관련 내용을 살펴보려면 다음을 참조하라. John R. Anderson, Albert T. Corbett, Kenneth R. Koedinger, and Ray Pelletier, "Cognitive Tutors: Lessons Learned," *The Journal of the Learning Sciences* 4, no. 2 (1995): 167–207; Kenneth R. Koedinger and Albert T. Corbett, "Cognitive Tutors: Technology Bringing Learning Sciences to the Classroom," in *The Cambridge Handbook of the Learning Sciences*, ed. R. K. Sawyer (New York: Cambridge University Press, 2006), 61–77.

11. Tony Wan, "Jose Ferreira Steps Down as Knewton CEO, Eyes Next Education

Startup," *EdSurge*, December 21, 2016, https://www.edsurge.com/news/2016-12-21-jose-ferreira-steps-down-as-knewton-ceo-eyes-next-education-startup; Jeffrey Young, "Hitting Reset, Knewton Tries New Strategy: Competing with Textbook Publishers," *EdSurge*, November 30, 2017, https://www.edsurge.com/news/2017-11-30-hitting-reset-knewton-tries-new-strategy-competing-with-textbook-publishers; Lindsay McKenzie, "End of the Line for Much-Hyped Tech Company," *Inside Higher Ed*, May 7, 2019, https://www.insidehighered.com/digital-learning/article/2019/05/07/wiley-buys-knewton-adaptive-learning-technology-company.

12. Maciej Cegłwski. "The Internet with a Human Face," presentation at Beyond Tellerrand, Düsseldorf, Germany, May 20, 2014, https://idlewords.com/talks/internet_with_a_human_face.htm.

13. 내용을 좀 더 살펴보려면 다음을 참조하라. Justin Reich, "Personalized Learning, Backpacks Full of Cash, Rockstar Teachers, and MOOC Madness: The Intersection of Technology, Free-Market Ideology, and Media Hype in U.S. Education Reform," May 7, 2013, presentation at Berkman Klein Center, Harvard University, https://cyber.harvard.edu/events/luncheon/2013/05/reich. 기술 변화를 통한 시장 기반 개혁을 옹호한 예를 살펴보려면 다음을 참조하라. Chester E. Finn, Jr. and Daniela R. Fairchild, eds., *Education Reform for the Digital Era*, https://files.eric.ed.gov/fulltext/ED532508.pdf.

14. Emily Ann Brown, "Sal Khan Envisions a Future of Active, Mastery-Based Learning," *District Administration*, January 31, 3019, https://districtadministration.com/sal-khan-envisions-a-future-of-active-mastery-based-learning/;Salman Kahn, *The One World Schoolhouse: Education Reimagined* (New York: Grand Central, 2012), 12.

15. Audrey Watters, *Teaching Machines* (Cambridge, MA: MIT Press, forthcoming), citing Simon Ramo, "New Technique of Education," *Engineering and Science* 21 (October 1975): 372.

16. Clayton M. Christensen, Curtis W. Johnson, and Michael B. Horn, *Disrupting Class: How Disruptive Innovation Will Change the Way the World Learns* (New

York: McGraw-Hill, 2008).

17. Jill Lepore, "The Disruption Machine," *New Yorker* 23 (2014): 30–36. Audrey Watters, "The Myth and Millennialism of 'isruptive Innovation,'" *Hack Education*, May 24, 2013, http://hackeducation.com/2013/05/24/disruptive-innovation.

18. Alex Molnar, Gary Miron, Najat Elgeberi, Michael K. Barbour, Luis Huerta, Sheryl Rankin Shafer, and Jennifer King Rice, "Virtual Schools in the U.S., 2019," National Education Policy Center, May 28, 2019, https://nepc.colorado.edu/publication/virtual-schools-annual-2019; Jeff Wulfson, "Commonwealth of Massachusetts Virtual Schools—Funding and Amendment of Certificates for Greenfield Commonwealth Virtual School and for TEC Connections Academy Commonwealth Virtual School," December 8, 2017, http://www.doe.mass.edu/bese/docs/fy2018/2017-12/item5.html; Christian Wade, "Virtual Schools Grow, along with Costs to Districts," *The Daily News of Newburyport*, March 25, 2019, https://www.newburyportnews.com/news/regional_news/virtual-schools-grow-along-with-costs-to-districts/article_be168543-ae01-5bfa-8ac3-d3c6db09eb49.html.

19. Mark Dynarski, Roberto Agodini, Sheila Heaviside, Timothy Novak, Nancy Carey, Larissa Campuzano, Barbara Means, et al., "Effectiveness of Reading and Mathematics Software Products: Findings from the First Student Cohort," *National Center for Education Evaluation and Regional Assistance* (2007); Saiying Steenbergen-Hu and Harris Cooper, "A Meta-analysis of the Effectiveness of Intelligent Tutoring Systems on K–12 Students'Mathematical Learning," *Journal of Educational Psychology* 105, no. 4 (2013): 970.

20. Eric Taylor, "New Technology and Teacher Productivity" (unpublished manuscript, January 2018), Cambridge, MA, Harvard Graduate School of Education, available at https://scholar.harvard.edu/files/erictaylor/files/technology-teachers-jan-18.pdf. 테일러는 문헌 검토를 통해 컴퓨터지원교육의 평가 역사를 탁월하게 정리하고 참고 자료를 제시한다.

21. John F. Pane, Beth Ann Griffin, Daniel F. McCaffrey, and Rita Karam,

"Effectiveness of Cognitive Tutor Algebra I at Scale," *Educational Evaluation and Policy Analysis* 36, no. 2 (2014): 127–144.

22. 효과크기를 해석하는 것은 교육 연구 분야에서 활발하게 논의 중인 주제다. 코헨은 표준편차 증가가 0.2이면 효과크기가 작고, 0.5는 중간이며, 0.8은 크다는 지침을 제안했다. Jacob Cohen, *Statistical Power Analysis for the Behavioral Sciences* (New York: Academic Press, 1977). 그 후 교육 연구 분야에서는 잘 수행된 무작위 제어 실험에서 이처럼 큰 효과크기를 거의 기대할 수 없다고 광범위하게 합의하고 있다. 립세이Lipsey는 전형적인 조건에서 이익에 대한 이전 연구를 바탕으로 효과크기를 평가해야 한다고 주장한다. Carolyn J. Hill, Howard S. Bloom, Alison Rebeck Black, and Mark W. Lipsey, "Empirical Benchmarks for Interpreting Effect Sizes in Research," *Child Development Perspectives* 2, no. 3 (2008): 172–177. 크래프트Kraft가 좀 더 최근에 도출된 증거를 토대로 제시한 지침에 따르면, 효과크기는 표준편차가 0.05면 작고, 0.1이면 중간이며, 0.2면 크다. Matthew A. Kraft, "Interpreting Effect Sizes of Education Interventions," *Educational Researcher* (forthcoming), available at https://scholar.harvard.edu/files/mkraft/files/kraft_2018_interpreting_effect_sizes.pdf.

23. Steve Ritter, Michael Yudelson, Stephen E. Fancsali, and Susan R. Berman, "How Mastery Learning Works at Scale," in *Proceedings of the Third (2016) ACM Conference on Learning at Scale* (Association of Computing Machinery Digital Library, 2016), 71–79.

24. Neil T. Heffernan and Cristina Lindquist Heffernan, "The ASSISTments Ecosystem: Building a Platform that Brings Scientists and Teachers Together for Minimally Invasive Research on Human Learning and Teaching," *International Journal of Artificial Intelligence in Education* 24, no. 4 (2014): 470–497; Jeremy Roschelle, Mingyu Feng, Robert F. Murphy, and Craig A. Mason, "Online Mathematics Homework Increases Student Achievement," *AERA Open* 2, no. 4 (2016), https://doi.org/10.1177/2332858416673968.

25. 티치투원의 성과에 대한 초기 증거는 더욱 긍정적이었다. Douglas D. Ready, Katherine Conn, Elizabeth Park, and David Nitkin, "Year-One Impact and Process Results from the I3 Implementation of Teach to One: Math"

(New York: Consortium for Policy Research Education, Teachers College, Columbia University, 2016), https://www.classsizematters.org/wp-content/uploads/2018/11/Ready-1st-year-Teach-to-One-Elizabeth-evaluation-Nov.-2016.pdf. 마지막 연구는 다음과 같다. Douglas D. Ready, Katherine Conn, Shani Bretas, and Iris Daruwala, "Final Impact Results from the i3 Implementation of Teach to One: Math" (New York: Consortium for Policy Research Education, Teachers College, Columbia University, 2019), https://www.newclassrooms.org/wp-content/uploads/2019/02/Final-Impact-Results-i3-TtO.pdf.

03 동료 주도 대규모 학습

1. 알고리즘상 개인맞춤형 학습과 '전인' 학습을 가르는 선이 불분명한 예를 살펴보려면 다음을 참조하라. Tom Vander Ark, "Chan ZuckerbergBacks Personalized Learning R&D Agenda," *Getting Smart*, November 17, 2017, https://www.gettingsmart.com/2017/11/chan-zuckerberg-backs-personalized-learning-rd-agenda.

2. Antonio Fini, "The Technological Dimension of a Massive Open Online Course: The Case of the CCK08 Course Tools," *International Review of Research in Open and Distributed Learning* 10, no. 5 (2009); David Cormier, "What Is a OOC?," YouTube video, December 8, 2010, https://www.youtube.com/watch=eW3gMGqcZQc. CCK08 강좌에는 알렉 쿠로스Alec Couros, 데이비드 와일리David Wiley, 캐시 데이비드슨Cathy Davidson이 개발한 강좌들을 비롯해 몇 가지 선행 강좌가 있었다. Cathy Davidson, "What Was the First MOOC?," *HASTAC*, September 27, 2013, https://www.hastac.org/blogs/cathy-davidson/2013/09/27/what-was-first-mooc.

3. George Siemens, "Connectivism: A Learning Theory for the Digital Age," *International Journal of Instructional Technology and Distance Learning* 2, no. 1 (2005), http://www.itdl.org/Journal/Jan_05/article01.htm; Stephen Downes, "Places to Go: Connectivism and Connective Knowledge," *Innovate: Journal of Online Education* 5, no. 1 (2008): 6; David Weinberger, *Too Big to Know:*

Rethinking Knowledge Now That the Facts Aren't the Facts, Experts Are Everywhere, and the Smartest Person in the Room Is the Room (New York: Basic Books, 2011).

4. 이러한 학습환경을 개발하기 위한 상세한 기술 계획은 다음에서 찾아볼 수 있다. Kim Jaxon and Alan Levine, "Staking Your Claim: How the Open Web Is Won for Teaching and Learning," University of California Irvine, 2017, http://connectedcourses.stateu.org/.

5. Downes, "Places to Go" Fini "The Technological Dimension."

6. Stephen Downes, "The Rise of MOOCs,"April 23, 2012, https://www.downes.ca/cgi-bin/page.cgi=57911.

7. Jean Lave and Etienne Wenger, *Situated Learning: Legitimate Peripheral Participation* (Cambridge, UK: Cambridge University Press, 1991). 연결주의에서 이전 교육학적 이론까지 다른 연결을 살펴보려면 다음을 참조하라. Rita Kop and Adrian Hill, "Connectivism: Learning Theory of the Future or Vestige of the Past?," *The International Review of Research in Open and Distributed Learning* 9, no. 3 (2008), http://www.irrodl.org/index.php/irrodl/article/view/523/1103. 다운스가 물리학자에 관해 언급한 글을 살펴보려면 다음을 참조하라. Stephen Downes, "'Connectivism'and Connective Knowledge," *Huffington Post*, January 5, 2011, https://www.huffpost.com/entry/connectivism-and-connecti_b_804653.

8. DS106에 관해서는 다음을 참조하라. Howard Rheingold, "S106: Enabling Open, Public, Participatory Learning," *Connected Learning Alliance*, https://clalliance.org/resources/ds106-enabling-open-public-participatory-learning/. Alan Levine, "MOOC or Not a MOOC: DS106 Questions the Form," in *Invasion of the MOOCs: The Promise and Perils of Massive Open Online Courses*, eds. Steven D. Krause and Charles Lowe (Anderson, SC: Parlor Press, 2014), 29–38, available online at https://parlorpress.com /products /invasion-of-the-moocs. 에듀펑크의 기원을 살펴보려면 다음을 참조하라. Jim Groom, "The Glass Bees," *bavatuesdays*, May 25, 2008, https://bavatuesdays.com/the-glass-bees/. 일부 역사에 관한 토론을 살펴보려면 다음을 참조하라. Anya Kamenetz, *DIY U: Edupunks, Edupreneurs, and the Coming Transformation of Higher Education* (New

York: Chelsea Green, 2010).

9. 데일리크리에이트Daily Create에 관해 살펴보려면 다음을 참조하라. Abram Anders, "Theories and Applications of Massive Online Open Courses (MOOCs): The Case for Hybrid Design," *International Review of Research in Open and Distributed Learning* 16, no. 6 (2015): 39–61.

10. W. Ian O'Byrne and Kristine E. Pytash, "Becoming Literate Digitally in a Digitally Literate Environment of Their Own," *Journal of Adolescent & Adult Literacy* 60, no. 5 (2017): 499–504, http://thinq.studio/wp-content/uploads/2018/02/JAAL-article-Becoming-Literate-Digitally-Domain-of-OnesOwn.pdf.

11. 이러한 방향으로 내가 기울인 노력의 일부에 관해서는 다음을 참조하라. Justin Reich, "Techniques for Unleashing Student Work from Learning Management Systems," *KQED Mindshift*, February 13, 2015, https://www.kqed.org/mindshift/39332/techniques-for-unleashing-student-work-from-learning-management-systems.

12. Alexandra Juhasz and Anne Balsamo, "An Idea Whose Time Is Here: FemTechNet–Distributed Online Collaborative Course (DOCC)," *Ada: A Journal of Gender, New Media, and Technology* 1, no. 1 (2012); Robinson Meyer, "Ways of Understanding the New, Feminist MOOC That's Not a MOOC," *Atlantic*, August 20, 2013, https://www.theatlantic.com/technology/archive/2013/08/5-ways-of-understanding-the-new-feminist-mooc-thats-not-a-mooc/278835/.

13. 오픈 웹에서 독점 기술 기업의 폐쇄형 네트워크 서비스로 전환되는 변화에 관해서는 다음을 참조하라. David Weinberger, "The Internet That Was (and Still Could Be)," *Atlantic*, June 22, 2015, https://www.theatlantic.com/technology/archive/2015/06/medium-is-the-message-paradise-paved-internet-architecture/396227/. 고등교육에서 비슷한 유형을 살펴보려면 다음을 참조하라. Jim Groom and Brian Lamb, Reclaiming Innovation," *EDUCAUSE Review Online*, May 13, 2014. https://www.educause.edu/visuals/shared/er/extras/2014/ReclaimingInnovation/default.html. 2019년 연결 학습

MOOC(Connected Learning MOOC)인 CLMOOC는 DS106과 함께, 몇 안
되는 진행형 cMOOC 학습 경험에 속한다. Chad Sansing, "Tour Summer of
Making and Connecting," *English Journal* 103, no. 5 (2014): 81.

14. Mitchel Resnick, John Maloney, Andrés Monroy-Hernández, Natalie Rusk,
Evelyn Eastmond, Karen Brennan, Amon Millner, Eric Rosenbaum, Jay
Silver, Brian Silverman, and Yasmin Kafai, "Scratch: Programming for All,"
Communications of the ACM 52, no. 11 (2009): 60–67.

15. Mitchel Resnick, *Lifelong Kindergarten: Cultivating Creativity through Projects,
Passion, Peers, and Play* (Cambridge, MA: MIT Press, 2017).

16. Seymour Papert, *Mindstorms: Children, Computers, and Powerful Ideas* (New
York: Basic Books, 1980).

17. 스크래치의 사용 통계에 관해서는 다음을 참조하라. https://scratch.mit.edu/
statistics/.

18. Mizuko Ito, Kris Gutiérrez, Sonia Livingstone, Bill Penuel, Jean Rhodes, Katie
Salen, Juliet Schor, Julian Sefton-Green, and S. Craig Watkins, *Connected
Learning: An Agenda for Research and Design* (Irvine, CA: Digital Media and
Learning Research Hub, 2013), https://dmlhub.net/wp-content/uploads/files/
Connected_Learning_report.pdf, 7.

19. Mitchel Resnick, "Let' Teach Kids to Code," TEDx Beacon Street,
November2012, https://www.ted.com/talks/mitch_resnick_let_s_teach_kids_
to_code/transcript?language=en.

20. Mitchel Resnick, "The Next Generation of Scratch Teaches Much More Than
Coding," *EdSurge*, January 3, 2019, https://www.edsurge.com/news/2019-01-
03-mitch-resnick-the-next-generation-of-scratch-teaches-more-than-coding.

21. Jal Mehta and Sarah Fine, *In Search of Deeper Learning* (Cambridge, MA:
Harvard University Press, 2019).

22. Ito et al., *Connected Learning*.

23. Resnick et al., "Scratch"; Papert, "Mindstorms."

24. Paul A. Kirschner, John Sweller, and Richard E. Clark, "Why Minimal
Guidance during Instruction Does Not Work: An Analysis of the Failure of

Constructivist, Discovery, Problem-Based, Experiential, and Inquiry-Based Teaching," *Educational Psychologist* 41, no. 2 (2006): 75–86.

25. Sigal Samuel, "Canada's 'Incel Attack' and Its Gender-Based Violence Problem," *Atlantic*, April 28, 2018, https://www.theatlantic.com/international /archive/2018/04/toronto-incel-van-attack/558977/.

26. Danah Boyd, "Media Manipulation, Strategic Amplification, and Responsible Journalism," *Points*, September 14, 2018, https://points.datasociety.net/ media-manipulation-strategic-amplification-and-responsible-journalism-95f4d611f462.

27. Alice Marwick and Rebecca Lewis, "Media Manipulation and Disinformation Online," *Data and Society*, May 5, 2017, https://datasociety.net/library/media-manipulation-and-disinfo-online/.

28. Zeynep Tufekci, "YouTube: The Great Radicalizer," *New York Times*, March 10, 2018.

29. Richard Hofstadter, *The Paranoid Style in American Politics* (New York: Vintage, 2012). 르윈에 관해서는 다음을 참조하라. MIT News Office, "IT Indefinitely Removes Online Physics Lectures and Courses by Walter Lewin," December 8, 2014, http://news.mit.edu/2014/lewin-courses-removed-1208.

30. cMOOC에서 학습자들이 겪는 혼란에 관해서는 다음을 참조하라. Rita Kop, "The Challenges to Connectivist Learning on Open Online Networks: Learning Experiences during a Massive Open Online Course," *The International Review of Research in Open and Distributed Learning* 12, no. 3 (2011): 19–38; Colin Milligan, Allison Littlejohn, and Anoush Margaryan, "Patterns of Engagement in Connectivist MOOCs," *Journal of Online Learning and Teaching* 9, no. 2 (2013): 149–159. 스크래치를 활용해 학습하는 교실에서 '옴짝달싹 못하는' 현상과 교육자가 모색할 수 있는 해결책을 살펴보려면 다음을 참조하라. Paulina Haduong and Karen Brennan, "Helping K–12 Teachers Get Unstuck with Scratch: The Design of an Online Professional Learning Experience," in *Proceedings of the 50th ACM Technical Symposium on Computer Science Education* (Association for Computing Machinery Digital Library, 2019),

1095–1101; Karen Brennan, "beyond Right or Wrong: Challenges of Including Creative Design Activities in the Classroom," *Journal of Technology and Teacher Education* 23, no. 3 (2015): 279–299.

31. Anton Barua, Stephen W. Thomas, and Ahmed E. Hassan, "What Are Developers Talking About? An Analysis of Topics and Trends in Stack Overflow," *Empirical Software Engineering* 19, no. 3 (2014): 619–554.

04 대규모 학습 유형에 대한 시험

1. 2010년 게임 연구자인 제인 맥고니걸Jane McGonigal은 전 세계 인구가 비디오게임에 소비하는 시간은 주당 30억 시간이라고 추정했다. Jane McGonigal, "Gaming Can Make a Better World," TED talk, February 2010, https://www. ted.com/talks/jane_mcgonigal_gaming_can_make_a_better_world.

2. 예를 살펴보려면 다음을 참조하라. Larry Johnson, Samantha Adams Becker, Victoria Estrada, and Alex Freeman, *NMC Horizon Report: 2014 K–12 Edition* (Austin, TX: New Media Consortium, 2014), https://files.eric.ed.gov/fulltext/ ED559369.pdf.

3. 강력한 학습의 장으로서 게임에 관해서는 다음을 참조하라. James Gee, *What Video Games Have to Teach Us about Learning and Literacy* (New York: St. Martin's Press, 2007).

4. Federal Trade Commission, *Lumosity to Pay 2 Million to Settle FTC Deceptive Advertising Charges for Its "Brain Training" Program*, January 5, 2016, https:// www.ftc.gov/news-events/press-releases/2016/01/lumosity-pay-2-million-settle- ftc-deceptive-advertising-charges.

5. Daniel J. Simons, Walter R. Boot, Neil Charness, Susan E. Gathercole, Christopher F. Chabris, David Z. Hambrick, and Elizabeth A. L. Stine-Morrow, "Do 'Brain-Training' Programs Work?," *Psychological Science in the Public Interest* 17, no. 3 (2016): 103–186. Thomas S. Redick, Zach Shipstead, Elizabeth A. Wiemers, Monica Melby-Lervag, and Charles Hulme, "What's Working in Working Memory Training? An Educational Perspective," *Educational Psychology Review* 27, no. 4 (2015): 617–633.

6. Robert S. Woodworth and E. L. Thorndike, "The Influence of Improvement in One Mental Function upon the Efficiency of Other Functions (I)," *Psychological Review* 8, no. 3 (1901): 247. 전이 연구의 기원에 대한 최근 글을 살펴보려면 다음을 참조하라. Daniel Willingham, "Critical Thinking: Why Is It So Hard to Teach?," *American Educator*, Summer 2007, https://www.aft.org/sites/default/files/periodicals/Crit_Thinking.pdf.

7. Giovanni Sala and Fernand Gobet, "Does Far Transfer Exist? Negative Evidence from Chess, Music, and Working Memory Training," *Current Directions in Psychological Science* 26, no. 6 (2017): 515–520. 기억과 체스에 관한 연구는 매우 광범위하게 수행되고 있다. 중요한 초기 연구를 보려면 다음을 참조하라. William G. Chase and Herbert A. Simon, "Perception in Chess," *Cognitive Psychology* 4, no. 1 (1973): 55–81. 다음은 좀 더 최근 연구다. Yanfei Gong, K. Anders Ericsson, and Jerad H. Moxley, "Recall of Briefly Presented Chess Positions and Its Relation to Chess Skill," *PloS one* 10, no. 3 (2015): https://doi.org/10.1371/journal.pone.0118756. Giovanni Sala, and Fernand Gobet, "Experts' Memory Superiority for Domain-Specific Random Material Generalizes across Fields of Expertise: A Meta-analysis," *Memory & Cognition* 45, no. 2 (2017): 183–193.

8. Douglas B. Clark, Emily E. Tanner-Smith, and Stephen S. Killingsworth, "Digital Games, Design, and Learning: A Systematic Review and Meta-analysis," *Review of Educational Research* 86, no. 1 (2016): 79–122. Pieter Wouters, Christof van Nimwegen, Herre van Oostendorp, and Erik D. van der Spek, "A Meta-analysis of the Cognitive and Motivational Effects of Serious Games," *Journal of Educational Psychology* 105, no. 2 (2013): 249–265, https://doi.org/10.1037/a0031311.

9. Brenda Laurel, *Utopian Entrepreneur* (Cambridge, MA: MIT Press, 2001).

10. David B. Tyack and Larry Cuban, *Tinkering toward Utopia* (Cambridge, MA: Harvard University Press, 1995).

11. Frederic Lardinois, "Duolingo Hires Its First Chief Marketing Officer as Active User Numbers Stagnate but Revenue Grows," *Techcrunch*, August 1, 2018, https://techcrunch.com/2018/08/01/duolingo-hires-its-first-chief-marketing-

officer-as-active-user-numbers-stagnate/.

12. Hermann Ebbinghaus, *Memory*, trans. H. A. Ruger and C. E. Bussenius (New York: Teachers College, 1913); Nicholas Cepeda, Harold Pashler, Edward Vul, John T. Wixted, and Doug Rohrer, "Distributed Practice in Verbal Recall Tasks: A Review and Quantitative Synthesis," *Psychological Bulletin* 132, no. 3 (2006): 354.

13. Burr Settles and Brendan Meeder, "Trainable Spaced Repetition Model for Language Learning," in *Proceedings of the 54th Annual Meeting of the Association for Computational Linguistics*, vol. 1, Long Papers (Stroudsburg, PA: Association for Computational Linguistics, 2016), 1848–1858; Roumen Vesselinov and John Grego, "Duolingo Effectiveness Study" (City University of New York, 2012), https://s3.amazonaws.com/duolingo-papers/other/vesselinov-grego.duolingo12.pdf.

14. Eric Klopfer, Jason Haas, Scot Osterweil, and Louisa Rosenheck, *Resonant Games* (Cambridge, MA: MIT Press, 2018).

15. Alex Calhoun, "Vanished Helps Kids Save the Future with Science," *Wired*, November 28, 2011, https://www.wired.com/2011/11/vanished-helps-kids-save-the-future-with-science/; Eric Klopfer, Jason Haas, Scott Osterweil, and Louisa Rosenheck, "I Wish I Could Go On Here Forever," in *Resonant Games: Design Principles for Learning Games that Connect Hearts, Minds, and the Everyday* (Cambridge, MA: MIT Press, 2018), https://www.resonant.games/pub/8w3uihyo.

16. 게임에 대한 소개와 교육적 가능성에 대한 낙관적인 견해를 살펴보려면 다음을 참조하라. Steve Nebel, Sascha Schneider, and Günter Daniel Rey, "Mining Learning and Crafting Scientific Experiments: A Literature Review on the Use of Minecraft in Education and Research," *Journal of Educational Technology & Society* 19, no. 2 (2016): 355. 판매와 사용자 참여 데이터에 관해서는 다음을 참조하라. https://en.wikipedia.org/wiki/Minecraft.

17. 스팸피롱헤드가 마인크래프트를 소개하는 영상은 다음에서 찾을 수 있다. https://www.youtube.com/watch=cMsQlTkpQMM&list=UUj5i58mCkARE

DqFWlhaQbOw.

18. Katie Salen, "10 Life Skills Parents Can Nurture through Minecraft," *Connected Camps Blog*, September 16, 2017, https://blog.connectedcamps.com/10-life-skills-parents-nurture-in-minecraft/.

19. Samantha Jamison, "Computer Game a Building Block for Engineers," *Carnegie Mellon University News*, July 26, 2017, https://www.cmu.edu/news/stories/archives/2017/july/minecraft-course.html; Sarah Guthals and Beth Simon, "Minecraft, Coding, and Teaching," https://www.edx.org/course/minecraft-coding-and-teaching.

20. 줌비니 게임에 관한 최근 연구를 살펴보려면 다음을 참조하라. Elizabeth Rowe, Jodi Asbell-Clarke, Santiago Gasca, and Kathryn Cunningham, "Assessing Implicit Computational Thinking in Zoombinis Gameplay," in *Proceedings of the 12th International Conference on the Foundations of Digital Games* (Association for Computing Machinery, 2017), https://par.nsf.gov/servlets/purl/10061931. 줌비니에 대한 위키피디아 페이지는 게임에 대한 유용한 개관을 제공한다. https://en.wikipedia.org/wiki/Logical_Journey_of_the_Zoombinis. 다음도 참조하라. Chris Hancock and Scot Osterweil, "Zoombinis and the Art of Mathematical Play," *Hands On!* Spring 1996, https://external-wiki.terc.edu/download/attachments/41419448/zoombinisandmathplay.pdf?api=v2; and Eric Klopfer, Jason Haas, Scot Osterweil, and Louisa Rosenheck, "In a Game, You Can Be Whoever You Want," in *Resonant Games: Design Principles for Learning Games that Connect Hearts, Minds, and the Everyday* (Cambridge, MA: MIT Press, 2018), https://www.resonant.games/pub/wkrjlp3o.

05 친숙함의 저주

1. Judith Haymore Sandholtz, Cathy Ringstaff, and David C. Dwyer, *Teaching with Technology: Creating Student-Centered Classrooms* (New York: Teachers College Press, 1997).

2. MOOC의 리뷰 사이트인 '클래스센트럴Class Central'은 신경과학 강좌에 대

해 몇 가지 비판을 실었다. "자료와 주제는 흥미로워 보였다. 내가 생각하기에 는, 제시 방법이 우스꽝스러웠지만, 영상은 솔직히 좋았다. 강사는 재미있어 보이려고 지나치게 애를 썼다. 신경과학 강좌치고는 지나치게 현란한 디자인과 짜증나게 하는 음악이 배경으로 사용되어 주의가 분산되어서 나는 수강을 취소했다." https://www.classcentral.com/course/edx-fundamentals-of-neuroscience-part-1-the-electrical-properties-of-the-neuron-942. DALMOOC의 비판에 관한 반응을 살펴보려면 다음을 참조하라. George Siemens, "Students Need to Take Ownership of Their Own Learning," *Online Educa Berlin*, November 19, 2014, https://oeb.global/oeb-insights/george-siemens-moocs-elearning-online-educa-berlin/. '투트랙two-track' DALMOOC에 관해 좀 더 살펴보려면 다음을 참조하라. Shane Dawson, Srecko Joksimović Vitomir Kovanović Dragan Gašvić and George Siemens, "Recognising Learner Autonomy: Lessons and Reflections from a Joint x / c MOOC," *Proceedings of Higher Education Research and Development Society of Australia 2015* (2015).

3. Tom Page, "Skeuomorphism or Flat Design: Future Directions in Mobile Device User Interface (UI) Design Education," *International Journal of Mobile Learning and Organisation* 8, no. 2: 130–142; David Oswald and Steffen Kolb, "Flat Design vs. Skeuomorphism–Effects on Learnability and Image Attributions in Digital Product Interfaces,"in *DS 78: Proceedings of the 16th International Conference on Engineering and Product Design Education* (Design Education and Human Technology Relations, University of Twente, The Netherlands, May 4, 2014), 402–407.

4. Matthew Glotzbach, "New Monthly Milestone for Quizlet: 50 Million Monthly Learners," *Quizlet Blog*, October 29, 2018, https://quizlet.com/blog/a-new-milestone-for-quizlet-50-million-monthly-learners.

5. 다음은 학교의 구조적 요소가 새로운 혁신에 위배되는 이유를 이해하기에 유용한 출처다. David K. Cohen and Jal D. Mehta, "Why Reform Sometimes Succeeds: Understanding the Conditions That Produce Reforms That Last," *American Educational Research Journal* 54, no. 4 (2017): 644–690.

6. 오드리 워터스는 2012~2018년 에듀테크 부문에서 이루어진 벤처 투자를 추적

하고 그에 관해 의견을 제시했다. 2018년 자료를 살펴보려면 다음을 참조하라. Audrey Watters, "The Business of 'EdTech Trends,'" *Hack Education*, December 31, 2018, http://hackeducation.com/2018/12/31/top-ed-tech-trends-money. 교육 분야에서 벤처 자본주의와 자선활동에 관한 비판적인 견해를 하나 더 살펴보려면 다음을 참조하라. Ben Williamson, "Silicon Startup Schools: Technocracy, Algorithmic Imaginaries and Venture Philanthropy in Corporate Education Reform," *Critical Studies in Education* 59, no. 2 (2018): 218–236.

7. John B. Diamond, "Where the Rubber Meets the Road: Rethinking the Connection between High-Stakes Testing Policy and Classroom Instruction," *Sociology of Education* 80, no. 4 (2007): 285–313; Christopher Lynnly Hovey, Lecia Barker, and Vaughan Nagy, "Survey Results on Why CS Faculty Adopt New Teaching Practices," in *Proceedings of the 50th ACM Technical Symposium on Computer Science Education* (Association for Computing Machinery Digital Library, 2019), 483–489.

8. Seymour Papert, *Mindstorms: Children, Computers, and Powerful Ideas* (New York: Basic Books, 1980); Mitchel Resnick, Brad Myers, Kumiyo Nakakoji, Ben Schneiderman, Randy Pausch, Ted Selker, and Mike Eisenberg, "Design Principles for Tools to Support Creative Thinking," National Science Foundation workshop on Creativity Support Tools (Washington, DC, 2005), http://www.cs.umd.edu/hcil/CST/Papers/designprinciples.htm; Moran Tsur and Natalie Rusk, "Scratch Microworlds: Designing Project-Based Introductions to Coding," in *Proceedings of the 49th ACM Technical Symposium on Computer Science Education* (Association for Computing Machinery Digital Library, 2018), 894–899.

9. Natalie Rusk and Massachusetts Institute of Technology Media Laboratory, *Scratch Coding Cards: Creative Coding Activities for Kids* (San Francisco: No Starch Press, 2017).

10. Tsur and Rusk, "Scratch Microworlds" Phillip Schmidtt, Mitchel Resnick, and Natalie Rusk, "Learning Creative Learning: How We Tinkered with MOOCs," P2PU, http://reports.p2pu.org/learning-creative-learning/.

11. Karen Brennan, Sarah Blum-Smith, and Maxwell M. Yurkofsky, "From Checklists to Heuristics: Designing MOOCs to Support Teacher Learning," *Teachers College Record* 120, no. 9 (2018): n9; Paulina Haduong and Karen Brennan, "Getting Unstuck: New Resources for Teaching Debugging Strategies in Scratch," in *Proceedings of the 49th ACM Technical Symposium on Computer Science Education*, 1092 (Association for Computing Machinery Digital Library, 2018), https://doi.org/10.1145/3159450.3162248; 다음도 참조하라. https://gettingunstuck.gse.harvard.edu/about.html.

12. 데스모스를 칼리지보드의 시험에 통합한 사례를 보려면 다음을 참조하라. https://digitaltesting.collegeboard.org/pdf/about-desmos-calculator.pdf. 학력평가시험협회Smarter Balanced Consortium의 시험에 통합한 사례는 다음을 참조하라. Tony Wan, "Desmos Passes the Smarter Balanced Tests (and Hopes to Save Students 100)," *EdSurge*, May 8, 2017, https://www.edsurge.com/news/2017-05-08-desmos-passes-the-smarter-balanced-test-and-hopes-to-save-math-students-100.

13. Dan Meyer, "Math Class Needs a Makeover," TED talk (2010), https://www.ted.com/talks/dan_meyer_math_class_needs_a_makeover?language=en; "The Three Acts of a Mathematical Story," *Mr. Meyer* (blog), May 11, 2011, http://blog.mrmeyer.com/2011/the-three-acts-of-a-mathematical-story/; "Missing the Promise of Mathematical Modeling," *Mathematics Teacher* 108, no. 8 (2015): 578–583.

14. Dan Meyer, "Video and Multiple Choice: What Took Us So Long?" *Desmos*(blog), October 27, 2016, https://blog.desmos.com/articles/video-multiple-choice-what-took-us-so-long/.

15. Ibid.

16. Larry Cuban. *Hugging the Middle: How Teachers Teach in an Era of Testingand Accountability* (New York: Teachers College, Columbia University, 2009); Larry Cuban, *Inside the Black Box of Classroom Practice: Change without Reform in American Education* (Cambridge, MA: Harvard Education Press, 2013).

17. Cohen and Mehta, "Why Reform."

18. 듀이의 실용주의와 웹 2.0의 관계를 살펴보려면 다음을 참조하라. Michael Glassman and Min Ju Kang "he Logic of Wikis: The Possibilities of the Web 2.0 Classroom," *International Journal of Computer-Supported Collaborative Learning* 6, no. 1 (2011): 93–112, https://doi.org/10.1007/s11412-011-9107-y. 듀이의 교육학에 생명력을 불어넣는 도구로서 기술 개념의 예를 하나 더 들면 다음과 같다. Chris Lehmann, "The True Promise of Technology," *Whole Child Blog*, February 25, 2011, http://www.wholechildeducation.org/blog/the-true-promise-of-technology.

06 에듀테크 마태 효과

1. 이 장은 다음 자료를 바탕으로 정리했다. Justin Reich and Mizuko Ito, *From Good Intentions to Real Outcomes: Equity by Design in Learning Technologies* (Irvine, CA: Digital Media and Learning Research Hub, 2017), https://clalliance.org/wp-content/uploads/2017/11/GIROreport_1031.pdf, 이것은 크리에이티브 커먼즈Creative Commons 라이선스 3.0 아래 발표됐다. 이 장의 후반부에 설명한 '세 가지 사회적 통념'에 관해서는 특히 미미Mimi의 도움을 받았다. 나는 태블릿 컴퓨터가 처음 출시됐던 아이패드 시대에 탐 다코드Tom Daccord와 책을 썼다. 이 책에서 나는 기존 관행을 확장하는 데 아이패드를 얼마나 쉽게 사용할 수 있는지 강조하고, 이 탁월한 상품의 과거를 돌아보고 미래 모습을 탐색했다. Tom Daccord and Justin Reich, *iPads in the Classroom: From Consumption and Curation to Creation* (Dorchester, MA: EdTech Teacher, 2014); and Tom Daccord and Justin Reich, "How to Transform Teaching with Tablets," *Educational Leadership* 72, no. 8 (2015): 18–23.

2. 마태복음 25장 29절 (New International Version).

3. Larry Cuban, *Teachers and Machines: The Classroom Use of Technology since 1920* (New York: Teachers College Press, 1986), 23.

4. Jeannie Oakes, *Keeping Track: How Schools Structure Inequality* (New Haven: Yale University Press, 2005).

5. Paul Attewell, "Comment: The First and Second Digital Divides," *Sociology of Education* 74, no. 3 (2001): 252–259.

6. Harold Wenglinsky, "Does It Compute? The Relationship between Educational Technology and Student Achievement in Mathematics" (Princeton, NJ: Educational Testing Services, 1998), https://www.ets.org/research/policy_research_reports/publications/report/1998/cneu, 3.

7. Ulrich Boser, "Are Schools Getting a Big Enough Bang for Their Education Buck?," *Center for American Progress Blog*, June 14, 2013, https://www.americanprogress.org/issues/education-k-12/reports/2013/06/14/66485/are-schools-getting-a-big-enough-bang-for-their-education-technology-buck; Matthew H. Rafalow, "Disciplining Play: Digital Youth Culture as Capital at School," *American Journal of Sociology 123*, no. 5 (2018): 1416–1452.

8. 나는 웹 2.0 시대를 맞아 교육에 대한 희망을 다음에 서술했다. "Reworking the Web, Reworking the World: How Web 2.0 Is Changing Our Society," *Beyond Current Horizons* (2008), https://edarxiv.org/hqme5/, https://doi.org/10.35542/osf.io/hqme5. 또 하나의 관점을 살펴보려면 다음을 참조하라. Christine Greenhow, Beth Robelia, and Joan E. Hughes, "Learning, Teaching, and Scholarship in a Digital Age: Web 2.0 and Classroom Research: What Path Should We Take Now?," *Educational Researcher* 38, no. 4 (2009): 246–259.

9. Justin Reich, Richard Murnane, and John Willett, "The State of Wiki Usage in US K–12 Schools: Leveraging Web 2.0 Data Warehouses to Assess Quality and Equity in Online Learning Environments," *Educational Researcher* 41, no. 1 (2012): 7–15.

10. John D. Hansen and Justin Reich, "Democratizing Education? Examining Access and Usage Patterns in Massive Open Online Courses," *Science* 350, no. 6265 (2015): 1245–1248.

11. Justin Reich, "The Digital Fault Line: Background," *EdTech Researcher*, May 3, 2013, https://blogs.edweek.org/edweek/edtechresearcher/2013/05/the_digital_fault_line_background.html; S. Craig Watkins and Alexander Cho, *The Digital Edge: How Black and Latino Youth Navigate Digital Inequality* (New York: NYU Press, 2018); Vikki S. Katz and Michael H. Levine, "Connecting to Learn: Promoting Digital Equity among America's Hispanic Families," Joan Ganz

Cooney Center at Sesame Workshop, 2015, https://eric.ed.gov/?id=ED555584; Vikki S. Katz, Meghan B. Moran, and Carmen Gonzalez, "Connecting with Technology in Lower-Income US Families," *New Media & Society* 20, no. 7 (2018): 2509–2533.

12. René F. Kizilcec, Andrew J. Saltarelli, Justin Reich, and Geoffrey L. Cohen, "Closing Global Achievement Gaps in MOOCs," *Science* 355, no. 6322 (2017): 251–252.

13. Kizilcec et al., "Closing."

14. Rene Kizilcec, Justin Reich, Michael Yeomans, Christoph Dann, Emma Brunskill, Glenn Lopez, Selen Turkay, Joseph Williams, and Dustin Tingley, "Scaling Up Behavioral Science Interventions in Online Education," in *Proceedings of the National Academy of Science* (forthcoming).

15. Kizilcec et al. "Closing."

16. Tressie McMillan Cottom, "Intersectionality and Critical Engagement with the Internet"(February 10, 2015). Available at *SSRN*, https://ssrn.com/abstract=2568956,9.

17. Reich and Ito, "rom Good intentions."

18. Betsy James DiSalvo, "Glitch Game Testers: The Design and Study of a Learning Environment for Computational Production with Young African American Males," PhD diss., Georgia Institute of Technology, 2012; Betsy James DiSalvo, Mark Guzdail, Tom Mcklin, Charles Meadows, Kenneth Perry, Corey Steward, and Amy Bruckman, "Glitch Game Testers: African American Men Breaking Open the Console," in *Proceedings of the 2009 DiGRA International Conference: Breaking New Ground: Innovation in Games, Play, Practice and Theory*, http://www.digra.org/digital-library/publications/glitch-game-testers-african-american-men-breaking-open-the-console/.

19. Digital Promise, *IT Best Practices Toolkits: Student Tech Team*s, 2018, ttps://verizon.digitalpromise.org/toolkit/student-tech-teams/.

20. Ricarose Roque, "Family Creative Learning," *Makeology: Makerspaces as Learning Environments 1* (2016): 47. 스크래처들과 그들의 부모에 관한 연구를

살펴보려면 다음을 참조하라. Karen Brennan and Mitchel Resnick, "Imagining, Creating, Playing, Sharing, Reflecting: How Online Community Supports Young People as Designers of Interactive Media," in *Emerging Technologies for the Classroom*, eds. Chrystalla Mouza and Nancy Lavigne (New York: Springer, 2013), 253–268. 파라과이에서 실시한 '아이마다 노트북 한 대One Laptop per Child' 프로젝트에서, 스크래치 같은 구성주의 도구는 부모가 컴퓨터 사용에 관한 학습을 지지해줄 수 있는 가정에서 주로 보급되었다는 비슷한 증거가 나왔다. Morgan Ames, *The Charisma Machine: The Life, Death, and Legacy of One Laptop per Child* (Cambridge, MA: MIT Press, 2019).

21. 다음을 참조하라. *Tech Goes Home 2018 Annual Report*, https://static.wixstatic.com/ugd/6377ee_1a8d7ab992c94c3da08f0dc4a5d56e49.pdf.

22. Sarah Kessler, "How Jim McKelvey' Launchcode Is Helping Unconventional Tech Talent," *Fast Company*, April 18, 2016, https://www.fastcompany.com/3058467/how-jim-mckelveys-launchcode-is-helping-unconventional-tech-talent; Carl Straumsheim, "One Course, Three Flavors," *Inside Higher Ed*, January 21, 2014, https://www.insidehighered.com/news/2014/01/21/harvard-u-experiments-three-versions-same-course.

23. Mizuko Ito, Kris Gutiérrez, Sonia Livingstone, Bill Penuel, Jean Rhodes, Katie Salen, Juliet Schor, Julian Sefton-Green, and S. Craig Watkins, "Connected Learning: An Agenda for Research and Design" (Irvine, CA: Digital Media and Learning Research Hub, 2013), https://dmlhub.net/wp-content/uploads/files/Connected_Learning_report.pdf.

24. Moran Tsur and Natalie Rusk, "Scratch Microworlds: Designing Project-Based Introductions to Coding," in *Proceedings of the 49th ACM Technical Symposium on Computer Science Education* (Association for Computing Machinery Digital Library, 2018), 894–899.

25. Nichole Pinkard, Sheena Erete, Caitlin K. Martin, and Maxine McKinney de Royston, "Digital Youth Divas: Exploring Narrative-Driven Curriculum to Spark Middle School Girls' Interest in Computational Activities," *Journal of the Learning Sciences* 26, no. 3 (2017): 477–516.

26. Rebecca Pitt, "Mainstreaming Open Textbooks: Educator Perspectives on the Impact of Openstax College Open Textbooks," *International Review of Research in Open and Distributed Learning* 16, no. 4 (2015); David Ruth, "PpenStax Announces Top 10 Schools That Have Adopted Free College Textbooks," *OpenStax*, February 21, 2019, https://openstax.org/press/openstax-announces-top-10-schools-have-adopted-free-college-textbooks.

27. Benjamin L. Castleman, and Lindsay C. Page, *Summer Melt: Supporting Low-Income Students through the Transition to College* (Cambridge, MA: Harvard Education Press, 2014).

28. Benjamin L. Castleman and Lindsay C. Page, "Summer Nudging: Can Personalized Text Messages and Peer Mentor Outreach Increase College Going among Low-Income High School Graduates?," *Journal of Economic Behavior & Organization 115* (2015): 144–160; Benjamin L. Castleman and Lindsay C. Page, "A Response to 'Testing Nudges Harm Degree Completion,'" *EducationNext*, January, 28, 2019, https://www.educationnext.org/response-texting-nudges-harm-degree-completion/.

07 일상평가의 함정

1. 이 장에서 거론하는 논쟁의 초기 형태의 하나는 다음과 같다. Justin Reich, "Will Computers Ever Replace Teachers?," *New Yorker: Elements*, July 8, 2014, https://www.newyorker.com/tech/annals-of-technology/will-computers-ever-replace-teachers.

2. 컴퓨터가 노동시장의 요구를 어떻게 바꾸고 있는지를 가장 읽기 쉽게 요약한 글을 보려면 다음을 참조하라. Frank Levy and Richard J. Murnane, *Dancing with Robots: Human Skills for Computerized Work* (Washington, DC: Third Way NEXT, 2013). 비슷한 방향으로 연구를 지속해온 두 연구자는 데이비드 오터 David Autor와 데이비드 데밍 David Deming이다. 다음을 참조하라. Autor's *Work of the Past, Work of the Future* (Cambridge, MA: National Bureau of Economic Research, 2019); and Deming's "The Growing Importance of Social Skills in the Labor Market," *Quarterly Journal of Economics* 132, no. 4 (2017):

1593–1640. 다음도 참조하라. Morgan R. Frank, David Autor, James E. Bessen, Erik Brynjolfsson, Manuel Cebrian, David J. Deming, Maryann Feldman, et al., "Toward Understanding the Impact of Artificial Intelligence on Labor," *Proceedings of the National Academy of Sciences* 116, no. 4 (2019): 6531–6539.

3. Levy and Murnane "Dancing with Robots."

4. Frank Levy and Richard J. Murnane, *The New Division of Labor: How Computers Are Creating the Next Job Market* (Princeton, NJ: Princeton University Press, 2005).

5. David H. Autor, Frank Levy, and Richard J. Murnane, "The Skill Content of Recent Technological Change: An Empirical Exploration," *The Quarterly Journal of Economics* 118, no. 4 (2003): 1279–1333; Deming, "Social Skills."

6. 다양한 기술 구조에 관해서는 다음을 참조하라. Chris Dede, "Comparing Frameworks for 21st Century Skills," in *21st Century Skills: Rethinking How Students Learn*, eds. James Bellanca and Ron Brandt (Bloomington, IN: Solution Tree Press, 2010), 51–76.

7. Dana Remus and Frank S. Levy, "an Robots Be Lawyers?," *Computers, Lawyers, and the Practice of Law* (November 27, 2016), available at SSRN: https://ssrn.com/abstract=2701092 or http://dx.doi.org/10.2139/ssrn.2701092.

8. Levy and Murnane, "New Division."

9. Henry I. Braun and Robert Mislevy, "Intuitive Test Theory," *Phi Delta Kappan* 86, no. 7 (2005): 488–497.

10. Daniel M. Koretz, *Measuring Up* (Cambridge, MA: Harvard University Press, 2008).

11. Brian Dear, *The Friendly Orange Glow: The Untold Story of the PLATO System and the Dawn of Cyberculture* (New York: Pantheon, 2017).

12. R. A. Avner and Paul Tenczar, "The TUTOR Mannual" (US Department of Education, Education Resources Information Center [ERIC], 1970), http://eric ed.gov/?id=ED050583

13. 다음을 참조하라. Common Core State Standards Initiative, http://www.corestandards.org/.

14. 컴퓨터가 할 수 없는 작업에 교육이 초점을 맞춰야 한다는 다른 주장을 살펴 보려면 다음을 참조하라. Conrad Wolfram, "Teaching Kids Real Math with Computers," TED talk (2010), https://www.ted.com/talks/conrad_wolfram_ teaching_kids_real_math_with_computers/transcript?language=en.

15. 알고리즘이 특징 유사성에 근거해 문서를 더미로 분류하는 비지도식 기계학 습은 기계학습의 또 하나의 분야이며, 지금까지 평가에 적용하기에는 한계가 있다. 나는 동료와 함께 인간의 평가를 돕기 위해 자연어 처리 과정과 비지도 식 기계학습을 사용하는 방법을 제안했다. Justin Reich, Dustin Tingley, Jetson Leder-Luis, Margaret E. Roberts, and Brandon Stewart, "computer-Assisted Reading and Discovery for Student Generated Text in Massive Open Online Courses," *Journal of Learning Analytics 2*, no. 1 (2015): 156–184; 일리노이 대학 어바나-샴페인캠퍼스 소속 연구자들은 평가를 위해 지도식 알고리즘 을 입력할 때 비지도식 학습 모델을 사용할 것을 제안한다. Saar Kuzi, William Cope, Duncan Ferguson, Chase Geigle, and ChengXiang Zhai, "Automatic Assessment of Complex Assignments Using Topic Models," *Proceedings of the 2019 ACM Learning at Scale Conference* (Association for Computing Machinery Digital Library, 2019), 1–10.

16. 기계가 평가한 발음에 관한 내용의 개요를 살펴보려면 다음을 참조하라. Silke M. Witt, "Automatic Error Detection in Pronunciation Training: Where We Are and Where We Need to Go," *Proceedings of the International Symposium on Automatic Detection on Errors in Pronunciation Training* (2012): 1–8.

17. 다양한 발음 훈련 작업에 필요한 데이터의 양을 파악하려면 다음 논문을 참조 하라. Wenping Hu, Yao Qian, and Frank K. Soong, "New DNN-based High Quality Pronunciation Evaluation for Computer-Aided Language Learning (CALL)," *Interspeech* (2013): 1886–1890, https://pdfs.semanticscholar.org/ ef29/bfcf0fcf71496b2c6a09ae415010c5d7a2dc.pdf.

18. 에세이 자동 채점의 상태에 대한 낙관적인 주장을 살펴보려면 다음을 참조하 라. Mark D. Shermis, "tate-of-the-Art Automated Essay Scoring: Competition, Results, and Future Directions from a United States Demonstration," *Assessing Writing* 20 (2014): 53–76. 좀 더 비관적인 주장을 살펴보려면 다음을 참조하

라. Les Perelman, "When 'the State of the Art' Is Counting Words," *Assessing Writing 21* (2014): 104–111.

19. Shermis, "tate-of-the-Art."

20. Perelman, "State"; Randy Elliot Bennett, "The Changing Nature of Educational Assessment," *Review of Research in Education* 39, no. 1 (2015): 370–407, https://doi.org/10.3102/0091732X14554179.

21. 인용문은 다음에서 발췌했다. https://secureservercdn.net/45.40.149.159/ b56.e17.myftpupload.com/wp-content/uploads/2019/12/R.pdf. 인용문에 관해서는 다음을 참조하라. Les Perelman, "Babel Generator" (n.d.), http:// lesperelman.com/writing-assessment-robo-grading/babel-generator/.

22. Steven Kolowich, "Writing Instructor, Skeptical of Automated Grading, Pits Machine vs. Machine," *Chronicle of Higher Education* 28 (2014), https://www. chronicle.com/article/Writing-Instructor-Skeptical/146211.

23. 발췌한 출처는 다음과 같다. Audrey Watters *Teaching Machines* (Cambridge, MA: MIT Press, forthcoming), 인용문의 출처는 다음과 같다. "Exams by Machinery," *Ohio State University Monthly* (May 1931): 339. 해당 인용문은 다음 글에도 있다. Stephen Petrina, "Sidney Pressey and the Automation of Education, 1924–934," *Technology and Culture* 45, no. 2 (2004): 305–330.

24. Harold Abelson, Gerald Jay Sussman, and Julie Sussman, *Structure and Interpretation of Computer Programs* (Cambridge, MA: MIT Press, 1996), xxii.

25. Jennifer French, Martin A. Segado, and Phillip Z. Ai, "Sketching Graphs in a Calculus MOOC: Preliminary Results," in *Frontiers in Pen and Touch: Impact of Pen and Touch Technology on Education* (Cham, Switzerland: Springer, 2017), 93–102.

26. Valerie Jean Shute and Matthew Ventura, *Stealth Assessment: Measuring and Supporting Learning in Video Games* (Cambridge, MA: MIT Press, 2013). Jennifer S. Groff, "The Potentials of Game-Based Environments for Integrated, Immersive Learning Data," *European Journal of Education* 53, no. 2 (2018): 188–201.

27. Groff, "The Potentials of Game-Based Environments for Integrated, Immersive

Learning Data."

28. 바둑 경기에서 인공지능, 기계학습 기반 기술 시스템을 급속도로 발달시킨 한 가지 예를 살펴보려면 다음을 참조하라. David Silver, Aja Huang, Chris J. Maddison, Arthur Guez, Laurent Sifre, George Van Den Driessche, Julian Schrittwieser, et al., "Mastering the Game of Go with Deep Neural Networks and Tree Search," *Nature* 529, no. 7587 (2016): 484.

29. David Pogue, "I'll Have My AI Call Your AI," *Scientific American* 319, no. 2 (2018): 26, https://www.scientificamerican.com/article/googles-duplex-ai-scares-some-people-but-i-cant-wait-for-it-to-become-a-thing/.

30. 자동 채점 분야에서 에드엑스가 기울인 노력에 대한 초반 설명을 살펴보려면 다음을 참조하라. Piotr Mitros, Vikas Paruchuri, John Rogosic, and Diana Huang, "An Integrated Framework for the Grading of Freeform Responses," in *The Sixth Conference of MIT's Learning International Networks Consortium*, 2013, https://linc.mit.edu/linc2013/proceedings/Session3/Session3Mit-Par. pdf. 또 하나의 초반 평가를 살펴보려면 다음을 참조하라. Erin Dawna Reilly, Rose Eleanore Stafford, Kyle Marie Williams, and Stephanie Brooks Corliss, "Evaluating the Validity and Applicability of Automated Essay Scoring in Two Massive Open Online Courses," *International Review of Research in Open and Distributed Learning* 15, no. 5 (2014), http://www.irrodl.org/index.php/irrodl/article/view/1857.

08 데이터와 실험의 독성

1. 온라인 학습 플랫폼과 소비자 기술에서 실시하는 실험의 유사성을 살펴보려면 다음을 참조하라. Shreeharsh Kelkar, "Engineering a Platform: The Construction of Interfaces, Users, Organizational Roles, and the Division of Labor," *New Media & Society* 20, no. 7 (2018): 2629–2646.

2. Bruce Schneier, "Data Is a Toxic Asset," *Schneier on Security Blog*, March 4, 2016, https://www.schneier.com/blog/archives/2016/03/data is a toxic.html.

3. 5년 동안 축적한 스크래치 데이터를 갖추고 공개되어 있는 데이터세트의 자세한 설명을 살펴보려면 다음을 참조하라. Benjamin Mako Hill and Andrés Monroy-

Hernández, "Longitudinal Dataset of Five Years of Public Activity in the Scratch Online Community," *Scientific Data* 4 (2017): 170002, https://doi.org/10.1038/sdata.2017.2. 다음은 스크래치 데이터의 광범위한 사용에 관한 연구 중 하나다. Sayamindu Dasgupta, William Hale, Andrés Monroy-Hernández, and Benjamin Mako Hill, "Remixing as a Pathway to Computational Thinking," in *Proceedings of the 19th ACM Conference on Computer-Supported Cooperative Work and Social Computing* (Association for Computing Machinery Digital Library, 2016), 1438–1449; and Seungwon Yang, Carlotta Domeniconi, Matt Revelle, Mack Sweeney, Ben U. Gelman, Chris Beckley, and Aditya Johri, "Uncovering Trajectories of Informal Learning in Large Online Communities of Creators," in *Proceedings of the Second (2015) ACM Conference on Learning at Scale* (Association for Computing Machinery Digital Library, 2015), 131–140. 하버드엑스와 MITx의 공개되어 있는 데이터세트에 관한 자세한 설명을 살펴보려면 다음을 참조하라. Jon P. Daries, Justin Reich, Jim Waldo, Elise M. Young, Jonathan Whittinghill, Andrew Dean Ho, Daniel Thomas Seaton, and Isaac Chuang, "Privacy, Anonymity, and Big Data in the Social Sciences," *Communications of the ACM* 57, no. 9 (2014): 56–63.

4. 학습 기록을 텍스트 파일처럼 다룬 예를 살펴보려면 다음을 참조하라. Cody A. Coleman, Daniel T. Seaton, and Isaac Chuang, "Probabilistic Use Cases: Discovering Behavioral Patterns for Predicting Certification," in *Proceedings of the Second (2015) ACM Conference on Learning at Scale* (Association for Computing Machinery Digital Library, 2015), 141–148.

5. Guanliang Chen, Dan Davis, Claudia Hauff, and Geert-Jan Houben, "Learning Transfer: Does It Take Place in MOOCs? An Investigation into the Uptake of Functional Programming in Practice," in *Proceedings of the Third (2016) ACM Conference on Learning at Scale* (Association for Computing Machinery Digital Library, 2016), 409–418. MOOC 학습을 새로운 행동에 연결하는 관련 연구에서, 연구자들은 학습 분석에 대한 MOOC 참여가 학습 분석이나 학습 분석 회의에 제출하기 위한 학회에 더욱 활발하게 참여하는 것으로 이어졌는지 여부를 조사했다. Yuan Wang, Luc Paquette, and Ryan Baker, "Longitudinal Study on

Learner Career Advancement in MOOCs," *Journal of Learning Analytics* 1, no. 3 (2014): 203–206.

6. Tommy Mullaney, "Making Sense of MOOCs: A Reconceptualization of HavardX Courses and Their Students," *SSRN*(2014), http://papers.ssrn.com/sol3/papers.cfmid=2463736.

7. 학습자의 행동을 가까이서 또는 멀리서 관찰하기 위해 대규모 데이터를 사용할 때 이점에 관해서는 다음을 참조하라. Jennifer DeBoer, Andrew D. Ho, Glenda S. Stump, and Lori Breslow, "Changing 'Course' Reconceptualizing Educational Variables for Massive Open Online Courses," *Educational Researcher* 43, no. 2 (2014): 74–84. 어떻게 스크래치 환경의 변화가 행동 변화를 낳는지에 관한 연구를 살펴보려면 다음을 참조하라. Sayamindu Dasgupta and Benjamin Mako Hill, "How 'Wide Walls' Can Increase Engagement: Evidence from a Natural Experiment in Scratch," in *Proceedings of the 2018 CHI Conference on Human Factors in Computing Systems* (Association for Computing Machinery Digital Library, 2018), 1–11.

8. Ryan Baker, Sidney D'ello, Merecedes Rodrigo, and Arthur Graesser, "Better to be Frustrated Than Bored: The Incidence, Persistence, and Impact of Learners' Cognitive-Affective States during Interactions with Three Different Computer-Based Learning Environments," *International Journal of Human-Computer Studies* 68, no. 4 (2010), 223–241, https://www.sciencedirect.com/science/article/pii/S1071581909001797.

9. Boston School Committee, *Reports of the Annual Visiting Committees of the Public Schools of the City of Boston*, (1845), City Document no. 26 (Boston: J. H. Eastburn), 12.

10. Justin Reich, "'Compass and Chart': Millenarian Textbooks and World History Instruction in Boston, 1821–1923," *SSRN* (2009), https://papers.ssrn.com/sol3/papers.cfm?abstract_id=2193129.

11. Lorrie Shepard, "Brief History of Accountability Testing, 1965–2007," in *The Future of Test-Based Educational Accountability*, eds. Katherine Ryan and Lorrie Shepard (New York: Routledge. 2008), 25–46.

언택트 교육의 미래

12. 대규모 교육 기술에 대해 장래성 있는 결과를 도출한 두 가지 연구를 살펴보려면 다음을 참조하라. John F. Pane, Beth Ann Griffin, Daniel F. McCaffrey, and Rita Karam, "Effectiveness of Cognitive Tutor Algebra I at Scale," *Educational Evaluation and Policy Analysis* 36, no. 2 (2014): 127–144; and William G. Bowen, Matthew M. Chingos, Kelly A. Lack, and Thomas I. Nygren, "Interactive Learning Online at Public Universities: Evidence from a Six-Campus Randomized Trial," *Journal of Policy Analysis and Management* 33, no. 1 (2014): 94–111. 데이터 집약적인 교육 연구에서 도출된 위험/이익 계산에 관해서는 다음을 참조하라. Rebecca Ferguson and Doug Clow, "Where Is the Evidence? A Call to Action for Learning Analytics," *Proceedings of the Seventh International Learning Analytics and Knowledge Conference* (2017), 56–65.

13. 회의에서 나온 공식적인 발언을 살펴보려면 다음을 참조하라. Asilomar Convention for Learning Research in Higher Education, 2014, http://asilomar-highered.info/.

14. 이러한 우려의 일부를 살펴보려면 다음을 참조하라. Elana Zeide, "Education Technology and Student Privacy," in *The Cambridge Handbook of Consumer Privacy*, eds. Evan Selinger, Jules Polonetsky, and Omer Tene, 70–84, SSRN (2018), https://ssrn.com/abstract=3145634.

15. 감시와 데이터 획득이 어떻게 세상을 재형성하는지를 다룬 획기적인 내용의 글은 다음과 같다. Shoshana Zuboff, *The Age of Surveillance Capitalism: The Fight for a Human Future at the New Frontier of Power* (New York: Public Affairs, 2019).

16. K-12학년 학교에서 학생 데이터와 개인정보 보호에 관한 법률적 문제를 정리한 글을 살펴보려면 다음을 참조하라. Leah Plunkett, Alicia Solow-Niederman, and Urs Gasser, "Framing the Law and Policy Picture: A Snapshot of K–12 Cloud-Based Ed Tech and Student Privacy in Early 2014," *Berkman Center Research Publication 2014-10* (2014). 개인정보 보호에 필요한 윤리적 지침과 현재 법률의 커다란 격차에 관해서는 다음을 참조하라. Elana Zeide, "Unpacking Student Privacy," in *Handbook of Learning Analytics*, eds. Charles Lang, George Siemens, Alyssa Wise, and Dragan Gasevic (Society for Learning

Analytics Research, 2017), 327–335.

17. Natasha Singer, "Online Test-Takers Feel Anti-cheating Software's Uneasy Glare," *New York Times*, April 5, 2015, https://www.nytimes.com/2015/04/06/technology/online-test-takers-feel-anti-cheating-softwares-uneasy-glare.html.

18. Helen Nissenbaum, *Privacy in Context: Technology, Policy, and the Integrity of Social Life* (Stanford, CA: Stanford University Press, 2009). MOOC에 적용되는 상황별 무결성 이론과 가상 학습환경에 관해서는 다음을 참조하라. Elana Zeide and Helen F. Nissenbaum, "earner Privacy in MOOCs and Virtual Education," *Theory and Research in Education* 16, no. 3 (2018): 280–307, available at https://ssrn.com/abstract=3303551or http://dx.doi.org/10.2139/ssrn.3303551; Charlie Moore, Vivian Zhong, and Anshula Gandhi, "Healthy Minds Study Survey Data Informed 2016 Senior House Decisions," *Tech*, July 26, 2017, https://thetech.com/2017/07/26/healthy-minds-data-used-in-2016-senior-house-decisions. 다음도 참조하라. Cynthia Barnhart, *Senior House Decision Process FAQ*, ttp://chancellor.mit.edu/sites/default/files/sh-decisionprocess-faq.pdf; and Elizabeth Glaser, "IT Misused Survey Data to Take Action against Senior House," *Tech*, July 26, 2017, https://thetech.com/2017/07/26/healthy-minds-survey-misuse.

19. John D. Hansen and Justin Reich, "Democratizing Education? Examining Access and Usage Patterns in Massive Open Online Courses," *Science* 350, no. 6265 (2015): 1245–1248.

20. 에드엑스 컨소시엄에서 연구의 역할을 공유하려는 두 가지 노력은 연구에 대한 에드엑스의 글이다. https://www.edx.org/about/research-pedagogy. 하버드엑스의 연구 입장은 다음을 참조하라. https://harvardx.harvard.edu/research-statement. 이 자료는 다수의 강좌 소개에 첨부되어 있다.

21. Audrey Watters, "The Weaponization of Education Data," *Hack Education*, December 11, 2017, http://hackeducation.com/2017/12/11/top-ed-tech-trends-weaponized-data.

22. 학교와 이민세관집행국의 협력에 관해서는 다음을 참조하라. Erica Green, "For Immigrant Students, a New Worry: Call to ICE," *New York Times*, May 30,

2018, https://www.nytimes.com/2018/05/30/us/politics/immigrant-students-deportation.html.

23. James Murphy, "The Undervaluing of School Counselors," *Atlantic*, September 16, 2016, https://www.theatlantic.com/education/archive/2016/09/the-neglected-link-in-the-high-school-to-college-pipeline/500213/; Douglas J. Gagnon and Marybeth J. Mattingly, "Most U.S. School Districts Have Low Access to School Counselors: Poor, Diverse, and City School Districts Exhibit Particularly High Student-to-Counselor Ratios," *Carsey Research* (2016), https://scholars.unh.edu/cgi/viewcontent.cgi=1285&context=carsey. 전체 고등학교의 40퍼센트가 내비앙스를 사용한다는 주장의 출처는 해당 기업의 웹 사이트이다. https://www.naviance.com/solutions/states.

24. David Christian, Amy Lawrence, and Nicole Dampman, "Increasing College Access through the Implementation of Naviance: An Exploratory Study," *Journal of College Access* 3, no. 2 (2017): 28–44; Christine Mulhern, "Changing College Choices with Personalized Admissions Information at Scale: Evidence on Naviance," April 2019, https://scholar.harvard.edu/files/mulhern/files/naviance_mulhern_april2019.pdf.

25. 기록되어 있지는 않지만 짧게 요약되어 발표된 대규모 학습의 방침은 이러한 입장을 나타낸 예다. Peter Norvig, "Machine Learning for Learning at Scale," in *Proceedings of the Second (2015) ACM Conference on Learning at Scale* (Association for Computing Machinery Digital Library, 2015), 215. 다음도 참조하라. Daphne Koller, "What We're Learning from Online Education," filmed June 2012 at TEDGlobal 2012, Edinburgh, Scotland, video, https://www.ted.com/talks/daphne_koller_what_we_re_learning_from_online_education?language=en.

26. Justin Reich "Engineering the Science of Learning," *Bridge* 46, no. 3 (2016), https://www.nae.edu/162627/Engineering-the-Science-of-Learning.

27. Rene Kizilcec, Justin Reich, Michael Yeomans, Christoph Dann, Emma Brunskill, Glenn Lopez, Selen Turkay, Joseph Williams, and Dustin Tingley, "Scaling Up Behavioral Science Interventions in Online Education," in

Proceedings of the National Academy of Science (forthcoming).

28. Benjamin Harold, "Pearson Tested 'Social-Psychological' Messages in Learning Software, with Mixed Results," *Education Week: Digital Education*, April 17, 2018, https://blogs.edweek.org/edweek/DigitalEducation/2018/04/pearson_growth_mindset_software.html. Kate Crawford(@katecrawford), "Ed tech company experiments on 9000 kids without anyone's consent or knowledge to see if they test differently when 'social-psychological' messaging is secretly inserted? HARD NO," https://twitter.com/katecrawford/status/986584699647791104. 사고방식 이론에 관해서는 다음을 참조하라. David Scott Yeager and Carol S. Dweck, "Mindsets That Promote Resilience: When Students Believe That Personal Characteristics Can Be Developed," *Educational Psychologist* 47, no. 4 (2012): 302–314.

29. Michelle N. Meyer, Patrick R. Heck, Geoffrey S. Holtzman, Stephen M. Anderson, William Cai, Duncan J. Watts, and Christopher F. Chabris, "Objecting to Experiments That Compare Two Unobjectionable Policies or Treatments," *Proceedings of the National Academy of Sciences* 116, no. 22 (2019): 10723–10728.

30. 피어슨의 반응에 관해서는 다음을 참조하라. Valerie Strauss, "Pearson Conducts Experiment on Thousands of College Students without Their Knowledge," *Washington Post: Answer Sheet Blog*, April 23, 2018, https://www.washingtonpost.com/news/answer-sheet/wp/2018/04/23/pearson-conducts-experiment-on-thousands-of-college-students-without-their-knowledge/?utm_term=.9efe30965b57.

31. 이 실험에 관한 내 조심스러운 낙관주의를 좀 더 살펴보려면 다음을 참조하라. Justin Reich, "Can Text Messages and Interventions Nudge Students through School?" *KQED Mindshift*, June 3, 2015, https://www.kqed.org/mindshift/40719/can-text-messages-and-interventions-nudge-students-through-school.

32. Zeide, "Unpacking."

33. Monica Bulger, Patrick McCormick, and Mikaela Pitcan, "The Legacy of

inBloom," *Data & Society Research Institute*, 2017, https://datasociety.net/library/the-legacy-of-inbloom/.

34. Bulger, McCormick, and Pitcan "The Legacy of inBloom."

35. Leah Plunkett, Alicia Solow-Niederman, and Urs Gasser, "Framing the Law and Policy Picture: A Snapshot of K–2 Cloud-Based Ed Tech and Student Privacy in Early 2014," presentation at Harvard Law School, June 3, 2014, available at https://papers.ssrn.com/sol3/papers.cfm?abstract_id=2442432.

36. Kenneth R. Koedinger, Ryan S.J.d. Baker, Kyle Cunningham, Alida Skogsholm, Brett Leber, and John Stamper, "Data Repository for the EDM Community: The PSLC DataShop," *Handbook of Educational Data Mining* 43 (2010): 43–56.

결론

1. Frederick James Smith, "The Evolution of the Motion Picture: VI—Looking into the Future with Thomas A. Edison," *New York Dramatic Mirror*, July 9, 1913, 24, column 3, as analyzed in ttps://quoteinvestigator.com/2012/02/15/books-obsolete/; "Edison Predicts Film Will Replace Teacher, Books," Associated Press, May 15, 1923, available at https://virginiachronicle.com/cgi-bin/virginia?a=d&d=HR19230518.2.11.

2. Phil Hill, "Instructure: Plans to Expand Beyond Canvas LMS into Machine Learning and AI," *e-Literate*, March, 2019, https://eliterat.us/instructure-plans-to-expand-beyond-canvas-lms-into-machine-learning-and-ai/.

3. "Roy Amara: 1925–2007, American Futurologist," *Oxford Essential Quotations*, 4th ed., ed. Susan Ratcliffe, 2016, https://www.oxfordreference.com/view/10.1093/acref/9780191826719.001.0001/q-oro-ed4-00018679.

4. John F. Pane, Beth Ann Griffin, Daniel F. McCaffrey, and Rita Karam, "Effectiveness of Cognitive Tutor Algebra I at Scale," *Educational Evaluation and Policy Analysis* 36, no. 2 (2014): 127–144; Jeremy Roschelle, Mingyu Feng, Robert F. Murphy, and Craig A. Mason, "Online Mathematics Homework Increases Student Achievement," *AERA Open* 2, no. 4 (2016), https://doi.

org/10.1177/2332858416673968.

5. 위키피디아 규모에 대한 통계를 살펴보려면 다음을 참조하라. https://
en.wikipedia.org/wiki/Wikipedia: Size_comparisonscite_note-wikistatsall-2. 위키
피디아 프로젝트를 다룬 신문 기사에 관해서는 다음을 참조하라. Mike Caulfield,
"Announcing the Newspapers on Wikipedia Project (#NOW)," Hapgood.us,
May 29, 2018, https://hapgood.us/2018/05/29/announcing-the-local-historical-
newspapers-project-lhnp/. 다음도 참조하라. Emma Lurie and Eni Mustafaraj,
"investigating the Effects of Google' Search Engine Result Page in Evaluating the
Credibility of Online News Sources," in *Proceedings of the 10th ACM Conference
on Web Science* (Association for Computing Machinery Digital Library, 2018),
107–116, https://dl.acm.org/doi/10.1145/3201064.3201095. 위키피디아에 대
한 초기 반감과 위키피디아가 교육자들에게 어떻게 유익할지에 관한 논쟁에 관
해서는 다음을 참조하라. Justin Reich and Tom Daccord, *Best Ideas for Teaching
with Technology: A Practical Guide for Teachers, by Teachers* (New York: Routledge,
2015).

언택트 교육의 미래

1판 1쇄 발행 2021년 10월 1일

지은이 저스틴 라이시 | **옮긴이** 안기순 | **감수** 구본권

펴낸곳 (주)문예출판사 | **펴낸이** 전준배

책임편집 김지은 | **편집** 고우리 이효미 | **디자인** 김종민

영업·마케팅 김영수 | **경영관리** 강단아 김영순

출판등록 2004. 02. 12. 제 2013-000360호 (1966. 12. 2. 제 1-134호)

주소 03992 서울시 마포구 월드컵북로 6길 30

전화 393-5681 | **팩스** 393-5685

홈페이지 www.moonye.com | **블로그** blog.naver.com/imoonye

페이스북 www.facebook.com/moonyepublishing | **이메일** info@moonye.com

ISBN 978-89-310-2239-1 03370